新哲学

第二辑

主 编

王中江

大象出版社

图书在版编目（CIP）数据

新哲学.第二辑/王中江主编.—郑州：大象出版社,2004.7
ISBN 7-5347-3452-5

Ⅰ.新... Ⅱ.王... Ⅲ.哲学—文集 Ⅳ.B0-53

中国版本图书馆 CIP 数据核字(2004)第 058272 号

出版人	李亚娜
策划人	耿相新
责任编辑	郭一凡
责任校对	钟 骄
封面设计	秘金通
出版发行	大象出版社（郑州市经七路25号 邮政编码450002）
网 址	www.daxiang.cn
制 版	河南大象出版技术服务有限公司
印 刷	河南第二新华印刷厂
版 次	2004年7月第1版 2004年7月第1次印刷
开 本	787×1092 1/16
印 张	21.75
字 数	417 千字
定 价	34.80 元

若发现印、装质量问题,影响阅读,请与承印厂联系调换。
印厂地址　郑州市商城路 231 号
邮政编码　450000　　　电话　(0371)6202901

学术编辑委员会

学术顾问

任继愈　李学勤　叶秀山　庞　朴　汤一介　余敦康　李亦园
耿云志　杜维明　陈鼓应　韦政通　罗多弼　黄俊杰

学术委员（按姓氏笔画）

万俊人　王　路　王晓朝　王葆玹　刘小枫　刘笑敢　许纪霖
孙　歌　刘岳兵　汪　晖　李明辉　李存山　何光沪　吴国盛
陈　来　陈少明　杨国荣　张祥龙　张汝伦　张宝明　张曙光
张斌峰　郑大华　庞元正　赵敦华　胡　军　姜广辉　郭齐勇
钱永祥　高瑞泉　倪梁康　徐友渔　高力克　葛兆光　童世骏
景海峰　韩庆祥　彭国翔　慈继伟　黎红蕾

主　编　王中江

本辑作者

庞　朴　　中国社会科学院研究员
韩庆祥　　中央党校教授
余敦康　　中国社会科学院研究员
唐文明　　清华大学副教授
马渊昌也　日本学习院大学教授
崔大华　　河南省社会科学院研究员
刘笑敢　　香港中文大学教授
刘泽华　　南开大学教授
张分田　　南开大学副教授
李长莉　　中国社会科学院研究员
刘　畅　　南开大学教授
王中江　　中国社会科学院研究员
斋木哲郎　日本大阪大学教授
葭森健介　日本名古屋大学教授
末崎澄香　日本德岛大学教授
小岛毅　　日本东京大学教授
高瑞泉　　华东师范大学教授
史革新　　北京师范大学教授
萧功秦　　上海师范大学教授
欧阳哲生　北京大学教授
焦润明　　辽宁大学教授
丸山真男　日本东京大学教授

目　录

学说广场

对立和鼎立 ……………………………………………… 庞　朴（1）
能力本位论与21世纪实力主义文化预期 ………………… 韩庆祥（10）

中国哲学：摸索与新视角

春秋思想史论（下篇）
　　——哲学突破的历史进程 …………………………… 余敦康（27）
隐秘的颠覆
　　——透视儒家的道德主义面目 ……………………… 唐文明（65）
王廷相思想中的规范与人性
　　——以人性论、修养论为中心 ……………………… 马渊昌也（102）
刘宗周与明代理学的基本走向 …………………………… 崔大华（114）
为中国哲学开生面
　　——孟旦（Donald J. Munro）先生治学简介 ………… 刘笑敢（142）

"公私"观念与社会史

公与私：先秦的"立公灭私"与对社会的整合 …………… 刘泽华（150）
古代"公天下论"的构成 …………………………………… 张分田（164）
公私观念在近代的演变
　　——以晚清上海为例 ………………………………… 李长莉（180）
中国公私观念研究综述 …………………………………… 刘　畅（192）

古代"士"阶层与公共生活

先秦"士"阶层的形成、自我意识及原创性 …………………… 王中江(215)

汉代知识的性格与知识分子 ………………………………… 斋木哲郎(227)

中世的士大夫：三国、西晋政治史与军师和清谈家 … 葭森健介 末崎澄香(239)

明代知识分子论：以林希元为例 ……………………………… 小岛毅(262)

思想史方法论（下）

上天入地：思想史的边界与方法 ……………………………… 高瑞泉(273)

晚清汉学谱系与近代中国学术和思想 ………………………… 史革新(282)

转型政治学与近代中国社会变革研究的范式转换 …………… 萧功秦(291)

中国哲学史研究范式回顾 …………………………………… 欧阳哲生(298)

代际理论及其运用 …………………………………………… 焦润明(304)

关于思想史的思考方法
　　——类型、范围、对象 ……………………………… 丸山真男(310)

哲人佚文知见录（一）

宪法刍议 ……………………………………………………… 严　复(324)

优秀分子与今日的社会 ……………………………………… 金岳霖(331)

编后卮言(339)

对立和鼎立

□庞　朴

统一物究竟是由对立的两个方面构成的,还是由鼎立的三个方面构成的,对于这样一个根本问题,中外哲学史上,一直有着不同看法。在中国,《易经》说:"易有太极,是生两仪,两仪生四象,四象生八卦,八卦定吉凶,吉凶生大业。"这明显是二元论;而《老子》说:"道生一,一生二,二生三,三生万物。"这强调的便是三元。西方哲学偏爱二元二分,已是人们熟知的常识,但亚里士多德的伦理学,却大谈其"中道才是德性"。在印度,空有对举、崇空厌有组成了梵典的基本内容,可是佛学历史上,中道观和中谛说,却又曾独领风骚盛极一时。

这种参差不齐的现象,是个饶有趣味的理论问题。今天我们提出对立和鼎立来讨论,还不止是想对上述现象有个认知上的判断,而且更由于:世界范围内的全球化和本土化的两种对立趋势,正在腥风血雨地拷问着这个根本的哲学难题;我们国家海峡两岸的对立现实和统一前景,也不会只是停留在政治层面和历史层面,而拒绝哲学宝库贡献出自己的智慧和经验。

因之,仔细探讨一下二分还是三分这个古老而又现实的课题,便大有必要了。

阴阳三合

照圣经《创世纪》的说法,上帝创造万物的头一天,所造的是光和暗,也就是昼和夜。而在中国,照易经《系辞传》的说法,宇宙生成过程的头一步,是太极生两仪;所谓两仪,指天和地,或阴和阳,也可说是光和暗。

这就表明,无论中外,人们曾相信,混沌初开之际,世界是二分的。也可以说,最先出现的宇宙论,是二分法的。这是非常自然的事。因为,认识过程是从客观现象和主观感觉开始的,人们首先从现象上感知到的世界,包括他们的自身,的确是二分着的。

当然必须指出,这样的二分图画,只不过是凭感知、从现象上得到的一张速写素描而已,远非绚丽宇宙的七彩写真。往后,随着人类对世界的逐步熟悉,终于慢慢发现,事物的现象背后,还藏有许多本质的奥秘,人类除感知而外,更有着理性的认识本领;而过去用黑白二分办法所接触到的客观现实,所获取的主观知识,未免过分表面而且简单了。

继之而起的,穿透表面情景克服简单认知的一大作为是,人们不再停留在惊叹现象世界的二分对立上,而是深入去注意对立两面之间的种种关系。屈原在《天问》中,曾以诗人的情怀,叙说过这一过程。他这样问道:

曰:遂古之初,谁传道之?上下未形,何由考之?

冥昭瞢暗,谁能极之?冯翼惟象,何以识之?

明明暗暗,惟时何为?阴阳三合,何本何化?

这是一连串宇宙创成论的问题,也可说是老子那个有名的道生万物问题的诗歌化。其第一、二两问,相当于老子的"道生一";三、四问,相当于"一生二";五、六问,则相当于"二生三"。这里边,前五个问题都很清楚明白,惟独第六问有点蹊跷。

第六问问"阴阳三合",这一道三分方法史上的标志性命题,曾引起过不少智者的猜测和争议。因为阴阳分明只是二物,何从来的三合? 在惯于孤立静止看待事物的人看来,在惯以二分方法分析事物的人看来,二物而言三合,违背基本算术,其为明显错误或暗有所指,自不待言。所以最早注《楚辞》的东汉人王逸,便毅然用"天地人"来解释"三合";后来柳宗元作《天对》,觉得天地人离开原文太远,又将三合坐实为"阴阳天";到了宋儒,更运用他们的看家本领,于阴阳之外引进一个"理"字,以凑足三件物事;今人闻一多作《天问疏证》,则试图另辟蹊径,改读"三"字为"参"(cān),谓阴阳三(参)合就是阴阳二者参杂和合。如此等等,斑斓纷纭。

所有这些困惑,都源于只想到"三合"应是三个实在元素之合,未能注意到阴阳二者还带有一个并非实在也不是元素的"关系"于其间,不曾理解阴阳能够以二生出三,或者说,不敢相信阴阳是二也是三。所以,诸注都未能把握住屈原诗句的精髓之所在,而在三分方法面前暴露出缺陷。

我们知道,事物由阴阳构成。构成事物的阴阳双方既然共处一事内部,共成一物本体,便不可能是互相隔绝、各自孤立的,彼此之间必然要你来我往,发生关系。这个关系,既是由客观的对立所生成,因二者的存在而存在,所以也就是客观的。而且,由于阴阳两面本是相对立的双方,所以其间的关系,还是复杂的辩证的,既是阴阳二者互相拒斥的渠道,又是它们互相依存的纽带。

正是对立两面之间的如此关系,规定着事物的本性,左右着事物的变化。同类事物不同个体之间的差异,全都由此而来,即由其内在对立两面的关系有所不同而来。我们通常所谓的认识事物,并不止于认识构成事物的阴阳两面,更要紧的是认识此两面的交互参差,认识它们所生发出的、参与着并决定着事物构成的种种关系。而这些关系,偏偏又是视之不可见、听之不可闻、搏之不可得的;尽管它是客观的,却并不是实在的,有点像古希腊人所谓的"形式"。所不同的是,我们的"关系"比起他们的"形式"来,更为活跃,也复杂得多了。

在中国历史上,注意到了对立两面之间有着关系存在,确信这些关系像对立者本身一样存在并与之同在,且指明它是更重要的存在者,是老子哲学的巨大贡献。老子所谓的"二生三",就是指的对立二方必然要发生关系而形成为三方(2+1,对立双方及其关系);而"三生万物",则是说的此"三"将体现为万物,或万物无非是这样一个三,所谓的"万物负阴而抱阳,冲气以为和","冲气"就是发生关系,"和"就是三合。我们知道,叩问"众妙之门"的老子,是一位重"无"的哲学家,他相信,无是一种根本的客观存在,它比有更为根本("天下万物生于有,有生于无"),比有更起作用("有之以为利,无之以为用"),所以只有他能够提出"二生三"的命题来,让无影无形的"关系"与客观实在的对立鼎足而立,把二分法向前推进,建立起三分法的基本框架。

有中曰参　无中曰两

三分方法在中国古代哲学里面常被浓缩成为一个"参"字。"参"字一身而数任为三分法的诸多含义:就其静态存在并相对于对立双方而言,有"第三"的意思;就其动态发生并受动于对立双方而言,有"参合"的意思;时或用如"三者",统指对立双方及其关系;亦常表示"关系",单指对立参合的状态。哲学以外的一些地方,也有用参来泛指三次、三倍、三分之一,等等[①],不一而足。现在看来,无论所指为"第三"、"参合"还是"三者",无疑都已承认"关系"与"两体"具有同等地位,并以之为前提了;而这便是三分法的奥秘所在。

与"参"之代表三分类似,"两"字也常被用作二分的代词,且二者常结伴出现。它们的出现,除去有时简单用作数目意思上的"三""二"以外,多半是在谈论三分法和二分法。譬如《逸周书》上有曰:

　　人有中曰参,无中曰两。两争曰弱,参和曰强。(《武顺》)
　　贪顽以疑,疑意以两,平两以参。(《常训》)
这里的"参"和"两",说的就是三分和二分;它们差别的根据,被认为在"有中"或"无中"。这个"中",是"中心"之中,也就是"心",这从同书的下列引文可以见得:

　　天道尚左,日月西移;地道尚右,水道东流;人道尚中,耳目役心。心有四佐,不和曰废;地有五行,不通曰恶;天有四时,不时曰凶。(《武顺》)
从表面看,中与左右并提,好像指的是方位,其实不然;只要联系到耳目、四佐来看,

---

① 参见拙文《说"参"》,《中国社会科学》1981年第5期。

便能看出,此"中"显系指的"中心",那个能以役使耳目四佐的心,或孟子所谓的"心之官则思"之心,就是思虑之"心"。"中心"的用法,在《诗经》里面是很多的。

前面我们说过,构成事物三分的第三者——"关系",有点像古希腊人所谓的"形式",虽然客观却非实在,为感官所无从获得也无力认知。这时候,有中还是无中,便成为参或非参的决定性关键了。经验证明,只有凭借"心"的理性能力,即所谓的"有中",方才能以认识得出,万物内在的两体之间,更有一堆关系存在,因而是三分着的;否则,仅凭感官而"无中",不用心思,我们所能感觉得到的,便只有作为"质料"出现的物之两体而已,由之得出的认识,必以世界为二分。

这就是为什么说"人有中曰参,无中曰两"的底细。

正由于参两二法在认识上有如此深浅精粗之别,谁优谁劣,便不言自明了。《逸周书》的作者因之认定:二分地去看世界,必然互相猜疑,互相争胜,导致事物的衰弱,所谓"疑意以两"、"两争曰弱"。而三分则足以带来和谐,导致事物的强壮,并能平息二分的疑争,所以说"参和曰强"、"平两以参"。

需要指出的是,对参两二法如此作出价值上的判断,断然贬低二分抬高三分,在古代中国文献中,并非习闻常见。发此高论的《逸周书》,其作者和时代都无从肯定,我们姑且当它是战国时期的儒家作品,大体上不致太差,是利于谈论对立之统一的。那时候,倾向于二分地看世界的人士,多半属于革新的法家。儒法两家在观点上和利益上,多有分歧和对立。儒法而外,在宇宙论和认识论意义上谈起参两的文章,还不止一处两处,也不止一家两家,大家的旨趣又各不相同,仔细辨别这些不同,颇有助于我们从多种角度理解三分二分。

两生而参视

譬如《管子》文集中,便有这样一段:

> 凡万物阴阳,两生而参视,先王因其参而慎所入所出。(《枢言》)

"视"即"示",古字通。① "凡万物阴阳,两生而参视"的意思是说,世间万物,皆由阴阳二者所生,皆以三分状态示人。在这里,它不说二生而说"两生",有强调阴阳二者相辅相成的意思,当然同时也就有二者相反相克的意味;这是二分法的要旨。至于说"参视"不说三示,则意在表示对立与其关系的和谐统一,表示三者之相得益彰;这是三分法的主题。这里没有扬参抑两的字样,亦无任何抑扬的暗示,仿佛参两各得其所,为生(发生)为示(存在),各有千秋;比起前引《逸周书》的"曰强""曰弱"一"疑"一"平"来,似乎平和宽容得多了。

值得注意的是,这个"两生而参视",与上节的"有中与无中",虽说都在比较参

---

① 《礼记·曲礼上》"幼子常视毋诳"句孔颖达疏曰:古者观视于物及以物示人,皆作"示"旁著"见"。后世以来,观视于物作"示"旁著"见",以物示人单作"示"字。

和两,却有着从客体方面抑或从主体方面切入之殊。上节之强调参两不同在于"中",是把参两当作认识世界的方法来把握,当作认识能力来看待的;那种情况下,人的主观因素之分量,自然变得很重要。现在说的万物何由生何以示(也正是屈原所问的那个"何本何化"),强调的是客观性,无论其两与其参,都指客观存在着的事实,不以人们意志为转移。两个地方的两种说法,各自强调了事情的一个方面,都有自己的缘由。其实客观与主观,并不是截然割裂的。客观存在着的,必须被主观把握了,对于人类才有意义;主观把握住的,必须是客观真正存在的,方才说得上是真知。夸大或忘记任何一面,都是偏颇的。

在指出"两""参"各有所司的同时,《管子》还特别强调了一下参的地位,而有"先王因其参而慎所入所出"之说。这大概是由于,无论对万物自己来说,还是万物对人类来说,其参都比其两更为重要。因为其两所表示的,或二分法所触及的,只是事物的"质料",尽管它是万物之所本,终究只是沉睡的潜能(亚里士多德)。因而在某种意义上说,二分法只是同事物的静止状态和表面现象打交道。只有参或三分法所指认所揭示的对立及其关系,才是形成事物全体包括本性的一切成因;而人力(先王)所惟一能以施加影响发生作用的地方,也只是在此关系上,而这些关系,又是变动不已错综复杂的,人力的作用和影响,又是可正可负的;先王之所以必得因其参而慎其行者,盖由于此。参的价值,亦由此可见一斑。

地两天参

对于"参""两"一题谈得最多最深的,当推北宋大哲张横渠。在《正蒙》书中,他以第一篇《太和》论述完了道体以后,紧接着便专设《参两》作为第二篇,讨论三分二分问题。其开宗明义一节这样说:

> 地所以两分,刚柔、男女而效之,法也。天所以参一,太极、两仪而象之,性也。一物两体,气也。一故神(两在故不测),两故化(推行于一),此天之所以参也。

他相信,地是二分对立的,天是三位一体的。地之所以二分,为的是立法供万物仿效;天之所以三合,为的是示性任大家景仰。他认为,统一物效法大地两分其体,是客观可感的;而两体与其统一之参互交合,则成为万物之不可感的本性。

我们看到,天和地,在这里被视为三分和二分的原因和典范,或者说,二分和三分,在这里被认作地和天的应然和本然,并从而规定了万物的现象和本质。这种将参两神圣化、目为天之经地之义的做法,是张载参两说的最大特色。

张载的这一参两观念,将参两与天地联在一起的观念,秉承自《易》之《说卦》。《说卦》在谈到昔者圣人如何作《易》的时候说过一句话,叫"参天两地而倚数",意思是说,《易》在数目方面的安排,是参考(参)比照(两)了天地的情状而建立(倚)起来的。后来注《易》的人,对这句话给出过许多解法,或实或玄,莫衷一是;只有张载的这种将参两定位为三分二分、并归之于天生地设(实际上是强调其客观性)的说法,虽未必真是《易》之本义,倒不失为一种理性的阐释,具有深厚的哲学理趣和意义。

只是需要特别注意的是,张载所理解的"参",与我们前面所说的对立之关系或对立及其关系,所见的有中无中或两生而参视的"参",颇有不同。我们前面所提到的参,都是指那种由于对立的交往(参 cān)而生出的关系(参 sān),以及因对立而形成了的鼎立(参 sā);总之是发生于且隶属于"二生三"阶段的情景。现在张载所谓的"参"或"参一",既以"太极、两仪"为形象,便不是二生三而是"一生二"阶段或"太极生两仪"阶段的图画了。这一点,从他下列文句可以看得更为清楚:

极$^{两}_{两}$,是谓天参。数虽三,其实一也,象成而未形也。(《易说下·系辞上》)

这个图象"极$^{两}_{两}$",这个术语"天参",明显是对"太极生两仪"一语的形象概括,也是对万物存在一事的理学描述。作者在这样做的时候,用了"虽三""实一""未形"三个形容字句,来对图象和术语作了规定,那是想强调"太极生两仪"的动态性,强调"天参"是一个过程,强调"生生之谓易",免得人们把活泼泼的宇宙给看死了;此乃中国文化的一大特色,张载是把握得很好的。

只是张载以此将世界之三分限定在"太极生两仪"的阶段,认定三分为"象成而未形"的潜在状态或朦胧状态,未免把活生生的现实给看小了;这便是他未能突破二分方法的局限所在。其实真正处于朦胧状态的,只有"太极生两仪"之说;它是儒家宇宙生成论的无法证明的想像和假设。而由对立及其关系所形成的三分,却是到处存在且随时可见的现实。

张载没有二生三的观念,也不看重三分的事实。他仅有二有一和一生二的思辨,所谓"有两则有一,是太极也",所谓"两不立则一不可见,一不可见则两之用息"(《易说下·说卦》)之类。如此盘旋于一二之间,停顿在生三之前,虽也能逻辑地推出三来,甚而至于是"天参",结果仍难免会把三分方法给架空的。

这种架空,最集中地表现在他的"参为性两为体"的观念中。他曾说过:

参天两地,此但天地之质也。……得天地最灵为人,故人亦参为性两为体。(《易说下·系辞上》)

这是说,无论天地、万物,还是人,都是以参为性以两为体的;虽然其体是实在的两分,其性却是空灵的参合。这一认识相当深刻,只是不能把它绝对化;因为,事物固然以参为性,但也有明明白白以参为体的时候。

我们前面也说过,构成万事万物本性的参(sān,三分),实源于其事其物的两体之参(cān,参互,即发生关系);而参(cān 关系)之为物,是无可感知的;因而,一般情况下,事物总是参为性而两为体的。

但是这个两体之间的关系,亦有现实化而成为关系者或关系体的时候;那时候,它便从不可感知显现为可以感知,以两为体的物主也就相应地以参为体,而不止是以参为性了。通常所谓的"三极",便是如此。

最大的三极为天、地、人。三者之中,先有天地,是为对立的两体;两体相参亿万斯年,结果有了"得天地最灵"的人。人(严格地说,人及万物。此处且以人为代表),不止是天地的"关系",而且是具体了的关系,是"关系体"。从而,宇宙也就不止是两为体,而成了参为体了。

以三极为范例,我们当能发现,参为体的事实,不止于天地人而已,它正相当广泛地存在世间,组成我们日常的生活环境,为三分方法提供着坚实的基地。

三种三分

但是,并非任何三个东西或观念凑到一起便成三分,也不是将一个客观事物或主观意识任意三掰便是三分方法。三分仅由真正对立着的两个方面及其关系和合而成;其中"关系"一项,或虚或实,亦对立亦同一,从而组成着种种不同的三分状态,不可一概而论,必须仔细识别。

有个关于参的故事,可以帮助我们加深对"关系"的此种复杂性的理解,读来也很有趣,不妨引来看看:

> 卫嗣君重如耳,爱世姬,而恐其皆因其爱重以壅己也,乃贵薄疑以敌如耳,尊魏姬以偶世姬,曰:"以是相参也。"
>
> 嗣君知欲无壅,而未得其术也。夫不使贱议贵,下坐上,而必待势重之钧(均)也,而后敢相议,则是益树壅塞之臣也。嗣君之壅乃始。(《韩非子·内储说上》)

卫嗣君担心遭受重臣如耳、宠妃世姬的蒙蔽,遂为他们各自设立一个对立面——薄疑和魏姬,"以是相参(cān)",即希望他们形成牵制和敌对的关系。讲故事的韩非不以为然,他认为,有了对立面而势均力敌,正好促使他们形成合作共谋的关系,蒙蔽的情况将加倍严重。

这则故事中,卫嗣君只想到两体有对立的一面,便起而利用之;不曾想,两体也有同一的一面,也可形成联合的关系。韩非反之,只强调两体有同一的一面,无视其对立方面,认为势均力敌者必然联合起来进行蒙蔽,这也是一种片面。故事结局如何,我们不去追究了,我们需要知道的是,两体之间的"关系",是十分复杂的:它可能主要是两体的对立属性之参,也可能主要是两体的同一属性之参,或者是对立、同一二属性的交叉相参;一切视具体条件而定,不能顾此失彼,得一忘三。

两体之间关系的不同,左右着两体的不同统一样式;从而,两体及其关系所形成的统一物,其面貌其性质,也便是各不相同的。所谓"三生万物"者,如此;"三"之所以能生"万物"者,以此。

一般说来，两体之间的关系，或对立两体所交参出来的统一样式，可概括为三种，一曰包，二曰超，三曰导；它们连同两体构成了三分世界的基本图画。

所谓"包"，是说对立着的两个方面(A,B)，彼此互相肯定，由二生三，所形成的包含式的关系(亦 A 亦 B)。例如西汉宣帝刘询说的那个"汉家自有制度，本以霸、王道杂之"，便是最好的例证。霸道、王道，本是中国政治文化的对立两体；它们互相补充、熔于一炉，构成一种关系(所谓"杂之"，也就是交参)，遂出来"汉家制度"，一种肯定霸王两道正面因素的第三者，一种包含对立两体的统一物；亦三亦一，即三即一。

历史事例之外，最形象的例证莫如交响乐，那便是包容丝竹鼓钹疾徐低昂种种对立而成的浑然一体；最切身的例证莫如认识活动，具体的感性认识，抽象的知性认识，统合而成抽象而具体、具体而抽象的理性认识；最玄的例证如，一阴一阳之谓道，允文允武称其德，它们意味着，亦阴亦阳的宇宙之道，又文又武的其人之德，都是包容了对立两者而成的统一体。如此等等。

其实说穿了，"一切事物都是将普遍与个别结合起来的特殊。但自然软弱无力使得它自身不能够纯粹地表述出逻辑的形式"①，有待于人类去予以确认与表述而已。黑格尔于是证明，一切事物都是三段式推论的中项，或者说，是一个包容了普遍与个别的特殊统一体。用我们这里所讨论的话来说，那就是，一切事物都是一个三，一个包容式的对立统一体。

对立同一着的两体，时或突出其对立属性，互相拒斥，建立以否定形式为主的关系，构成一个统一体(非 A 非 B)，那便是"超"，超越对立双方而成的第三者，一个否定式的一。

二次世界大战后，世界分裂成两大对立阵营。阵营之内，尔我惺惺相惜，如手如足；阵营之间，彼此虎视眈眈，如鬼如蜮。半个世纪来，这种内我外敌格局所结成的后果，给人类带来过无数痛苦，让人们积累了不少教训。直到世纪之末，一些有识之士才终于在结盟与敌对之外，发现了另一种国家之间彼此相处的方式，那就是伙伴关系——一种超乎敌我之上的合作互助的朋友关系。本来，人群分为敌我友，乃是人类早已熟知的常识。但在 20 世纪末叶，政治家们重新知道朋友关系的意义，却是用鲜血和苦难换来的，是通过对敌我对峙局面的否定而省悟出来的。因而，朋友在这里，便成了超乎对立的第三者，或者说是对立面的否定的统一，一个新的一。

佛家爱用"双照双非"来表述绝对。所谓的"双照"，如亦有亦无，亦是亦非，即对立的肯定的统一，有如我们这里所说的包。所谓的"双非"，如非有非无，不生不灭，即对立的否定的统一，有如我们这里所说的超。"双照"和"双非"，也是对立

---

① 黑格尔：《小逻辑》，第 84 页，商务印书馆，1981。

面,也还有一个再照和再非的问题,即结成亦双照亦双非、非双照非双非的关系,或如我们这里所应该说的亦包亦超、非包非超的关系。如此无限演进,其所追求的或凸显出来的第三者,便是异于对立面的或包或超的绝对,是包和超的统一,或对立两体所形成的第三种关系,第三种统一的形式。

这样的对立统一的第三种形式,可以谓之导,统一者主导着对立的两个方面(A 统 ab)。例如善与恶,这个最与社会的人相关的对立价值,既为对立,当然便有关系发生,也有统一问题。只不过这类的统一,既不可能是亦善亦恶的包容形式,也不应该是不善不恶的超越形式;因为标榜或实行那样的既为善又为恶,或不为善不为恶,都将导致社会崩溃,导致作为社会存在的人类无可存在。因之,事实上善与恶的统一,只是统一于它们的主导者或统摄者,即人们所追求的至善境界。至善统善恶,这是又一种三一的形式。

最能恰当表示主导式之对立统一者,莫如宋儒之"心统性情"说。性静情动,性体情用,性内情外,这是历来公认的对于性与情的了解;至于二者之此等对立格局能否统一,如何统一,统一成什么,直到北宋张载提出"心统性情"说,方才圆满解决。张载说,"合性与知觉,有心之名"(《正蒙·太和》),"心统性情者也"(《拾遗》,《张子全书》卷十四)。就是说,心以知觉为特质,同时还统摄着性与情。朱熹对此有着很好的发挥,他说:"性者,心之理也;情者,心之用也;心者,性情之主也。"(《元亨利贞说》)"性只是理,情是流出运用处;心之知觉,即所以具此理而行此情者也。"(《答潘谦之》)"心统摄性情,非笼统与性情为一物而不分别也。"(《朱子语类》五)这就是说,心、性、情是三件物事;其中性与情,是对立的两面,心是性情的主宰和统一。我们尽可以不同意他们对心性的具体规定,但对他们就其规定而安排出三者关系的方法,则无可挑剔。因为这个方法本是现实辩证法的忠实反映。

能力本位论与21世纪实力主义文化预期

□韩庆祥

一、21世纪知识经济时代的核心价值观：能力本位

在权力高度集中的传统计划经济体制下，一些人推崇"官本位"的价值观；在中国市场经济体制还不健全的初期，某些人推崇"钱本位"的价值观。这两种价值观的最大消极作用，就是抑制人的能力和创造个性的充分发挥，阻遏中国市场经济体制的建立。当今中国确立了市场经济体制，正在走向知识经济，这就要求变革与旧体制相适应的旧的文化价值观念，建立一种与中国市场经济新体制和知识经济的内在本质要求相适应并作为其基础的新的文化价值观念。只有这样，才能为新体制的建立提供文化价值观上的准备和支持。这种价值观就是"能力本位"。

其根据是：(1)它是市场经济的内在要求。市场经济的基本原则是平等竞争，平等竞争本质上是能力的竞争，这好比运动员比赛，能力强者拿金牌，能力弱者被淘汰，在这个意义上，市场经济实质上是能力经济；市场经济为我们大家提供的是"未确定性"、主体选择性与平等竞争的机会和舞台，而这对每个人的人生来说就意味着有一种压力和动力，要获得成功，避免失败，你就必须最大限度地发挥自己的能力。市场经济使每个人充分认识到，你一生的海阔天空主要是靠自己的努力和能力创造出来的，你一生的幸福很大程度上取决于你的潜力和奋斗程度；西方不同的思想家对同一个资本主义社会有不同的评价，有人说它是天堂，有人说它是地狱，这只有拿到能力竞争面前才能理解；当今中国流行两句话，有人说市场经济残酷无情，有人说市场经济不相信眼泪，这也只有拿到能力竞争面前才能理解。因为市场经济不相信能力弱者的眼泪，倒是给那些能力强的人以优厚的回报，市场经济是以牺牲某些

个人的利益为代价而换取整个社会的发展,它对那些不努力的懒汉和不提高能力的人是无情的,但对有能力的人和整个社会的发展来说却是有情的,这是通过无情的手段达到有情的目的;从现实来看,凡是参与比较激烈的国际竞争的经济领域,是必然重视能力的。因此,市场经济对每个人的最大要求是,要从对权力的崇拜、对金钱的追求转移到充分注重自己的能力的充分正确发挥上来,靠能力贡献赢得权力,靠能力赚钱。(2)它更是知识经济的根本要求。日益逼近的知识经济是建立在知识、智力和人的创新能力基础之上的经济,它以越来越多的人的创新能力物化到产品和劳动中去为特征。在知识经济时代,人的智力将爆发革命,这场革命将以开发人力资源和充分发挥人的创新能力为中心,人们将不再以拥有土地和钱财的多少论财富,而主要是以知识的多少、智力的高低和创新能力的大小来论贫富。① 首先,知识作为人的智力的创造性产物,不再是社会生产的一般性或中介性因素,而由于它对经济增长的巨大贡献而变成了直接的生产力,变成最大的社会财富。在知识经济社会里,人们主要是通过人力资源、智力资源和人才资源的开发,进而开发自然资源以创造新的社会财富。如从石头中提取并制作信息科学技术所必需的计算机芯片,从沙子中提取并制作信息通信技术所必需的玻璃纤维等,都需要人的知识、智力和创新能力。在这里,人力资源高于自然资源。其次,知识化的生产方式使得产业结构和就业结构日趋智能化,即传统的第一、第二产业日趋萎缩,而提供智能商品和智能服务的软件产业正成为当前最为夺目的朝阳产业;而且,从业工人的劳动素质正日趋提高,知识型的劳动者将构成社会经济活动的主体。在当今时代,人类经济发展已从主要依靠物的投入转向主要依靠智力的投入,如果说在传统工业时代主要是拼资金和设备的话,那么,在信息时代和知识经济时代,则主要是拼素质和人才。现代经济增长理论认为,人力资本投入是现代社会经济迅速增长的重要因素,知识是提高劳动生产率和实现经济增长的主要驱动力。世界经合组织 1996 年年度报告显示:该成员国国内生产总值的 50% 以上来自知识贡献。在这里,人力资本高于物质资本,能力高于金钱。最后,当代中国社会发展最需要的、但也最缺乏的,就是人的创新能力。无论是现在中国搞市场经济,还是要迎接知识经济的挑战,社会发展对人的知识、智力,尤其是人的创新能力的需要,都是最迫切的。然而,我们现存的某些体制、机制与文化、观念却严重地阻遏、束缚和限制着人的创新能力的充分发挥。在农业时代,社会的生产方式、人们的生活方式需要把道德作为核心价值,由此,道德中心主义成为中国传统社会和传统文化的本质特征。今天,我们已步入工业时代并正在迈进信息时代、知识经济时代。工业是人的内在本质力量的公开展示,在信息时代和知识经济时代,人的创新能力将成为整个社会发展的主导力量,由此,人的创新能力价值应成为核心或首要价

---

① 参见《智力革命》,委内瑞拉《宇宙报》2000 年 11 月 1 日。

值,我们应紧跟时代潮流,与时俱进地反映时代精神,确立"能力本位"的核心理念或核心价值观,围绕人的创新能力开展能力建设,使道德建设以及其他建设为能力建设服务,或适应能力建设的要求。然而,现在我们有些地方落后于时代潮流,只强调道德建设而不谈能力建设,甚至以道德建设排斥能力建设,似乎大讲特讲道德建设是最革命的,而能力建设是可有可无的。这种看法必将影响和限制中国社会的创新和发展。我们绝不是反对道德建设,也不是以能力建设排斥道德建设(越强调能力,就越要注重道德),恰恰相反,在信息时代和知识经济时代,只有使道德建设适应能力建设的要求,为能力建设服务,这样的道德建设才是有时代先进性的,才是有意义、有生命力的,因而才是具有凝聚力、社会影响力和活力的,离开能力建设的道德建设,其作用和意义将是有限的。由此,倡导人的创新能力,把人力资源开发提升到能力建设的高度,对具有13亿人口这一巨大人力资源的中国的发展来说,是至关重要的。正如江泽民同志所讲的,人力资源能力建设,是中国抓住机遇、迎接挑战,进而推进经济、社会和科技发展的关键。总之,人力资源、人力资本,尤其是人的创新能力,已成为当今经济、社会和人的发展的主导性因素,注重人的知识、人的智力和人的创新能力的培育与建设,是当今中国发展的根本选择,也是中国迎接21世纪知识经济时代挑战的伟大工程。(3)它符合中国社会发展的本质要求。邓小平指出,中国社会发展的本质,是解放生产力,发展生产力,消灭剥削,消除两极分化,最终达到共同富裕。人是生产力中最有决定性的力量,解放和发展生产力,首要的就是解放和发展人的能力。过去,我们分割"蛋糕"的方式曾是平均主义的,名义上是不饿死每一个人,大家共生,但由于这种分割蛋糕的方式是鞭打快牛,养懒汉,所以蛋糕做不大,生产力发展不起来,结果必然是共亡。要生存和发展,就必须把蛋糕做大,解放和发展生产力。由此,就必须鞭打慢牛,改变传统平均主义的分割蛋糕的方式,实行按能力和业绩大小分割蛋糕,这必然会解放和发展人的能力。在按能力和业绩大小分割蛋糕的过程中,人们之间的收入差距必然会拉大,甚至一定程度上会出现贫富悬殊和剥削现象,这不符合社会发展的本质,所以最终要达到共同富裕。但这种"共生"必须以靠各尽所能把蛋糕做大为基础,必须以强生支撑共生,否则,共同富裕就缺乏物质基础而难以实现。所以,邓小平所讲的社会发展的本质,实质上就是要建立一种能使每个人各尽所能的激励机制和分配方式。(4)它适宜于中国国情。中国国情的一个重要方面,是人口多,是人口资源大国。这意味着,人口资源开发得好,人口包袱就会变成人力财富,人口负担将会变成人力优势,人口阻力将会变成人口动力。而要做到这一点,有五种途径和方式,一是充分发掘每个人身上具有的巨大潜能,二是通过各种科学的能力测评手段发现人的能力,三要合理配置与使用人力资源,四是不断完善和提高人的能力,五是通过培养能力、发挥能力和发展能力来开发人的能力。这就要求我们必须把充分开发人力资源和人才资源、充分发挥每个人的潜力和能力作为一项根本性的战略任务来抓,这事关21世纪中国社会发展事业的全局。正因为如此,江泽民同志特别注重能力建设问题,在2001年召开的亚太经合组织第九次领导人非正式会议上强调指出:要注重人力资源能力的开发和培育,主张人力资源能力建设及其充分正确发挥,这已成为我们把握新机遇、应对新挑战,借以实现科技进步,实现经济和社会发展的关键。(5)它反映了人类文化发展的总趋势。能力本位符合人类文化由原始社会的群体能力本位向奴隶社会的宗法血统本位,再向封建社会的权力本位,再向资本主义社会的钱本位,以及向知识经济社会的智能本位转移的发展趋势。未来学家托夫勒指出,在知识经济或信息经济时代,人的智力和创新能力将成为最大的财富,成为支配社会发展的主导力量。(6)历史发展证明:重天命轻人力,重先天出身血统轻后天努力奋斗,重关系轻能力,是中国社会发展缓慢的深层原因,重人的能力和人的后天努力奋斗,是近代以来西方社会发展迅速的重要原因。严复、鲁迅、李大钊和陈独秀在总结中国社会发展的历史经验教训时明确指出,中国封建社会事事听天命,不知尽人力,这是近代中国所以贫弱和衰落的一个重要原因,而西方人事事靠人力,知道万事全靠人力做成,强调"力本论",所以才富强起来。21世纪的竞争,说到底是国家综合实力的竞争,实力较量没商量。一个民族的尊严来自于实力。我们之所以申办奥运成功,一靠实力,二靠努力。实际上,当社会发展处于创业时期,更要求突出人的创新能力,因为创大业、攻破各种难关必须靠能力。邓小平就是一个实力立国论者。(7)能力本位也蕴含于人必须靠其能力立足于世界的内在本质要求之中。一般来说,近代西方文化比较注重从能力方面理解人的本质,使人和人的关系适应和服从人的能力发展,所以推动了社会快速发展;而中国传统文化较注重从"关系"方面理解人的本质,使人的能力适应和服从人和人的关系,所以人的能力发展常常遇到阻力。

"能力本位"包括以下主要内容:(1)含义。这里的能力,是人的内在综合素质在实践活动中的外在表现,人的素质是人的内在本质力量,是人的能力的内在根据,人的能力是人在实践活动中的本质力量,它包括人作为人应具有的一般能力、专业技能、实践创新能力、为社会而创造财富的综合能力和拒腐防变、抵御风险的能力。能力本位是指,与中国市场经济、知识经济的内在本质要求相适应的现代形态的文化价值观,应建立在能力价值观的基础之上,要以能力价值观支撑现代价值体系,当权位、人情、关系、金钱、资历、年龄、门第同能力发生冲突时,应以能力作为裁决的准绳,应让位于能力;在市场经济、知识经济和现代化建设条件下,人生的一切追求和一切活动首要应围绕如何充分正确发挥人的能力旋转,靠能力立足是当代人生价值取向;应把不同能力的人,放在不同的位置上,把有能力、有业绩的人提升到他应有的位置上,有能有绩应有位;在对人和组织的行为表现和效果进行评定和奖惩时,应首要看其能绩,以能绩论高低。(2)精神实质。它反对以"血统本位"、"关系本位"、"官本位"和"金钱本位"为基础的旧的文化价值观,倡导以"能力充分正确发挥"为基础和核心的现代价值观;它反对极端整体主义和个人利己主义,既倡导每个人要通过正确发挥其创造能力,为集体、国家、社会以及人民多做贡献,实现个人的社会价值,也要求社会为每个人能力的充分正确发挥创造条件,要围绕如何充分正确发挥每个人的能力进行制度安排和运作,因而它代表民主国家和国民的利益,是与真正的集体主义道德一致的;它反对离开道德来谈能力和离开能力来谈道德两种倾向,倡导在当代市场经济和知识经济背景下,要围绕人的能力的充分正确发挥来理解现代道德,以道德促进能力,以能力支持道德,以道德为前提,以能力为本位,要把道德看做是促进人的能力充分正确发挥的进取性道德,把每个人凭其能力的充分正确发挥做好本职工作从而为社会做贡献,看做是当代最大的道德。(3)社会价值导向。能力本位蕴含着制度创新、组织创新、管理创新和理论创新,它要求建立一个以能力全面发展为价值导向的能力社会及其运行机制,要求追求权利、机会、规则和"回报"公正,要依据"人的能力发挥状况"来对社会的制度、体制、组织、运作机制和政策等进行设计和评价。我们要从"实力发展战略"或"实力立国"的角度理解和看待美国和日本。当代中国正在走向能力社会。(4)个人价值取向。它要求塑造"能力型人格",每个人把充分正确发挥其能力作为自己人生价值追求的主导目标;要求人凭其能力改变自己不满意的处境,凭其能力为社会而工作,凭其能力实现其人生价值,凭其能力和业绩确立其社会地位;要求在工作中力求做到各尽其潜、各尽其能、各尽其才、各尽其长、各尽其用,要求尊重人的能力差异、创造性和后天作为。(5)在现代价值体系中的地位。能力本位是其他现代文化价值体系的基础和核心,要以能力价值为基础和核心来理解利益(靠能力实现利益)、自立(靠在娘怀里的孩子难长大,有能力才有可能自立)、个性(有能力就会有个性)、主体性(能力是人的主体性得以确立的基础)、自由(有能力才有自由度)、平等(按能力和贡献进行分配才是真正的平等)、创新(有能力才有可能创新)和民主(靠能力和贡献而立足的人欢迎民主)等。(6)能力本位在实现过程中可以产生"能本管理"、"能力本位"的干部人事制度、"按能绩分配"的分配制度、"能力型人格"和"实力立国"的实力主义发展战略等一系列创新性成果,但其实现需要一个过程,应具备相应的条件。能力本位既是一种挑战、改造和超越现实的理性主义,同时又是一种立足于历史发展、时代、实践和现实而提出来的一种时代精神。

二、21世纪与实行实力主义预期

既然21世纪知识经济时代的核心价值观是能力本位,那么,21世纪应实行实力主义的发展战略。

改革开放之前的20年,由于受"左"的思想影响,人们往往重名分而轻实效。人民公社时期,人们片面追求"一大二公三纯"的社会主义之名(外在的形式和名分），忽视社会主义之实（实际水平和实力大小）；"文化大革命"时期，"四人帮"强调"宁要穷的社会主义，不要富的资本主义"；"文化大革命"刚刚结束，有人提出"两个凡是"；在改革开放过程中，有一种思维定势，就是凡事都预先一味地追问"姓社姓资"。在社会生活中，也有许多人只注重外在的形式、名分、"定性"、"贴标签"，不注重实际效果、实际内容、实力水平和客观实际。

邓小平根据时代的要求，实现了思维方式的创新。他提出的"猫论"，实质精神就是注重实力。之后提出的"三个有利于"标准，是地地道道注重"实力立国"的表现。在"三个有利于"中，生产力是基本的实力，综合国力是实力的综合体现，提高人民生活水平是实力的源泉。"不争论"也是主张"实力立国"的，要实力立国，就要扎扎实实地干，反对不真抓实干的空洞抽象的无谓争论。其他诸如"抓住机遇发展自己，尤其是发展经济"，"要坚持以经济建设为中心，扭住不放"，"坚持党的基本路线一百年不动摇"，"必须把大力发展生产力作为全党工作的中心和根本任务"，等等，都表明邓小平深深感受到实力立国对中国的绝对重要性。

在21世纪，日趋激烈的综合国力竞争根本上就是实力竞争和实力较量，国与国的交往很大程度上就是实力交往，实力决定国家在世界上的地位。民族和国家的尊严也来自于实力，离开实力的支撑，将会在国际竞争和交往中处于被动。美国和日本等发达资本主义国家发展的奥秘之一，就是实行"实力立国"的发展战略（"利"、"力"、"理"、"立"）。在他们看来，谁的实力大谁就是赢家。然而，我们中国在历史上，对此并不总是十分清醒的。拿破仑曾说"中国是一只沉睡的狮子"，并称"永远不要让它醒来"，否则，会震动世界。这里所说的"沉睡"，其中之一指的就是中国人没有真正懂得社会发展的竞争机制、竞争实质上是实力竞争和必须靠实力立国的深刻道理，反而长期沉迷于对竞争的抑制、对能力的控制和对不合乎时代发展的抽象原则、书本理论、思想观念的崇拜，强调准则、规范、思想对人的控制，而不去追问这些准则、规范和思想是否有利于人的潜能、能力和创造性的发挥，以及对社会发展是否有积极推动作用。由此，我们必须反对形式主义，脚踏实地做好本职工作，真抓实干，注重实际效果，以本部门本单位的实力来证明自己的工作水平和领导成果；在工作中不能只考虑"这不能干那不能干"，而要多考虑怎样干对社会发展才更有效。质言之，在21世纪应实行实力主义的发展战略。

三、21世纪中国教育模式的当代转变：从"知识教育"走向"能力教育"

首先要把实力主义发展战略落实到教育体系上，这就是应实行能力教育。

21世纪教育的话题格外沉重。因为世人普遍认为，21世纪最根本的竞争是人的素质、人才的竞争，而教育的首要任务和直接目标就是培养人和人才，它对人和人才的培养具有不可被其他方式和手段所取代的特殊作用。这其中就有一个必须首先解决而且值得我们注意的问题：21 世纪我国现代化建设以及市场经济、知识经济内在要求的是什么素质的人和什么类型的人才？或者说，21 世纪我国的教育应把人培养成什么样的人？这是面向 21 世纪我国教育改革必须解决的前提性问题，也是确定 21 世纪我国的教育观和教育模式的核心问题。我们的基本观点是：我国传统的教育模式主要是重知识灌输的知识教育，而 21 世纪我国现代化建设以及市场经济、知识经济迫切需要的而我们又最缺乏的，是具有综合素质和实践能力、创新能力的人才，因而，21 世纪我国的教育应在教会人们适应和推进现代化建设以及市场经济、知识经济的发展上下功夫，应从过去一味注重知识灌输走向注重知识、素质和能力的培养，实行以人的综合素质为基础的能力教育，我们需要知识，但更需要把知识转化为素质和能力，需要人文关怀。

（一）对中国传统教育模式的清理与总结

所谓中国传统的教育模式，是指一味注重由教师向学生单向灌输知识、以考试分数和升学率作为衡量学生质量和教育成果的惟一标准的教育教学制度。历史地看，这种教育模式在传统的计划经济体制时期起到过一定的积极作用，为国家建设和社会发展输送了许多人才。然而，随着我国现代化建设以及市场经济的发展，这种教育模式的历史局限性却日益显示出来。归结起来，主要就是：(1) 重知识而轻获得知识的方法，教师和学生都不大注重获得"牛"，而注重取其"乳"；(2) 重知识而轻人格，学校和教师比较偏重向学生传授知识，轻对学生的人格关怀与价值观、素质、能力的培养；(3) 重应试而轻应用，较为注重学生的考试成绩，然后根据学生对教师所传授的知识的掌握程度来评价学生的学习水平（谁能够最准确地重复教师讲述的知识要点，谁就被视为最优秀的学生，但只知其然却不知其所以然），而不大注重对学生的创新意识、创新精神、创新素质和创新能力的培养；(4) 重占有而轻反思，学生大多关心的是如何把教师传授的确定性的知识尽可能完整准确地记在脑子里，以便应付考试，而不去分析和反思这些知识，更谈不上以这些知识为资源去创造新的知识，也不去把这些知识转化成自己的知识、素质和能力，作为自己创造性思考的一部分；(5) 重继承而轻革新，我国的传统教育思想往往注重惟惟于先祖之教，恪守于古贤之道，以守护文化财产为己任，而不以这些财产投资扩大再生产和生产新产品，因而培养出来的人才多"积累型"而少"原创型"，多"继承型"而少"创新型"，多"注释型"而少"建树型"，多"学问型"而少"思想型"；(6) 重名而轻实，许多人上学读书学知识（有的干脆就是空拿文凭无所谓读书学知识），是为了包装自己，以便将来可以此为资本去获取相应的职业、社会地位和待遇，以提高其自我价值感，而不是为了真正提高自己的素质和实践能力，实现自己的社会价值。

我们应进一步分析造成上述局限性的深层原因。造成这些历史局限性的直接原因，是我国传统的教育观、教育模式和教育制度；而深层原因，则是由于我国传统的计划经济体制、"官本位"的政治体制和具有"等级"色彩的纵向型社会关系所形成的价值取向、社会心理和思维方式。传统的计划经济体制使人们习惯于注重"给定、既定、确定"的东西,注重"既成、既得"的事物,注重"服从、守成、等靠要"的行为方式;权本位的政治体制和具有等级色彩的纵向型的社会关系易使人们养成"惟权、惟上、惟书"等崇拜权威的心理,以及注重"名分、身份和守道"的意识,也往往把人们之间的关系看做是"等级关系"、"服从关系"和"上级支配下级的关系"。这最终必然使人们的价值取向、社会心理和思维方式具有以下本质特征:保守有余而创新不足、依附(人格)有余而自主(人格)不足、重"书本公式"而轻实践、主体支配客体。在这种体制和文化背景下形成的教育观、教育模式和教育制度,就易产生如上历史局限性:保守有余而创新不足,就易使我们的传统教育重对既成、既定、给定和确定的知识的灌输,而轻对新知识的创造和创造性人才的培养;重对过去传授下来的知识的继承,而轻对传统知识的更新。依附人格有余而自主人格不足,就易使我们的传统教育重知识而轻方法、重知识而轻人格,因为对自主人格的漠视,就会使教师不大注重对学生的素质、能力、自主性人格和获取知识的方法的培养,而多注重学生完整准确地掌握所讲授的书本知识,就会使学生依赖或服从教师的安排,受教师支配,忽视学生的独立自主性和能动的主体性。重书本公式而轻实践,就往往把学生只看做"知识人"而不同时看做是"实践人",因而就会要求学生重对书本知识的拥有(占有)而轻对书本知识的反思,重对学生所掌握的书本知识的考试而轻这些知识在实践中的运用以及实践中的知识,重知识对自己的包装作用而轻实践能力的提高,重守道而轻做事。主体支配客体,就易把学生只看做是受动的客体,而不同时看做能动的主体,只看做是"客体的人",而不同时看做是"主体的人",把教师和学生的关系只看做是主客体的关系,而不同时看做是主体之间的关系,因而往往注重对学生单向的知识灌输,而忽视学生的主体能动性。

由此,要克服我国传统教育的历史局限性,就必须改革我国传统的经济体制、政治体制和社会关系,就必须变革我国传统的文化价值观、社会心理和思维方式。

(二)21世纪中国教育模式的转变

时代观决定人才观,人才观决定素质观,素质观、人才观决定教育观,也决定教育模式的走向。要弄清并确立21世纪中国教育改革和发展的趋向,以及教育模式的走向,就必须首先对21世纪中国的现代化建设以及市场经济、知识经济向人和人才所提出的要求,加以全面而深入的理解。

21世纪中国的现代化建设主要是通过市场经济以及知识经济的方式来进行的,市场经济以及知识经济对人的存在方式具有根本的影响,这就是它使人的存在方式以及生活方式、行为方式和思维方式不得不发生相应的转变,这种转变主要是围绕"利"益、能"力"、"理"性和自"立"四个核心要素进行的。因为市场经济以及知识经济就其对人的本质要求来讲,就是人必须按照理性的法则来充分正确发挥其能力,以获取正当利益,并获得自立。首先,市场经济使人为追求和满足自我正当利益的最大化而存在。市场机制的实质在于,它充分利用人对其利益追求的本性来激发人的最大潜能,从而为社会做出最大贡献,它是以人对自我正当利益的追求和满足为出发点的。为此,市场机制是力图通过竞争和交换价值的实现,来刺激人为实现其利益而焕发出的进取精神。因而,追求竞争和交换价值中的利益最大化,是人们进行生产的基本动机。这种追求表现在交换领域,必然使交换双方追求互利,关心其物质利益的实现。无论是资本主义的还是中国的市场经济,都承认市场经济的趋利本性以及人在市场机制中追求自身利益的客观存在。当然,我们的任务在于使"利益驱动"向有利于中国市场经济体制建设的积极方向发展。这样,中国市场经济及其市场机制便使人由过去离开利来谈义,转向以合乎"义"的方式追求利和在利中求义。其次,市场经济使人主要依靠能力而存在。美国汉学家史华兹指出:严复在欧洲思想中发现了一个秘密,那就是必须充分发挥人的全部能力,并认为后者体现了欧洲走向近代化的运动,也是西方近代化取得重大成就的原因所在,这对中国摆脱落后更是必不可少的。事实上,能力总是整个西方近代化过程中的中心论题之一,西方思想所表达的力本论精神仍是西方的特点和冲击力的关键所在。[①] 这样,中国市场经济及其市场机制必然使人由过去注重依靠"关系"和权位而存在,提升并转移到主要依靠充分正确发挥其能力而存在。再次,市场经济使人自觉遵循理性的法则而存在。人们要在市场竞争中获取成功,既要运用理性思维能力,来对社会上存在的重要信息和市场行情加以分析、选择和处理,又要运用理性的法则来破除社会上的"人情"、"关系"、特权向经济的公共领域渗透,还要运用理性和理智来控制人的情感、意志,同时亦应依靠人的理性认识能力去把握自然的本质和发展规律,发展科学技术,且以精细的理性计算来使劳动和资本达到最优组合,从而创造出更多的物质财富,获取更大的利润,这实质上内在要求发育和提升出一种理性精神,并使理性成为人在市场经济中的一种存在方式。许多西方思想家就是用理性精神为资本主义商品(市场)经济的发展鸣锣开道的,理性也成为近代资本主义社会评判一切的标准,一切都要拿到理性的审判台前接受审判。当前我国强调的成本核算、法治、科学管理、科学技术和科学精神,实际上都是市场经济所蕴含的理性精神的内在要求。这样,中国市场经济及其市场机制必然使人由过去一味注重"人情"提升并转移到对理性的重视上来,使理性成为人在社会公共领域中的重要存在方式。最后,市场经济使人必须依靠自我努力奋斗而存在。市场经济内在要求从事有关经济活动的人能够在经济运营中,独立自主地进行分析、判断、选择和决策,并自觉承担责任,人的独立自主或自立是从事有关经济活动的主体参与市场竞争和经济运营的前提条件。如果没有经营主体在思想、人格、能

---

① 史华兹:《寻求富强:严复与西方》,叶凤美译,1~7页,江苏人民出版社,1995。

力和经济关系上的某种独立,他要在经济运营中行使自主权是比较困难的,经济组织也是难以真正走向市场参与竞争的。在市场竞争中,竞争者必须以其独特的优势和能力取胜,为此,他就必须以其独特的产品、经营管理方式和竞争方略进入市场,而这必将培植起人的独立个性和努力奋斗精神。近现代西方资本主义商品(市场)经济社会历来注重和强调人的自我努力奋斗的自立精神。在我国市场经济体制建设过程中,人们也日益感觉和体验到,人必须靠其努力奋斗来确立自己在社会中的地位。这样,中国市场经济及其市场机制便内在要求人们由过去较为注重"先天给定"、"等靠要",转到注重"后天努力"、"自立"上来,使自立成为人在市场经济社会的一种存在方式。人的存在方式的变化必然引起人的生活方式、行为方式和思维方式的变化。概括起来就是:人必须按照理性的法则充分正确发挥其能力,以满足自己的正当利益和获得自立,并以此来生活、行动、思维和实现其价值。

市场经济所引起的人的存在方式的上述变化表明,人仅仅具有知识或书本知识是远远不够的,必须具有相应的素质和能力:其一,在价值取向上,确立"能力为本"的价值观念。其二,在能力水平上,要具有思维能力、专业技能、实践能力和创新能力。在市场经济和知识经济社会,需要完成的任务和解决的问题、困难、矛盾很多,需要协调和处理的关系也很复杂,这就要求人必须具有辩证的思维能力;市场经济条件下的分工越来越细,每一分工领域对科学技术的需求越来越高,这就要求人们必须具有专业技能;在市场竞争社会里,是不惟权力重能力,不惟学历重实力,不惟年龄重本领。这里的能力、实力和本领,主要指人的实践能力和创新能力。其三,在道德品格上,尊重个人、自我和个性的价值,具有独立自主性并承担社会责任。市场经济使人为追求和满足自我正当利益的最大化而存在,这实际上意味着:个人自我也是利益的主体,具有独立的利益,因而本质上承认个人、自我具有独立自主性和不可被取代的道德价值;个人自我具有独立自主性,同时也意味着要求他承担相应的社会责任。其四,在精神状态上,具有努力奋斗的自立精神和创新精神。在市场竞争中,人要获得自立,就必须抢占发展的制高点,拓宽发展的空间,抓住发展的时机和机遇,为此,人就必须具有创新精神。其五,在思维方式上,具有理性思维和实力思维。市场经济使人自觉遵循理性的法则而存在,使人必须依靠自我努力奋斗而存在,这就内在要求人既应树立理性思维,同时要求人必须以理性并且凭其实力,来追求和满足自己的正当利益,来确立个人自我的独立自主性和自立性,实现自己的价值,即树立实力思维。

以上类型的人和人才,是以人的素质和能力为基础和核心的:个人自我只有依靠其能力才能具有独立自主性,才能独立自主地存在;人只有具有能力才有可能培养其自立精神和创新精神,没有能力的人根本谈不上自立和创新;实力来自于能力,能力是增强实力的根据和基础;理性本身就是一种能力。这里,能力支撑着人的独立自主、自立、创新、理性和实力,后四者也体现着能力的地位、作用和价值。

以素质和能力为基础和核心的人和人才,是市场经济社会最需要的,但又是当代我国最缺乏的。

以素质和能力为基础和核心的人和人才,是21世纪我国对人进行教育和培养的现实基点和出发点,对理想人格的设计和塑造都应建立在这一基点之上,离开这一基点和出发点来谈论人的教育和培养,必然陷入抽象。由此,21世纪我国的教育应根据市场经济以及知识经济对人和人才的上述要求,在教会学生适应和推进现代化建设以及市场经济社会的发展上下功夫,我们的教育模式应从过去一味注重单向的知识灌输转向注重素质和能力,实行以人的综合素质为内在基础的"能力教育",应以人的素质与能力为基础和核心,重点培养学生的思维能力、专业技能、实践能力和创新能力,培养学生的独立自主性和承担社会责任的道德品格,培养学生的理性思维和实力思维。是否重视以综合素质为基础的能力教育,是新旧教育观、教育模式和人才观的根本区别。这里绝不是说知识不重要,不再需要和重视知识了,(我们一定要避免从一个极端走向另一个极端,那种认为重视素质和能力就是轻视知识的看法,是一种极端片面和错误的认识,在任何时候都是离不开知识的,在知识经济时代更是如此)而是说我们既需要重视学习和掌握知识,但更需要学会获取知识的方法,学会运用知识进行创造性思考,学会把知识有效地转化为素质和能力,(知识转化为素质和能力才更有用)从而使素质和能力成为进一步更有效地获取、消化、运用和再生产新的知识的基础和手段,学会塑造健全的人格。因为学生在学校学习知识的时间毕竟是有限的,所学到的知识在社会实践中能发挥作用的,也是有限的,人一生所不断需要的无限多的知识不可能都在学校获得,学校只有着力培养学生获得知识的方法、素质和能力,着力培养学生的健康人格,才能使学生走出校门后在社会上不断获取和正确运用新的知识。这一点,学校的教育经过努力是能做到的,而且是必须做到的。需要说明的是,这里的素质和能力实际上是同一个问题的两个不同侧面和不同表述:素质本质上是能力的内在基础,能力是素质在实践活动中的外在表现,素质诉诸于实践就表现为能力;离开素质,能力就会成为无源之水、无本之木,离开能力,素质就无法表现、实现、观察、确证和把握;对素质的强调必须进一步前进到对能力的关注上来,对能力的注重也必须包含对素质的强调。所以,我们必须把对素质的认识和理解以及强调进一步前进、深入和落实到对能力的重视和关注上来,而不能重素质轻能力。其实,能力在历史、现实、理论因而也在逻辑进程上,是比素质更高、更能显示其优越性的一个范畴,它比素质具有三大优点:一是素质是内在的,具有不可视性,没有能力的帮助就无法确证和把握,而能力则是外化的,具有可观察性和确证性,易于把握;二是素质并不是一个实践行动范畴,对素质的强调并不必然是对实践行动的强调,而能力却是一种实践行动范畴,对能力的注重实际上就是对实践行动的注重;三是素质的作用和意义必须通过能力来表现、实现、体现和确证,而能力本身就是一种价值和意向,有其价值旨归,它以其现实性、可确证性和实践性,显示其对社会、历史、现实、实践和人生的作用及其意义,它既可以用来批判中国传统社会和传统文化中的"血统本位"、"关系本位"和"官本位",以及资本主义社会中的"钱本位",又可以用来支撑和确立独立、自主、自立、个性、创新、理性、科学、民主、法制、公正、自由、竞争、效率、实力等现代的意识、人格和精神。此外,实行"能力教育",不仅是21世纪中国现代化建设以及市场经济、知识经济对教育改革与发展的要求,而且也符合人类社会历史由前资本主义社会的"人的依赖"到资本主义社会的"物的依赖",再到社会主义社会以每个人能力的自由、平等、全面发展为基本原则的"能力依赖"这一发展趋势。21世纪的中国虽然一定程度上仍处在"物的依赖"之中,但从根本和趋势上,也是在走出"物的依赖"而进入"能力依赖",且把"能力依赖"作为主导原则来逐步消解"物的依赖"。纵观社会和文化发展的趋势,当代教育观和人才观已经由重知识向重素质和能力转移。

四、能力建设与社会体系创新

在总体上,应把实力主义发展战略落实到能力建设与社会体系创新上。

(一)能力建设的基本含义

能力,是人的综合素质在现实行动中表现出来的实际本领和能量。"具有一定素质的主体人"和客观的"人的活动的现实展开"是影响和制约人的能力发挥与实现的两个最重要的因素。与之相应,"人"(能力的主体承担者)和"人的活动的现实展开"(能力发挥和实现的中介),便构成了能力建设的两个基本方面和基本维度。换言之,能力建设,实质上就是对能力人的培育和对人的能力充分正确发挥所赖以进行的社会条件的创造。根据江泽民同志在亚太经合组织第九次领导人非正式会议上的讲话精神,他所讲的"人力资源能力建设",主要包括以下两个层面的内容:一是"要注重培育和提高人力资源开发的能力,加快人力资源开发能力的培育";二是"需要采取有效的措施,把人力资源转换和提升为一种能力"。前者指的是"开发能力",后者指的是"转换能力"。我们应结合中国社会发展的具体现实和实践来理解开发能力和转换能力。根据我们的理解,总体来讲,开发能力和转换能力主要包括发掘潜能、发挥能力、发展能力、发现能力、使用能力、完善能力和培育能力等内容。这就是能力建设。发掘能力就是挖掘人的巨大潜能,发挥能力就是在合适的工作岗位上使人的能力有用武之地,发展能力就是不断提高、增强人的各种能力,发现能力就是通过测评的方法去认识人的能力水平和状况,使用能力就是把不同的能力与不同的岗位、职位、收入和福利待遇结合起来,完善能力就是缺什么能力补什么能力,培育能力就是把潜在的能力变成现实的能力,把低水平的能力变成高水平的能力,把没有能力的人变成有能力的人,把片面发展的能力变成全面发展的能力,把不健全的能力变成健全的能力。

这种能力建设,向我们每个人和社会提出了更高要求。它要求我们每个人力求把自己塑造成一种具有能力意识、以能力发挥作为人生价值追求的主导目标的能力人,以达到充分开发自身人力资源并使人力资源转换成能力之目的;而且每个人既要通过充分正确发挥其能力来实现其人生价值,又要不断开发自身的人力资源,提高其能力素质,为社会多做贡献。具体来说就是:充分挖掘人本身具有但未曾使用过的潜力和资源,为社会做到人尽其潜;充分提高和发挥人的现有能力,为社会做到人尽其能;有效配置和合理使用人力资源,为社会做到人尽其才;培养和提高人的专业技能,力求使自己成为某一领域的专家,为社会做到人尽其长;避免能力和人才的浪费,为社会做到人尽其用。它还要求我们的社会必须把"能力发展"的原则贯彻到整个社会中去,既使社会的一切活动都要通过充分正确发挥人的能力来实现,又要使社会为人的能力的充分正确发挥提供条件。这就是说,我们的社会制度、社会体制、社会组织、社会管理、社会运行机制、社会发展战略与目标、党和政府的路线方针政策,等等,都要围绕着有利于充分正确发挥每个人的能力来设计、运作。质言之,它要求建立一个以能力正确发挥为社会价值导向和制度选择目标的能力社会及其运行机制。能力人的培育与能力社会的营造,二者相互促进、相辅相成、共生共长。

(二)能力建设的内容与方式

能力建设,是基于人力资源、人力资本与人的创新能力在当代经济、社会和人的发展中的作用日益突显的客观事实,而提出的一种新型的人的建设观和社会发展观。在一定意义上讲,能力建设是"能力本位论"在社会制度、社会体制、社会组织、社会管理、社会运行机制、社会发展战略等方面的具体化与现实化。江泽民同志在提出"能力建设"这一重要概念的同时,也为能力建设提供了一般途径和方法,即"要把人力资源的潜力转化为现实发展的优势"。要做到这一点,就必须大力塑造"能力人",积极营造"能力社会"。其具体内容主要包括:

一是塑造"能力人"。

在文化价值观上,就是首先要引导人们确立能力本位的观念,并将其当作自己人生的价值取向,即通过充分正确发挥其能力来实现其人生价值;其次要树立把是否尊重和充分发挥人的能力也看做是否具有道德的新观念,即树立"不尽其能便是不道德"、"压抑人的能力也是不道德"、"能力歪用更是不道德"的观念;再次要引导人们扬弃那种仅面向"人"事、指向权力、趋向做"官"的传统思维,确立以能力为本,且使人的一切活动、一切关系和一切追求都要围绕着充分正确发挥人的能力旋转的现代思维。

实施整体性人才资源开发战略,全面提高国民素质。首先要把人才资源开发纳入整个国民经济和社会发展的大系统、大循环中去;其次要把人力资源开发对象扩大,应包括全体国民;第三是在开发环节上下功夫,把预测与规划、培养与使用、配置与管理等当作人力开发的主要环节;第四是人力资源开发内容要全面,一般应包括人的潜能开发、体能开发、知识水平提高、智力开发和人的创新能力开发等内容。

二是积极营造"能力社会"。具体来说就是:

制度创新。确立一种将责权利落实到每个人身上,从而在根本上能保证和鼓励人充分正确发挥其创新能力的新制度。主要包括:所有制形式创新,即确立劳动者个人所有制。其本质含义是,每个劳动者个人能自主地占有生产资料、自己的劳动及其劳动力(核心是能力)、自己的劳动产品,为实现每个人的能力自由平等全面发展提供社会经济形式。产权制度创新,即确立人对其能力的所有权和对能力所创造的财富的收益权,其本质目的在于建立一种既保证劳动者的主体地位,又促进劳动者的能力积极充分发挥的新型产权关系。分配制度创新,即在坚持按劳分配和按生产要素分配原则的基础上,确立按能绩分配的制度。它要求人人都按照"个人能力发挥及其贡献大小"这同一尺度进行分配,其实质目的在于建立一种"各尽其能"的分配方式和激励机制,使一切社会成员尽可能充分地正确发挥其能力。用人制度创新,即确立"德为前提,能为本位"的能绩优先的用人制度。其实质目的在于实行竞争上岗、能上能下、能进能出的组织人事制度,避免亲情、关系、特权和金钱等向组织人事制度的渗透,借以创造条件来保证有才能的人更好地发挥才干。具体说就是要做到:选那些有才能和业绩的人(选谁);开阔选人视野,在较为广阔的范围内选人(在什么范围内选);让广大群众参与选举(谁选);根据人的能力和贡献大小选人(凭什么标准选);通过笔试、面试、考察等赛马式的方式,公平、公开、公正地选人(以什么方式选)。体制创新,变权力高度集中的计划经济体制为能力充分正确发挥的市场经济体制,即依据"有利于人的能力充分正确发挥"来设计、运作和评价市场经济体制;变围绕权力运转的政治体制为围绕能力充分正确发挥而运转的政治体制,即依据有利于人的能力的充分正确发挥来设计、运作和评判政治体制。

机制创新。确立一种将责权利落实到每个人身上,从而在根本上保证和鼓励人充分正确发挥其创新能力的新机制:动力机制创新,在坚持生产力与生产关系的矛盾运动是社会发展根本动力的前提下,注重个人能力充分正确发挥对社会发展的重要推动作用,其实质在于确立一种能使个人能力得到充分正确发挥的激励机制和竞争机制,以保证具有真实才能的人有机会和舞台来施展其本领,而使才能平庸的人感到有生存和发展的压力;导向机制创新,确立一种引导人们把能力发挥作为人生目的的机制,克服权力价值观、金钱价值观对人生的消极影响;约束机制创新,确立一种使人的能力得到正确发挥的机制;流动机制创新,建立公平合理的社会流动机制,以保证每个人根据自身能力的大小和个性特点自主选择职业,并凭其能力发挥程度及其对社会贡献的大小,赢得社会地位的升迁,从而使个人能力的发挥达到最大化和最优化。

组织创新。组织创新就是要求组织形成一种学习机制,由经验型组织向学习型组织转变,使成员在组织中能得到"终身学习"和"持续培训";形成一种转化机制,将知识转化为能力,由权力型组织向能力型组织转变,努力消除"人情关系"、"官本位"、"钱本位"在组织中的消极影响,使组织的制度、体制、管理、运行机制、发展战略和政策等,都围绕着有利于充分正确发挥每个人的能力来设计、运作;形成一种创新机制,由维持型组织向创新型组织转变,逐步实现文化创新、制度创新、组织创新和技术创新;形成一种务实机制,由形式型组织向实效型组织转变,注重实效,反对形式主义。

管理创新。这就是确立以能力为本位的"能本管理"。

当今我们所处的时代,是经济全球化态势日益明显的时代,是综合国力竞争日趋激烈的时代,是知识经济蓬勃兴起的时代,因而是人的素质和创新能力在21世纪社会历史发展中居核心地位、起主导作用的时代。如前所述,在这一时代,人力资源重于物质资源,人力资本重于物质资本,人的创新能力高于资金、设备。这一时代精神在市场经济日益发达和市场竞争日趋激烈的我国,在拥有13亿人口资源的我国,就表现为社会、组织对人力资源和人的创新能力的重视,就必然要求把人的创新能力作为组织的核心价值,就必然注重对以人的知识、素质和能力为核心内容的人力资源的管理,即能本管理。这里的能本管理,是一种以能力为本的管理,是人本管理发展的新阶段。它是通过采取有效的方法,最大限度地发挥人的能力,加强能力建设,从而实现能力价值的最大化,把能力这种最重要的人力资源作为组织发展的推动力量,并实现组织发展的目标以及组织创新。它主要包括能本管理的理念、能本管理的制度安排和能本管理的组织操作体系三个方面的内容。

首先,能本管理的理念。管理理念是支撑组织运作和发展的核心文化精神,是组织文化的深层价值观。能本管理是随着时代和形势的发展而提出的一种新的人力资源管理的理念。其内涵是:现代形态的文化价值观应建立在能力价值观的基础之上,要以能力价值观为主导来支撑和统摄其他价值观(如利益、效率、个性、主体性、自由、平等、民主、创新等),人要依靠能力来改变不满意的处境,依靠能力为社会做贡献,依靠能力而自立并实现个人的价值,应根据能力发挥及其为社会做出贡献的状况,来对组织和成员的行为表现进行评定和奖惩;组织既倡导每个人要通过充分正确发挥其创造能力,为组织、集体、国家、社会以及人民多做贡献,实现个人的社会价值;也要求组织为每个人能力的充分正确发挥提供相对平等的舞台、机会和条件,还要引导员工把个人的发展目标、岗位技能的提高同组织的目标统一起来,使组织和成员形成责、权、利相统一的命运共同体,且在其中有一种危机感、责任感、主体感和成就感,从而促进个人和组织的共同发展。

其次,能本管理的制度安排。这是其理念的外在表现。能本管理的制度安排主要体现在用工制度、用人(干部人事)制度和分配制度三个方面。在用工制度上,尽力打破身份界限、特权门第和人情关系对用工的干扰,凭人的才能进入用工,确立用工问题上的才能观,即不拘一格选人才,根据才能选人才,按照人的特点和个性用人才;在用人制度上,力戒在少数人圈内根据人情关系、领导印象和主观好恶用人、选人,主张根据德才兼备和业绩用人,把有能力有业绩的人推到重要的、合适的工作岗位上,使他们做到各尽其潜、各尽其能、各尽其才、各尽其长和各尽其用;在分配制度上,实行"按能绩分配"的分配方式,根据人的能力及其岗位贡献分配"能级津贴"。

最后,能本管理的组织操作体系。能本管理的组织操作,就是建立一种使组织和每个人都能"各尽其能"的运作机制。它是根据能力本位的思想和组织现状而确定下来的一整套关于干部人事的组织管理的操作体系,其主要方法就是建立一种"能级制"。它包括科学地测评能力、合理地使用能力、不断地完善能力和有效地开发(培育)能力四个部分。在这个意义上,能本管理也称能级管理。

(1)测评能力

对人的能力进行客观如实的评价和判断,是发现能力、发现人才的一种有效方法,也是实行能级管理或能级制的基础和第一要件,它包括建立能力评价组织,制定测评的指标和标准体系,确定测评的方法,确定岗位划分与岗位能级要求,判定员工能级,公布评价结果并正确面对受评客体的反应六个基本环节。其一,建立一个结构合理、公平客观、专业懂行和便于监督的能力评估组织。其二,围绕"知识、智力、专业技能、实践能力和岗位业绩",确定一套能力评价的指标或标准体系。其三,用"笔试、面试、考核和考察"等方法,全面客观地测试干部的能力等级。笔试重点在于测试知识水平,包括每一个岗位都必须具备的综合知识和不同专业岗位所需要的专业知识,专业知识测试是对个人所在类别的测试;面试重点在于测试人的智力水平以及专业技能、实践能力和综合素质,其主要方法有结构化面试、文件筐测验、小组讨论和情景模拟(即根据干部个人的工作岗位类别,通过模拟工作环境,进行实务操作);考核和考察重在专业技能、素质和岗位业绩评价。其四,将不同类别的岗位按照所承担的不同职能、职责和目标要求加以划分,分为不同的岗级;其五,根据测评得分情况,将干部能力评定为不同的级别。其六,公布测评结果,并积极、及时对待受评客体的不同反应,尤其是能级低的人的反应,做好思想政治工作。

(2)使用能力

测评能力的目的是为了有效地使用和发挥能力,更好地实现组织目标。在一个组织内部,使用能力与配置能力是紧密相关的。对员工能力的使用,实际上就是对其能力进行优化配置和组合的过程,是尊重能力和充分正确发挥能力的过程。在传统组织内,官级和能级不少情况下是不对应的,个人能级与官级往往彼此不相称,其结果,自然是由于能者不能有其位而产生消极情绪,官者不能有其能而难以胜任工作或令大家信服。能级制之实质,就是在组织中建立起为行政管理人员和技术专业人员设置的两个相对独立平等的晋级升迁制度,建立起与行政职务阶梯相对应的业务能力阶梯,使他们分别全力投入到各自的工作中去;同时在二者之间形成一定关联的桥梁,使组织内部的职级(官级)与能级相称和相互流动。只有这样,才能调动起各自的积极性,才能更好地胜任和完成组织目标。这种能级和官级的对应程度,实际上反映着社会的文明进步程度和人才使用的水平。具体做法是:在分工制度上,实行"能者有其岗",按能配工,按能配岗,依岗定人,将具有特殊能力的人安排在相应的特殊岗位上,把具有挑战性的重要岗位和业务要求高的岗位分配给那些能力高的人来承担。这实际上是岗位和能力的结合,是人和事的结合。既为成员提高能力指明了方向,又能避免因能者无其相应的岗和岗无其相应的能以及人才用不到地方而造成的人力资源浪费、组织缺乏活力的现象。我们一方面说缺乏人才,另一方面又说人才浪费,就与这种现象有关。在用人制度上,实行"能者有其位",按照"德为前提,能为本位"的原则,根据干部个人能绩状况和德才兼备标准选人用人,在干部任用上实行竞争上岗、公示制等,力图打破身份界限,克服凭领导印象和主观好恶选人用人的主观随意性;在分配制度上,实行"能者有其资","按能绩分配",从制度上建立起一种完全由个人实力和努力决定的分配机制:能力 + 努力 = 收入。通过建立能级系数,强化岗位考核,使能级的高低和考核的结果成为决定干部个人收入的关键,干部凭借更高的能级和更好的业绩可以获得更多的报酬。

(3)完善能力

经过能力测评,组织和个人会发现自己能力的某种不足和缺陷。为能更好地适应岗位的要求,为了承担更高一级岗位的职能,组织和干部个人都把提高能力或完善能力作为一项重要任务来抓,把干部培训提到议事日程,加强了对干部的培训,使干部缺什么补什么。

(4)开发能力

开发能力,是指充分有效地发掘潜能、培养能力、发挥能力和发展能力,并将其转化为社会发展动力的系统活动。开发能力可采用以下几种基本方法:一是"培训开发",以最佳的训练方法发掘人的潜能,培养组织所需要的能力和人才,有意识、有目的地培养专门的能力,全方位发展和提升人的能力;二是"制度开发",以最大努力建立一种使优秀人才脱颖而出的"鞭打慢牛"的用人机制和制度环境,以制度的硬性约束促使人去自觉激发和开发能力;三是"组织开发",以最大的热情为每个员工发挥其兴趣、爱好、能力和个性提供良好的组织环境、政策和文化氛围,从机制上促使干部根据个人发展和组织发展的需要,自觉地、长期地开发和提升能力;四是"道德开发",以最高的标准提高人的道德素质,使员工愿为实现组织目标而尽心尽责尽力。

春秋思想史论(下篇)
——哲学突破的历史进程

□余敦康

关于把义理之天从天命神学的一元化的结构中分化独立出来,提升为有关社会秩序和道德法则的最高依据,在春秋时期是围绕着对华夏族的礼文化传统不断进行人文理性的诠释,使之由以神为本转变为以人为本而逐步展开的。所谓义理之天,是指天道的内涵就是义理,也就是礼。《礼记·礼器》指出:"先王之立礼也,有本有文。忠信,礼之本也;义理,礼之文也。无本不立,无文不行。"这种义理并非一般的道理,也不是如同宋儒所说的那种上升到抽象思辨层次的道德形上学,而是由"礼仪三百,威仪三千"所组成的一系列十分具体的行为规范和制度性的安排,统称之为礼。在传统的天命神学中,礼是以主宰之天作为最高依据,认为是源于天之所命,以神为本,是天神意旨的体现。《尚书·皋陶谟》对这种属于原生性宗教范畴的礼文化的最高神学依据及其实践操作原理作了经典的表述:

天工人其代之。

天叙有典,敕我五典五惇哉!天秩有礼,自我五礼有庸哉!

天命有德,五服五章哉!天讨有罪,五刑五用哉!政事懋哉懋哉!

天聪明,自我民聪明;天明畏,自我民明威。达于上下,敬哉有土!

"五典"即五种人际关系的行为规范,包括父义、母慈、兄友、弟恭、子孝。"五礼"即五种社会政治组织的制度性的安排,包括天子、诸侯、卿大夫、士、庶民之礼,或者公、侯、伯、子、男五等之礼。此二者皆为世俗的人间之礼,是华夏族长期历史文化凝结而成的价值理念和秩序原则,属于人道。但是,人道的本源和依据不在人道本身,而是"天叙有典","天秩有礼",在于超越世俗人间的神圣的天意。由此而在理论层面,天与人不相连续,形成了断裂,神圣高于世俗,世俗不等于神圣;在实践层面,为了维护属于人道的价值理念和秩序原则,合理地经营现实的生活,必须禀承神圣的天意进行,"天命有德,五服五章哉!天讨有罪,五刑五用哉"!典礼德刑,无非天意,在理论和实践两个层面,都是以神为本。虽然如此,天与人仍然是"达于上下",合一相通的。就理论层面而言,"天聪明,自我民聪明;天明畏,自我民明畏"。天的聪明,由于我们人民而来,天扬善罚恶,由我们人民的扬善罚恶的意见而决定,皇天无心,以百姓之心为心,民之所欲,天必从之,因而神圣的天意实际上就是世俗人间芸芸众生的民意的集中体现。就实践层面而言,"天工人其代之",天神所规定的各种典礼德刑的事功,天神自己不会去操作办理,而要由人代为完成,只有通过人事兢兢业业的努力,"政事懋哉懋哉",才能把神圣的天意落实于世俗人间。按照这种表述,这就不是以神为本而是以人为本了。由此看来,在传统的天命神学中,无论在理论层面还是在实践层面,都存在着内在的矛盾和必要的张力,虽然以神为本的一面占据着主导地位,从根本上界定了礼作为一种宗教信仰体系的神学本质,但是其中也蕴含着以人为本的一面,这就为人们对礼文化进行诠释提供了两种不同的思路,在一些追本溯源的关键问题上,有可能作出两种不同的回答。春秋时期把这种诠释由神本转变为人本,不以主宰之天为据而以义理之天为据,是天命神学本身内在矛盾激化的表现,主从地位发生了颠倒的自然的结果,自有其可以理解的逻辑线索。

比如礼究竟是由天意所定还是由先王所立,礼究竟是属于天道还是属于人道,在传统的天命神学中,对这个至关重要的本原性问题的回答是相互矛盾的。所谓"天叙有典","天秩有礼",这就是认为礼是由天意所定,是属于天道的神圣法则。但是《尚书·舜典》却说:

  帝曰:"契!百姓不亲,五品不逊。汝作司徒,敬敷五教,在宽。"
  帝曰:"皋陶!蛮夷猾夏,寇贼奸宄。汝作士,五刑有服,五服三就,五流有宅,五宅三居,惟明克允。"
  帝曰:"咨,四岳!有能典朕三礼?"佥曰:"伯夷。"帝曰:"俞咨!伯,汝作秩宗。夙夜惟寅,直哉惟清。"
  帝曰:"夔,命汝典乐,教胄子。……八音克谐,无相夺伦,神人以和。"

按照这种表述,礼就是由先王所立,是帝舜立足于世俗人间的现实需要命令几位大臣分别创立制定的,属于人道的范畴。

再比如,在认知上究竟应遵循何种途径来体察天意,传统的天命神学对这个问题的回答也是相互矛盾的。《尚书·洪范》指出,可以直接通过卜筮来体察天意。殷人每事必卜,周人则是龟卜与筮占并用。"龟筮共违于人,用静,吉;用作,凶"。

如果龟卜与筮占的结果共同违反人们的决定,则不可有所作为,因为这是天神所显示的旨意。但是另一方面,《诗经·大雅·文王》指出:"上天之载,无声无臭。仪刑文王,万邦作孚。"这就是认为,天神以自然之天为物质的载体,并不具有拟人的形象,无声音可得而听,无香臭可得而闻,因而无法通过直接的接触来体察天意所在,只有效法文王受命所创造的历史文化的伟绩,通过人道来间接地体察天意。

再比如,关于与人们的生存状况息息相关的吉凶祸福,究竟是决定于神圣的天意还是决定于世俗的人为,在传统的天命神学中,也有两种相互矛盾的回答。就其主导的一面而言,作为一种原生性的宗教信仰,人们把吉凶祸福看做天神对人事的主宰支配,皆为天之所降,"皇矣上帝,临下有赫",赏善罚恶,明察秋毫,因而人们应该以虔诚敬畏之心祈祷献祭,取悦于神灵,来达到求福禳灾的目的。但是另一方面,人们通过历史的经验教训,认识到"天命靡常","天不可信",吉凶祸福并非决定于天意的必然,而是决定于人事作为的自由的选择。《诗经·大雅·文王》指出:

> 无念尔祖,聿修厥德。永言配命,自求多福。殷之未丧师,克配上帝。宜鉴于殷,骏命不易。

这就是认为,文王受命而有天下,在于"聿修厥德","自求多福",殷纣之所以丧失天下,则是由于不敬厥德,咎由自取。《诗经·小雅·十月之交》把这个思想表述得更为明确:"下民之孽,匪降自天。噂沓背憎,职竞由人。"

这一系列的矛盾纠缠扭结,并存于一体,理论上既不能自洽,实践上也常常发生冲突,这就使得传统的天命神学在历史的进程中处于一种不稳定的状态,随着治世、乱世和亡国之世的不同,表现出不同的历史面貌。从宏观的角度看,如何处理这种理论与实践的矛盾使之得到妥善的解决,既是古今中外的宗教神学所面临的普遍问题,也是古今中外的哲学所面临的普遍问题。德国古典哲学家康德在他的晚年,继纯粹理性批判、实践理性批判、判断力批判之后,转入第四批判即历史理性批判,写了一篇名文,题为《论通常的说法:这在理论上可能是正确的,但在实践上是行不通的》。康德首先对何为理论、何为实践这两个概念作了哲学的界定,接着就理论如何过渡到实践所引发出的歧义来揭示历史的两重性,即历史的合目的性与历史的合规律性,最后把目的的王国与必然的王国统一于普遍的理性,从而使这种矛盾得到暂时的缓解。康德在文章的开头指出:

> 如果实践的规律被设想为某种普遍性的原则,并且是从必然会影响到它们运用的大量条件之中抽象出来的,那么我们就把这种规律的总体本身称之为理论。反过来,却并非每种活动都叫做实践,而是只有其目的的实现被设想为某种普遍规划过程的原则之后果的,才叫做实践。

> 不管理论可能是多么完美,看来显然在理论与实践之间仍然需要有一种从这一个联系到并过渡到另一个的中间项;因为包摄着这种规律的悟性概念,

还必须补充以一种判断力的行动,实践者才能借之以区别某件事物是不是规律的例证。①

就中国古代属于原生性宗教范畴的天命神学而言,在理论与实践之间存在着四种可能的结合方式。第一种是把以神为本的原则贯彻到底,而完全排斥与之相矛盾的以人为本的一面,理论上强调"天秩有礼",礼为天意所定,认知上迷信龟筮或天象所显示的征兆就是天意所在,不作理性的判断,行为上接受天命必然性的支配,放弃人事的努力。第二种是在理论上从事以神为本的论证,但在实践上却是以清醒务实的态度强调人事的合理的运作,主张以人为本。第三种是在理论上或者口头上接受了以人为本的原则,但在具体的行为上却是听命于神,实行以神为本的原则。第四种是把以人为本的原则贯彻到底,淡化或者消解与之相矛盾的以神为本的一面,理论上把属于人道的义理本身提升为最高依据,使人道等同于天道,认知上主张效法先王,以史为鉴,重视历史文化长期积累的经验教训,行为上遵循以礼为载体的有关社会秩序和道德法则的规定,把吉凶祸福归结为是否遵循这种规定由人为所导致的后果。这四种不同的结合方式在历史上都可以找到相应的具体例证。虽然错综交织,此消彼长,并不表现为纯粹的形态,但是大体上说,亡国之世主要是奉行第一种以神为本的方式,西周初年的治世则是交替奉行第二和第四两种方式,西周中叶以后的乱世主要是奉行第三种方式,到了春秋时期,在人文理性思潮的强大的推动下,第四种方式逐渐上升为主流。

按照康德对何为理论、何为实践这两个概念所作的界定,理论是实践的规律的总体,是从实践中抽象出来的普遍性的原则,实践是理论联系实际的应用,人类的活动若不以理论为指导进行合目的的普遍规划,就不能叫做实践。康德的这种界定,无论就理论还是就实践来说,全都贯彻了以人为本的原则。因为实践是人类为了实现自身目的的有规划的活动,当然是人的实践而不是神的实践,理论是从大量实践中抽象出来的普遍规律,当然是属人的而不是属神的。至于在理论与实践之间需要有一种判断力的行动作为过渡的中间项,这种判断力指的是高于悟性概念的普遍理性,当然是人文理性而不是神学信仰。可以看出,只有根据以人为本的原则来处理理论与实践之间的关系,才能使二者的矛盾得到某种程度的缓解,这几乎是一种逻辑的必然。中国古代的天命神学处理此二者的关系存在着四种不同的方式,逐渐由以神为本转变到以人为本的轨道上来,为这种逻辑的必然提供了历史的例证。

严格说来,彻底贯彻以神为本的第一种方式,完全立足于原始思维的感性直观,反映了人类精神尚未觉醒,缺乏主体意识,停留于未成年的蒙昧状态,根本不具备对何为理论、何为实践进行反思的能力。第二种方式,理论上以神为本,实践上

---

① 康德《历史理性批判文集》,何兆武译,第164页,商务印书馆,1996。

以人为本,这是人类精神觉醒所取得的一次阶段性的进展。因为实践是人类改造自然和改造社会的有意识的活动,为了使实践活动符合人类自身的主观目的,也符合外在事物的客观规律,自觉地认识到应该贯彻以人为本的原则,说明人类的主体意识业已觉醒。但是,这种觉醒尚未达到理论上的成熟。因为理论上以神为本,这就无法排除主宰之天对人事的非理性的干预支配,势必造成人类的实践活动究竟应该听命于神还是听命于人的两难困境。如果在理论上从以神为本的角度看可能是正确的,但在实践上是行不通的。反之,如果在实践上以人为本,从事合理的运作,并且取得了令人满意的既符合目的又符合规律的后果,但是却与以神为本的理论产生了尖锐的矛盾,不能作出自圆其说的解释。第三种方式,其所谓的以人为本的理论仅有表面的形式的意义而缺乏理性的实质内容,其所谓的以神为本的实践并非出于真正的信仰而缺乏应有的虔诚敬畏之心,这是在王权腐败的乱世一些昏君庸主为了掩饰自己的精神空虚和任性妄为所采用的欺骗的说辞,因而这种方式既没有一以贯之的理论,也没有一以贯之的实践。第四种方式在实践上贯彻了以人为本的原则,并且由实践上升到理论,把人道直接等同于天道,从而突破了第二种方式的理论上的局限,摆脱了其所面临的两难困境,看来这是一种逻辑和历史的必然选择。

  前面说过,春秋时期,一些站在高层次思考的人士,围绕着对人道之礼进行本原性的论证,普遍遵循"礼以顺天,天之道也"的思维模式,但是由于对天的三重含义取舍不同,出现了三种不同的思路。一种是以季文子为代表,援引主宰之天为据,强调以神为本。第二种是以子产为代表,援引自然之天为据,强调以自然为本。第三种是以晏婴为代表,援引义理之天为据,强调以人为本。这三种思路虽然在理论的层面并没有形成一以贯之的体系,发生正面的交锋,但是在实践的层面,却因其引申出的不同的政治主张以及对待文化传统的不同的态度,相互之间有着明显的抵触,比如有的保守大于革新,有的革新大于保守,有的则是取其中道,追求保守与革新的有机结合。由于以礼为载体的文化传统是华夏族通过长期的历史实践积淀而成,作为一种广义的文化秩序,既不可超越也无法取代,当这种文化秩序陷入"礼坏乐崩"、濒临解体的边缘,有人抱着保守的态度关爱执著,极力维护,自是合情合理。另一方面,为了适应新的历史条件,进行必要的因革损益,大胆地突破旧制来创立新制,这也是符合历史的需要。就这两种态度在实践层面所产生的影响而言,各有利弊,如果保守大于革新,则有利于强化文化的认同而不利于文化的发展;反之,如果革新大于保守,可以促进文化的转型,但也会在某种程度上动摇传统的根基。季文子在鲁国的政治运作,子产在郑国所实行的激进改革,为这种显而易见的利弊提供了具体历史的例证。因此,除了这两种态度之外,还有一种权衡利弊得失取其中道的态度,既不保守得过于僵化,也不革新得过于激进,齐国晏婴的著名的"和"、"同"之辨以及关于凡事不可过度的主张,对这种态度作了很好的表述。

这三种相互抵触的态度实际上并不是首先肯定了某种理论前提引申出来的结果，而是在春秋时期的历史条件下面对着实践层面的各种复杂问题相应采取的战略方向的选择。但是，为了使这种属于人道的战略选择得到理论上的论证，必须由人道上溯到天道，在天的三重含义中分别作出相应的取舍，来确立其合法性的最高依据，这就形成了理论上的三种不同的思路。以主宰之天为据的理论思路与保守的实践态度相对应，以自然之天为据的思路与革新的实践态度相对应，以义理之天为据的思路与取其中道的实践态度相对应。由此可以看出，关于理论与实践之间的关系，在春秋时期同时呈现出三种不同的结合方式。究竟哪一种结合方式能够暂时缓解二者的矛盾，理论上自洽，实践上行得通，只有把它们置于历史与逻辑的双重检验之下分别考察比较，才能作出适当的判断。

以季文子为代表的思路，虽然理论上以主宰之天为据，强调以神为本，但是实践上却是出于维护世俗人间正道的考虑，贯彻了一条以人为本的原则。当时齐懿公无礼侵犯鲁国，加上他在国内弑君自立，违反礼制，即位以后，又骄奢淫逸，失去人民的亲附，季文子针对这些情况批评说，"以乱取国，奉礼以守，犹惧不终，多行无礼，弗能在矣"（《左传·文公十五年》）。这种批评包含两层意思，一层是从操作原理的角度确认礼是保持国君地位和建立国际秩序的普遍规律，另一层是从因果关系的角度确认无礼的行为必然会带来灾难性的后果，其立论的依据可以说完全是属于人道的实践经验。过了两年，齐懿公被国人杀死，纳尸于竹林之中，证实了季文子的批评是无比正确的。但是，季文子进行理论上的论证，却援引主宰之天为据，把这种从人道的实践中抽象出来的普遍规律归结为神圣的天意，把世俗行为的因果法则归结为天神赏善罚恶的意志，这就使得理论与实践相互矛盾，彼此伤害。固然，对人道之礼进行神学的论证，可以维护它的权威地位，强化它的威慑力量，迫使人们恪守遵循，不敢违反，但也正因为如此，同时也对它造成了极大的伤害，阻碍了它进一步发展的可能。事实上，人道之礼是在历史实践的过程中经过不断的因革损益逐渐形成的，既有保守继承的一面，也有革新创造的一面，如果把它奉为神圣的权威，这就只能保守继承而不能革新创造，因为任何革新创造都是对神圣的亵渎，对权威的违反。春秋时期，这种人道之礼的文化传统处于新旧交替的转型期，各国的有识之士纷纷立足于实践的需要从事制度创新的改革，在这个过程中，季文子在鲁国的政治作为过于保守，大大落后于时代，这是和他在理论上的不成熟有着明显关联的。我们可以设想，如果季文子以清醒务实的态度权衡利害得失，重视实践经验，把实践层面的以人为本的原则贯彻到理论层面，这就势必从根本上否定以神为本的原则，促使人道之礼由一个宗教信仰的对象转化为一个人文理性的对象。季文子并没有完成这种转化的过程，但是他所陷入的困境却为这种转化展现了一个可能的出路。

以子产为代表的思路，在实践层面与季文子相同，都是奉行以人为本的原则，但在理论层面却是援引自然之天为据,用自然秩序的原则取代了以神为本的原则,从而否定了主宰之天对人事的干预支配,对礼的本原性的依据作出了不同于季文子的诠释。这条思路虽然在很大程度上摆脱了季文子所陷入的困境,也为人道的实践开拓了更为自由的空间,但在如何处理自然与社会两个不同领域的关系以及如何把自然之理与人文之理有机结合的问题上,又面临着一系列新的矛盾。照子产看来,礼并非本于主宰之天的神圣的意志,而是本于自然之天本身固有的秩序原则,德与刑也不是如同传统的天命神学所说:"天命有德,五服五章哉!天讨有罪,五刑五用哉!"而是对"天之生殖长育"和"震曜杀戮"的效法。这种理论上的突破使得他在实践上获得更大的自由,可以制定宽猛并济的施政方略,把刑法公之于众,推行"铸刑书"的制度改革。但是,理论上强调以自然为本,实践上主张以人为本,此二者又形成了新的矛盾,在从理论过渡到实践的问题上,究竟是以自然之理的合规律性为据还是以人文之理的合目的性为据,又面临着新的两难选择。由于天地无心而成化,始终是遵循着自己的必然之理独立地运行,对人的实践目的漠不关心,而人则是从实践目的出发创造了一套价值观念逆天而行,按照自然秩序所无的人文之理来谋划自己的未来,所以在自然秩序与社会秩序或者天道自然与人文价值之间,会不可避免地形成矛盾。单就理论上以自然为本的原则而言,固然可以对天道自然的运行规律作出如实的理解,对独立于人的宇宙的自然史进行合理的诠释,但却无法直接用来论证国家的兴亡、人事的成败,对人类的文明史进行合理的诠释。如果把这个原则完全贯彻到实践层面上来,用合规律性的考虑来压倒或者取代合目的性的考虑,势必会对人道之礼造成不应有的伤害,动摇它的根基。事实上,当年晋国的叔向激烈反对子产"铸刑书",认为背离了先王以礼治国的传统,就是有见于这种弊端而言的。后来晋国的赵简子继承了子产的做法,推行"铸刑鼎"的改革,由背离礼治进一步走向否定礼治,引起了孔子的激烈反对,其立论的依据与叔向相同,也是针对着这种弊端而言的。至于越国的范蠡在理论与实践两个层面把以自然为本的原则贯彻到底,则是走得更远,公然理直气壮地申言,"吾犹禽兽也",认为禽兽之性天然合理,人的实践行为应该如同禽兽一样,只求合乎自然本性而不必顾及价值是非,这就超越了以礼为载体的华夏文化的传统,与之冲突对立了。就子产本人的主观意愿而言,对礼一向是关爱执著,其立身行事也以善于守礼为时人所称道,他认为"铸刑书"的改革只是为了匡救时弊,并没有违反礼治传统,也是确有历史根据的。因为历史上的礼治传统本来就是主张"明德慎罚"、德刑并用。子产继承了这个传统,同时作了两点创新,一是在实践上把德主刑辅的关系改变为刑主德辅的关系,二是在理论上扬弃了"天命有德"、"天讨有罪"的神学论证,而代之以效法"天之生殖长育"和"震曜杀戮"的自然论证。关于在实践层面上如何处理德与刑、宽与猛的关系问题,应该审时度势,灵活运用,并无一定之规,子产对这个问题的处理,实际上是从维护礼治传统的现实需要出发,表现了一种高超卓越的政治智慧。子产死后,孔子曾经引经据典,高度赞扬了子产的这种宽猛并济的施政方略,认为完全符合礼治传统,是合理地维护礼治传统的题中应有之义。孔子指出:

> 善哉!政宽则民慢,慢则纠之以猛。猛则民残,残则施之以宽。宽以济猛,猛以济宽,政是以和。《诗》曰"民亦劳止,汔可小康;惠此中国,以绥四方",施之以宽也。"毋从诡随,以谨无良;式遏寇虐,惨不畏明",纠之以猛也。"柔远能迩,以定我王",平之以和也。又曰"不竞不绿,不刚不柔,布政优优,百禄是遒",和之至也。(《左传·昭公二十年》)

据实而论,这种宽猛并济的和谐秩序既是礼治传统所一贯追求的最高理想,也是通过大量的历史实践抽象出来的普遍规律,它们本质上都是属人的,是人的理想而不是神的理想,是人的实践而不是神的实践,也与独立于人类社会的自然秩序没有内在的必然联系。因此,为了进行理论上的论证,惟一合理的选择就是以人为本。如果说季文子选择了以神为本的思路,使他在理论和实践两个层面都陷入了困境,那么子产转而援引自然之天为据,选择了以自然为本而不以人为本,也使他陷入了同样的困境。虽然子产曾经强调指出,"天地之经,而民实则之",天地之经是人道之礼的最高依据,人道之礼是对天地之经的遵循效法,天与人是可以合一的,但是这个说法仍然是天人二本,体用殊绝,不仅无法沟通二者的关系,反而造成了相互之间的极大的伤害。事实上,当时的历史已经为这种伤害提供了具体的例证。比如晋国的赵简子认同了子产的理论,把以自然为本的原则贯彻到实践层面,推行"铸刑鼎"的改革,孔子并不赞扬而是严厉批评说,"晋其亡乎!失其度矣"。这个"度"指的是宽猛并济的和谐秩序,是礼治传统的价值理想,子产"铸刑书"恰如其度,维护了礼治,赵简子则是过分突出了猛的一面,把严刑峻法置于首位,这就否定了礼治而走向了法治。站在维护礼治的立场看,赵简子的这种过分失度的做法当然不能容忍,但是赵简子也自有其一以贯之之道,就其对理论的坚持而言,比子产更为彻底。这个事例表明,天地之经并不能为人道之礼提供最高依据,对天地之经的遵循效法将会反过来对人道之礼造成极大的伤害。如果说赵简子的法治主张是由华夏族的文化体制内部自然分化出来,虽与礼治主张形成对立,仍然可以按照是否失度的标准进行适当的调整,使之并存于一体,双向互动,保持文化体制的连续性的发展,那么越国范蠡公然把人性直接等同于禽兽之性的大胆主张,则是代表了一种完全异质的楚文化传统,对华夏族长期奉行的礼文化提出了全面的挑战。由于范蠡对礼文化采取一种蔑视和批判的态度,所以根本不会考虑如何去论证人道之礼的存在依据,而只是想建构一种彻底完整的自然主义的体系,站在体制之外来与华夏族进行文化的较量。当然,范蠡仅仅提出了一种可能的思路,建构体系的任务是战国时期的道家所完成的。但是,值得注意的是,范蠡的思路和子产的思路都是强调以自然为本,推天道以明人事,没有任何的差别。由此看来,为了维护植根于礼文化传统中的价值理想和秩序原则,并且回应异质文化的挑战,必须另辟蹊径,探索摆脱困境的新的出路。

以晏婴为代表的思路,对华夏族的礼文化传统既不像季文子那样,援引主宰之天为据进行宗教神学的诠释,也不像子产那样,援引自然之天为据进行自然主义的诠释,而是援引义理之天为据进行人文理性的诠释,从而使得人道之礼无论在理论的论证上还是在实践的操作上都贯彻了以人为本的原则,不仅摆脱了季文子和子产所陷入的两难困境,而且为这种礼文化传统开拓了一条朝着人文主义发展的方向。就春秋时期思想史的进程而言,华夏族的礼文化传统面临着双重危机。一重是外部危机。由于"南夷与北狄交,中国不绝若线",在异族势力强大的攻击下,中国文化危在旦夕,如同一根随时都会断绝的的细线。另一重危机来自内部。当时天下大乱,贤圣不明,礼坏乐崩,传统的礼治秩序动摇解体。外部危机通过"尊王攘夷"的努力,算是顺利解决了。内部危机也在共同维护周礼的旗号下,得到暂时的缓解。既然历史的实践业已为华夏族的礼文化传统争取到了自己的生存权,那么关于这种文化究竟应该朝什么方向进一步发展的问题,又面临着三种可能的选择。一种是如同季文子那样,选择回到宗教神学的老路。第二种是如同子产那样,改弦更张,选择走一条自然主义的新路。第三种是如同晏婴那样,在继承与革新之间取其中道,选择朝着人文主义的方向进一步发展。这三种不同的选择都有其历史的合理性,在促进文化转型的过程中也都分别做出了自己应有的贡献,但是,以晏婴为代表的人文主义的方向为后来的儒家所继承,终于发展成为文化的主流,这也是历史和逻辑的必然。

前面说过,春秋时期属于哲学在宗教的母体中孕育怀胎尚未脱胎而出的过渡时期,此时仅有一些片断零碎的哲学观点,而没有出现系统完整的思想体系。站在时代前列思考的有识之士,全都是各国掌握权力运作属于卿大夫阶层的政治家,他们和战国时期的哲学家不同,本身并没有制造思想体系的需要。但是由于他们身居高位,许多现实的问题和新出现的情况纷至沓来,逼着他们去思索,去处理,最容易感受到时代的气息,因而在他们就事论事对一些个别的具体的问题所发表的议论中,也提出了许多上升到高层次的新的观点,新的思路,作为从宗教到哲学的不可或缺的过渡环节,在思想史上具有重要的意义。

《左传·昭公二十六年》记载了晏婴与齐景公的两次长篇对话,我们可以通过去粗取精、因小见大的辨析,认真解读,把晏婴的那条涉及到礼文化传统未来发展方向的独特的思路清理出来,与季文子和子产的思路进行横向比较,评估其在思想史上应有的地位:

> 齐有彗星,齐侯使禳之。晏子曰:"无益也,只取诬焉。天道不谄,不贰其命,若之何禳之?且天之有彗也,以除秽也。君无秽德,又何禳焉?若德之秽,禳之何损?《诗》曰:'惟此文王,小心翼翼。昭事上帝,聿怀多福。厥德不回,

以受方国。'君无违德,方国将至,何患于彗?《诗》曰:'我无所监,夏后及商。用乱之故,民卒流亡。'若德回乱,民将流亡,祝史之为,无能补也。"公说,乃止。

齐侯与晏子坐于路寝。公叹曰:"美哉室!其谁有此乎?"晏子曰:"敢问,何谓也?"公曰:"吾以为在德。"对曰:"如君之言,其陈氏乎!陈氏虽无大德,而有施于民。豆区釜钟之数,其取之公也薄,其施之民也厚。公厚敛焉,陈氏厚施焉,民归之矣。《诗》曰:'虽无德与女,式歌且舞。'陈氏之施,民歌舞之矣。后世若少惰,陈氏而不亡,则国其国也已。"公曰:"善哉!是可若何?"对曰:"惟礼可以已之。在礼,家施不及国,民不迁,农不移,工贾不变,士不滥,官不滔,大夫不收公利。"公曰:"善哉!我不能矣。吾今而后知礼之可以为国也。"对曰:"礼之可以为国也久矣,与天地并。君令、臣共、父慈、子孝、兄爱、弟敬、夫和、妻柔、姑慈、妇听,礼也。君令而不违,臣共而不贰;父慈而教,子孝而箴;兄爱而友,弟敬而顺;夫和而义,妻柔而正;姑慈而从,妇听而婉;礼之善物也。"公曰:"善哉!寡人今而后闻此礼之上也!"对曰:"先王所禀于天地以为其民也,是以先王上之。"

晏婴的这两段议论,第一段把天道的本质内涵归结为人道之德,第二段把人道之德的本质内涵与礼提升为天道,通过这种相互发明、循环论证的方式,在天人之际的理论层面表述了一条以人为本的思路。当时齐国出现彗星,齐侯派人祭祷消灾,这是立足于传统的宗教神学信仰,把彗星看做是天神降祸于人事的预兆。晏婴反对说,"无益也,只取诬焉"。这与子产反对裨灶主张用玉器祭祷以消除火灾的态度完全相同,但是就他们所持的理由看,细加比较,却有着微妙的差异。子产认为,"天道远,人道迩,非所及也",此二者奉行的是不同的原则,并不相干,而晏婴却认为,"天道不谄,不贰其命",天道不可怀疑,不会有所差错,天道的原则本质上就是人道的原则,此二者不可分割,并不存在远近的不同。子产的天道观贯彻了以自然为本的思路,对于排除神意对人事的支配,促进历史实践的理性化的过程,毫无疑问做出了重大的贡献,但是由此而陷入了天人二本的困境,引发了理论与实践的矛盾,也是显而易见的。晏婴也许是有鉴于此,也许只是模糊地感觉到此路难通,转换了思路,按照以人为本的原则来沟通天人。我们仔细研读晏婴的这两段议论,可以看出,他对天道的界定完全是以史为鉴,着眼于人道实践所总结出来的普遍规律,这种普遍规律也就是国家兴亡、政治成败的必然之理。晏婴认为,天道的本质内涵就是德,文王小心翼翼奉行天道,"聿怀多福,厥德不回",结果受到四方之国的拥戴。夏商两代违德而行,结果政事混乱,百姓终于流亡。因而有德则兴,无德则亡,这条定律业已为历史的实践所证明,无可怀疑,不会有差错,称之为天道。既然天道的本质落实于人道,从事人道的合理运作本身就是遵循天道,所以此二者的关系并非如同子产所说的那样,"天道远,人道迩",而是合一相通的。晏婴进一步把这条定律用来观察现实,规划未来。当时齐国的姜氏政权面临着即将被陈氏取代的危机,晏婴分析原因,认为既不是由于神圣的天意,也不是由于自然的天道,关键在于人道的实践运作是否施德于民,陈氏遵循这条定律,厚施于民,争取民众的归向,而齐景公则是违背这条定律,厚敛重税,失掉了民心。这就是造成政治危机的根本原因,而这种政治危机也为"天道不谄,不贰其命"提供了现实的具体的例证。至于现实处境的未来的发展也可以根据这条定律进行合理的预测。如果齐景公不思悔改,后世怠惰荒淫,危机继续恶化,政权必将转移到陈氏手里。反之,如果接受教训,从切身的经验中懂得了兴亡之理不可违反,用礼来进行挽救,将会扭转危机的局面,阻止政权的下移。因而礼作为一条治国安民的定律,"与天地并",是"先王所禀于天地以为其民也",其本质内涵的普遍性和永恒性就和天地同样。在另外一段议论中,晏婴不用"与天地并"这样的表述,而是直接把人道之礼等同于天道,比如他指出:"君人执信,臣人执共。忠、信、笃、敬,上下同之,天之道也。"(《左传·襄公二十二年》)春秋时期,德与礼这两个概念习惯上可以分别使用,也可以连起来使用。当年管仲曾经用这两个概念来指称华夏族区别于其他各族的核心价值观念和文化认同的基本原则,他对齐桓公说:"臣闻之,招携以礼,怀远以德。德礼不易,无人不怀。"(《左传·僖公七年》)所谓"德礼不易",就是认为德与礼乃是华夏文化传统的本质所在,应该共同维护,始终坚持,毫不动摇。管仲主要是就"尊王攘夷"的实践需要提出这个说法的,以季文子、子产、晏婴为代表的三条不同的思路则是致力于为这种实践需要探寻理论上的支撑,从事本原性的论证。季文子认为,"德礼不易"的本原在于神圣的天意,子产认为在于自然之天的客观法则。这两条思路的共同缺点,都是脱离实践需要本身从外面去寻找本原,由此而形成的理论也就与实践需要相背离。比较起来,晏婴的思路就不像他们那样迂回曲折,转弯抹角,而是顺理成章地由实践上升到理论,把人道等同于天道。照晏婴看来,"德礼不易"的本原不在德礼的外面而就在德礼的本身,其所以不易,是因为它是从实践中抽象出来的定律,必须坚持,不能改变。因而人道的本质内涵就是天道,天道的本质内涵就是人道,天人合一,所谓"礼以顺天,天之道也",这个天就不再是主宰之天,也不再是自然之天,而是义理之天了。

通过以上的比较分析,我们可以看出,春秋时期以季文子、子产、晏婴为代表的三条思路在实践层面对"德礼不易"共同采取维护坚持的态度,表现了对华夏文化传统的连续性的继承,在理论层面分别援引天的三重含义进行本原性的论证,本于古圣先王的成说,都有经典文献的确凿的依据,这也是一种连续性的继承。但是,由于他们在实践层面持有不同的政治主张,有的保守大于革新,有的革新大于保守,有的在保守与革新之间取其中道,理论层面对天的三重含义取舍不同,各有侧重,促使传统的天命神学发生结构性的分裂,同时也表现为断裂性的突破。就总体而言,当时连续继承的一面占据主导地位,断裂突破尚未形成思想上充分的自觉,只是以萌芽的形态展现出未来可能的发展方向。这不仅是因为以"德礼不易"为载体的华夏文化传统根基深厚,积重难返,作为一种习惯势力,无法从根本上去断裂突破,更主要是因为在当时的历史条件下,维护坚持这种文化传统关系到政治的成败、国家的兴亡,为实践层面的合理运作所必需。按照康德的界定,理论是实践规律的抽象,实践是在理论规划下的合目的的行动,那么如何对"德礼不易"的实践规律从事理论的论证就会反过来对实践本身产生直接的影响,既不是可有可无,也不是出于纯粹思辨的概念游戏。如果理论的论证陷入了天人二本、体用殊绝的困境,不能顺理成章地过渡到实践层面,规划人们合目的的行动,人们就会立足于实践层面的现实需要,重新探索,另找出路。从这个角度看,以晏婴为代表的思路就是在子产和季文子两条思路左右夹攻之下所逼拶出来的结果,是一种逻辑的必然。虽然这条思路就晏婴本人来说并不明朗,仍然停留于朦胧状态,但是大体上表现了一种在维护坚持的前提下有所革新创造的态度,为华夏文化传统开拓了一条人文主义的发展方向。

　　据实而论,这条人文主义的发展方向并不是由晏婴独自一人所开拓出来的,以人为本的思路也不是晏婴本人孤明先发的独立创造,因为在传统的天命神学中,以人为本的思路是一个必要的组成部分,曾经作了大量经典性的表述。春秋时期,随着神权政治向世俗政治转型的历史进程,拒绝以神为本而奉行以人为本的思路得到广泛的认同,兴起了一股人文主义的思潮,晏婴仅仅是作为这股思潮的一个较为突出的代表,通过就事论事的议论表现了时代的总体风貌。在这股思潮的推动下,人们纷纷对"德礼不易"的文化传统作出新的诠释以适应新的实践需要。这种诠释涉及到方方面面,主要在三个关键性的问题上形成了突破,促进了文化的转型。一是在理论上确认了礼不是由天意所定而是由先王所立的观点,不是属神的,而是属人的,是先王总结了历史的经验教训所制定的大纲大法。二是在认知上不再迷信龟卜筮占而强调效法先王,尊重理性,以史为鉴,掌握历代兴亡的必然之理。三是在行为上排斥神意的必然支配而强调人的自由选择,吉凶由人,人对自己的行为后果负有不可推卸的责任,应该合理运作,审慎从事。这三个关键性问题所体现的以人为本的思路,本来就是处于从属的地位,蕴含于传统的天命神学之中,春秋时期所形成的突破无非是颠倒了神与人的主从关系,把它提升为主导的原则。与希腊、印度、以色列几个地区同时期的突破相比较,中国的这种突破表现得最为温和,是一种继承与革新的渐进性的统一。但是,中国传统的宗教文化也恰恰是由于这种温和的突破,开拓出了三条具有广阔前景的新的发展方向。一是澄清了神学的迷雾,把神话的历史和神权的历史转移到人本身的历史的轨道上来,开拓出了一条先王史观的史学方向。二是把经典不是看做神意的启示,而是先王为了人事的需要创制立法的历史记录,学习经典就是效法先王,由此开拓出了一条以史为鉴的经典诠释的方向。三是关注现实人生而不关注彼岸天国,把政治人事的合理运作置于首位，看做是决定吉凶祸福的关键，由此开拓出了一条宗教文化转化为世俗文化的方向。这三条方向总的说来就是人文主义的方向，其中洋溢着一种人文理性的精神，引导人们从人的角度而不是从神的角度去看待历史，看待经典，看待现实。这种精神也就是当时的时代精神，在许多人身上都有程度不同的表现。

顾颉刚先生在20世纪20年代曾经提出了一个著名的论断，认为中国的古史系统是"层累地造成的中国古史"，两千多年来公认的古代史实是由不同历史时期的古史传说演变而成，其实并不是真正可信的古代史实，而是出于人们有意的编排和伪造，表述了一种历史的观念。这个论断对历史的事实和历史的观念作了明确的区分，在当时的史学界引起了强烈的反响。但是，值得注意的是，正是由于人们有了历史的观念，有了历史的意识，才能摆脱蒙昧状态自觉地参与历史活动，成为历史活动的实践主体。而这种自觉的历史意识直到春秋时期才开始形成，根据先王史观对古史系统进行有意的编排，也是以春秋时期的各种混乱的探索为起点的。作为一个历史的事实，先王古已有之，凡是死去了的王，都叫做先王。但是关于先王的观念，却经历了一个由神到人的根本性的转变。《诗经·商颂·玄鸟》："天命玄鸟，降而生商，宅殷土芒芒。古帝命武汤，正域彼四方。方命厥后，奄有九有。"《诗经·大雅·文王》："文王在上，于昭于天。周虽旧邦，其命维新。有周不显，帝命不时。文王陟降，在帝左右。"这两首诗所歌颂的先王是神而不是人，是商人和周人承受天命的祖先神。在这种观念的遮蔽下，历史活动的主体也就是神而不是人，商代建国的历史是"古帝命武汤，正域彼四方"，周代建国的历史是"周虽旧邦，其命维新"，人类本身的历史活动以及所创造的业绩笼罩在神学的迷雾之中，完全看不见了。按照这种观念，只能建立一种如同希腊赫西俄德那样的《神谱》，而不能建立比较接近历史事实真相的古史系统。因此，只有去蔽解惑，首先在观念上发生转变，把先王由神还原为人，把神的创造还原为先王的创造，历史事实的真相才能若明若暗地展现在人们的面前，人们可以根据自己实实在在的历史经验反思历史的意义，形成历史的意识，自觉地参与历史的活动。从这个角度看，春秋时期人们对古史系统进行有意的编排是一个时代的标志，标志着人类精神的觉醒，标志着业已走出了受神意支配的蒙昧时代而走进了真正的历史时代。虽然当时所编排的古史系统混乱矛盾，人各异说，但是其中体现了一种人文的精神，理性的反思，并且适应历史实践的双重需要，既要尊王攘夷以维护华夏族的生存，又要打破族群的界限以促进民族的融合，大体上勾勒出了一个渐趋定型的轮廓，对后来两千多年的史学产生了极为深远的影响。

关于礼由先王所立而不是由天意所定的观点是在春秋时期开始明确起来的。《左传·文公十八年》记季文子之语："先君周公制周礼。"这是明确认为，周礼是由周公所制定的。《左传·僖公二十四年》记载，周惠王准备联合狄人攻打郑国，富辰谏曰：

不可。臣闻之,太上以德抚民,其次亲亲,以相及也。昔周公吊二叔之不咸,故封建亲戚,以蕃屏周。管、蔡、郕、霍、鲁、卫、毛、聃、郜、雍、曹、滕、毕、原、酆、郇,文之昭也。邘、晋、应、韩,武之穆也。凡、蒋、邢、茅、胙、祭,周公之胤也。召穆公思周德之不类,故纠合宗族于成周而作诗,曰:"常棣之华,鄂不韡韡。凡今之人,莫如兄弟。"其四章曰:"兄弟阋于墙,外御其侮。"如是,则兄弟虽有小忿,不废懿亲。今天子不忍小忿,以弃郑亲,其若之何?庸勋、亲亲、昵近、尊贤,德之大者也。即聋、从昧、与顽、用嚚,奸之大者也。弃德、崇奸,祸之大者也。郑有平、惠之勋,又有厉、宣之亲,弃嬖宠而用三良,于诸姬为近,四德具矣。耳不听五声之和为聋,目不别五色之章为昧,心不则德义之经为顽,口不道忠信之言为嚚。狄皆则之,四奸具矣。周之有懿德也,犹曰"莫如兄弟",故封建之。其怀柔天下也,犹惧有外侮。扞御侮者,莫如亲亲,故以亲屏周。召穆公亦云。今周德既衰,于是乎又渝周、召以从诸奸,无乃不可乎?民未忘祸,王又兴之,其若文、武何?

　　富辰所说,"昔周公吊二叔之不咸,故封建亲戚,以蕃屏周",是就周公对礼作出制度性的安排而言的。周公的这种具有重要历史意义的行为动机并非禀承神意,而是在平定三监之乱以后,鉴于管蔡二叔不得善终,所以封诸侯,建同姓,把姬姓氏族的宗法组织扩大为政治组织,作为周室的藩篱屏障。富辰接着指出,"召穆公思周德之不类,故纠合宗族于成周而作诗"。这是认为,召穆公当周厉王周德衰微之时,进一步认识到仅有制度性的安排并不能有效地维护姬姓氏族的团结,还必须加强文化价值的认同,用道德规范来调整相互之间的关系。照富辰看来,礼的制度建设为周公所定,道德建设为召穆公所立,都是历史的产物,并且适应历史实践的需要不断丰富,逐渐完善。这种看法突破了天神为人类社会立法的神话史学,完全站在人的角度看待历史,表述了一种人文主义的历史观。当然,富辰的人文主义带有狭隘的族群意识,他把周人的文化概括为四个基本的价值观念——庸勋、亲亲、昵近、尊贤,称之为四德,把狄人的文化概括为四个负面的价值——即聋、从昧、与顽、用嚚,称之为四奸,认为周人在文化上比狄人优越。富辰的这种比较显然是不公平的,对狄人文化的认识也不符合事实的真相。但是,当时狄人强大,周人弱小,富辰是在感受到周人的生存面临着狄人严重威胁的情况下提出这个看法的,为了把周人团结起来,一致对外,必须强化周人的族群意识,进行文化的整合。因而这种族群意识对周人来说是一种精神的觉醒,不是宗教意识,不是种族意识,而是文化意识,历史意识,虽然是立足于周代建国以来的历史经验,着眼于阐明周人的历史意义,本质上是属于人文主义的。

　　春秋时期的历史进程,族群之间的冲突和融合同时并存,呈现出一种多元一体的格局。就华夏族而言,一方面要强化自己的族群意识,严夷夏之辨,以适应尊王攘夷的时代需要,另一方面也要进夷狄于中国,把自己的族群意识由特殊性提升为普遍性,来促进一体化的进程。为了打破族群的界限,促进四海一家的一体化进程,不仅要建构一种能适用于各个族群的普遍伦理,也要编排一种能适用于各个族群的普遍的古史系统。由于当时的各个族群有不同的宗教信仰,不同的神话传说,不同的血缘谱系,如果过分强化由这种种不同所形成的宗教意识和种族意识,那就只见其异而不见其同,只见其特殊而不见其普遍,相互之间的交往也就只有无休无止的矛盾冲突,很难进行沟通融合了。因此,当时人们对古史系统的编排以及对普遍伦理的探索,都经历了一次观念上的转变,淡化或者突破了宗教意识和种族意识的束缚,把各个族群的历史文化看做是一个统一的整体进行理性的反思,表现了一种人文主义的精神。

关于古史系统的编排,当时人们往上追溯,把炎黄二帝由神话人物转变为历史人物,由神之子转变为人之子,确定为各个族群共同的始祖。《国语·晋语四》说:

> 昔少典娶于有蟜氏,生黄帝、炎帝。黄帝以姬水成,炎帝以姜水成。成而异德,故黄帝为姬,炎帝为姜,二帝用师以相济也,异德之故也。异姓则异德,异德则异类。异类虽近,男女相及,以生民也。同姓则同德,同德则同心,同心则同志。同志虽远,男女不相及,畏黩敬也。……故异德合姓,同德合义。

这是春秋时期晋国的司空季子透过神学的迷雾,站在人的角度对古代历史的一种重新审视,也是根据当时的现实需要对古史系统的一种有意的编排。司空季子认为,炎黄二帝皆为少典之子,有共同的血缘,但是由于生长活动的地域不同,"黄帝以姬水成,炎帝以姜水成。成而异德,故黄帝为姬,炎帝为姜",分成了两个不同姓的部族,发生了冲突,战于阪泉。这种冲突之所以发生,是因为"异姓则异德,异德则异类",不同姓的部族生活在不同的地域,有着不同的习俗规范,形成了不同类的族群。虽然如此,族群之间的冲突可以通过相互联姻的方式来化解,因为"异类虽近,男女相及,以生民也",只有异姓的男女结为婚姻,才能繁殖后代。至于在同一个族群的内部,尽管"同姓则同德",但是同姓的男女决不可结为婚姻,因为这将导致其生不繁、怨乱灭姓的后果。从这个角度看,"异德合姓,同德合义",不同类的族群合二姓为婚姻,并非彼此敌对,而是相互依存,炎黄二帝的子孙后裔就是通过这种不可或缺的婚姻关系结成了以德义相亲的共同体。姑且不论炎黄二帝是否确为少典之子,但是这种看法与神话传说相比较,更为接近文化人类学的真实,对于促进当时民族融合的进程毫无疑问也起了相当大的作用。

《左传·文公十八年》记载了季文子一段历史追述,把古史系统的编排从炎黄二帝往下延伸到尧舜。他指出:

> 昔高阳氏有才子八人……天下之民谓之"八恺"。高辛氏有才子八人……天下之民谓之"八元"。此十六族也,世济其美,不陨其名,以至于尧,尧不能举。舜臣尧,举八恺,使主后土,以揆百事,莫不时序,地平天成。举八元,使布五教于四方,父义、母慈、兄友、弟恭、子孝,内平外成。

　　　　昔帝鸿氏有不才子……天下之民谓之"浑敦"。少皞氏有不才子……天下之民谓之"穷奇"。颛顼氏有不才子……天下之民谓之"梼杌"。此三族也，世济其凶，增其恶名，以至于尧，尧不能去。缙云氏有不才子……天下之民以比三凶，谓之"饕餮"。舜臣尧，宾于四门，流四凶族，浑敦、穷奇、梼杌、饕餮，投诸四裔，以御螭魅。

　　　　是以尧崩而天下如一，同心戴舜，以为天子，以其举十六相，去四凶也。故《虞书》数舜之功，曰"慎徽五典，五典克从"，无违教也。曰"纳于百揆，百揆时序"，无废事也。曰"宾于四门，四门穆穆"，无凶人也。

季文子追述的几个历史人物，"高阳氏"，《五帝本纪》云："帝颛顼高阳者，黄帝之孙而昌意之子。""高辛氏"，《五帝本纪》云："帝喾高辛者，黄帝之曾孙也。高辛于颛顼为族子。""帝鸿氏"，《五帝本纪·集解》引贾逵云："帝鸿，黄帝也。""少皞氏"，《五帝本纪·索隐》引皇甫谧及宋衷说，谓少昊即黄帝之子玄嚣。"缙云氏"，《五帝本纪·集解》引贾逵云："缙云氏，姜姓也，炎帝之苗裔，当黄帝时，在缙云之官也。"这几个历史人物有着共同的血缘谱系，但是他们的子孙后裔既有才子，也有不才子。才子道德高尚，不才子道德败坏。比如颛顼氏既有才子八人，天下之民谓之八恺，也有不才子一人，天下之民谓之梼杌。这些才子和不才子按照血缘联系的纽带组成为一个大的共同体，长期生活在一起，十六族的才子"世济其美，不陨其名"，四凶族的不才子"世济其凶，增其恶名"，一直延续到尧的时代。舜作为尧的辅佐，为了建立共同体的良好秩序，一方面"举八恺，使主后土"，"举八元，使布五教于四方"，另一方面，把四凶族流放到四边荒远的地方，让他们去抵御妖怪。因此，"尧崩而天下如一"，整个共同体就像一个和睦的大家庭一样，而四凶族虽然与八恺、八元有着共同的血缘关系，却被排斥在外，投诸四裔，主要是因为他们道德败坏，违反了共同体所普遍遵循的伦理准则。关于这些伦理准则，有许多名目，比如八恺奉行齐圣广渊、明允笃诚的准则，八元奉行忠肃共懿、宣慈惠和的准则，其核心的价值观念就是五教，即父义、母慈、兄友、弟恭、子孝。季文子认为，舜举八元使布五教于四方，"内平外成"。杜注："内诸夏，外夷狄。"孔疏："此五教可常行，又谓之五典也。诸夏夷狄，皆从其教，是为内平外成。"照季文子看来，从炎黄二帝到尧舜时代，是一个连续而完整的古史系统，在这个漫长的历史过程中，经历了合久必分、分久必合的演变。以炎黄二帝为始祖，繁殖了众多的子孙后裔，长期生活在以血缘为纽带的共同体之中，这是合。但是子孙后裔有的成为道德高尚的才子，有的成为道德败坏的不才子，才子留在中原地区谓之诸夏，不才子流放到边远地区谓之夷狄，诸夏、夷狄虽有共同的血缘却因道德的高下而区分为不同的族群，这是分。虽然如此，由于五常之教具有普遍的伦理意义，当舜举八元到四方之国去推行教化，使得诸夏夷狄皆从其教，这就整合成为一个超越于血缘谱系的更为高级的文化共同体了。因此，决定分与合的关键，不是宗教信仰，也不是血缘谱系，而是五常之教的伦理准则。就四凶族而言，本来与八恺、八元有着共同的血缘，但是由于"好行凶德"，"不可教训"，被流放到边远地区，变成了夷狄，这就是所谓"用夏变于夷者夷之"。一当夷狄接受了五常之教的教化，"内平外成"，和诸夏一起组成新的共同体，就由夷狄变成了诸夏，这就是所谓"夷而进于中国则中国之"。季文子认为，这种依据文化价值来区分族群的原则，以及族群之间的融合取决于对文化价值的认同，就是从炎黄到尧舜这一段历史所显示的意义所在。这一段历史属于五帝时代，季文子编排的古史系统到此为止，实际上再进一步往下延伸到三王，也是顺理成章的。因为夏人的祖先禹为颛顼之后，殷人的祖先契、周人的祖先稷，皆为帝喾之后，都是由共同的血缘谱系一脉相承发展而来，在文化上也是一脉相承，从五帝到三王，是一个没有受到外来势力打击而发生断裂的连续性的发展系列。春秋时期，除了季文子所编排的这套古史系统，还有其他一些各种各样的说法，总体上都表现了一种"祛除巫魅"的努力，站在人文理性的角度把古代的神话传说还原为人类本身的历史，但是惟有季文子的说法逐渐上升为主流，获得了一致的认同。后来司马迁撰写《史记》，作为中国第一部通史著作，其所以能"究天人之际，通古今之变"，"成一家之言"，主要是由于接受了这种连续性的历史观念，关于《五帝本纪》和三代《本纪》继承了季文子所编排的古史系统，并且发展成为定型化的史学体系。这种成熟的史学体系把中国的历史看做是一个连续性的整体，既有共同的起源，也有共同的目标，对于塑造中国人的自觉的历史意识产生了不可估量的深远影响，而这种史学体系的萌芽状态，追本溯源，是在春秋时期开始形成的。

　　随着历史的观念由神话史观和神权史观转变为先王史观，人们对经典的看法也相应地发生了转变，不是看做神意的启示，而是看做先王的政典，人们学习经典不是为了禀承神意，而是为了效法先王，继承由先王所创造的文化传统。从世界史的角度看，这种转变使得中国的经典诠释文化走上了一条不同于其他文明民族的道路，具有方向性的意义。春秋时期约当公元前800年至公元前500年，当时在全世界的范围内，南亚、西亚、南欧几个大的文明民族都在纷纷创造自己的经典，是一个"元典竞相涌现的特别阶段"。比如印度"前元典"——《吠陀本集》成书于公元前1500年前后；印度元典——《奥义书》等阐释吠陀的典籍酝酿于公元前500年左右，定本于公元前100年。波斯元典——《古圣书》(《阿维斯陀》)于公元前9世纪到前3世纪陆续编成。希腊"前元典"——《荷马史诗》酝酿于公元前1000年至前700年间，成书于公元前600年—前500年间。希伯莱元典——《圣经》，酝酿于公元前900年开端的"先知运动"，其《旧约全书》编纂于公元前6世纪末至前2世纪间；《新约全书》编纂于公元1、2世纪间。① 所有这些经典的共同性质都是属于"宗教型"的，相比之下，中国经典的性质在这个时期却发生了从"宗教型"向"人文

---

① 参看冯天瑜著《中华元典精神》第三章《中华元典的创制》，上海人民出版社，1994。

型"的转变。在春秋以前的三代,中国经典的性质也和其他文明民族一样,是属于"宗教型"的。比如《尚书·洪范》指出"天乃锡禹洪范九畴",就是认为《洪范》是一篇宗教文献,记录了天帝赐给禹的神圣大法。《尚书·多士》:"惟殷先人有册有典,殷革夏命。"《国语·晋语四》:"阳人有夏、商之嗣典。"这些典册和嗣典的基本性质也是属神的,而不是属人的。它们由专门的神职人员负责保存、整理、编纂,大约从殷周之际到春秋时期,初步形成了《诗》、《书》、《礼》、《易》几部宗教文化的经典,其中最重要的是《礼》。春秋时期,由于人们对礼的看法发生了转变,认为不是由天意所定而是由先王所立,传统周礼是先君周公根据人事的需要而制定的,连带着对其他几部经典的看法也发生了转变,认为与天启神示无关,而是历史文化的宝典,先王垂训后世的教材,人们对经典的学习、理解和诠释也就从禀承神意的角度转变到效法先王的角度上来了。

《左传·僖公二十七年》记载,晋文公与赵衰商量元帅的人选,赵衰推荐郤縠说:

> 臣亟闻其言矣,说《礼》、《乐》而敦《诗》、《书》。《诗》、《书》,义之府也;《礼》、《乐》,德之则也;德、义,利之本也。《夏书》曰:"赋纳以言,明试以功,车服以庸。"君其试之。

《左传·昭公二年》记载:

> 晋侯使韩宣子来聘……观书于大史氏,见《易象》与《鲁春秋》,曰:"周礼尽在鲁矣,吾乃今知周公之德与周之所以王也。"

从这两条史料,我们可以看出以下几个要点。第一,春秋时期,在儒家产生以前,六经已经形成了初步定型的文本,保存在由太史所主管的国家文献档案馆之中,属于史官文化。人们之所以重视,如同韩宣子所说,"吾乃今知周公之德与周之所以王也",由此而认识到周公的德行和周代的王业所在。联系到《国语·楚语上》的记载,它们是楚庄王用来作为太子学习的教材。《国语·晋语四》:"文公问元帅于赵衰,对曰:郤縠可,行年五十矣,守学弥惇。"这说明郤縠也是用《诗》、《书》、《礼》、《乐》作为学习的教材,行年五十,仍然勤奋治学。《庄子·天运篇》:"孔子谓老聃曰:丘治《诗》、《书》、《礼》、《乐》、《易》、《春秋》六经,自以为久矣,孰知其故矣。"孔子和郤縠一样,也是以六经作为学习的教材,"守学弥惇",熟悉其中的道理。《庄子·天下篇》进一步指出,六经是古之道术的精华所在,"其明而在数度者,旧法世传之史,尚多有之。其在于《诗》、《书》、《礼》、《乐》者,邹鲁之士,缙绅先生,多能明之。《诗》以道志,《书》以道事,《礼》以道行,《乐》以道和,《易》以道阴阳,《春秋》以道名分。其数散于天下,而设于中国者,百家之学,时或称而道之"。后世学者根据这些文献记载,提出了"六经皆史"之说,是符合历史实际的。第二,就其对经典性质的看法而言,郤縠把《诗》、《书》看做道义的府库,《礼》、《乐》是德行的法则,出于对道义和德行的喜悦关爱而"守学弥惇",韩宣子把《易》与《春秋》看做周代礼文化的集中体现而赞叹不已，完全是立足于世俗的人文而不是着眼于神圣的天启，说明在当时人们的心目中，传统经典的性质已经由原来的"宗教型"转变为"人文型"了。这种转变带有温和的性格，看来是非常自然的。因为在传统的经典中，本来就蕴涵着非常丰富的人文理性的内容，并且对道义、德行以及周代的王业所在进行了大量原创性的研究，但却处于从属的地位，归结为天神的启示，只要把天神的启示还原为世俗人文的创造，看做是先王之政典，重视和强调传统经典的人文化成的功能，它们的基本性质也就自然而然转变为"人文型"的了。第三，当时人们学习经典，目的不是发思古之幽情，也不是出于纯学术的兴趣，主要是为了经世致用，谋划现实的利益。比如赵衰向晋文公推荐郤縠作元帅的人选，其所持的根据就是认为郤縠认真学习经典，掌握了德义的原则，而德义就是利益的根本。他指出："夫先王之法志，德义之府也。夫德义，生民之本也。能惇笃者，不忘百姓也。请使郤縠。"(《国语·晋语四》)所谓"先王之法志"，指的就是《诗》、《书》、《礼》、《乐》，这几部经典是先王创制立法垂训后世的历史记录。赵衰认为，其中所阐明的德义是"生民之本"，是从事现实政治所必须遵循的基本原则，单凭郤縠行年五十而仍然"守学弥惇"这一条来看，就已经具备做元帅的资格，但还要进一步"赋纳以言，明试以功"。杜注："赋纳以言，观其志也。明试以功，考其事也。"这是说，要通过两个步骤来检验郤縠把经典运用于实际的能力，首先是看郤縠是否联系实际提出切实可行的建议，其次是根据行为的结果来看是否达到了预期的功利。这种抱着现实功利的目的学习经典的态度在春秋时期许多人的身上都普遍存在，人们一方面尊重经典，另一方面又断章取义，作出适合于自己需要的新解，这就为中国的经典文化开拓了一个不同于"宗教型"的自由广阔的发展空间。

从世界文化史的角度看，"宗教型"经典和"人文型"经典的根本区别，在于"宗教型"经典的权威性建立在神意的基础之上，而"人文型"经典的权威性则是建立在对历史文化价值认同的基础之上的。如果把经典看做源于神意，神意是不可亵渎的，任何权力都不能违反它，任何诠释都不能越出经典明文规定的范围，那么可供诠释的空间就非常狭窄，根据现实的需要进行诠释的自由也受到极大的限制。反之，如果把经典看做并非源于神意而是"先王之法志"，出于对先王的尊重和崇敬，经典文本的权威地位也是不可动摇的，但是这种权威地位是通过理性认知的过程而后确定的。理性认知不同于宗教信仰，宗教信仰是惟一的，理性认知则是多元的，判断宗教信仰是否正确，惟一的标准是看是否符合经典明文规定的神圣的教条，判断理性认知是否正确，主要是着眼于世俗的实际功能，用"赋纳以言，明试以功"来检验。因而"人文型"的经典具有更大的可诠释性，人们对经典的诠释基本上抱着一种"六经注我"、"得意忘言"的态度，可以断章取义，各取所需，进行自由的取舍，也可以假托伪造，推陈出新，作出创造性的转化。关于中国的这种"人文型"的经典诠释文化，战国时期的孟子曾经对它的精神实质和价值取向作了精辟的表述。他指出：

> 故说诗者，不以文害辞，不以辞害志。以意逆志，是为得之。如以辞而已矣，《云汉》之诗曰："周余黎民，靡有孑遗。"信斯言也，是周无遗民也。（《孟子·万章上》）

> 尽信《书》，则不如无《书》。吾于《武成》，取二三策而已矣。仁人无敌于天下，以至仁伐至不仁，何其血之流杵也。（《孟子·尽心下》）

据学者研究，《左传》引《诗》最为频繁，共有180余条，引《书》共有46条[①]。这些引证当然首先预设了《诗》、《书》作为经典文本的权威性，但是其所以如此引证，必然带有各取所需的选择性，而且经历了一个如同孟子所说的"以意逆志"的理解过程。"意"是自己的意思或意图，是属于主观的。"志"是原文本身的意义，是属于客观的。只有以自己的主观去揣度原文的客观，才能得到真正的理解，形成一种视界的融合。此外，引证的目的十分明确，主要是借助经典文本的权威来加强自己言论的说服力量，在经典文本与自己言论之间，是一种手段与目的的关系。春秋时期，许多有识之士的言论都是针对现实弊端的合理的政见，体现了人文理性的时代精神，因而他们引经据典所表达的政见，也就是继承与创新的有机统一。从下面的几则典型事例，我们可以大致窥见春秋时期兴起的这种人文型的经典诠释文化所普遍遵循的思维模式和逻辑理路。

《左传·成公二年》记载：

> 楚之讨陈夏氏也，庄王欲纳夏姬。申公巫臣曰："不可。君召诸侯，以讨罪也；今纳夏姬，贪其色也。贪色为淫，淫为大罚。《周书》曰，'明德慎罚'，文王所以造周也。明德，务崇之之谓也；慎罚，务去之之谓也。若兴诸侯，以取大罚，非慎之也。君其图之！"王乃止。

《左传·昭公七年》记载：

> 卫襄公卒。晋大夫言于范献子曰："卫事晋为睦，晋不礼焉，庇其贼人而取其地，故诸侯贰。《诗》曰：'脊令在原，兄弟急难。'又曰：'死丧之威，兄弟孔怀。'兄弟之不睦，于是乎不吊，况远人，谁敢归之？今又不礼于卫之嗣，卫必叛我，是绝诸侯也。"献子以告韩宣子。宣子说，使献子如卫吊，且反戚田。

《左传·成公六年》记载，晋师与楚师遇于蔡地，军帅之欲战者众。

> 或谓栾武子曰："圣人与众同欲，是以济事，子盍从众？子为大政，将酌于民者也。子之佐十一人，其不欲战者，三人而已。欲战者可谓众矣。《商书》曰，'三人占，从二人'，众故也。"武子曰："善钧从众。夫善，众之主也。三卿为主，可谓众矣。从之，不亦可乎？"

《左传·文公七年》记载：

[①] 参看陈来著《古代思想文化的世界》第六章《经典》，三联出版社，2002。

晋郤缺言于赵宣子曰："日卫不睦，故取其地。今已睦矣，可以归之。叛而不讨，何以示威？服而不柔，何以示怀？非威非怀，何以示德？无德，何以主盟？子为正卿，以主诸侯，而不务德，将若之何？《夏书》曰：'戒之用休，董之用威，劝之以《九歌》，勿使坏。'九功之德皆可歌也，谓之《九歌》。六府、三事，谓之九功。水、火、金、木、土、谷，谓之六府；正德、利用、厚生，谓之三事。义而行之，谓之德、礼。无礼不乐，所由叛也。若吾子之德，莫可歌也，其谁来之？盍使睦者歌吾子乎？"宣子说之。

从这四则经典诠释的事例，可以看出其中的思维模式和逻辑理路有着惊人的相似，呈现为一种三段论式的程序。首先是诠释者本人预先设定了自己明确的问题意识，并且针对特定问题提出个人的解答。其次是在经典文本中寻找相关的依据，把对特定问题的解答提升到普遍原理的高度，如同《庄子·寓言篇》所说的"重言"，使自己的言论获得经典权威的支撑。最后是把这种对经典的理解用于实际的人事运作，使之参与历史的进程，接受历史的检验，产生历史的效果。就第一段程序而言，实际上是一种前理解，也就是在未进入经典文本以前的一种先见。这种先见虽然是个人的，其所设定的问题意识是现实的，但是关于问题的解答却是内在地蕴涵着对传统的历史文化价值的认同，由个别性向普遍性的提升。到了第二段程序，才真正进入了经典诠释的过程，这也就是孟子所说的"以意逆志"的理解过程。这种经典诠释之所以必要，是因为经典本身就是历史文化价值的载体，普遍性原理的意义的源泉，作为一种价值和意义的权威，在人们的心目中业已达成了共识。因此，为了把自己的先见诉之于人们的共识，以加强其说服的力量和认同的基础，必须进入经典诠释的过程，在经典文本中寻找价值和意义的本原性的依据。比如申公巫臣反对楚庄王因贪恋美色而收纳夏姬的错误行为，认为会受到重大处罚，不利于召集诸侯讨伐有罪的霸业。晋大夫对范献子说，晋国对卫国不加礼遇，破坏了兄弟同盟关系，这种错误行为必然引起卫国的背叛，断绝诸侯的归服。这都是属于前理解阶段的先见。一当他们进入经典诠释的过程，引用《周书》的"明德慎罚"和《常棣》之诗的"兄弟孔怀"来作为立论的依据，这种先见也就具有"重言"的权威性质，引起人们的信服。第三段程序是经典诠释的目的所在。通过这种诠释，不仅经典原本的价值和意义更加显豁敞亮，而且获得了新的生命，参与到当前的历史进程中来，产生了相应的历史效果。比如楚庄王接受了申公巫臣的意见，纠正了收纳夏姬的错误行为。晋国的执政大臣接受了晋大夫的意见，采取措施修复了与卫国的同盟关系。

值得注意的是，春秋时期兴起的这种经典诠释文化，容许有不同的理解，自由的发挥，与"宗教型"的那种迷信神圣教条的封闭保守的态度不同，表现了一种立足于人文理性的开放创新的精神。比如《左传·成公六年》的一则事例，晋军统帅部的十一人，多数主张对楚军开战，不主张开战的仅有三人，属于少数。有人引用

《尚书·洪范》"三人占,从二人"的经典文本为据,向执掌大政的栾武子建议,既然经典明言少数服从多数,那就应该支持主张开战的一派。但是栾武子却对经典从众之言作出了不同的理解,认为"善钧从众。夫善,众之主也",从众的本质在于从善,听从正确的主张,正确的主张也就是大众的主张。现在有三位大臣反对开战,这是正确的主张,听从他们,哪怕是属于少数,也可以说是从众了。这两种理解见仁见智,彼此矛盾,而又同时并存,究竟谁是谁非,可以凭借理性认知讨论商榷。这说明当时诠释的空间无限广阔,呈现为一种开放的态势,容许人们各抒己见进行不断的开拓。《左传·文公七年》的一则事例,郄缺对《夏书》"劝之以《九歌》"的理解,则是一种超越了经典文本的自由的发挥。经文并未具体指明《九歌》的内容,郄缺根据自己的理解,认为"九功之德皆可歌也,谓之《九歌》"。所谓九功,包括六府、三事。"水、火、金、木、土、谷,谓之六府;正德、利用、厚生,谓之三事"。由此而进一步推论,"义而行之,谓之德、礼",德礼的实质性的内涵就是对六府、三事的合理的运作。"无礼不乐,所由叛也","无德,何以主盟"?因而维护德礼直接关系到当时晋国霸业的成败。为了维护德礼,必须合理推行六府、三事。为了合理推行六府、三事,必须回归经典的本原,"劝之以《九歌》"。由此可以看出,郄缺的这种理解,依据经典而又不囿于经典,既是对经典本义的忠实的继承,同时又密切联系春秋时期维护德礼的现实需要,作出了创造性的发挥。后来写定的《古文尚书》把《夏书》之文与郄缺对六府、三事的解释并入《大禹谟》篇,使得个人的发挥形成为经典,这种情形在世界文化史上是极为罕见的。

除此之外,还有《左传·襄公九年》的一则典型事例:

> 穆姜薨于东宫。始往而筮之,遇《艮》之八䷳。史曰:"是谓《艮》之《随》䷐。《随》,其出也。君必速出!"姜曰:"亡!是于《周易》曰:'《随》,元、亨、利、贞,无咎。'元,体之长也;亨,嘉之会也;利,义之和也;贞,事之干也。体仁足以长人,嘉德足以合礼,利物足以和义,贞固足以干事。然,故不可诬也,是以虽《随》无咎。今我妇人而与于乱,固在下位而有不仁,不可谓元。不靖国家,不可谓亨。作而害身,不可谓利。弃位而姣,不可谓贞。有四德者,《随》而无咎,我皆无之,岂《随》也哉?我则取恶,能无咎乎?必死于此,弗得出矣。"

《周易》本为卜筮之书,完全是一部"宗教型"的经典。当时穆姜因淫乱谋反之事败露,被迫迁入东宫,筮得《艮》之《随》。按照《周易》宗教巫术的本义,《随》是出走的意思,其卦辞"元亨利贞",象征吉而无咎,因而赶紧出走可以免于灾祸,这是神的意旨。但是穆姜却认为,卜筮所显示的征兆不值得信赖,值得信赖的是人们对社会伦理的实践,吉凶祸福并不决定于神意,而是决定于具体行为客观确实的因果联系。由此而对"元亨利贞"作出了人文理性的诠释,认为不是象征神的意旨,而是象征人所应有的"仁、礼、义、贞"四种德行,只有具备了这四种德行,才能《随》而无咎，这是普遍的规律，既然如此，所以是不可欺骗的。如果行为淫乱谋反，违反了仁礼义贞四德，尽管筮得了《随》卦，也不能免于无咎。穆姜的这种诠释与郤缺对《夏书》"劝之以《九歌》"的诠释同样是一种自由的发挥，但是郤缺的发挥是对经典本义的正面的继承，穆姜的发挥则是对经典本义的批判性的转化。就经典的基本性质而言，《周易》与《诗》、《书》相比较，有很大的差异。因为《诗》、《书》的原始形态虽然是属于"宗教型"的，其中也蕴涵着十分丰富的人文理性的内容，人们只要转换视角，把它们看做是先王之政典而不是神意的启示，就可以引申发挥，进行正面的继承。至于《周易》，则是在殷周之际作为卜筮的记录而不是作为先王之政典编纂成书的。卜筮是一种源远流长的宗教巫术，它把人事的吉凶祸福归结为神的意旨，本质上是与人文理性相对立的。春秋时期，随着人文理性思潮的兴起，人们普遍认识到"祸福无门，唯人所召"（《左传·襄公二十三年》），因而对《周易》的诠释就面临着一个如何由"宗教型"向"人文型"进行基本性质转化的问题。当时鲁国的穆姜多行不义，是个反面的人物，但是出于良心的悔悟，理性的反思，居然站在批判的立场，对"元亨利贞"作出了象征四种德行的诠释。这种诠释运用的是一种"旧瓶装新酒"的手法，形式上并没有改变经典文句，内容上却是以人文理性取代了宗教巫术，促使经典的性质发生了根本的转化。后来《易传》的作者不以人废言，把淫乱妇人穆姜对"元亨利贞"的诠释完全采纳过来，并入《文言传》中，使之上升到经典的地位，这也是中国经典诠释文化的一个显著的特色。

  春秋时期，王室衰微，列国纷争，"天子失官，学在四夷"，以六经为载体的经典处于转型的过程之中，尚未写成定本，但是作为历史文化价值本原的权威地位业已确立，得到普遍的尊奉。由于经典原初形态的性质基本上是属于"宗教型"的，而且大体上形成于殷周之际，其所记录的史实、制度和思想与当时的现实生活相距甚远，有的甚至相互抵牾，所以需要密切联系实际不断诠释，才能为我所用，产生历史的效果。在这种诠释活动中，贯穿着一种推陈出新的精神，一方面把经典看做"先王之故志"，继承了传统，同时又结合现实的需要引申发挥，赋予了许多新的意义，由此而在中国的历史条件下开拓了一条朝着人文化方向发展的连续性的文化传承系统。现代学者冯天瑜站在世界文化史的角度进行宏观的比较，认为中华元典主要沿着"圣化"路线发展，在希伯莱、印度、中世纪欧洲等宗教氛围浓重的地区，其元典演为宗教圣典，如《圣经》、《吠陀》、《佛经》、《古兰经》等，走的是一条"神化"的路线。这种概括是非常贴切的。[1]

  前面说过，春秋时期兴起的以人文理性为核心内容的文化思潮表现在三个层面，也就是从人的角度而不是从神的角度去看待历史，看待经典，看待现实。实际上，这三个层面并不是平列的，其中以表现在现实层面的人文理性最为重要，居于

---

[1] 参看冯天瑜著《中华元典精神》第九章《中华元典阐释史鸟瞰》，上海人民出版社，1994。

基础地位,是促使历史层面和经典层面发生变化的动力之源。这是因为,关于现实层面的运作究竟应该听命于神还是听命于人的问题,直接关系到人们的生存状态和切身的感受,人们必须根据自己实实在在的经验作出相应的选择。春秋是一个乱世,"弑君三十六,亡国五十二,诸侯奔走不得保其社稷者不可胜数",历史提供了十分丰富的反面经验,人们普遍认识到听命于神的宗教蒙昧主义会导致失败,只有从事清醒务实的人事运作才有可能取得成功,于是兴起了一股人文理性的时代思潮。正是在这股时代思潮的推动下,才引起了人们对历史和经典的看法的改变,作出了不同于神学的人文的诠释。这种诠释就其功能而言,是为现实服务的。由于人们生活于其中的现实本质上是由过去、现在和未来所构成的连续性的统一体,所以人们为了对现实进行谋划,既要回归传统,也要对未来作出方向性的选择。从这个角度看,春秋时期人文理性思潮所表现的三个层面,总体上形成了一个以现实层面的实践需要为基础的金字塔式的结构,并且开拓了由宗教文化转化为世俗文化的发展方向。

所谓世俗文化也就是以人为本的文化,其所关注的重点是人而不是神,是可以为人的现实经验所感知的此岸世界而不是超验的冥冥中的彼岸世界。这是一个过于空泛的界定,不能充分揭示春秋时期世俗文化的丰富多样性及其内在的张力。再进一步看,所谓以人为本,这个人究竟指的是道德本性的人还是自然本性的人? 既然从切身的经验感知到"吉凶由人","祸福无门,唯人所召",那么吉凶祸福究竟是受社会法则的制约还是受自然法则的制约? 围绕着对这个问题的不同的回答,当时的世俗文化也就分裂为两个不同的倾向。一部分人作出了前者的回答,在政治上主张礼治,在行为上强调遵循道德规范;另一部分人作出了后者的回答,在政治上主张法治,在行为上强调功利实力的计量。当然,这种分裂处于渐变阶段,表现得并不明朗,没有形成如同战国时期的那种相互对立的体系,但是分裂的苗头业已依稀可辨,而且上升到人性论的高度进行了本原性的探讨,在理论前提的预设上形成了对立。

《左传·成公十三年》记刘康公之言曰:

> 吾闻之,民受天地之中以生,所谓命也。是以有动作礼义威仪之则,以定命也。能者养之以福,不能者败以取祸。

这是从道德本性的角度界定人性的本质。人的道德本性为天地的中和之气所赋予,就是所谓天命。为了巩固天命,保持本性,必须接受动作礼义威仪的社会法则的制约。凡是能够接受这种制约的人可以得到福禄,不能接受制约而败坏社会法则的人就会自取灾祸。可以看出,按照这种人性的预设所形成的世俗文化,就是一种伦理文化,德行文化,礼义文化。但是,在春秋时期,还有另外一种从自然本性的角度对人性本质的界定,发表了许多零星的看法,比如《国语·周语》中记单襄公之言曰:

>夫人性,陵上者也。……且谚曰:兽恶其网,民恶其上。

《左传·成公十五年》记晋大夫伯宗之妻之言曰:

>盗憎主人,民恶其上。

《左传·襄公二十六年》记郑子产之言曰:

>夫小人之性,衅于勇,啬于祸,以足其性而求名焉。

《左传·襄公二十八年》记齐子尾之言曰:

>富,人之所欲也,何独弗欲?

《左传·昭公十年》记齐晏婴之言曰:

>凡有血气,皆有争心。

至于《国语·越语下》所记范蠡之言:"余虽靦然而人面哉,吾犹禽兽也。"则是公然理直气壮地把人性的本质直接归结为与禽兽等同的自然本性了。按照这种人性的预设所形成的世俗文化就会呈现另外一种面貌,或者如同道家所说的,"天地不仁,以万物为刍狗,圣人不仁,以百姓为刍狗",着眼于效法天道自然的客观规律;或者如同法家所主张的,立足于人们与生俱来的争心,用现实的功利来取代传统的道德。

在实际的生活中,这两种不同倾向的世俗文化纠缠扭结,错综交织,很难作出泾渭分明的区分。这是因为,人作为宇宙间之一物,首先是一个自然的存在,然后才是一个社会的存在,既有自然本性,又有社会本性,关于人所切身感受到的吉凶祸福既受自然法则的制约,又受社会法则的制约,所以当人摆脱了受神意支配的蒙昧状态凭借理性原则来经营自己的实际生活,必须兼顾到两方面的需求,既要有历史合目的性的价值关怀,又要有历史合规律性的功利计量,这就是所谓历史的两重性,由此而形成的两种世俗文化也就构成为双向互动的张力,并存于一体之中。就总体而言,春秋时期的文化处于新旧交替的过渡阶段,宗教文化逐渐向世俗文化转型。在这种转型的具体复杂的历史过程中,当时兴起的两种不同倾向的世俗文化所起的作用是不相同的。如果说着眼于价值关怀的倾向依据的是连续性的历史文化,带有维护传统的保守性,那么着眼于功利计量的倾向则是依据新的历史条件,立足于现实的可操作性,突破传统,革新创造。虽然此二者植根于人性和历史的内在矛盾的本质并存于一体,形成了一种继承与革新、理想与现实错综交织的文化结构,但是一般说来,推动文化转型的基本的原动力毕竟是属于后者而不是前者,也就是属于以清醒务实的态度着眼于功利计量的倾向。

春秋时期,各国依据新的历史条件和现实的需要,顺应历史合规律性的发展趋势,相继推行了一系列制度创新的改革,比如:

>前685年(鲁庄公九年),齐桓公即位,任管仲为相,推行"作内政而寄军令"和"相地而衰征"的改革。

>前645年(鲁僖公十五年),晋作爰田,作州兵,改革土地分配制度和兵役

制度。

  前594年(鲁宣公十五年),鲁初税亩,承认私田的合法性。

  前548年(鲁襄公二十五年),楚令尹子木整理田制和军制。

  前538年(鲁昭公四年),郑子产作丘赋。

  前536年(鲁昭公六年),郑子产作刑书。

  前513年(鲁昭公二十九年),晋赵简子铸刑鼎。

  前493年(鲁哀公二年),晋赵简子实行按军功赐田宅定爵位的新规定,在前线誓师说:"克敌者,上大夫受县,下大夫受郡,士田十万,庶人工商遂,人臣隶圉免。"

  这些改革涉及到方方面面,从根本上改变了当时的社会面貌,就其所依托的文化背景而言,可以说完全是审时度势,权衡利害得失,以现实功利计量的世俗文化作为主导的倾向。特别是赵简子为了调动人们的积极性,克敌制胜参与军事的争夺,大胆地突破宗法旧制僵化的利益分配模式,不以血缘谱系为标准,也不以道德品行为标准,而是以军功为标准重新分配田宅爵位。这种改革促进了封建制向郡县制的转变,加速了庶人工商、人臣隶圉人身解放的进程,在中国历史上是一件影响至深且巨的大事。但是,推行这种改革的文化动力和人性预设,却是本于当时流行的看法,"凡有血气,皆有争心","富,人之所欲也",以人的自然本性为基础,以满足人的利益追求为原则。正是由于这种利益驱动原则和改革事业的相互配合,所以在全社会的范围内激发了一种功利主义的文化倾向。与西周的那种沉闷停滞的文化格局相比,春秋是一个喧闹沸腾的时代,一个历史大变革的时代,不仅是旧制度废而新制度兴,而且是旧文化废而新文化兴。关于这种新文化的性质,我们固然可以从共性的角度界定为不同于宗教文化的人文文化或世俗文化,但是为了充分揭示它的个性特色,深入把握它的核心层次和动力机制,只有联系它的功利主义的主导倾向才能得到较为全面的理解。

  如果说人对利益的追求是人的自然本性,并且受自然法则的制约,那么人对利益的分配和调整就是一种社会行为,是人的社会本性,并且受社会法则的制约。究竟如何妥善处理此二者的关系,战国时期的诸子百家把这个问题提升到义利之辨的哲学高度进行探讨,作出了各种各样的回答,比如荀子在《礼论》中指出:

  人生而有欲,欲而不得,则不能无求;求而无度量分界,则不能不争;争则乱,乱则穷。先王恶其乱也,故制礼义以分之,以养人之欲,给人之求,使欲必不穷乎物,物必不屈于欲,两者相持而长,是礼之所起也。

孟子则是把义与利对立起来,在回答梁惠王"何以利吾国"的问题时指出:"王何必曰利,亦有仁义而已矣","上下交征利而国危矣","苟为后义而先利,不夺不餍"。(《孟子·梁惠王上》)春秋时期,人们的思维水平虽然没有达到哲学自觉的高度,但是出于实践层面的操作需要,无法回避这个根本问题,必须围绕着究竟应该"后义而先利"还是后利而先义,或者"两者相持而长"这三种可能的回答被迫作出自己的选择。比如叔向反对子产铸刑书,其所持的理由就和孟子相似。他认为,"昔先王议事以制,不为刑辟,惧民之有争心也",把刑法公之于众,"民知争端矣,将弃礼而征于书,锥刀之末,将尽争之"(《左传·昭公六年》),这就是如同孟子所说的,"苟为后义而先利,不夺不餍"。至于晏婴对义利之辨的看法,与叔向不同,其选择了类似荀子的主张,认为应该使"两者相持而长"。《左传·襄公二十八年》记载,齐国平定了崔杼、庆封之乱,以邶殿边鄙六十邑赏赐给晏婴,晏婴不接受。

> 子尾曰:"富,人之所欲也,何独弗欲?"对曰:"庆氏之邑足欲,故亡。吾邑不足欲也,益之以邶殿,乃足欲。足欲,亡无日矣。……不受邶殿,非恶富也,恐失富也。且夫富如布帛之有幅焉,为之制度,使无迁也。夫民,生厚而用利,于是乎正德以幅之,使无黜嫚,谓之幅利。利过则为败。吾不敢贪多,所谓幅也。"

晏婴并不反对子尾的看法,也肯定追求富是人们的正当的欲望,但他认为满足欲望应该有一个限度,超过了限度,反而会走向反面,连原来已拥有的也丧失掉("非恶富也,恐失富也")。后来晏婴又进一步发挥了这个思想,把义看做是利之本。他说:"凡有血气,皆有争心。故利不可强,思义为愈。义,利之本也。"(《左传·昭公十年》)这个思想也就是如同荀子所说的,"使欲必不穷乎物,物必不屈于欲,两者相持而长,是礼之所起也"。

拿叔向和晏婴两人的主张来比较,虽然对义利关系的处理各有不同的侧重,但是共同之点都是强调人具有社会本性,必须接受社会法则的制约。所谓社会法则,指的是处理各种人际关系约定俗成的一套道德规范、行为准则以及习惯性的制度法规,这是通过长期的历史发展并且经历了不断的试错演化而逐渐形成的,因而在世界文化史上,不同的文化传统所形成的社会法则也就有不同的民族和地域的特色。关于春秋时期人们普遍遵循和共同认可的社会法则,管仲称之为"德礼不易",子产称之为"礼义不愆"。这种表现为"德礼"和"礼义"的社会法则之所以不可改易,不出差错,是因为它在人们的理性和经验的两个层面都得到了确认,既是从过去的历史实践所总结出来的普遍规律,也与现实的吉凶祸福密切关联,可以切身地感受到能否接受它的制约所直接导致的后果,用刘康公的话来表述,"能者养之以福,不能者败以取祸"。根据这种对社会法则的确认,春秋时期人们对于有着深厚历史传统的"德礼"、"礼义"极为重视,认为这就是先王之道的本质所在,并且以此为标准来衡量人们的行为,判定是非曲直,推断吉凶祸福,由此而形成了一股强大的维护传统的文化保守势力,与当时兴起的倾向于突破传统的功利文化并存于一体,既相互对立,又相互渗透。因而在当时由宗教文化向世俗文化转型的曲折过程中,这两种不同的倾向都具有历史的合理性,同时也迫使人们面临着究竟该何去何从的艰难的选择,为战国时期上升到哲学层次的义利之辨作了重要的铺垫。

由于政治在世俗文化中占有十分突出的地位,在政治的实际运作中,究竟是着眼于现实的功利还是立足于传统的德礼,直接关系到国家的治乱安危,对人们的吉凶祸福产生全方位的影响,所以人们围绕着政治的思考和不同倾向的选择也就从总体上规定了当时的世俗文化的面貌,并且把文化层面的义利之辨的问题转化为政治层面的王霸之辨的问题。春秋时期是一个乱世,旧的封建宗法的政治模式和秩序结构业已解体,新的以地域疆土为单位的政治模式和秩序结构尚未确立,中国的政治正在经历着一次带有根本方向性的历史转折。欧阳修在《新唐书·礼乐志》中曾经指出:"由三代而上,治出于一,而礼乐达于天下。由三代而下,治出于二,而礼乐为虚名。"这是认为,三代而上的王道政治是一个政教合一的体系,以春秋乱世为标志的三代而下,则是政教发生了分离,传统的宗教信仰和礼乐文化"具其文而意不在焉",仅仅保留了用之郊庙朝廷的礼仪形式,至于国家政治,则变成了一种纯粹世俗的事务,"其朝夕从事,则以簿书、狱讼、兵食为急,曰,此为政也,所以治民"。欧阳修敏锐地看出,中国的政治模式自三代而下发生了根本的转型,这是从政教合一到政教分离的转型,同时也意味着从神权政治到世俗政治的转型,从王道政治到霸权政治的转型。霸权政治的本质是"以力服人",其所依托的文化背景就是功利主义的文化,但是在当时人们的心目中,理想的政治应该是王道政治,而王道政治的本质是"以德服人",其所依托的文化背景就是合乎先王之道的"德礼"文化、"礼义"文化。这种理想与现实的反差以及德礼与功利的矛盾,使得当时的霸权政治产生了合法性的危机。就这种合法性危机的实质性的内涵而言,归结起来,就是关于政治的运作和权力的行使如何妥善地处理功利与德礼的关系问题,王霸之辨也就是义利之辨,究竟是把功利的原则置于首位,谋求政治权力的无限度的扩张,还是使它接受社会法则的制约,服从人们心目中的文化价值理想。一些聪明的霸主为了缓解这种合法性的危机,打着尊崇王室、维护周礼的旗号,采取"以力假仁"的政策,虽然是以功利实力为基础从事霸权的争夺,却又诉之于人们的价值认同,使自己的霸权具有一种合法性的外观。此外还有一些愚蠢的霸主,对政治是否合法的问题采取蔑视的态度,认为不值得考虑,企图完全凭借自己的实力地位和权力意志来称霸诸侯。齐桓公是聪明霸主的典型代表,他的行动纲领和政策措施赢得了众多诸侯的拥护,结果是霸业成功。楚灵王是愚蠢霸主的典型代表,迷信权力,刚愎自用,暴虐侈汰,结果是众叛亲离,霸业失败,死于乾谿。据实而论,齐桓公的"以力假仁"的政策并非仅有外表形式包装的意义,孔子曾经高度评价他的霸业是"正而不谲",并且赞叹说,"管仲相桓公,霸诸侯,一匡天下,民到如今受其赐","桓公九合诸侯,不以兵车,管仲之力也。如其仁,如其仁!"(《论语·宪问》)当时齐桓公在管仲的辅佐下,以"德礼不易,无人不怀"作为霸业的指导思想,以"德以柔中国,刑以威四夷"作为霸业的行动纲领,以"尊王攘夷"作为霸业的政治目标,从而为自己的霸业提供了正当的理由,确立了合法性的依据。正是由于齐桓公有效地利用这种合法性进行广泛的号召动员，才有可能"九合诸侯，不以兵车"，把众多的诸侯团结在自己的周围，巩固了自己的霸主地位。但是，霸权政治毕竟不同于王道政治，霸主的心态也不同于王者。《史记·封禅书》记载："齐桓公既霸，会诸侯于葵丘，而欲封禅。"管仲反对说："古者封泰山禅梁父者七十二家"，"皆受命然后得封禅"。桓公认为，根据自己一匡天下的霸业，足以证明自己业已掌握了天子的权力，接受了天命，与三代受命没有任何差别，完全有资格去行封禅之礼。他指出：

> 寡人北伐山戎，过孤竹；西伐大夏，涉流沙，束马悬车，上卑耳之山；南伐至召陵，登熊耳山以望江汉。兵车之会三，而乘车之会六，九合诸侯，一匡天下，诸侯莫违我。昔三代受命，亦何以异乎？

齐桓公的这种心态，清楚地表明，他所从事的霸业是"以力假仁"而不是"以德行仁"，尽管在霸业的初始阶段以"德礼不易"作为号召动员的手段，客观上符合政治运作必须具有合法性的要求，但在主观动机上却是为了满足自己取代天子地位的政治野心和权力欲望，功利实力是追求的目的，价值关怀是利用的手段，一当霸业成功，就干脆抛掉"德礼不易"的合法性的外衣，直接以赤裸裸的权力本身作为合法性的依据了。由此可以看出，齐桓公的霸业并没有真正解决理想与现实以及德礼与功利的矛盾，霸权政治是否具有合法性的问题依然存在。

就三代的历史条件而言，君权神授，"皇天无亲，惟德是辅"，王者权力的合法性的依据在于"以德配天"。春秋时期，"周德虽衰，天命未改"（《左传·宣公三年》），东周王朝已经无力履行敬德的承诺，只能依靠"卜世三十，卜年七百"的天神意旨来维持名分上的天子地位。这种历史的进程促使当时一些霸主产生了彼可取而代之的政治野心和权力欲望，他们纷纷把"以德配天"的思想篡改为"以权配天"的思想，把对天神的崇拜转化为对权力的崇拜，认为只要掌握了号令诸侯的霸主权力就能够理所当然地去承受天命。表面上看来，这种对天命的解释似乎是继承了源于三代的古老的君权神授的宗教信仰，但却从根本上颠倒了君权与神权、世俗与神圣之间的关系，实际上是一种带有方向性的背离。按照这种解释，不是君权从属于神权，而是神权从属于君权，天命不再是一个敬畏崇拜的对象，而是一个可以凭借世俗的权力去任意亵渎僭越以至相互争夺的对象。这种解释学意义上的颠倒对于中国的宗教形态和政治思想往后的发展方向产生了极为深远的影响。如果说在三代的历史条件下，神权作为一种神圣的形式蕴涵着规范指导世俗生活的价值观念和义理内容，要求君主不失厥德，恪尽职守，时刻警惕，自我约束，以虔诚敬畏之心接受来自天神的制约监督，那么所谓君权神授，其所神化的就不是君主个人的恣意妄为的专制权力，而是这种自天子以至于庶人都必须遵循奉守的价值观念和义理内容。但是，春秋时期的一些霸主却对这种传统的君权神授的宗教信仰作出了颠倒的解释，他们把君权奉为至高无上，把神权降为从属的工具，因而当时关于霸权的争夺同时表现为天命的解释权的争夺。由于当时霸主的权力兴衰不定,此消彼长,谁也不能独占君临天下的权力,垄断对天命的解释权,在这种各以权力为据争夺天命的过程中,无论是君权或神权,都逐渐丧失了其传统形态中原本具有的合法性的依据,产生了信仰危机和认同危机。既然霸权政治是一种摆脱了神权支配的世俗政治,那么这种世俗政治的合法性的依据究竟是现实的功利实力还是传统的文化价值,在实际的运作中,究竟是奉行"以力服人"的原则还是奉行"以德服人"或者"以力假仁"的原则,就成为一个十分突出的问题,迫使当时的霸主必须作出自己的解答。齐桓公作为聪明霸主的典型代表,清醒地意识到传统的"以德服人"的王道政治缺乏现实的可操作性,选择了"以力假仁"的原则,骨子里以功利实力为基础,表面上披上了一件德礼文化的外衣,从而维持了自己的霸主地位,有效地行使号令诸侯的权力。楚灵王则是作为愚蠢霸主的典型代表,选择了"以力服人"的原则,导致霸业彻底失败的后果。虽然他们的主观动机和个人心态都是"以权配天",追求霸权的扩张,但是齐桓公成功地利用了德礼文化的工具效应,暂时缓解了霸权政治是否合法的问题,而楚灵王却把这个问题激化到尖锐的地步,并且提供了反面的经验教训,引起人们去进一步思考在政治业已世俗化的情况下究竟该何去何从的问题。

《左传·昭公十三年》记载:

> 初,(楚)灵王卜,曰:"余尚得天下。"不吉,投龟,诟天而呼曰:"是区区者而不余畀,余必自取之。"

楚灵王即位之初试图通过占卜要求天神赐给他天命做天子,当这种要求得不到满足,就公然辱骂天神,这种无理的态度不仅把自己的权力欲望表现得肆无忌惮,也把"以权配天"的表面形式的包装撕得粉碎。照楚灵王看来,权力本身就是最高的原则,可以不受任何的制约,只要掌握了权力,就能够独霸天下,满足自己的欲望。当时晋楚两国相互争夺霸权,楚灵王与子产曾经围绕着权力的有效行使及其合理的限度问题进行了一番讨论。《左传·昭公四年》记载:

> 楚子问于子产曰:"晋其许我诸侯乎?"对曰:"许君。晋君少安,不在诸侯。其大夫多求,莫厌其君。在宋之盟又曰如一。若不许君,将焉用之?"王曰:"诸侯其来乎?"对曰:"必来。从宋之盟,承君之欢,不畏大国,何故不来?不来者,其鲁、卫、曹、邾乎!曹畏宋,邾畏鲁,鲁、卫逼于齐而亲于晋,唯是不来。其余,君之所及也,谁敢不至?"王曰:"然则吾所求者无不可乎?"对曰:"求逞于人,不可。与人同欲,尽济。"

子产首先根据现实的力量对比就权力的有效行使范围回答了楚灵王的提问,认为晋国并不能阻止诸侯归服楚国,因为晋侯贪图安逸,志向不在于诸侯,他的大夫们多所需求,不能帮助国君,加上与宋国结盟,诸侯服从在宋国的盟约,不再害怕晋国,为了取得君王的欢心,是必定会来归服楚国的。不来归服的大约只有鲁、卫、曹、邾几个国家，其余的国家都是君王的威力所能达到的，谁敢不来？子产清醒冷静地分析了当时的客观形势，指出楚国的力量大于晋国，处于有利地位，可以在一定的范围内建立自己的霸权。但是楚灵王却受权力欲望的盲目支配，表现了一种非理性的态度，进一步追问："然则吾所求者无不可乎？"子产回答说："求逞于人，不可。与人同欲，尽济。"这是认为，权力的行使应该有一个合理的限度，如果追求权力无限度的扩张，企图用权力来压服别人，这是不行的。反之，如果"与人同欲"，权力的行使能够符合人们共同的心愿，就可以成功。子产的这种回答实际上涉及到霸权政治究竟应该怎样才能得到人们认同的合法性的问题。尽管从现实的角度看，霸权必须以国家的实力为基础，霸权的争夺也就是实力的较量，但是，霸权政治毕竟是一种属于人类的社会行为，不能按照自然界的弱肉强食的丛林法则行事，必须接受社会法则的制约，如果公然违背社会公认的道德规范和价值准则，迷信权力，一意孤行，势必引起合法性的危机，导致权力的丧失。楚灵王的愚蠢和失败，关键在于不懂得这个简单的道理。当时许多有识之士对楚灵王的所作所为提出了批评，这些批评虽然是就事论事，但却是吉光片羽，弥足珍贵，具有思想史的意义，并且对后来儒家的"克己复礼"的政治原则产生了直接的启发作用。

当时楚灵王弑君自立，篡夺了王位，即位之后，对外大搞侵略扩张，对内清除异己，杀害忠良，所有这些都是公然违背社会法则的无礼行为。《左传·昭公四年》记载：

> 楚子合诸侯于申。椒举言于楚子曰："臣闻诸侯无归，礼以为归。今君始得诸侯，其慎礼矣。霸之济否，在此会也。"

> 楚子示诸侯侈。椒举曰："夫六王、二公之事，皆所以示诸侯礼也，诸侯所由用命也。夏桀为仍之会，有缗叛之。商纣为黎之搜，东夷叛之。周幽为大室之盟，戎狄叛之，皆所以示诸侯汰也，诸侯所由弃命也。今君以汰，无乃不济乎！"王弗听。

椒举对楚灵王进行合理的规劝，其所秉承的就是"德礼不易，无人不怀"的文化认同的原则。椒举认为，诸侯之所以归服，不是归服于"以力服人"的权势，而是归服于"以德服人"的文化认同。现在诸侯开始归服楚国，应该慎行礼仪，楚国的霸业成功与否，决定于这次会见是否待诸侯以礼。但是楚灵王刚愎自用，不听规劝，向诸侯显示出骄纵。接着椒举引用历史上正反两方面的经验教训，以史为鉴，进一步规劝。他指出，历史上六王（启、汤、武、成、康、穆）、二公（齐桓、晋文）成功的事例，在于向诸侯显示礼仪，诸侯也因此而听命；夏桀、商纣、周幽王向诸侯显示骄纵，结果引起诸侯的背叛。现在君王过于骄纵，无礼于诸侯，恐怕不会取得霸业的成功。椒举的这一番规劝，表明是否遵循文化认同的原则不仅是一个单纯属于价值取向的道德问题，而且决定霸业的成败，可以根据必然性的因果法则作出客观的分析，对其理有固然、势所必至的后果进行具有远见卓识的前瞻性的预测。当时子产参加了楚灵王在申地举行的盟会,回头对左师预言说:"吾不患楚矣。汰而愎谏,不过十年。"左师曰:"然。不十年侈,其恶不远。远恶而后弃。善亦如之,德远而后兴。"后来楚灵王率领诸侯灭掉赖国,又想把许国迁移到赖国境内。申无宇预言说:"楚祸之首将在此矣。召诸侯而来,伐国而克,城竟莫校,王心不违,民其居乎?民之不处,其谁堪之?不堪王命,乃祸难也。"

楚灵王在位共十二年,以弑君自立开始,以被迫自缢于乾谿告终,子产的预言可以说不幸而言中。在他在位期间,凭借着庄王、共王两代积累的雄厚的国力,侵略扩张,兼并掠夺,推行"以力服人"的政策,曾经取得了暂时性的成功。他被这些成功冲昏了头脑,志得意满,气焰嚣张,骄横不可一世,丝毫感觉不到这种愚蠢的政策必将导致灾难性的后果。《左传·昭公十二年》记载,楚灵王驻在乾谿,派遣军队包围徐国,威胁吴国,在一个雪天的晚上,召见右尹子革,一连串向他提出了三个问题:

> 昔我先王熊绎与吕伋、王孙牟、燮父、禽父并事康王,四国(齐、卫、晋、鲁)皆有分,我独无有。今吾使人于周,求鼎以为分,王其与我乎?

> 昔我皇祖伯父昆吾,旧许是宅。今郑人贪赖其田,而不我与。我若求之,其与我乎?

> 昔诸侯远我而畏晋,今我大城陈、蔡、不羹,赋皆千乘,子与有劳焉,诸侯其畏我乎?

对这三个问题,楚灵王自己实际上早已有了明确的答案,就是认为只要有了权力,所有的要求都能得到满足。当时子革慑于楚灵王的这种骄横的心态,不得不屈从附和,作了肯定的回答,但是也引用历史的故事,进行委婉的规劝。子革说,从前周穆王想要放纵他的私心,周游天下,打算让天下都有他的车辙马迹,祭公谋父作了《祈招》这首诗来劝阻穆王的私心,穆王因此得以善终于祇宫。楚灵王听了子革的规劝,心灵受到了触动,多少激发了一点良知的觉悟,引起了理性的反思,向子革作揖,送上饭来不吃,睡觉睡不着,但是仍然不能克制自己的私欲,结果遇上了乾谿之难。后来孔子站在儒家的立场对这种反面的教训总结说:

> 古也有志:"克己复礼,仁也。"信善哉!楚灵王若能如是,岂其辱于乾谿?

孔子并没有否定楚灵王本身所掌握的权力,但却认为,关于权力的行使应该奉行古人"克己复礼"的成说,克制自己的私欲,符合礼制的规范。如果楚灵王能够"克己复礼",就不会丧失权力,在乾谿受到羞辱。拿楚灵王的所作所为和齐桓公来比较,虽然他们两人都有霸主的心态,都在追求权力的扩张,但是齐桓公的"以力假仁"在一定程度上遵循了"克己复礼"的原则,而楚灵王的"以力服人"完全违背了这条原则,结果是一个成功,一个失败。《国语·齐语》记载:

> 葵丘之会,天子使宰孔致胙于桓公,曰:"余一人之命有事于文、武,使孔致胙。且有后命曰,以尔自卑劳,实谓尔伯舅,无下拜。"桓公召管子而谋,管

子对曰:"为君不君,为臣不臣,乱之本也。"桓公惧,出见客曰:"天威不违颜咫尺,小白余敢承天子之命曰尔无下拜,恐陨越于下,以为天子羞。"遂下拜,升受命。赏服大辂,龙旗九旒,渠门赤斾,诸侯称顺焉。

在他行使权力的过程中,"隐武事,行文道,帅诸侯而朝天子",存亡继绝,维护正常的政治秩序,"于是天下诸侯知桓公之非为己动也,是故诸侯归之","天下诸侯称仁焉"。这些作为也受到孔子的赞扬,称之为"如其仁,如其仁",但是也作了一定的保留,认为"齐一变,至于鲁,鲁一变,至于道"(《论语·雍也》)。因为用王道政治的理想标准来衡量,齐桓公的霸业只是"以力假仁"而不是"以德行仁",他对"克己复礼"的遵循只是出于权力是否具有客观可操作性的现实的考虑,而不是出于内心自觉认同的价值关怀。尽管如此,齐桓公"尊王攘夷","一匡天下","民到如今受其赐",毕竟是一种符合理性要求的霸权政治,如果说这种理性算不得是历史的合目的性的价值理性,也可以算得是一种历史的合规律性的工具理性。至于楚灵王的恣意妄为,则是既无价值理性,也无工具理性,由此而导致失败的后果是势所必然的。

"克己复礼,仁也",这句后来成为儒家核心思想的话是"古也有志",见于古代流传下来的"志"类文献典籍,并不是孔子的发明。这种"志"类文献典籍大概是春秋时期人们广泛引用的"史佚之志",属于史官文化,记录总结了历史上治乱成败的经验教训。从孔子引用这句话的具体语境来看,主要是着眼于政治权力的合理运作,而不是像宋儒所诠释的那样,着眼于克尽私欲以存天理的心性修养。照孔子看来,作为一个拥有政治权力的君主,必须遵循"克己复礼"的原则,因为这是从大量的历史实践中总结出来的普遍规律。这条普遍规律对于所有的君主来说都是适用的,顺之者昌,逆之者亡,"楚灵王若能如是,岂其辱于乾谿"?既然如此,君主行使自己的政治权力,就不能专制独裁,无法无天,暴虐骄淫,而应该接受源于三代之礼的规范制约。这种礼作为一种文化认同的价值理念和社会法则,业已为当时的人们在理性和经验的两个层面都得到了确认,直接关系到国家的兴亡,政治的成败,也与君主个人现实的吉凶祸福密切关联,因而君权并非至高无上,在政治业已世俗化的情况下,这种人文之礼就成为取代神权规范制约君权的决定性的因素,如果君主对权力产生迷信,违反"克己复礼"的原则,这就是咎由自取,必将受到客观规律的严厉的惩罚。值得注意的是,孔子对齐桓公的赞扬,对楚灵王的谴责,并没有过分强调道德意识的自觉的要求,他所关注的重点是政治而不是道德。实际上,春秋时期许多有识之士也都是从政治的角度对这两位霸主进行褒贬,发表了和孔子完全相同的看法。这是当时的政治实践所提供的两个成功与失败的典型的事例,人们继承了史官文化的传统,站在理性的高度总结经验教训,认识到政治成败的关键决定于是否遵循一定的原则,有人称之为"德礼不易",有人称之为"礼义不愆",有人称之为"克己复礼",虽然语言的表述并不相同,总的意思都是强调君主的政治权力必须取得文化价值的认同,接受社会法则的制约,在基本原则上是达成了共识的。

由于春秋是一个乱世,战争频仍,大国吞并小国,强国覆灭弱国,这一系列兼并掠夺的战争毫无道义可言,即所谓"春秋无义战",其所奉行的就是弱肉强食的丛林法则,功利实力的计量占了主导地位,在这种情况下,究竟怎样才能使君主认识到"克己复礼"的重要,来接受社会法则的制约呢? 为了在战争的环境下求得生存,只讲道义不讲功利是绝对不行的。为了使政治权力具有合法性的依据,只讲功利不讲道义也是绝对不行的。这种植根于历史与人性内在本质的矛盾,在当时天下大乱的国际关系中,就上升为战争与和平的时代主题。人们饱受长期战乱之苦,不仅中小国家深受其害,争夺霸权的大国也感到负担沉重,不堪忍受,厌恶战争渴望和平成为当时人们普遍的心愿,因而春秋时期曾经多次兴起了平息战争的"弭兵"运动。比较著名的是由宋国的向戌发起组织的一次"弭兵"运动。《左传·襄公二十五年》记载:

> 赵文子为政,令薄诸侯之币,而重其礼。穆叔见之,谓穆叔曰:"自今以往,兵其少弭矣。齐崔、庆新得政,将求善于诸侯。武也知楚令尹,若敬行其礼,道之以文辞,以靖诸侯,兵可以弭。"

《左传·襄公二十七年》记载:

> 宋向戌善于赵文子,又善于令尹子木,欲弭诸侯之兵以为名。如晋,告赵孟。赵孟谋于诸大夫。韩宣子曰:"兵,民之残也,财用之蠹也,小国之大灾也。将或弭之,虽曰不可,必将许之。弗许,楚将许之,以召诸侯,则我失为盟主矣。"晋人许之。如楚,楚亦许之。如齐,齐人难之。陈文子曰:"晋、楚许之,我焉得已?且人曰'弭兵',而我弗许,则固携吾民矣,将焉用之?"齐人许之。告于秦,秦亦许之。皆告于小国,为会于宋。
>
> 五月甲辰,晋赵武至于宋。丙午,郑良霄至。六月丁未朔,宋人享赵文子,叔向为介。司马置折俎,礼也。仲尼使举是礼也,以为多文辞。

这次"弭兵"之会由向戌发起组织,说服了晋、楚、齐、秦四个大国,联络了众多小国,在宋国举行,是春秋历史上的一件大事,表明当时的大国已经认识到用战争的手段争夺霸权不得人心,试图以"弭兵"为名号召诸侯,重视礼仪,表示友好,用和平的手段来建立盟主的地位。后来孔子看到这次会议的礼仪的记载,认为修饰的辞藻太多,缺少实质性的内容。因为当时几个大国虽然打着重视礼仪的旗号参加"弭兵"之会,但却是从功利实力的计量出发,在战略上把军事斗争转变为政治斗争,试图通过政治斗争来取得战场上所得不到的利益,从而表现为各怀鬼胎,尔虞我诈,互不信任,看不到有什么符合人心所向的文化认同和价值关怀的内容。在这次"弭兵"之会上,特别是晋楚两国,互不信任的气氛最为严重。楚国人参加盟会,准备兵戎相见,在外衣里边穿上皮甲。伯州犁反对说:"合诸侯之师,以为不信,无乃不可乎。夫诸侯望信于楚,是以来服。若不信,是弃其所以服诸侯也。"坚决请求脱掉皮甲。令尹子木不同意,认为,"晋楚无信久矣,事利而已。苟得志焉,焉用有信?"从子木的这句话可以看出,如果不以诚信为基础,把利益驱动的原则置于首位,政治斗争随时都可能转变为军事斗争,虽然会议的表面形式行礼如仪,饮宴赋诗,说了许多虚伪的言辞,骨子里却是以武力为后盾,隐藏着爆发战争的危机。当时宋国的向戌看不到危机所在,以为"弭兵"运动已经成功,避免了战争,实现了和平,向宋国的国君请求赏赐。子罕对他进行了严厉的批评:

> 凡诸侯小国,晋、楚所以兵威之,畏而后上下慈和,慈和而后能安靖其国家,以事大国,所以存也。无威则骄,骄则乱生,乱生必灭,所以亡也。天生五材,民并用之,废一不可,谁能去兵?兵之设久矣,所以威不轨而昭文德也。圣人以兴,乱人以废。废兴、存亡、昏明之术,皆兵之由也,而子求去之,不亦诬乎!以诬道蔽诸侯,罪莫大焉。纵无大讨,而又求赏,无厌之甚也。《左传·襄公二十五年》

子罕把向戌的"弭兵"称之为"诬道",认为用欺骗之道蒙蔽诸侯是最大的罪过。因为军事武力是人类社会由来已久的现象,用来"威不轨而昭文德",目的在于威慑不轨行为,维护正常秩序,是决不可废除的。圣人遵循这个目的使用军事武力由此而兴起,作乱的人违反这个目的使用军事武力由此而灭亡,其所以有"废兴、存亡、昏明"种种的不同,决定于使用的目的是否正当合理,因而只能从历史的合目的性的角度要求军事武力的使用正当合理,而不能用"诬道"来蒙蔽诸侯,要求取消军事武力本身。子罕根据这个基本看法分析当时的国际形势,认为晋楚两个大国的军事武力对诸侯小国可以起到一种威慑的作用,迫使他们产生畏惧的心理,去建立上下慈和的秩序,安定国家,如果没有大国的威慑,小国就会由骄傲而生祸乱,由祸乱而必然灭亡,不能保全自己的生存。子罕的这一段言论,就其断定军事武力作为实现政治目的的必要手段决不可废除而言,比起向戌的那种一厢情愿的"弭兵"主张,毫无疑问具有更多的历史的真实性,但是他认为大国对小国的威慑就是对小国的关怀和庇护,对于齐桓公那样的霸主来说,可能是适用的,至于不幸遭遇到楚灵王那样的霸主,这种看法就未免过于天真,比起向戌的"弭兵"主张,表现得更是一厢情愿。

春秋时期,大国争霸是伴随着兼并战争同时进行的,兼并战争的结果,许多小国相继灭亡,春秋初约一百四十余国,到春秋中叶以后,只剩下几十个国家了,而以晋、楚、齐、秦四国的军事武力最为强大,对其他中小国家起到威慑的作用,主宰当时的国际形势。这几个大国各有自己的势力范围,并且力图扩展势力争夺独霸天下的霸权,但是由于力不从心,相互制约,只能大体上维持一种均势的格局。"弭兵"之会就是当时几个大国的势力消长暂时处于均势格局下的产物,是一种历史合规律性的现象。但是,这种历史的合规律性却和历史的合目的性相矛盾,形成了一种二律背反。从"弭兵"之会所设定的目的来看,就是希望化干戈为玉帛,平息战争,实现和平,把国与国之间的关系建立在文化认同和道义原则的基础之上。这种合目的性的要求看来正当合理,却缺乏现实的可操作性,因为当时的几个大国对这个目的或者是阳奉阴违,或者是置若罔闻,在"弭兵"之会上从事争夺势力范围的对等和均衡。比如楚国的子木为了确定晋楚两国的势力范围,要求晋之盟国朝楚,楚之盟国朝晋。晋国的赵孟回答说:"晋、楚、齐、秦,匹也,晋之不能于齐,犹楚之不能于秦也。楚君若能使秦君辱于敝邑,寡君敢不固请于齐?"再比如晋国和楚国争夺歃血盟誓的先后。晋人曰:"晋固为诸侯盟主,未有先晋者也。"楚人曰:"子言晋、楚匹也,若晋常先,是楚弱也。且晋、楚狎主诸侯之盟也久矣,岂专在晋?"(《左传·襄公二十七年》)由此看来,晋楚两国虽然放下武器举行政治谈判,奉行的仍然是利益争夺的原则而不是道德正义的原则,只是由于双方势均力敌,谁也不能夺取领先地位,出于对现实利益的精确的计量,这才相互妥协,暂时平息战争。据史传记载,弭兵会议后,晋楚两国之间在四十年内没有发生冲突,中原地区一度出现相对和平的局面,但是东南地区的吴越两国又兴起了争夺霸权的战争。这种情况表明,关于春秋时期的国际形势,战争是一种常态,和平反而是一种变态,随时都有可能转化为战争。尽管渴望和平厌恶战争是当时人们普遍的心愿,但是这种历史的合目的性的需求始终不能形成一股强大的驱动力量,在历史的进程中发挥应有的作用。从现实的角度看,和平的局面是在势力消长暂时处于均势格局下出现的,一当均势打破,立刻转化为战争,这种历史合规律性的现象似乎完全没有理会人们的文化认同和价值关怀。战争是政治的继续,如果国内的政治奉行利益争夺的原则,不能妥善处理德礼与功利的矛盾,国际范围的战争现象就无法避免。反过来看,如果国际范围不能平息战争,保持相对的和平,国内的政治利益也势必受到严重的伤害。就当时的历史进程而言,无论是国际环境还是国内环境,都是动荡不安,问题丛生,而所有这些问题纠缠扭结,错综交织,上升成为一个时代的问题,一个超越了国与国的界限而属于天下的整体性的问题。当时各国一些积极从政的有识之士对这个时代的问题有所察觉,但又感到无能为力,于是产生了一种时代的忧虑,把他们所生活的整个的时代看做是一个"季世",一个末代之世,衰微之世。这种时代的忧虑虽然看来情绪低沉,悲观失望,但却蕴涵着重要的历史信息,表明当时人们的思考已不再停留于就事论事的零碎片断的水平,而上升到国家命运和历史未来的全方位的层次。春秋时期的思想发展到这个阶段,开始发生历史性的转折,预示着政治家即将退场,哲学家登上前台,朝着以宇宙人生整体为对象的系统完整的哲学思考过渡了。

《左传·昭公三年》记载,晏婴出使到晋国,和叔向讨论齐晋两国的政局。叔向问:"齐其何如?"晏婴回答:"此季世也,吾弗知齐其为陈氏矣。"晏婴问晋国的政局,叔向回答:"然。虽吾公室,今亦季世也。"晏婴和叔向是齐晋两国著名的政治家，他们有理想，有抱负，人格高尚，识见不凡，在他们从政期间，积极进取，奋发有为，不畏权贵，对实现自己的政治主张是具有一种乐观的信念的。就晏婴的政治主张而言，他一方面认为应该继承由来已久的礼治传统，另一方面又强调这种礼治应该满足人民的利益需求，希望德礼与功利不相冲突而形成一种适度的结合。叔向则认为政权的基本原则应该是"行之以礼，守之以信"，主张完全继承礼治，反对用功利来激发人民的争夺之心。尽管这两种主张并不相同，但却都是针对两国具体国情和现实困境的一种理性的思考，体现了一种执著的人文理想。但是，他们的理想在现实面前是完全破灭了。当时齐国的政局是姜氏政权即将转移到田氏手中，晋国的政局是"政在家门，民无所依"，即将演变为三家分晋，这种发展趋势不可阻挡，连执政的齐景公、晋平公都感到无法扭转，他们没有实际的操作权力，更是无可奈何了。支配这种发展趋势的是利益驱动的原则，政治权力的再分配，社会阶层的新改组，虽然合乎规律，但却不合乎理想。面对着这种严酷的现实，他们对自己的政治主张产生了怀疑，失去了信心，在心态上由积极进取变为消极悲观，痛苦地感受到历史已经进入了一个既无所希望也不能有所作为的"季世"。实际上，历史并不像他们所感受的那样是一个"季世"，而是按照本身固有的规律贞下起元，在分裂中孕育统一的因素，在动乱中孕育秩序的因素，正在为下一个阶段的辉煌准备必要的条件。他们之所以感受到历史已经走到了尽头，进入了末世，主要是因为他们的思考只是局限于政治的具体性，而缺少哲学的整体性。比如晏婴的政治主张，目的局限于维护齐国的姜氏政权，这种主张虽然看来合理，但在实践上行不通，面对着姜氏政权必然灭亡的命运，一切匡救时弊的努力全都失败，当然会产生"季世"的忧虑。叔向的政治主张，目的局限于维护晋国公室宗族的传统地位，当他看到这种目的无法实现，"晋之公族尽矣"的局面已成现实，也会很自然地感受到理想破灭，悲观失望。晏婴历仕齐灵公、庄公、景公三朝，是姜氏政权的重臣。叔向出身于晋之大族，一生共事悼公、平公、昭公三公。这种卿大夫的政治身份和从政经历使得他们在人格上依附于齐晋两国的政权，其所提出的政治主张和理想目标也就不能超越这两个具体国家的局部的界限，只具有特殊的意义而并无普遍的意义。但是，当时的历史发展已经把各个分裂的诸侯国的具体问题联系成为属于天下的整体问题，要求人们的思考从政治的具体性上升到哲学的整体性，站在一个超越的宏观的角度来把握时代的脉搏，探索历史的未来。思想史的发展是和历史的发展同步的。晏婴和叔向生活在齐桓、晋文曾经创造了辉煌霸业的国度，而今不仅辉煌不再，而且国运难保，当春秋时期的历史发展到这个阶段，他们通过自己不断失败的从政经历，以一种悲观失望痛苦惶惑的负面的心态感受到这种历史的要求。在那次敞露胸怀的交谈中，他们同病相怜。晏婴问叔向："子将若何？"意思是既然历史已经进入了"季世"，你打算将来怎么办？叔向回答说："晋之公族尽矣。肸闻之，公室将卑，其宗族枝叶先落，则公室从之。肸之宗十一族，惟羊舌氏在而已。肸又无子,公室无度,幸而得死,岂其获祀?"这种表述是十分沉痛的,意思是公室衰微的命运无可挽救,延续宗族的祭祀也不敢奢望,将来惟一的打算就是只求个人安身立命,得到善终了。晏婴对叔向的这种打算是有共鸣的。对于他们这种曾经一度站在时代前列从事理性思考而又坚持人文理想的著名的政治家来说,居然迫于无奈对今后的人生道路作出如此的打算,决定从此退出政治舞台,结束政治生命,把个人如何在"季世"安身立命的问题置于首位,这确实是一个值得深入探究的现象。就他们本身而言,这种打算意味着他们进行角色转换的艰难选择,从人格依附的状态中摆脱出来,开始以个人的身份面对着整个的历史和时代,来寻找精神的出路,确定人生的意义。从思想史的角度看,意味着局限于具体事务的政治思维已经不再适应人文理性思潮进一步发展的需要,呼唤从事整体思维的哲学家出来承担这个历史任务,完成突破性的进展。作为一种历史转折的标志,晏婴和叔向所感受到的"季世"的忧虑是具有代表性的意义的。

　　在世界文化史上,希腊、印度、以色列几个地区的历史发展到与中国的春秋相当的时段,也曾经使人不约而同地产生了"季世"的忧虑。这种忧虑是对历史的内在矛盾激化成为尖锐冲突的一种心理上的感受。一方面,历史的合规律性的发展给人们带来了巨大的苦难,另一方面,人们又感到这种苦难无法忍受,于是原来的平衡心态被打破,赖以生存的精神支柱被摧毁,彷徨无依,痛苦惶惑,迫切地需要找到一个新的精神出路。由于各个地区的历史背景和文化传统不同,有的找到了宗教的出路,有的找到了哲学的出路。比如以色列地区涌现出了一批先知,把人们的精神引向彼岸的世界,上帝的世界,通过对上帝的信仰和天国的追求来寄托人们的理想,对抗苦难的现实。印度的佛陀则是把苦难的根源归结为人们精神上的迷惑无明,认为可以通过对因果法则的正确认识和禁欲苦行的宗教修养来解脱苦难,进入涅槃。希腊的智者根据对不可抗拒的悲剧命运的思考,提炼出了一个逻各斯的概念,把人们的精神引向追求客观知识之路,哲学理性的探索之路。至于在中国的历史条件下,当时"季世"的忧虑主要是由社会政治和历史文化的问题所引起的,人们在分裂中看不到统一,在动乱中看不到秩序,此岸世界的现实关怀上升到突出的地位,因而如何在精神上寻找出路也就作出了自己的选择,既没有走向类似印度和以色列那样的追求解脱拯救的宗教之路,也没有走向类似希腊那样的以冷性的自然律为对象追求客观知识的纯粹哲学之路,而是如同《庄子·天下篇》所说的,追求一种以天下整体为对象的新的内圣外王之道来寄托人们的理想,满足人们对历史的合目的性的期待。春秋时期,关于这种理想精神仍然处于探索阶段,直到战国时期才分别在儒、墨、道、法几个学派身上不同程度地找到了自己的载体,但是通过长期艰苦的努力,方向性的选择已经确定,跃进的条件已经成熟,一个由哲学家登上前台领导时代潮流的新时期已经展现出清晰的轮廓,呼之欲出了。

隐秘的颠覆
——透视儒家的道德主义面目

□唐文明

一、自律与为他：儒家的道德主义面目

现代以来，儒家思想的基本面目似乎可以由"道德主义"一词来刻画。无论是服膺儒家的思想家，还是对儒家持批评态度的研究者，似乎都共享着一个知识信念，即将道德标识为儒家思想的一个显著特征。道德主义就像苔丝所具有的"德伯家的下巴"一样成了儒家思想的家族特征。对儒家的道德主义认同不仅在梁漱溟、徐复观、牟宗三等现代新儒家的思想中可以得到证实，而且也往往被一些对儒家思想持批评态度的研究者所坚持。比如，可能发端于耶稣会传教士的一种观点认为，儒家思想就是伦理学或道德哲学，其核心的意见也是主张，儒家思想的根本旨趣就在于道德。

那么，如何确切地理解道德主义的内涵呢？鉴于"道德"一词的多义性，我们首先需要阐明现代意义上的"道德"所承载的文化与精神信息。从形式的角度上看，道德的根本特征似乎在于理性的自律（autonomy，或译为"自主"、"自治"），尤其是与宗教的信仰——顺从精神相比照而言。但是，必须说明的是，这种看法是由康德所肇始的一个不折不扣的现代观念。古代的道德与习俗有密切关系，而康德则在他的启蒙主义话语体系中用理性的权威取代了习俗的权威，并挪用卢梭的自律概念，将道德理解为实践理性的当然事务，从而改变了道德的基本含义。在康德那里，道德是人类尊严的体现，是人格成立的标志，自律成为道德价值的一个形式标准，道德也由此而成为一种独立的、自足的价值。而这一点也正是道德主义儒家的一些坚持者所主张的。比如梁漱溟在论述儒家是"以道德代宗教"的观点时说："道德为理性之事，存于个人之自觉

自律。宗教为信仰之事,寄于教徒之恪守教诫。中国自有孔子以来,便受其影响,走上以道德代宗教之路。这恰恰与宗教之教人舍其自信而信他,弃其自力而靠他力者相反。"①徐复观在阐述忧患意识是道德意识时的一个主要理论依据就是:"忧患意识乃人类精神开始直接对事物发生责任感的表现,也即是精神上开始有了人的自觉的表现。"②至于牟宗三参照康德的思想框架而将儒家思想诠释为道德的形上学(moral metaphysics)也是学界耳熟能详的观点了,在牟宗三的道德的形上学体系中,自律概念具有举足轻重的地位。李明辉对此有非常详细的阐发。③

从实质的角度上看,道德似乎总是与为他相联系的。无论是诉诸同情等道德情感还是诉诸纯粹的善良意志,无论是采取道义论(deontology)的形式还是采取目的论(teleology)的形式,道德的核心主张似乎是"为他人而存在",似乎更强调"为他人的义务"。如果说自律是现代道德的形式化标准的话,那么,为他就是现代道德实质性的精神旨趣。尼采将之看做是一种流行的现代道德风尚(moral fashion),并指出,根据这种道德风尚,"道德行为的本质特征就在于无私、自我牺牲,或者是同情和怜悯。"④有时,道德的这种为他倾向会通过道德观念的普遍性诉求而体现出来,或者是道义的普遍性,或者是功利的普遍性,但隐含在其中的为他倾向始终是道德价值的一个实质性要素。也就是说,如果一种主张不能有意无意地包含为他的倾向,我们往往不说这种主张具有道德价值。道德似乎总是与一种拒绝深究的为他倾向有关,无论其采取何种形式。在对儒家思想的道德主义理解中,这一点也表现得非常突出。尽管一直有孔子"古之学者为己,今之学者为人"的提示,然而,无论是孔子的"仁",还是孟子的"恻隐之心"、"性善说",往往都被理解为在根本上包含着一种为他的精神旨趣。在这个前提下,"为己之学"则被理解为一种道德上的自愿,即被理解为自我主动愿意去做为他人的行为,在此,不仅这种道德上的自愿可以从自律的原则加以解释,而且,所谓的道德自我——本质上是一个为他人而存在的自我,而且是主动、自愿地为他人而存在——成为自我的本真认同。同样,在这个前提下,孟子所说的"理义之悦我心,如刍豢之悦我口"也被以类似的方式而理解:"理义"在根本上包含着一种为他的倾向,而"我心"则以行"理义"为乐,也就是以为他为乐,或者如席勒所说,这是一种"对义务的爱好。"⑤

由此,我们可以概括出现代道德主义的两个不可或缺的基本原则:一是自律,

---

① 梁漱溟:《中国文化要义》,第 106 页,上海:学林出版社,1987。

② 徐复观:《中国人性论史·先秦篇》,第 19 页,上海:上海三联书店,2001。

③ 李明辉:《儒家与康德》,台北:联经出版事业公司,1990。

④ Friedrich Nietzsche,*The Gay Science*,translated by Walter Kaufmann,Random House,Inc.,1974,Book V,Section 345,P284.

⑤ 参见李明辉的《儒家与自律道德》,载《儒家与康德》,台北:联经出版事业公司,1990。

乃是其形式原则；二是为他，乃是其实质原则。我们也可以对现代道德主义作出一个简单的界说：现代道德主义就是指那种为道德而道德的理论倾向，这种理论倾向将道德看做是一种独立的、自足的价值，并认为，道德之为道德，必须是以自律为形式上的基本原则，以为他为实质性的精神旨趣，二者皆为道德判断的原则。换言之，真正的道德判断必定是自律的形式原则与为他的实质原则共同作用的结果。

在现代新儒家的思想谱系中，牟宗三的道德的形上学是儒家道德主义面目的理论极致。良知或本心被看做是一种先天的道德情感或善良意志，或者说是一个超越的道德实体，同时也是超越的道德主体（所谓心体与性体合一），即一个纯然至善的本体——这里的"善"当然只能被理解为是道德意义上的"善"，即"为他"意义上的"善"，而不能被理解为非道德意义上的"好"，即"为己"意义上的"好"。① 因此，良知在根本上就包含着一种为他的倾向，因而才能被恰当地称之为超越的道德主体、道德实体。在将良知作为道德本体之后，自律的观念就自然而然地蕴涵于其中了，因为用自律的观念来描述道德本体的活动方式是再恰当不过了。如果道德本体尚且不能以自律言，那么，大概不会有其他任何事物可以配得上自律的观念了。实际上，道德本体的观念也许就是用来说明道德主体与道德实体的合一的。或者说，正是通过道德本体的观念，作为道德主体的心体与作为道德实体的性体才能够真正合一。因此，牟宗三的道德的形上学实际上是在以为他倾向为实质性的精神旨趣的现代道德风尚中给道德盖上了一枚形上学的终极印章，从而以一种终极的方式确立起道德的绝对必然性，在某种意义上也就是确立起为他人而存在的绝对必然性。

虽然有许多研究者出于各种各样的理由反对牟宗三的道德的形上学，但是，几乎没有人反对以道德主义的方式来理解儒家思想，尤其是在其实质性的精神旨趣方面。这一点似乎在学术界业已达成了非常广泛的一致，几乎成为一个自明的、不值得再去探讨的共享的信念。因为，谁会去反对"善"呢？几乎可以肯定地说，对儒家的道德主义理解在目前仍然以绝对性的优势主宰着我们的精神和思想世界。但是，我们也不能不注意到，道德主义有时是被当做一种错误来看待的。比如，尼采运用他那独特的谱系学方法对现代道德主义的偏见提出了根本性质疑：现代流行的道德风尚究竟是"生命疲乏、困苦、衰退的标志"，还是"显示了生命的充沛、力量和意志，显示了生命的勇气、确然和未来"？② 如果考虑到尼采对现代道德主义

---

① 关于"善"（相对于"恶"而言）与"好"（相对于"坏"而言）的区别，请看 Friedrich Nietzsche：*On the Genealogy of Morals and Ecce Homo*, translated by Walter Kaufmann and R. J. Hollingdale, Random House, Inc., 1967, First Essay："'Good and Evil', 'Good and Bad'"。

② Friedrich Nietzsche：*On the Genealogy of Morals and Ecce Homo*, translated by Walter Kaufmann and R. J. Hollingdale, Random House, Inc., 1967, Preface, P17.

的批评的合理性,我们就可能会对长久以来已经习焉不察的那种对儒家的道德主义理解产生根本性的动摇。而对于那些持道德主义理解的儒家服膺者来说,问题的严重性就在于,一方面,他们根本就无法意识到或根本就不愿意承认道德主义的流弊;另一方面,他们对于将儒家思想的根本性的精神旨趣归结为道德主义这一点缺乏必要的反思。

二、忧患意识是道德意识吗?

现代以来的新儒家勾画儒家的道德主义面目的非常重要的一笔是将儒家思想的起源与周人的忧患意识紧密联系起来,并将周人的忧患意识解释为道德意识。徐复观指出,忧患意识是中国文化从殷周时期的原始宗教"转向道德方面的重大关键",所以,周人的忧患意识不能被理解为某种"原始宗教动机",而是意味着"人文精神的跃动"。于是,从这种"人文精神的跃动"中彰显出来的也就不是作为原始宗教动机的恐怖与绝望,而是人在精神上的自觉和人的主体意识、责任意识。在徐复观看来,忧患意识的特性在于强调了当事人的道德责任,而在作为原始宗教动机的恐怖、绝望意识中,这种道德责任感则是阙如的。换言之,恐怖、绝望的意识只能对应于原始宗教的信仰意识,只有忧患意识才对应于道德意识,这当然是因为,在原始宗教的信仰意识中,根本就不存在人对自身的信心和明确的责任意识,而只有在道德意识中才包含着人的自信和责任感:

> 在以信仰为中心的宗教气氛之下,人感到由信仰而得救;把一切问题的责任交给于神,此时不会发生忧患意识;而此时的信心,乃是对神的信心。只有当自己担当起问题的责任时,才有忧患意识。这种忧患意识,实际是蕴蓄着一种坚强的意志和奋发的精神。①

在定下了对忧患意识的道德主义解释基调之后,徐复观进一步说明,周人精神世界中非常重要的一个观念——"敬"——就来自忧患意识,而且,由于忧患意识只能被理解为道德意识,所以,"敬"也只能被理解为"敬德",只能被理解为待人接物意义上的"临事而惧"(语出《论语·述而》),而不能被等同于宗教意义上的虔敬。将周人的忧患意识理解为道德意识,进而将周人的"敬"理解为道德情绪而非宗教情绪,是徐复观贯彻其用道德主义立场来理解儒家思想之根本性精神旨趣的一项重要举措。通过这样一种同质化的哲学解释学,徐复观为儒家思想找寻出一

---

① 徐复观:《中国人性论史·先秦篇》,第20页,上海:上海三联书店,2001。

个"光辉"的起源,而不是一个灰暗的、异质化的出身。① 这种思路在牟宗三那里得到了进一步的加强。他说:"中国哲学之重道德性是根源于忧患的意识。中国人的忧患意识特别强烈,由此种忧患意识可以产生道德意识。"②牟宗三不仅完全接受了徐复观关于忧患意识的观点,而且还对之做了进一步的发挥。首先,他明确地比较了儒家的忧患意识、佛教的苦业意识与基督教的恐怖意识以及由恐怖意识而来的原罪意识,认为"中国人的忧患意识不是生于人生之苦罪,它的引发是一个正面的道德意识,是德之不修,学之不讲,是一种责任感"③。其次,他明确将"悲悯"作为忧患意识的一个核心内涵:

> 天地虽大,人犹有所憾,可见人生宇宙的确有缺憾。圣人焉得无忧患之心?他所抱憾所担忧的,不是万物的不能生育,而是万物生育之不得其所。这样的忧患意识,逐渐伸张扩大,最后凝成悲天悯人的观念。悲悯是理想主义者才有的感情。在理想主义者看来,悲悯本身已具最高的道德价值。天地之大,犹有所憾,对万物的不得其所,又岂能无动于衷,不生悲悯之情呢?儒家由悲悯之情而言积极的、入世的参赞天地的化育。"致中和"就是为了使"天地位",使"万物育"。儒家的悲悯,相当于佛教的大悲心和耶教的爱,三者同为一种宇宙的悲情(Cosmic feeling)。

如果说徐复观、牟宗三还没有明确地将忧患意识完全等同于道德意识的话,那么,李明辉的说法就更加直截了当,他明确断言:"忧患意识就是道德意识。"④徐复观、牟宗三等人的这种看法在汉语学术界有很大的影响,比如林火旺在论及忧患意识时就基本上继承了徐、牟的观点,他把忧患意识明确概括为"忧患苍生、民胞物与"的道德意识,⑤并从四个方面来梳理忧患意识的内涵:自觉、慎独、悲悯、责任。⑥ 其中值得一提的是,他将慎独作为忧患意识的内涵之一。这是因为,徐复

---

① 福柯指出,尼采在《论道德的谱系》一书中区分了"起源"(Ursprung)与"出身"(Herkunft)两个概念。"起源"假定了"源"与"流"之间的同质性,是一个依"流"溯"源"的哲学解释学的目标;而"出身"则留意于"源"与"流"之间的异质性,总是企图追踪导致源流变迁的隐秘的力量,企图回溯出一个差异性的起源,是一项属于谱系学的"灰色的"工作。参见福柯:《尼采·谱系学·历史学》,苏力译,李猛校,载刘小枫、倪为国选编《尼采在西方》,上海:上海三联书店,2002。
② 牟宗三:《中国哲学的特质》,第12页,上海:上海古籍出版社,1997。
③ 牟宗三:《中国哲学的特质》,第16页,上海:上海古籍出版社,1997。在这一看法中引用了孔子的话:"德之不修,学之不讲,闻义不能徙,不善不能改,是吾忧也。"(《论语·述而》)
④ 李明辉:《论所谓"儒家的泛道德主义"》,载《儒学与现代意识》,第67页,台北:文津出版社,1991。
⑤ 林火旺:《从儒家忧患意识论知行问题》,第11页,台北:正中书局,1981。
⑥ 同上,23页以下。

观、牟宗三通过忧患意识来说明"敬的观念的出现",并把"敬"的观念理解为一种道德情感,理解为"临事而惧"、"戒慎恐惧"的"敬德",而《中庸》则是通过"戒慎恐惧"来说慎独,所以就有了通过慎独来说忧患意识的可能性。①

由此可见,对忧患意识的道德主义解释主要集中在两个方面:一是认为忧患意识意味着人类主体之道德意识的觉醒,其中凸显了人的道德自觉和责任意识;二是认为忧患意识的实质性内涵是"具有最高道德价值的悲悯之情",是对天下苍生的忧患。对此,我们不能不产生根本性的疑虑,因为站在现代道德主义的立场上来理解忧患意识,表面上看好像是在"点化古人",实际上却可能在这种"点化"过程中完全背离了古人的根本精神,因为古人所提倡的精神也许与这种道德主义的"点化"根本就格格不入!道德主义"总是以它希望推导的东西为前提"②,也就是说,道德主义的解释总是从一个预先已经设定好的结论出发,总是从"主动去做有益于他人之行为"的角度去理解道德价值。而这些精神旨趣对古人来说可能是完全陌生的。

一般认为,忧患意识的来源与《周易》有密切关系,忧患意识也是在《易传》中明确提出来的:

(天地)鼓万物而不与圣人同忧。(《易·系辞上》)

作《易》者,其有忧患乎?(《易·系辞下》)

其出入以度,外内使知惧,又明于忧患与故。无有师保,如临父母。(《易·系辞下》)

但《周易》首先是一部卜筮之书,所以,对于忧患意识的理解也应从卜筮的行为及卜筮的心理入手。《周易》中有许多关于吉凶的断语,比如"吉"、"凶"、"利"、"不利"、"有悔"、"无悔"、"悔亡"、"咎"、"无咎"、"吝"等,朱伯崑指出,除了吉、凶、利、不利以外,其他断语皆有悔悟而自新之义。③《易传》中也说:"吉凶者,失得之象也。悔吝者,忧虞之象也。"(《易·系辞上》)借此,朱伯崑认为,忧患意识"是对恐惧感和危机感的理性反思",是教人居安思危,"终日乾乾"。④ 不管这一说法是否仍然属于对忧患意识的道德主义解释,但它至少揭示出一点:忧患意识其实与恐惧感和危机感密切相关。韦政通也说,忧患意识是"夹杂着混沌恐怖的感觉而起的",但却是由"少数负着实际群体责任的领袖""由责任感而发",所以"比恐怖更

---

① 林火旺:《从儒家忧患意识论知行问题》,26 页以下,台北:正中书局,1981。
② 参见马克斯·舍勒(Max Scheler)在《同情现象的差异》一文中对同情伦理学的批判,载刘小枫选编《舍勒选集》(上),277~314 页,上海:上海三联书店,1999。舍勒在尼采思想的刺激和启发下重新梳理基督教的精神世界,因而被称为"基督教的尼采",这对我们是极具启发性的。
③ 朱伯崑:《〈易经〉的忧患意识与民族精神》,载《北京大学学报》,1997 年第 1 期。
④ 同上。

进一步"。① 如果说忧患意识来自于被徐复观所认为的"作为原始宗教动机的恐惧意识",那么,忧患意识与恐惧意识是如何相关联的呢？或者说,从恐惧意识到忧患意识,其间发生了什么样的滑转呢？是不是真的意味着一场道德意识的觉醒呢？

对于恐惧意识与神的起源之间的隐秘的心理关联,尼采曾经明确地揭示过：

> 在原始部落中——我们说的是远古时代——活着的一代人都承认他们对于上一代人、特别是对于部落的最初奠基者负有一种法律上的义务。他们都相信,没有祖先做出的牺牲和成就,部落就不可能存在,而且,祖先的牺牲和成就需要后代用同样的牺牲和成就来偿还或回报：人们承认负有一种持续不断地扩大的债务,因为强大的祖先之灵一直存在着,从未停止赐予部落以新的益处和新的力量。……根据这种逻辑,对于祖先及其强力的恐惧,对祖先负债的意识,必然地随着部落本身力量的增长而增长；部落本身越是胜利,越是独立,越是受人尊敬、为人惧怕,对祖先的恐惧和负债意识就越是增长,从无反例！……最强大部落的祖先最终必将在不断增长着的恐惧中被想像为一个巨人,被推回到一种神圣离奇、不可思议的混沌黑暗之中去：祖先最终不可避免地变成一个神。也许这就是诸神的起源,也就是说,诸神起源于恐惧！②

直面人类实际的生存经验,直面其中的苦难和欢欣,人类的理性首先表现在,并不将人类的生存遭际看做是完全偶然的,无迹可循的,而是将之理解为一个有缘由的、甚至是有意图的过程,也就是说,认定存在着主宰人类生活的外在强力,并且往往也将这些外在的强力神化而赋予人格特征,即将之看做是一些有意志的、能够主宰人类生活的神灵。在这个意义上,福乐往往被理解为神灵特别的垂爱和奖赏；而灾祸则往往被理解为神灵对人的惩罚。神灵的首要特征是其巨大的强力,因此,对人而言,恐惧就是神灵所能引起的首要的情绪。很显然,神灵的力量越是被认为强大,所能引起的恐惧感也就越大。如果说忧患意识是在对恐惧感的反思中产生的话,那么,这其间似乎并没有发生什么精神性的突变,只不过是由原来对外在强力的恐惧转化为一种内在的记忆。直言之,忧患意识只不过是恐惧的内化、内转而已。如果一定要说在恐惧意识与忧患意识之间存在着某种心理联结物的话,那么,这种心理联结物也只能是：害怕惩罚。面对外在强力的恐惧意识如何转为内在的忧患意识,害怕惩罚的心理起了主导作用。

由于神灵被赋予人格化特征,而祸福被认为是神灵所赐,所以,祸福就被认为是体现着神灵的意图。由于在人与神灵之间存在着交往关系,具体而言,存在着人

---

① 韦政通：《从周易看中国哲学的起源》,转引自林火旺：《从儒家忧患意识论知行问题》,第 16 页,台北：正中书局,1981。

② Friedrich Nietzsche: *On the Genealogy of Morals and Ecce Homo*, translated by Walter Kaufmann and R. J. Hollingdale, Random House, Inc., 1967, Second essay, Section 19, P88~89.

是否服从于神灵、是否听命于神灵的问题,所以,祸福就被认为是人是否服从、听命于神灵所得到的作为惩罚或奖赏的回报。人是否服从和听命于神灵,是在人的行为和心态中体现出来的,所以,对祸福的考量、对恐惧意识的反思,其结果就是在作为惩罚与奖赏的祸与福、神灵的意图以及人的行为与心态这三者之间建立起一种固定的联系:神灵只赐福给那些听命者,而降祸于那些不听从神灵之命令的人。显然对人而言,这种关于神灵与人的交往的新知识就将成为一项理性的生活建议:为了得福,必须听命于神灵;同样,为了避免惩罚,也必须不违命于神灵。也就是说,这种关于神灵与人的交往的新知识将成为值得人念兹在兹的一种长久记忆。人意识到自己的行为和态度会对神灵产生影响,从而产生了一种自我意识,这大概就是忧患意识中所包含的那一点所谓的自觉吧。从卜筮的行为与心理来看,用卜筮的方式确定吉凶,就是要推测出神灵的意图;而之所以会产生悔悟和内疚,是因为人意识到了自己的行为与心态会影响神灵的降命,是因为人将神灵的降命理解为惩罚和奖赏。

由此可见,忧患意识实际上来源于害怕惩罚的心理。正是由于害怕惩罚,人才从对外在强力的恐惧转而向内反省自己的行为与心态。这种向内反省是针对自己而言的,或者说是针对自己与神灵的关系而言的,其中并不将他人作为关注的对象。我们甚至可以说,忧患意识中的人其实是不关心他人的,他关心的只是他自己,只是他自己与神灵之间的关系。也就是说,忧患意识其实是忧己而非忧他,是忧患者对自己命运的忧患,是一种自我关切。由于害怕神灵的惩罚而"自觉地"反省自己的所作所为,从而产生一种强烈的危机意识和忧患意识,或如孟子所说,"其操心也危,其虑患也深"(《孟子·尽心上》)。很显然,把忧患意识中的"自觉"理解为现代道德主义意义上的以"为他"倾向为根本性的精神旨趣的"道德自觉",实在是牵强附会。忧患意识中的"自觉"其实就是"自觉地"服从于天命的权威而已,而且这种"自觉"还是在害怕惩罚的心理动机的驱使下产生的。

同样,把忧患意识中的"责任"理解为现代道德主义意义上的、类似于实践理性之绝对命令的所谓"道德责任"也只能是一种牵强附会。忧患意识中的"责任"其实就是人在恐惧、害怕惩罚的心理动机的驱使下加之于自身之上的一种对天命的负债意识和义务的重负。在这种责任意识中,人与天命互相获得承认,并且,人正是在这种与天命的互相承认中逐渐确立起自我之所是,即自我之身份认同的。

同样,把从忧患意识中产生的"敬"的观念直接理解为道德情感意义上的"临事而惧"、"戒慎恐惧",而明确地将之与宗教性情感划清界限,也是非常不妥当的。虽然周人的"敬"的观念与宗教意义上的虔敬意趣不同,但其仍然是一种宗教性情感,而非道德情感。周人的"敬"实际上首先就是对于天命的敬畏,而且其中的"敬"正是来自于"畏",也就是说,"敬"的情感仍然来自于恐惧,来自于对外在的、无善无恶的强力的恐惧。至于作为对待行为之态度的"临事而惧"意义上的"敬",

也只能从这个角度得到理解。前已述及,《中庸》中的"戒慎恐惧"也往往从"临事而惧"的意义上加以理解;而在《论语》中,孔子与曾子都曾引经据典地阐明,要以"临事而惧"的"敬"的态度来待人接物:

> 仲弓问仁。子曰:"出门如见大宾;使民如承大祭;己所不欲,勿施于人;在邦无怨,在家无怨。"(《论语·颜渊》)①

> 曾子有疾,召门弟子曰:"启予足!启予手!诗云:'战战兢兢,如临深渊,如履薄冰。'而今而后,吾知免夫!小子!"(《论语·泰伯》)②

这里只不过是说,要把对天命的敬畏心态贯彻到一切行为中而已。也就是说,"临事而惧"本质上就是一种宗教性情感,或者说至少是来自于"对天命之敬畏"的宗教性情感。这里并不存在某种突破性的"道德情感"或"道德意识",而只是宗教精神的内部扩展、延伸或贯彻而已。唐君毅曾说:"《中庸》之戒慎恐惧,乃一既知道合道之德性心恒自惧其或将陷于非道之情。戒慎恐惧,乃一能合于道之德性心之求自保自持。"③如果他在这里的意思是把"道德"理解为"本体",而又把"戒慎恐惧"理解为对"道德本体"的"戒慎恐惧",那么,就只能是一个倒果为因的解释。学界惯以"即凡而圣"的说法来概括儒家精神的特征,毋宁说"即圣而凡"的说法更能体现儒家思想的精神面目。最起码,"戒慎恐惧"也好,"临事而惧"也好,都来自于对神灵的恐惧,对天命的敬畏。如果一定要说"戒慎恐惧"与"临事而惧"已经是一种道德情感,那么,也必须明确,这种道德情感只有在一个宏大的宗教性精神氛围中才能得到恰当的理解,就像基督教的"十诫",只有在上帝之命令的意义上才能得到恰当的理解一样。

对忧患意识的道德主义解释最根本的一点,是将道德意义上的悲悯作为忧患意识的重要内涵,认为忧患意识是一种道德意义上的崇高之情,是"浑然与物同体及对他人疾痛相感之情怀",是对天下苍生的忧患。但是,根据我们以上的分析,在忧患意识中,在从恐惧意识到忧患意识的滑转中,主要的动机因素并不是什么悲悯之情,而是直接牵涉到自我之存在处境的一种切身考虑。所以,虽然在《尚书》中也有为王者心怀下民之苦而生"若有疾"之同感的"道德情感"记录,但是,这一点无论是在忧患意识的形成中还是在原始儒家的思想中都不重要。然而这样说又并不意味着忧患意识是与他人完全无牵涉的。实际上我们不需要否认,忧患意识的确是涵摄着"对他人的关怀"的意思。对忧患意识的道德主义解释认为,忧患意识是直接牵挂他人的一种道德意识,来自于一种对他人之疾痛相感的道德情感。我们已经说明,这是一种倒果为因的附会性解释。那么,既然我们承认忧患意识仍

---

① 《左传·僖公三十三年》:"臣闻之:'出门如宾,承事如祭,仁之则也。'"
② 引自《诗经·小雅·小旻》。
③ 唐君毅:《中国哲学原论·导论篇》,第133页,香港:新亚书院研究所,1974。

然涵摄着"对他人的关怀"的意思,我们就有必要说明,在根本上属于自我关切的忧患意识中是如何牵涉到他人的呢?

在谈论忧患意识时,我们往往不太在意与之相关的一个重要问题,即忧患意识往往是与忧患者的特定身份分不开的。从历史的角度来看,忧患意识往往与负有较大责任的在位者联系在一起——责任来自于所在之位,而不是相反。从这个意义上来说,忧患意识包含着一种浓重的精英主义色彩,因而也隐含着"对他人的关怀"这层意思。我们说忧患意识根本上是一种终极性的自我关切:所忧患者,首先是针对自己的命运的忧患,是对自身之福祉的忧患。根本上来说是对自身之存在的忧患,是对自身之所是的操心。但是,如果忧患者同时也是在位者,那么,忧患者对自身的忧患也就等同于对他人之福祉的忧患,因为他人的福祉被认为是自己的责任所在,而责任又是来自于所在之位的。也就是说,由于在位者的自我之身份本身就要求他将他人的福祉作为自己的责任,所以,在这种作为自我之终极关切的忧患意识中,即使是心忧天下,也仍然属于忧患者自己份内之事。"关怀他人"这层意思并不是建基于一种道德上的同情之感,而是来源于一种根本上属己的责任,一种与自我的身份息息相关的、直接由自我的身份所规定的责任——放弃这一责任就意味着放弃自我。显然,这种从自我关切的角度去理解忧患意识的方式与把忧患意识直接理解为道德意识的方式在精神旨趣上是大异其趣的。所谓忧患意识导向道德自主的说法也是无法理解的。

另外,徐复观与牟宗三为了将他们所理解的作为道德意识的忧患意识与信仰意识区分开来,都认为从虔诚的宗教信仰中不能产生忧患意识。这种看法也是错误的。如果当事人认为为人民大众谋福利的责任对他而言是一种天职,那么,这种信念越虔诚,他的忧患意识势必会越发深重。也就是说,对自我之存在、自我之所是越是清晰,越是明确地意识到自我的身份以及由此身份所规定的不可推卸的责任,就越是可能产生深重的忧患意识。忧患意识与虔诚的信仰其实并不一定相抵牾。徐复观与牟宗三的失误在于,他们从一种预定的道德主义成见出发,企图从忧患意识中虚构出一种所谓的"道德意识"。

三、以德配天是道德突破吗?

为了给儒家思想追寻出一个"光辉的道德起源",道德主义儒家除了将忧患意识解释为道德意识或道德意识的萌芽,还将周人(可以周公为代表)"以德配天"的思想理解为一种道德突破(moral breakthrough)。也就是说,他们认为,正是通过"以德配天"的观念,周人在他们的精神世界中确立起了道德的权威性,从而将对天命的领会转化为一种自觉的、为他的、具有鲜明人文主义色彩的道德主义主张。于是,周人"明德慎罚"、"敬德保民"的思想也必将在这种道德主义的框架内才能得到合宜的理解。

一般认为,"以德配天"的思想能够代表周人精神世界的基本格调,而这又是与殷人精神世界的基本格调非常不同的。王国维曾经从历史学的角度考察了殷周之际制度方面的变迁,并断言:"中国政治与文化之变革,莫剧于殷周之际。"① 从精神格调的角度看,殷周之际的变革主要表现在天命观的转变上,而"以德配天"正是从天命观之转变的脉络中凸显出来的一个重要思想。

殷周之际天命观的转变主要表现在人间与神界如何沟通、人如何影响天意的问题上,具体而言,涉及到作为部族之首领的人王与天之间关系的建立。② 一般认为,在殷人的精神世界里,祖先神充当着作为人间子孙之首领的人王与作为至上神上帝的沟通中介,这就是所谓"先公先王宾于帝"的观念。③ 殷人认为,祖先死后会升天,能够进入帝廷得到上帝的迎迓,就是能"宾于帝","在上帝左右",从而成为人王与上帝沟通的中介。也就是说,上帝可以由故世的先公先王直接晋谒,此之为"宾"。祖先神通过"宾于帝"而与上帝直接交往,从而保佑人间子孙的福祉。

这一点可以通过"上帝不享祀"的观念来得到说明。无论对于殷人还是周人,祭祀始终是他们生活中的大事。从功能的角度看,祭祀首先是一种求福避祸、企图获得上天护佑的行为。但是,在祭祀方面,流行于殷周时期的一个重要观念恰恰是"上帝不享祀"。与此相对照,对祖先的祭祀又总是最为隆重的。从殷墟卜辞中我们可以看到,尤其是殷人,对祖先的祭祀是非常隆重的。④ 如果降福降祸的主使者是上帝,那么,人间子孙为什么要通过祭祀祖先而求福,而不是直接祭祀上帝而求福呢?这是因为,在殷周人的观念中,祖先由于与子孙具有血缘上的联系因而才受享子孙的祭祀,而上帝作为至上神则与任何具体的部族没有血缘上的联系,所以"上帝不享祀"。这就是所谓的"鬼神非其族类,不歆其祀"或曰"神不歆非类,民不祀非族"(《左传·僖公十年》)的观念。这种观念流布甚久,甚至孔子也曾有所表述,如他说:"非其鬼而祭之,谄也。"(《论语·为政》)也就是说,人间子孙是没有办法与上帝建立直接联系的,因为上帝的意志是莫测的。于是,人间子孙为了求福,为了获得护佑,只有通过祖先才有可能,因为只有祖先才能上达天廷,才有可能

---

① 王国维:《殷周制度论》,载《观堂集林》卷十(第二册),第 451 页,北京:中华书局,1959。

② 人王与天之间的关系也就是部族与天的关系。而且,在周人的思想中,人王是上天配备于民的"元后",是"为民父母"者:"惟天地万物父母,惟人万物之灵,亶聪明,作元后,元后作民父母。"(《尚书·泰誓》)

③ 参见陈梦家:《殷墟卜辞综述》,北京:中华书局,1988。一般认为,殷人已有至上神(即上帝)的观念,而且,殷人的至上神观念可能是以祖先神为原型而创造的。也就是说,殷人的至上神与祖先神最初可能是一元的;但是,后来逐渐发生了至上神与祖先神的二元化分离。"先公先王宾于帝"当然是在此之后的观念。

④ 参见陈梦家:《殷墟卜辞综述》,北京:中华书局,1988。

影响上天的意志。祖先由于与子孙具有血缘关系因而也会千方百计地保佑子孙的福祉,而上帝则与任何一个部族的人都没有血缘关系因而也不会接受任何人的祭祀。这是弥漫于殷人精神世界的基本格调,当纣王直言"我生不有命在天"时所表达的就是这种精神格调。

但是,在小邦周战胜了大国商之后,这种靠祖先来使子孙获得上天之永久保佑的精神信念就被动摇了。周人不再相信天命有常,而是认为"天命靡常"。在周人的精神世界中,"天命靡常"是一个非常重要的观念。需要指出的是,如果说周人的"天命靡常"观念表现出对天命的某种意义上的"怀疑"的话,那么,他们也只是怀疑天命是否有常,并非怀疑天命是否存在。天命是可以改变的,表明天的意志是会改变的,那么,天的意志的改变是否具有某种规则呢?周人认为,在"为民父母"的人王与天的交往关系中最重要的变数是"德"。对人王而言,要保有天命,成为长久的统治者,再不能通过先公先王的宾于帝而得到保证,而是必须对"德"这个变数给予强烈关注。也就是说,天命是否改变主要是看人王的"德"。于是就出现了"以德配天"的观念。所以,"以德配天"的观念首先是一个政权的合法性观念,借此周人可以论证自身为天命之所归,可以论证其代商之合法性,即所谓"周虽旧邦,其命惟新"。与殷人的精神格调相比,"以德配天"的观念是一种抑"鬼"扬"人",几乎不再留意于靠祖先来影响天命,而是充分肯定人王自身的"德"是决定天命是否垂爱的关键性因素,其中当然隐含着对人自身之力量的觉悟和认可。

但是,如何恰当地理解"以德配天"的观念呢?"以德配天"中的"德"是否就是后世所谓的"道德"的"德"呢?尤其是,是否能够将之理解为现代意义上的以自律为形式原则、以为他为实质性精神旨趣的道德主义意义上的"德"呢?学界似乎从未忽视过"以德配天"观念的重要性,但是却对其本真的涵义无所用心,仿佛这是一个自明的、根本就不需要考虑的问题。这种态度的背后往往仍然是一种道德主义立场,想当然地从道德主义的角度去解释"以德配天"的命意,将之作为儒家思想发生史或起源问题上的一次关键性的"道德突破"。比如唐君毅曾说,周人的"敬德"观念的出现表明他们对天命已经有了这样的认识:"天之降命,乃后于人之修德,而非先于人之修德者;而其命于人也,乃兼涵命人更努力于修德,以自定其未来之义。"①如果这里的"德"不被进一步澄清,那么,我们将无法真正理解这一说法的确切涵义;如果这里的"德"按照道德主义的立场而被理解为"纯粹自觉自愿地为他",那么,我们就只能将"以德配天"的观念理解为儒家思想史上的道德主义的滥觞,也就是把通过天命的权威而确立道德——"纯粹自觉自愿地为他"视之为儒家思想之根本性的精神旨趣。

从殷人的"先公先王宾于帝"到周人的"以德配天",显然在一定程度上降低了

---

① 唐君毅:《中国哲学原论·导论篇》,第504页,香港:新亚书院研究所,1974。

人对祖先之力量的依靠,而且也拉近了人与天之间的关系,祖先作为天与人沟通之媒介的政治功能被淡化了。① 从这个角度看,如果说"德"是周人精神世界中宗教—政治伦理的核心观念的话,那么,殷人精神世界中宗教—政治伦理的核心观念就可能是"孝"。因为在周人的精神世界中,重要的是如何直接建立起人与天的关系以得天眷佑;而在殷人的精神世界中,无论至上神是否与他们的祖先神相分离,祖先都成为人间子孙保有天命的惟一途径。显然,"孝"的观念在宗教—政治伦理的意义上正是相对于祖先而言的,而"德"的观念则是相对于天而言的。

殷人重"孝"之说,尽管目前之信史文献似有不足征之嫌,但仍然是有案可稽的。②《尚书·舜典》中记载了舜命契之语:"契!百姓不亲,五品不逊,汝作司徒,敬敷五教,在宽。"《孟子·滕文公上》说:"圣人有忧之,使契为司徒,教以人伦:父子有亲,君臣有义,夫妇有别,长幼有序,朋友有信。"《左传·文公十八年》中则说:"舜臣尧……举八元,使布五教于四方。父义、母慈、兄友、弟恭、子孝。"陈来在征引以上文献后指出,这里的"五品"就是指"五伦","五教"就是指对应于"五伦"的"美德";而其中对应于父子之伦的"孝"显然是一个非常重要的观念。③ 从宗教—政治伦理的意义上说,既然殷人非常重视祖先,与之相应的"孝"的观念也应当非常重要。比如,在属于商书系统的《尚书·太甲》中就有"奉先思孝"的说法,而在《吕氏春秋·孝行览》中,也有这样的记载:"商书曰:'刑三百,罪莫重于不孝。'"

值得强调的是,"孝"在殷人的精神世界里不仅是一般意义上的家庭伦理或家族伦理观念,而且更是一个宗教—政治伦理观念。"孝"不仅意味着"能养、能爱、能敬"的"善事父母"之心,而且也意味着对祖先充满感恩的"报本返始"、"慎终追远"之情。尤其是,后者还有祈福的功能。这一点我们可以很容易地从殷人祭祀祖先的隆重程度以及他们祭祀祖先的制度与礼仪的发达程度中看出。也就是说,在殷人的精神世界里,由于祖先可以上达天廷、"在帝左右",所以,对祖先的"孝"就成为人间子孙保有天命的一种途径。《尚书·康诰》中载周公指责殷人"不孝不友",可见殷人的"孝友"观念实已有强烈的政治伦理意味。所以,无论"孝"的观念是起源于周还是殷或者更早,至少从宗教—政治伦理的角度看,周人的"德"的观念是在与"孝"的观念的比照中出现的。这一点也非常明显地表现在周人的精神氛围中:

---

① 实际上我们在墨子的思想中还可以看到殷人思想的明显痕迹,比如墨子主张"明鬼",就是把"鬼"作为天人沟通的媒介。

② 由于文献方面的原因,许多学者甚至倾向于认为殷人并无"孝"的观念。可参见巴新生:《西周伦理形态研究》,39 页以下,天津:天津古籍出版社,1997。

③ 陈来:《古代宗教与伦理——儒家思想的根源》,第 301 页,北京:三联书店,1996。陈来非常注重"五教"的文化意义,甚至将之与犹太—基督教的摩西十诫相比。

>　　皇天无亲,惟德是辅。(《尚书·蔡仲之命》)

>　　伊尹申诰于王曰:"呜呼! 惟天无亲,克敬惟亲。民罔常怀,怀于有仁。鬼神无常享,享于克诚。"(《尚书·太甲》)

>　　无念尔祖,聿修厥德,永言配命,自求多福。(《诗经·大雅·文王》)

"孝"的涵义是从"事亲"引申到"对祖先的感念",而周人对"德"的强调又总是与此相比照而言的:无论是"无念尔祖"还是"皇天无亲",都表明周人已经明确地意识到,为了保有天命,不能再把赌注押在与自己有血缘亲近关系的祖先身上了,①而是要"以德配天",要通过"德"来得到天命的眷佑。也就是说,正是在与"事亲念祖"的"孝"的对比性叙述中,"德"的意义才凸显出来。如果说"孝"是着意于人与祖先之交往关系(人—祖之伦),那么,"德"就是着意于人与天之交往关系(人—天之伦)。人与天之间的交往是如何建立起来的呢? 是不是像道德主义者所说或所想的那样,是天将"道德"——在此当然是指那种"纯粹自觉自愿地为他"的精神倾向——作为一项"绝对命令"下贯于人心,而人领悟到只有主动自觉地行"道德"之事才能得天眷佑,从而建立起人与天的交往呢? 我们说,道德主义在此仍然表现为一种倒果为因的解释,因为这仍然是以其所希望的东西为前提而进行推导的;而且,我们也只能设想,人与天之伦理必定先于人与他者之伦理,而不可能相反。

事实上,正如"孝"本身就是直接指涉人与父母、祖先之伦的建立,"德"本身可能就是直接指涉人与天之间的终极伦理的建立,而不是说在人与天之间的终极伦理的建立过程中,以"纯粹自觉自愿地为他"为核心内涵的"道德"是一个必然的媒介。我们有理由、也有必要在此放置一把"奥康姆的剃刀",以避免将"道德"误增为某种实体化的东西,而是要谨守谱系学的解释逻辑,探寻出以"纯粹自觉自愿地为他"为基本倾向的"道德"之异质的起源或者说是真实的缘起。

通过"德",人与天之间的伦理得以建立,这正如通过"孝",人与父母、祖先之间的伦理得以建立那样。所以,"德"实际上与人对待天的态度、与人对天命的领悟有密切关系,正如"孝"与人对父母、对祖先的态度有密切关系一样。② 众所周知,在"孝"的涵义中包括了虔敬(孝敬)与顺从(孝顺),同样,在"德"的涵义中也包括了虔敬与顺从之义。或者说,"德"实际上就来自于人对天命的敬仰和顺从,"德"在某种意义上包含着敬顺天命的意味,即《尚书·尧典》中所谓的"钦若昊

---

① 这样说并不意味着周人就不再注重"孝"。周人虽然主要是以"德"为宗教—政治伦理的核心观念,但实际上往往是"德""孝"并重,其中的一个解释策略是将"德"作为祖先的"彝训",并将祖先之保有天命也归功于祖先的"有德"。

② 学界亦有"德"、"孝"同源的看法。参见侯外庐:《中国思想通史》,第 1 卷,北京:人民出版社,1957;王慎行:《论西周孝道观的本质》,载《人文杂志》,1991 年第 2 期。

天"。

　　从词源学的角度来看,"德"字虽然出现在周代,但在殷商时期就已经有一个前身了。徐中舒指出,甲骨文中的"徝"就是"德"的初文。巴新生认为,"徝"的初义可解为"视上而有所行止",其中的"𢆉"像一目凝视上方,目上之"丨"乃指示方向。① 既然是"视上而有所行止",那么,"徝"的涵义从殷人重鬼神的精神世界出发就只能解释为"人敬仰并遵循神界的旨意而行事"。故而训诂学家将"徝"训为"循"就是非常确切的。《说文》云:"循,行顺也。"《庄子·大宗师》中说古之真人"以德为循",实际上就是将"德"直接训为"循"。《何尊铭》云:"惟王龏德谷天。"唐兰释"龏德谷天"为"恭德顺天",也是将"恭德"与"顺天"连用。《淮南子·原道》中亦有"循天"的说法:"循天者,与道游者也。"实际上我们从周人"以德配天"的思想中也可以觉察到周人的"德"可能包含有"钦若昊天"或者说敬顺天命的意味。我们说周人"以德配天"思想的核心内涵是将人王的"德"作为保有天命的关键要素,而在《尚书·仲虺之诰》②中则有"钦崇天道,永保天命"的说法。这只能说明,"德"的涵义可能的确与"钦崇天道"有密切联系。上引《尚书·太甲》中说:"惟天无亲,克敬惟亲。"而在《尚书·蔡仲之命》中则是说:"皇天无亲,惟德是辅。"可以看出,在某种意义上这里的"德"能够被直接理解为"敬天"。同样,在《诗经·大雅·文王》中,一方面说"无念尔祖,聿修厥德,永言配命,自求多福";另一方面则说"维此文王,小心翼翼,昭事上帝,聿怀多福。厥德不回,以受方国"。前者以修德为求福之法,后者则以敬事上帝为得福之道,二者其实是一回事。

　　但是,厘定了在周人的"德"的观念中包含有"敬顺天命"的意味,并不能够充分地说明"德"的全部内涵,甚至还不能真正说明周人精神世界中"德"的主要涵义。这是因为,周人的"德"相对于殷人的"徝"毕竟还是一个新观念。如果说"以德配天"主要着意于以"德"为求福避祸、得天眷佑之道的话,那么,"德"的主要涵义可能还要比"敬顺天命"更多一些。当然,这里的"更多一些"并不能理解为单纯数量上的增加,而只能理解为意义上的"更进一步"。也就是说,"敬顺天命"毕竟已经为我们理解周人的"德"的主要内涵确立了一个合宜的意义起点,而一个合宜的起点就意味着指明了一个合宜的方向,我们只有顺着这个合宜的方向才能进一步厘清周人的"德"的涵义。

　　如果说在"德"的涵义中可能包括了"敬顺天命"之义,那么,进一步追问天命

---

① 巴新生:《西周伦理形态研究》,第22页,天津:天津古籍出版社,1997。
② 属于古文《尚书》系统,但仍然没有理由否认其具有思想史的价值。钱宗武认为,古文《尚书》的材料可以看做是西晋掇拾汉遗古文《尚书》散篇的佚文,其中思想多属春秋以前。参见:《今古文尚书全译前言》,第7页,贵阳:贵州人民出版社,1991;转引自陈来:《古代宗教与伦理——儒家思想的根源》,第167页,北京:三联书店,1996。

的内涵以领会"德"的涵义就可能是一条合宜的线索。虽然我们曾笼统而言"德"是直接指涉人与天之间的终极伦理的建立,但是,我们也曾提及,从具体的语境来看,"德"主要是指向承担着整个部落之使命的人王与上天之间的伦理的建立。所以,要进一步追问"敬顺天命"中之"天命"的内涵,也只能是就人王的天命而言。人王要敬顺天命,就必须进一步领会天命之于他究竟意味着什么。首先,对人王来说,天命并不只是某种外在的命令,而且也是自我之身份认同的终极来源。① 也就是说,人王正是通过与天之间的终极伦理才能明确自身之本真所是,人王也正是通过领会天命和敬顺天命来领会自身之本真所是的。

在周人的思想中,人王是上天配备于民的"元后",是"助上帝"的"为民父母"者:

惟天地万物父母,惟人万物之灵,亶聪明,作元后,元后作民父母。(《尚书·泰誓》)

天佑下民,作之君,作之师,惟其克相上帝,宠绥四方。(《尚书·泰誓》)

《书》曰:"天降下民,作之君,作之师,惟曰其助上帝,宠之四方。有罪无罪惟我在,天下曷敢有越厥志?"(《孟子·梁惠王下》)

也就是说,作为天命在身者之人王的身份认同就是"为民父母"。所以,保民就是人王的天职,且这种天职直接来自于人王的身份。一般认为,"民"的观念在周人思想中占有极其重要的地位。郭沫若曾认为《大盂鼎》等中的"民"字乃像"横目而带刺,盖盲其一目以为奴征",故而把"民"视作"奴隶"。王德培在充分肯定了郭沫若把"民"字当作"从目"之字的正确性之后,指出"民"字的写法实际上并非是"横目带刺,盲其一目",而是"目下一竖","目在上,竖在下,略似'直'字倒置",所以应参考周人的有关思想将"民"释作"天之所视"。② 天在上,民在下,天之所视者即民。这一解释和《尚书·泰誓》中的"惟天惠民"、"天矜于民,民之所欲,天必从之"、"天听自我民听,天视自我民视"等思想是完全一致的。

那么,作为"为民父母"的天命在身者,人王又如何能够领会到自身之本真所是并做出与此天命之身份相配的行为呢?答案依然在天命之中:"亶聪明,作元后",意味着人王天生就被赋予了"聪明睿智"等特殊的能力,从而能够领会到自身之本真所是,并是其所是地履行天职,做出与自身之天命身份相符合的行为;或者说,是上天选择那些具有特殊能力的人为王。显然,如果说殷人的"值"的主要涵

---

① "内"与"外"只不过是具有明显形而上学特征的空间性隐喻。比如在拓扑学(topology)的视角下,"内"与"外"的差别就是不存在的。同样,"仁内义外"与"仁义内在"的争论以及在现代宗教哲学的比较研究领域引起激烈反响的儒家思想的"内在—超越"问题都是在囿于这样的空间性隐喻的前提下才产生的。

② 参见王德培:《书传求是札记》(上),载《天津师大学报》,1983 年第 4 期。

义还在于"敬顺天命"的话,那么,在周人的思想中,人王所具备的这些特殊的天赋能力就被称为"德"。

《尚书·仲虺之诰》中说:"有夏昏德,民坠涂炭,天乃锡王勇智,表正万邦。"其中的"勇智"正是天赐之德。《尚书·太甲》中说:"先王顾諟天之明命,以承上下神祗。社稷宗庙,罔不祗肃。天监厥德,用集大命,抚绥万方。"其中的"德"就是指"天之明命"。而在《大学》中,也正是通过征引"先王顾諟天之明命"之言来解释"明明德"的涵义的。所谓"天之明命",朱熹释为"天之所以与我,而我之所以为德者也",在一定意义上就是指天所赋予人的某些特殊的卓越资质;所谓"明明德",就是指人领会并发扬天所赋予的卓越资质。由于"天命"的观念与"性"的观念密切相关,所以,"德"与"天命"之间的这种直接关联也表现在"德"与"性"的直接关联上。实际上,当孔子说"天生德于予"(《论语·述而》)时,就已经透露了"德"的真实涵义。我们甚至可以说,《中庸》开篇的"天命之谓性"原本可能就是"天命之谓德"。《礼记·乐记》中就说:"德者性之端也。"《中庸》也曾将"德"与"性"并称:"故君子尊德性而道问学",而且还说:"故大德必得其位,必得其禄,必得其名,必得其寿。故天之生物,必因其材而笃焉。故栽者培之,倾者覆之。《诗》曰:'嘉乐君子,宪宪令德!宜民宜人,受禄于天。保佑命之,自天申之!'故大德者必受命。"《墙盘铭》云:"上帝降懿德大屏。"而在《诗经·大雅·烝民》中则说:"天生烝民,有物有则。民之秉彝,好是懿德。"这里的"懿德"显然就是指"天命之性"。孟子在叙述他的"性善"思想时正是征引了《诗经》中的这段话。由此也可看出,尽管"性善"之说乃孟子首发,但实际上,周人的"以德配天"的思想(可涉及敬德、明德、修德、正德、懿德等意涵)正是孟子"性善"思想的先驱。另外,在叙述先秦时期的"性"的思想时,学者们常常引用的一段话是:

> 刘子曰:"吾闻之:'民受天地之中以生,所谓命也。'是以有动作礼义威仪之则,以定命也。能者养之以福,不能者败以取祸。"(《左传·成公十三年》)

如果把这段话与作为"天之明命"的"德"的思想联系起来,并参考周人以"德"为求福避祸之道的思想,就不难理解,"德"作为"性之端"可能就意味着人对天所赋予之正命、明命的领会与认同。在人如何把握天意的问题上,春秋时期曾经发生了从最初重视"卜筮"到后来逐渐轻视"卜筮"转而重视"德"的变化。① 孔子曾说的"赞而不达于数则其为之巫,数而不达于德则其为之史……吾求其德而已,吾与巫史同涂而殊归者也。君子德行焉求福,仁义焉求吉,故卜筮而希也"(《帛书·要》),正是对这种变化的概括。从中也可以看到,在儒家思想之衍变中,"德"的思想的出现,与纠缠于术数之学的"巫史"相对而言,实乃精神旨趣上的一大突破。

---

① 参见陈来:《古代思想文化的世界》,33页以下,北京:三联书店,2002。

但是,这种突破又绝对不是道德主义意义上的以"纯粹自觉自愿地为他"为根本倾向的道德突破,因为就"德"作为求福避祸之道而言,首先是着意于自身之福与祸的,而且也没有理由证明,作为"天之明命"的"德"直接就指向一种为他倾向的道德主义情愫。我们毋宁说这是"伦理的突破"或"人性的突破",甚至是"存在的突破",但绝非"道德的突破"。因为正是在这种突破中,人与天之间的终极伦理才逐渐被明确,而且正是从人与天之间的终极伦理中,人才逐渐领会到自身之本真所是,也就是领会到自身得于天之性。《庄子·天地》中说"物得以生谓之德",郭象则说"万物皆得性谓之德",可以说这种以"得性"释"德"的看法应该是其来有自的。

所以,我们可以说,在周人"以德配天"的思想中,"德"的一个核心涵义可能就是指"天赋的卓越资质"。① 由于"德"来自于天之明命、天之正命,所以,"德"也就是天命在人身上的体现。有德者就是天命在身者。"德"是体现人与天之间的伦理关联、体现人的神圣性的东西。所以,"敬德"在某种意义上就是"敬天"。既然天予人以明命、正命之"德",那么,领会并发扬"德"也就是敬顺天命之表现。后来孟子说"莫非命也,顺受其正","尽性知天",显然与周人的"以德配天"的思想具有承继关系。

对于作为"在位者"的人王来说,领会作为天之明命、正命的"德"最终还是为了发扬之,即周人所云"修德"、"明德"之谓也。当然,无论是领会"德"还是发扬"德",都是敬顺天命的表现。所谓发扬"德",就是发扬"天之明命",也就是发扬天赋的卓越资质而将"德"施之于行为中而贯彻之,这一过程也可概括为从德性到德行的扩展。郑玄在解释"德行"时曾说:"在心为德,施之为行。"所以,"行"或"德行"就是指"德"或"德性"的扩展或实现。如果说"德"或"德性"就其"天赋的卓越资质"义而言尚具有潜能的性质,那么,"行"或"德行"就是指此种卓越之天资的现实化。从德性到德行的扩展当然需要经过不断的培养,其中意志的贞定、理智的发用、性情的陶冶可能都是不可或缺的。显然,就周人实际的生存经验而言,无论是作为"德性"的"德",还是作为"德行"的"德",都是非常重要的。所以,我们可以说,"嘉言懿行"之意义上的"德行",或者说"美德"意义上的"德行",亦是周人"以德配天"思想中之"德"的一个重要涵义,甚至可以看做是最重要的涵义,因为"德行"既然由"德性"而来,而"德性"作为"天之明命"又隐含着"敬顺天命"之义,那么,"德行"作为"德性"之现实化就同时隐含着"敬顺天命"与"领会卓越天

---

① 如果说"德"的涵义在后来的儒家思想中更着意于须经过不断培养、修为的"美德懿行"的话,那么,用来表达"天赋的卓越资质"的另外一个观念是"才"。比如,上引《中庸》文献中,在述及"大德必受命"的思想时就谈到:"故天之生物,必因其材而笃焉。故栽者培之,倾者覆之。"而孟子不仅通过"才"的观念解释"贤",而且也正是同时通过"德"与"才"的观念来说明性善。

资"二义。

值得指出的是,由于"德行"是从"德性"中培养出来的,而"德性"又是指与道德主义毫无关涉的"卓越天资",所以,以道德主义的立场来理解"德行"也同样是不合适的。比如,《中庸》中曾说:

> 小德川流,大德敦化,此天地之所以为大也。唯天下至圣为能聪明睿知,足以有临也;宽裕温柔,足以有容也;发强刚毅,足以有执也;齐庄中正,足以有敬也;文理密察,足以有别也。

无论是"川流"之"小德",还是"敦化"之"大德",都体现了"天地之所以为大",即"德"实乃体现天命之所归者;也无论是"聪明睿知"、"宽裕温柔",还是"发强刚毅"、"齐庄中正"乃至"文理密察",都要么是出于人的卓越天资,要么是在人的卓越天资的基础上逐渐修养而成的。这些"德性"与"德行",对于人实现自身之本真所是、实现自身之本真目的是至关重要的,并不是为了某种道德主义的目的而被给予或培养而成的。

由此我们可以合宜地概括出,周人"以德配天"思想中的"德"可涵摄三义:顺天(钦若昊天)、德性("顾諟天之明命")和德行(施之为行)。这三个涵义都指向人与天之间的终极伦理,不存在任何"纯粹自觉自愿地为他"的道德主义倾向。即使是人王与下民之间的关系也是通过天命而发生关联的,而且这种关联也并不是通过人王的某种道德主义情愫而得以建立的。

上文已经说明,在周人的思想中,"为民父母"实际上是人王的天爵。而"为民父母者"同时也就是"有德者"。或者说,天在设立"为民父母"之爵位,将"为民父母"规范为人王之命定身份时,也同时赋予了"为民父母者"以"德"作为保民的能力。这样,对于人王来说,领会到自身之命定身份,亦即自身之本真所是,并领会到自身之卓越天资及其命定之功用,然后将此卓越天资发扬光大以实现自身之本真所是,就是天定的命分,也是对自身之最大程度的肯定。"保民"显然是"为民父母者"的"分内之事",是人王实现自身之本真所是的切己之事。

正是在这个意义上,周人的"以德配天"就自然而然地与"天佑下民"的思想联系起来了。首先,"德"最初有人王仰视上天、顺从天命之义,而"民"最初则有上天下视百姓、眷顾万民之义,所以,"以德配天"与"保民"的思想是内在一致的;其次,"德"有人王所秉有的"卓越天资"之义,亦有人王将此卓越天资"施之于行"之义,而对人王来说,重要的是要领会到,其所秉有的卓越天资及其命定之功用皆在于履行自身之"为民父母者"的天职。也就是说,这些卓越天资正是人王用来肯定自身之"为民父母者"用来实现自身之本真所是的依凭,天之所以赋予人王以此"卓越天资",就是为了使其能够更好地"为民父母",更好地"保民"。所以,"保民"就是"敬德"思想中的题中之义。由此可见,周人"敬德保民"的思想实际上并不能被理解为人王出于某种"纯粹自觉自愿地为他"的道德主义倾向而关怀下民,而是应当在人王与天的终极伦理的意义上、在人王的身份认同的高度上、在"为己之学"的层面上加以理解才是合宜的。在"敬德"与"保民"的思想脉络中,并不存在某种作为实质性媒介的道德主义情愫。"敬德"与"保民"之间的意义联系是直接蕴涵在人王对自身之本真所是、对自身之天命在身的领会中的。

所以,在周人"以德配天"的思想中,并没有任何道德主义的情愫。"德"的涵义实际上指向人王对天命的认同与领会,同时也就是指向人王的本真所是,即"为民父母"。所谓修德、明德、敬德,就是将顺从天命的意志植于内心,并长久地持存于心,然后领会、发扬天所赋予之明命、正命,并按照天命而行事,最终实现自身保民而王的目的。

四、孔子的仁教是道德主义之教吗?

尽管周人的精神世界对于原始儒家之根本思想的形成具有举足轻重的奠基性意义,但是,孔子作为儒家的创始人,其思想无疑才是儒家诞生的真正标志。所以,对于那些将道德主义作为先入之见、长久以来已经习惯于戴着一副道德主义的眼镜看待儒家思想的人来说,为了将儒家思想之根本性精神旨趣归结为道德主义,一个更为重要的举措就是将孔子的仁教解释为道德主义之教。他们认为,孔子的"仁"从根本上来说是一种以"纯粹自觉自愿地为他"为核心内涵的道德主义情愫。无论是通过"恻隐之心"解"仁"而进一步将"仁"释为"同情"、"怜悯"等先天性的道德情感,还是以"感通"、"博爱"说"仁"而进一步将"仁"视为"天地万物浑然一体"的宇宙本体,最终都是以道德主义为其旨归。如果我们相信尼采所说,"所有高贵的道德都产生于对自我的一种非凡肯定"①,如果我们谨记孔子"为己之学"的教诲,那么,我们就不能不对此种道德主义解释表示怀疑,我们就可能在这里识别出道德主义所画出的那种现代道德恶俗所特有的符号。

把孔子的思想概括为仁教,大概是没有太多争议的。儒家首先是一个教化传统,对于以毕生精力而创业垂统的孔子来说,"仁"的思想无疑是他在继承了周人的精神遗产的基础上所提出的最为重要也最具独创性的思想;而"仁"于是也就成为儒家思想中最为重要的、几乎是标志性的理念了。从古至今,似乎还没有哪个儒家的思想家能够避口不谈"仁"。也正因为如此,对"仁"的理解在儒学思想史上就成为一个颇为复杂的问题。我们在此无意去追溯一个理念的全部历史,而是企图在谱系学方法的指引下,从质疑道德主义解释的合理性出发,去真正领会孔子通过"仁"传达出的精神信息,从而真正领会孔子思想的精神旨趣。

"仁"的涵义的复杂性,首先表现在孔子自己的叙述中。从某种意义上说,孔

---

① Friedrich Nietzsche:*On the Genealogy of Morals and Ecce Homo*,translated by Walter Kaufmann and R. J. Hollingdale,Random House,Inc.,1967,First essay,Section 10,P36.

子在《论语》中给我们提供的并不是一个关于"仁"的清晰理念,而更像是一团扑朔迷离的"精神迷雾"。当然,这只能说明,孔子企图通过"仁"来表达的一定是某种更为原始、也更为统一的东西,比如说,可能是对生活的某种前反思的理解。也就是说,孔子首先并不是一个进行理论思辨的哲学家,而是一个有时"申申如也、夭夭如也",有时又"惶惶如丧家之犬"的全身心地处于实际生活中进行精神探究的明哲之智者。所以,我们要想从这团扑朔迷离的精神迷雾中寻绎出孔子思想的根本旨趣,就必须将孔子的思想放回到实际的生存经验中去领会,而不应停留于将之视为抽象的哲学理论做一些琐碎的概念分析的工作。

当樊迟问仁时,孔子答以"爱人"(《论语·颜渊》)。这当然是一个非常简明的教导,但也因此成为一个引人误解的说法。在某种意义上,樊迟与孔子之间的问答并不能够等同于现代大学中的学生与教授之间的问答。现代大学中的学生与教授之间共享着的是知性的真诚,而在樊迟与孔子之间共享着的则是德行的探求。孔子的回答并不是在给出一个"仁"的定义,当然也不是在谈论某种与"仁"毫无关联之事,而是从实际的生存经验出发给出一个成德的指引。虽然我们已经无法确切地还原樊迟问仁的真实语境,但是,我们仍然可以适可而止地通过"爱人"来领会"仁",将"爱人"作为领会"仁"的一条线索。

为了更为深刻地领会"仁者爱人"的精神意蕴,我们需要进一步地追问。在"爱人"这样一个事件中,必然会涉及三个要素:爱者、爱的能力与被爱者。于是,我们首先可以明确,"仁者爱人"的教导只对那些具有爱的能力的人才是有效的。换言之,必须具有爱的能力才能够成为一个爱者,而被爱者只有在被爱者所爱时才能够成为被爱者。由此可见,爱的能力显然是三个要素中最为重要的。在此,如果结合孔子"为仁由己"、"我欲仁,斯仁至矣"等思想,我们就会了然于心。尽管孔子没有明确地从人性的角度说"仁",但实际上,孔子是认定每个人都具有仁爱的能力。也就是说,仁出于每个人都具有的天赋能力,成仁德的关键就在于如何去领会、培养、施用、扩充这种天赋的能力。其次,我们可能会问,在孔子"仁者爱人"的教导中,仁爱的施为是指向某些特殊的人呢,还是指向全人类? 或者说,仁爱是指人与人之间的一种普泛的爱呢,还是说在爱者与被爱者之间具有某种特别的关系?

我们将思绪驻留于爱者与被爱者的关系上,最能彰显孔子仁教的精神特质。孔子所说的"仁爱"虽然可以推广至全人类,但并不是指人与人之间的一种普泛的爱,而是建立在爱者与被爱者的特殊关系的基础之上的一种有差等的爱。换言之,仁爱可博施于众但又有差等。在原始儒家的精神世界里,事亲往往是师长教育弟子为人处世、培养仁德的首要的实践教导,所以,"仁"有时甚至就直接被解释为"事亲"。比如孟子曾说:"仁之实,事亲是也。"(《孟子·离娄上》)从"事亲"的实践教导中我们可以非常明显地发现,要真正领会孔子的"仁",绝对不能脱离人伦的背景。如果说仁是所有人天生就具备的一种卓越能力的话,那么,人伦就是仁的能力施为、发用的坚实地基。"仁"并不是无差别地指向所有人的一项绝对命令,而是缘起于人与人之间的特别关系的一种爱的情愫。孟子曾说:"人莫大焉亡亲戚、君臣、上下。"(《孟子·尽心上》)还说:"规矩,方圆之至也。圣人,人伦之至也。"(《孟子·离娄上》)也就是说,在孔子的德行教导中,虽然所有人天生都具备仁的能力,但是,仁的施为、发用必须依据人与人之间的本真关联,仁德的修明也必须在人伦中才能真正体现。

人伦的重要性来自于实际的生存经验。人无时无刻不处于人伦之中,或者说,在儒家看来,人天生就是伦理的动物。这构成了爱有差等之教导的一个真实的根基。也就是说,爱有差等作为一项伦理教导,是深深地扎根于人类实际的生存经验中的。人总是要过群居生活的,而在人的实际生活中,总是有些人对自己更为重要,所以总是有亲疏、远近之别。比如说,尽管一个人可能具有普遍地尊重所有人的明确意识,但是,他可能仍然不能像对待路人一样对待自己的亲人。所以,爱有差等的伦理教导表明,孔子的"仁"并不是一种普泛的对人类之爱的意识,从而也不能被归结为某种抽象的人道主义。《论语·乡党》中记载说:"厩焚。子退朝。曰:'伤人乎?'不问马。"现代学者常常从孔子的这个问人不问马的案例中断章取义地得出儒家思想实质上是一种人道主义的结论,这显然是一种诠释的不足。孔子只是说在人与马之间,他更关心人,而不是在坚持抽象的人道主义。无疑,抽象的人道主义与道德主义一样,都属于现代的道德恶俗,而且二者具有隐秘的联系。

爱有差等的伦理教导是建立在坚实的经验基础之上的,即人天生就是伦理的动物。但这并不意味着儒家的伦理精神是直接建立在血缘关系的基础之上的。儒家思想中的人伦意识并不停留于就人伦而论人伦的肤浅理解,而是具有更高的伦理识度。我们也许喜欢说,"道在人伦日用中",但另一方面也不能不说,"大道之原出于天"。这就是说,在儒家人伦意识的背后,隐含着对天命的领会与认同。正是在这个意义上人伦可以直接被称为天伦或大伦。这并不是偶然的或不重要的。《尚书》中亦有"彝伦攸叙"的说法,此"彝伦"也就是"常伦"或"天伦"。这就意味着,在儒家思想中,人伦是在天命的高度上得到领会和认可的。人伦实乃天之所命,人伦意识的精神旨趣并不受限于血缘关系的狭隘视界,而是归属于人与天命之间的终极伦理的照管之中。如果说血缘关系在原始儒家的精神世界中具有举足轻重的地位的话,那也只是因为血缘关系属于人的天命。也就是说,对天命的领会与认同实际上是原始儒家最真实、最内在,同时也是最重要的生存经验。①

天命的观念也正是"仁"可以博施于众但又有差等的缘由所在。事亲固然是仁德修明的出发点,是为人之本,然而无论是亲戚朋友、邻里乡党,还是上下贵贱乃

---

① 参见唐文明:《与命与仁——原始儒家的伦理精神与现代性问题》,保定:河北大学出版社,2002。

至路人，都可相待以仁，所谓"一视同仁"。因此，"仁"可以被理解为一种依据人与人之间的特殊关系而呈现出差等但又能够不断推而广之、不断扩展普及出于天性的爱。也就是说，仁爱可博施于众，但仁爱之施为必须根据人与人之间的本真关联，而人与人之间的本真关联正是来自于天命。正是在这个意义上，"仁"也能够成为共同体的伦理基础因而具有政治意味。儒家所提倡的共同体只能是一种建立在人与人之间的本真关联之基础上的共同体，因而是一种伦理共同体，而"仁爱"这时候就表现为弥漫于共同体的每个成员之间的一种"同胞之爱"，由一种伦理力量转而成为一种从根本上维系着共同体的政治力量。正如"仁"的终极根据在于天命，伦理共同体的终极根据也在于天命，也就是说，以仁爱为基础的伦理共同体从根本上来说是一种天命共同体。很显然，这样的天命共同体与现代以来以利益权衡为基础、通过所谓的社会契约而建立起来的现代国家是大异其趣的。天命不仅给予仁爱之施为一个坚实的存在之基础，而且仁爱作为所有人都具备的一种天赋的能力也正是来自于天命。概而言之，无论仁是作为一种天赋能力的秉有，是作为一种伦理之爱的有差等性，还是仁爱之能够博施于众而成为共同体的伦理基础，它最终的根据皆在于天命。

"仁"与天命之间的内在关联也在人对自我之所是的领会中表现出来。原始儒家同样也是从天命的高度来领会人之所是的。"生命"就是"生"作为天命而被给出，人之为人，就在于人身上承担的天命，或者说人总是身在天命之中，所以，自我之本真所是就来源于天命。对自我之本真所是的领会在某种意义上就是对天命的领会，因而人的自我身份认同是以人对天命的领会与认同为基础的。换言之，人正是通过领会天命去领会自身之所是、去回答"我是谁"的问题的；人领会自身之本真所是也就是领会自身之天命在身。正是人与天之间的终极伦理构筑着人的本真所是，从而也就是构筑着人的人格性存在。人天生就是伦理的动物，但重重复杂的伦理网络不仅是人实际的生存处境，而且也规定了人的实际之所是。虽然儒家思想中没有明确使用"是"(to be)的概念，但其中对人之所是的领会是决然无缺的。所以，必须指出的是，"仁"恰恰是以人之所是或者人格性的存在为基础的，甚至"仁"作为成德之教就是人实现自身之本真所是、完善自身之人格性存在的实践教导。正是在这个意义上，《中庸》才说："成己，仁也。"这就是说，言仁必涉及己身，必涉及己身之所是；而己身之所是又来自于天命。这里的"己"显然不能被理解为一个剥去了一切特殊性的、空洞苍白、游魂般的一味为他人着想的道德主体，而是一个鲜活有限、具有独特个性且真实存在的德行之探求者、践履者。所以，仁实际上具有一种与人自身休戚相关的切身性，直接指向人自身的人格性存在，直接关涉人自身的本真所是。换言之，不仅是"为仁由己"，而且更是"为仁为己"，仁学是纯洁的"为己之学"，而不是经过道德主义污染的伪善的"为己之学"。

当然，"仁"作为一种主动施为的爱，不可能不牵涉到他人，所以，"仁者爱人"

也必然有其"为人"的一面，或如张载所说"以爱己之心爱人则尽仁"（《张子正蒙·中正》）。所以，"仁"不仅意味着"成己"，而且也意味着"成人"。不过，言仁必涉及他人，所涉及的仍然是他人之所是，而他人之所是也仍然是在天命的照管之中。首先，对仁者来说，对他人的爱根本上指向他人的人格性存在，指向他人自身的人格完善。也就是说，仁者之爱不是强加于他人身上的一种无视他人之人格性存在、甚至可能戕贼他人之本真所是的情感关怀，比如说同情或怜悯；同样，仁者之爱也不是一个人仅仅为了自己的利益或快乐而最终着意于利益性回报的先期奉献或情感投资。在儒家所提倡的成德之教中，曾经有"小棒则受，大棒则逃"的事父之训导，其主要的理由就在于为人子应当避免陷父于不义。陷父于不义实际上是比陷父于不幸更为严重的恶。在这个意义上，仁者之爱完全是为了所爱者自身的缘故，而不是为了爱者自己的利益或快乐。

其次，就实际的生存经验而言，无论是在伦理的网络中与自己直接牵挂在一起的"亲近的他者"，比如父母师友，还是对自己而言并不那么重要的"疏远的他者"，比如一个异乡之人或陌生的路人，都可能是仁者所要与之和睦相处的。所以，如果说仁爱是人与人之间的一种相与之道，一种相亲相近之道，那么，对己身之外的他人的人格性存在的领会与承认就必然地蕴涵在"仁"的教诲之中。也就是说，无论亲疏远近，都要充分地认可他人之人格性存在。我们常常用"推己及人"来阐明"仁"的涵义，甚至将之作为"仁"的核心涵义，就是着意于"仁"包含着对他人之人格性存在的承认。在与子贡的一次决疑性对谈中，孔子曾说："夫仁者，己欲立而立人，己欲达而达人。"（《论语·雍也》）而在仲弓问仁时，孔子曾答以"己所不欲，勿施于人"（《论语·颜渊》）。从某种意义上说，"推己及人"比"仁者爱人"更能彰显孔子"仁教"的精神旨趣，因而也往往被认为是孔子"仁教"的核心教义。"仁者爱人"似乎更着意于仁作为出于天性的爱可主动地施之于与自己的存在息息相关的人，甚至是博施于众；而"推己及人"则是着意于仁作为人与人之间的相与之道必然蕴涵着对他人之人格性存在的领会与承认。然而，无论是推己及人，还是仁者爱人，都不应被理解为一种道德主义的教义，因为仁爱的教导在对人的理解上是直接指向每个人的人格性存在、直接指向人的本真所是的。

由于他人之人格性存在与自我之人格性存在一样，最终都是归属于天命的，所以，对推己及人的理解也必须在天命的背景中才是可能的。也就是说，推己及人实际上就是从己身之天命推及他人之天命，或者说是从己身之天命在身推及他人之天命在身。很显然，那种以苦乐为主旨的道德主义情愫与仁者的推己及人是大异其趣的。概而言之，"仁者爱人"的实践教导是完全笼罩在天命之中的，因而始终是在天命的高度上运思的。天命所赋予每个人的人格性存在构成了人成就仁德的坚实的基础，人对自身之本真所是的领会与认同以及人对他人之本真所是的领会与承认是人修仁成德的必要前提。

所以,"仁"作为一种美德,"仁教"作为一种成德之教,实际上深深地浸淫于人的实际生存经验之中,内在于一个规定了人的存在的基本预设:人天生就是伦理的动物。天命以及由此而来的规范着人的身份认同的人伦构成了仁德的根基。只有在此根基之上,仁德才是可能的。"仁"显然不能被理解为一束现代道德主义的情愫,比如纯粹的、普遍的善良意志(good will),抑或是对弱者的纯粹同情或怜悯(pity),抑或是一团和气的普遍善意(kindness),抑或是可以毫无差别地指向所有人、甚至可以扩展到动物、一切生命的博爱(charity)或普遍的善心(general benevolence)。"仁"与这些道德主义情愫之间的差异可以从以下几个方面来阐明。

首先,如果说"仁"与善良意志、同情等道德主义情愫都包含着对他人的某种关怀的话,那么,二者的缘起则是迥异的。道德主义情愫乃是因弱者之处境而发,而"仁"则指向特别的个人。这就是说,道德主义情愫只是一种普泛的情感或态度,对于所施加之对象为谁是无所谓的,实际上是缘起于他人不幸落入的某种苦弱处境。而"仁"则不然,"仁"作为一种出于天性的爱总是因对象的不同而有所不同,即所谓"爱有差等"。故而,仁爱之差等也就不仅表现在程度上,同时也表现在方式上。对父母兄妹的爱与对师友乃至对国人的爱在方式上是有差异的。方式上的差异正是来自于爱者与被爱者的特殊关系。概而言之,道德主义实际上是一种针对弱者的情怀,而仁爱则是一种针对自我与他人之本真关联的相与之道,是完全从自身出发的积极主动的把"特别的爱给特别的人"。

其次,"仁"与道德主义情愫之间的巨大差异还表现在后者是以虚无主义的态度对待自身与他人的。道德主义的精神旨趣在于纯粹自觉自愿地为他,在这种精神氛围中,自我只能是纯粹的道德主体,而他人只能成为潜在的弱者。对于自我与他人之本真所是,或者说自我与他人的人格性存在,则被弃之一旁而罔顾。所以,道德主义实际上是以虚无主义的态度来看待人的,其根本精神就是一种虚无主义。而儒家的"仁"则不属于形式主义伦理学或同情伦理学的范畴,因为"仁"恰恰是以自我与他人的人格性存在为前提的,"仁"并不是"一团纯粹为他的情绪"或"一种纯粹为他的意志","仁者"也不是那种纯粹空洞的、形式主义的道德主体,也不是那种随时准备分担他人之苦弱的为道德而道德者,而是一个具有独特个性、对自身之存在有着明确领会的德行之探求者。

再次,仁虽然也有为他的一面,但首先还是人自我实现、自我完善的一种能力。仁者之所以爱人,是因为仁者必然会根据实际的生存经验将一些特别的人纳入到了他对自身之美好生活的领会与理解中,所以并不像徐复观所说的,"仁"意味着"对他人毫无条件地感到有应尽的无限的责任"[①]。仁者总是"有诸己"的,是出于追求自身的美好生活而关怀他人的。也就是说,仁者首先是自爱之人,仁作为一种

[①] 徐复观:《中国人性论史·先秦篇》,第81页,上海:上海三联书店,2001。

美德首先隐含着人对自身的爱,是自爱爱人。当然,仁者之爱人也并不是出于对人的利用,而是就人的"是其所是"而去爱人的,正如他是就自己的"是其所是"去爱己一样。换言之,仁者之爱是着意于德行的,是德行之爱,是以美德为核心的自爱,亦是以美德为核心的爱人。而且,仁者一方面爱人,另一方面也通过修仁德而使自己成为可爱之人,从而也获得来自他人的爱。而道德主义所倡导的对人的同情式关爱既不是出于对自身之美好生活的领会与理解,也不是就人之"是其所是"而去关爱人,所以,从根本上来说,这种同情式关爱既不能够如其所是地爱己,也不能够如其所是地爱人。

最后,如果说道德主义的根本精神是一种虚无主义的话,那么,道德主义实际上蕴涵着这样一个人类学前提:人就是享乐的动物。或者说,道德主义是将人的存在降低到享乐与受苦的动物感受性的水平上,将人根本上作为一种趋乐避苦的动物。而原始儒家的仁教精神所蕴涵的人类学前提则是:人天生就是伦理的动物。这就是说,是在天命——存在的高度上肯定人。所以,从原始儒家的仁教精神来看,道德主义所蕴涵的人类学前提实在是对纯洁、高贵之人性的一种亵渎、贬黜,而这正是现代虚无主义的一个显著的征候。

五、孟子的心性之学是道德的形上学吗?

通过对孔子仁教以及周人思想的道德主义解释,道德主义者勾勒出了儒家道德主义面目的大致轮廓。然而,道德主义者并不满足于此。在他们看来,正是孟子的心性之学才使儒家的道德主义面目更为清晰地呈现出来,才使人们更为清晰地看到,为道德而道德的道德主义正是儒家思想根本性的精神旨趣,从而也使人们更为清晰地获得对儒家精神的本质性理解。

孟子的思想在儒学史上是非常重要的,尤其是自唐代以后。众所周知,韩愈的道统说是明确地把孟子列入其中的,当朱熹将《孟子》列为"四书"之一时,孟子思想的经典地位就完全确立了。后来即使是强烈反对宋明之学的清儒也往往是依据于孟子的思想,比如戴震驳斥宋明之学的名著《孟子字义疏证》。孟子思想的主要贡献在于他所提出的性善论,这在儒学史上大概没有争议。孟子继承了子思"天命之谓性"的思想,并发"前圣所未发",不仅提出性善之论,而且即心言性,开创了儒家的心学传统。

道德主义者当然是直接以道德主义的眼光来看待孟子的性善论与四端说的。在他们眼中,孟子的心性之学正是儒家道德主义精神的典范性表达。这一方面也是缘于孟子的性善论中的"善"与四端说中的"恻隐之心"等观念,与道德主义对道德的实质性理解——纯粹自觉自愿地为他——似乎具有某种"剪不断、理还乱"的暧昧瓜葛。无须赘言,对孟子的心性之学的道德主义理解在目前的思想界中仍然是一个被大多数学者所共同认可、共同坚持的主流看法,尽管在具体的理解上也表现出许多的不同。同样,对孟子的心性之学的道德主义理解,在以牟宗三为代表的现代新儒家所提出的"道德的形上学"的思想中被发挥到了极致。

牟宗三是在西方哲学中的形上学或本体论的高度上来理解道德在儒家教化传统思想中的地位的。他认为,孟子的"性"实际上就是形上学意义上的本体,即性体。而孟子力倡性善论,那就意味着性体实乃纯然至善的道德本体。同时,对于孟子通过恻隐之心等四端而即心言性,牟宗三认为这与性善论完全是一回事。也就是说,恻隐之心只不过是纯然至善的性体的另一种表达而已,心体与性体为一,指的都是纯然至善的道德本体。由于心体更侧重于用来指称道德主体,或者说,心体首先是一个指涉道德主体的术语,所以,从性体到心体的语义滑动也在于表明,道德主体就是道德本体。很显然,从某种意义上说,这实际上是在贯彻西方形上学中"实体才能做主体"的思想。另一方面,心体的提出也在于表明道德本体的真实无妄,道德的本体不在玄远飘渺的彼岸,更不是一个纯粹的理论悬设,而是直接内在于心,从而也就成为道德的直接的、同时也是终极的根据。正是在心性合一的哲学诠释的基础之上,牟宗三提出,孟子的性善论与四端说实际上构成了一种不同于西方"实有形态的形上学"(metaphysics of Being form)的"道德的形上学"(moral metaphysics),并将之概括为"道德的理想主义"。这一观点遂成为现代新儒家的一个核心观点,在他们看来,道德的形上学或者说道德的理想主义正是中国文化精神的特质所在。由于牟宗三是在现代道德风尚的意义上理解"道德"、"善"等观念的涵义的,即将"道德"、"善"等观念的涵义与一种纯粹自觉自愿地为他的道德主义精神旨趣联系起来,所以,牟宗三通过对孟子等人的思想的诠释而提出的"道德的理想主义"或"道德的形上学"就成为现代以来以道德实在论的哲学形态呈现出来的对儒家教化精神的道德主义解释的极致。

牟宗三对孟子心性之学的形上学诠释尤其是在与康德哲学的比照中进行的。所以,牟宗三特别重视他所理解的道德的形上学与康德的"道德的形上学"(metaphysic of morals)乃至其他一些西方道德哲学家的思想之间的差异。对此,李明辉在一些驳议性文章中有非常细致、充分的辨析与澄清。① 李明辉指出,道德主体的架构是理解牟宗三的道德的形上学与康德等西方道德哲学思想之差异的关键所在。落实到孟子的思想中,这一关键就在于,如何理解孟子以恻隐之心等四端而即心言性的意义。概言之,在新儒家看来,孟子的恻隐之心等四端不能被理解为沙夫慈伯利、赫其逊等情感主义者意义上的"道德情感",也不能被理解为康德成熟时期思想中的"道德情感",而是类似于舍勒等现象学家所谓的"价值感",是一种"本体论的觉情"(ontological feeling),根本上来说恻隐之心是"超越的本心"。从某种意义上说,这种观点是给恻隐之心盖上了一枚本体论的印章,这构成了现代新儒家

---

① 比如,收在《儒家与康德》文集中的多篇文章。

本体论的道德主义（ontological moralism）的核心主张。

这种本体论的道德主义观点实际上更突出了四端说的重要性，甚至是将四端说的重要性置于性善论之上，认为只有领会了恻隐、羞恶、恭敬、是非等四端之心的意义，才能够领会性善论思想的意义。然而，即使是直接从"心"与"性"之间的关系来看，出于天命的"性"也肯定比内在于人的"心"更为重要。所以，与其说领会孟子即心言性的意义所在、明确孟子思想中的"心"与"性"的关系对于理解孟子性善论思想的精义非常重要，毋宁说只有首先正确地领会了性善论，才能真正理解四端之心的意义所在，才能真正揭开四端之心的秘密所在。

孟子提出四端之心而即心言性就是为了说明性善。在公都子问及孟子性善还是不善的问题时，孟子向他阐明了自己所主张的性善的观点，并以四端之心对性善做了进一步解释。对于道德主义者来说，四端之心与性善论之间的意义关联是非常直接、甚至是显而易见的，尤其是恻隐之心与性善论之间的意义关联。由于恻隐之心往往被理解为一种"纯粹自觉自愿地为他"的同情，而性善论中的"善"也正是在现代道德风尚中被理解为从受益者角度而言的一种价值判断，也就是对他人而言的"善"，所以，恻隐之心与性善论就被理解为一回事，都指涉一种以无条件地为他为实质性内涵的道德主义的精神旨趣。然而，这种道德主义的理解实在是对孟子思想的一种误解。孟子怀着一种天命在身的自豪之情而高扬人性的光辉，如果说他仅仅是在提倡一种道德主义的精神旨趣，那实在是大错特错的。实际上，对性善论中的"善"的意义颠覆与对四端之心、尤其是恻隐之心的意义颠覆共同构成了对孟子思想的道德主义解释。

在公都子的提问中，他陈述了三种与孟子性善论不同的观点：性无善无不善，性可以为善可以为不善，性有善有不善。其中"善"与"暴"相对而言，而且周文王、周武王、尧、舜、微子启、王子比干等被作为善的典范，而周幽王、周厉王、象、瞽瞍、商纣王则被作为不善的典范。显然，这里的"善"主要是指"善行"，主要着意于对行为的评价，是就行为的善与不善而言的。所以孟子才能够回答说："乃若其情，则可以为善矣，乃所谓善也。若夫为不善，非才之罪也。"也就是说，在孟子看来，幽、厉、象、纣等人的恶行并不意味着人性的不善，而尧、舜、文、武等人的善行则正是人性之善的体现。所以，人性的善与不善，与人的行为的善与不善，并不在同一个层次上。如果说与对人的行为的评价有所不同，人性善是对人的天赋能力的评价的话，那么，孟子的意思显然是在肯定人具有做出善行的天赋能力。这样，孟子的性善论的涵义就在于肯定人具有做出善行的天赋能力。而所谓"人的天性是善的"，意思是说，如果人率循人的天性，听从人的天赋能力的自然发用，做出来的事情也自然就是善行。如果我们仍然执意以某种先在的实质性的"善"的观念为前提，那么，我们就会说，人性之善实乃一种碰巧之事。也就是说，根据我们对"善"的实质性理解，我们发现，人性碰巧是善的。但是，如果人的行为是来自于人的天赋能力,而"善"首先是对人的行为的一种评价,进而言之是与人的行为的品质直接关联的,那么,实际上很清楚,并不是因为人的天性碰巧是善的才使得人的行为成为善的,而是因为人肯定自身的天性为善才使得人的出自天性的行为成为善的。也就是说,孟子的人性善实际上就是指人对自身之天性、对自身之天赋能力的肯定——除此之外,岂有他哉!

阐明这一点是非常重要的。比如,在孟子与告子关于人性的争论中,告子曾以杞柳喻人性,而以桮棬喻仁义,而孟子的反驳则是:"子能顺杞柳之性而以为桮棬乎?将戕贼杞柳而后以为桮棬也。如将戕贼杞柳而以为桮棬,则亦将戕贼人以为仁义与?率天下之人而祸仁义者,必子之言夫!"(《孟子·告子上》)这就是说,顺杞柳之性还是戕贼杞柳才是价值设定的真正的分界线。同样,顺人之性还是戕贼人才是善与不善的分界线。这就意味着,孟子"道性善"的意思实际上是说人性决定着善,而不是以一种先在的实质性的"善"的观念来对人性作出"善"的评价。又如,告子曾以湍水为喻而言性:"性,犹湍水也,决诸东方则东流,决诸西方则西流。人性之无分于善不善也,犹水之无分于东西也。"而孟子的回答则是:"水信无分于东西,无分于上下乎?人性之善也,犹水之就下也。人无有不善,水无有不下。今夫水搏而跃之,可使过颡,激而行之,可使在山,是岂水之性哉?其势则然也。人之可使为不善,其性亦犹是也。"(《孟子·告子上》)显然,水之就下乃水之性,水之搏跃过颡、激行在山乃势之所使然。以水喻人,即是以势之所使然喻不善,而以性之就下喻善。所以,善与不善的分界,仍然在于性与势之区别,也就是说,性善的涵义正是在于以"性"来决定"善",而不是以"善"来评价"性"。

因此,我们可以非常明确地得出结论说,孟子的性善论并不是以某种先在的实质性的"善"的观念(尤其是道德主义者所理解的那种"善")为前提而对人性作出"善"的评价,而是直接指涉对人性的肯定,是将"善"的观念建立在人性的基础之上,是以性说善,而不是以善说性。在此,"善"的涵义就不能理解为道德主义意义上的实质性的为他精神,而直下就是一种肯定,就是一种价值设定。这样,人性之善就不是如道德主义者所理解的那样是指人天生就具有为他或同情他人的倾向,而是指人对自身的非凡肯定,是指人对自身的一种"美化",换言之,是指人性之美善,人性之可欲。①

同样需要指出的是,在目前对孟子性善论的理解上,不仅对于其中的"善"存在着习惯性的误解,而且对于"性"也存在着想当然的误解。告子与孟子曾就"生之谓性"有一段非常著名的辩论,总是被频频引用,然而可惜的是,长期以来并没有得到正确的理解。这段辩论是:"告子曰:'生之谓性。'孟子曰:'生之谓性也,犹白之谓白与?'曰:'然。''白羽之白也,犹白雪之白,白雪之白,犹白玉之白与?'曰:

---

① 《说文·羊部》:"美与善同意。"《孟子·尽心下》:"可欲之谓善,充实之谓美。"

'然。''然而犬之性犹牛之性,牛之性犹人之性与?'"牟宗三、徐复观等人都认为,孟子不同意告子所说的"生之谓性",因为"生之谓性"实际上是"自生言性",只能指涉欲望之性或气质之性,而不能指涉天命之性。这里存在着一种误解。实际上,"生之谓性"在这里只是一个词源学或语义学的解释,所以也是孟子与告子在争论之前所共同承认的。

孟子对告子的反诘并不是要反驳"生之谓性",而是通过归谬法引导告子进一步澄清,不能像理解"白之谓白"那样去理解"生之谓性"。实际上,"性"与"白"是两类不同的概念。胡塞尔指出,通过从低到高不断抽象的方式获得概念,会形成一个概念的等级。比如,从"白羽"、"白雪"、"白玉"中抽象出"白",从"红"、"白"、"蓝"中抽象出"颜色",又从"各种颜色"抽象出"感觉性质",然后再从"感觉性质"抽象出"本质",从"本质"抽象出"对象"。然而在这一序列等级中,实际上包含着两类不同的概念。一类就是普遍化的概念,比如"白",它受制于"事物域"的限定,一切白色事物的集合就是"白"的"事物域";另一类则是形式化的概念,比如"本质",它并不受制于"事物域"的限定,而是纯粹用来指示关系的一个函项。概念的抽象总是会从普遍化上升到形式化,比如,从"颜色"抽象到"感觉性质"仍然属于普遍化的范围,而从"感觉性质"抽象到"本质"就突入了形式化的范围。形式化的概念与普遍化的概念的不同在于,对于后者,通过其所受限的事物域就可以得到直接的理解;而对于前者,则不能从一个相关的事物域得到理解,而只能看做是一种纯粹的关系指示词。①

因此,孟子的意思并不是说,从"生之谓性"出发就会推导出"犬之性犹牛之性,牛之性犹人之性"的错误结论;而是说,对"生之谓性"的理解不能等同于对"白之谓白"的理解,因为"白"受限于一个事物域,即是从"白羽"、"白雪"、"白玉"等具体事物中抽象出来的,而"性"则不同,它并不像"白"一样受限于一个事物域,也就是说,并不能够从"犬之性"、"牛之性"、"人之性"中抽象出一个共同的"性"。告子显然是误将作为形式化概念的"性"理解为像"白"这样的普遍化概念,这是告子对"性"的理解的一个非常关键的前提性错误。由此可见,孟子所理解的"性"并不是一个具有实质性内容的普遍化概念,而是一个表示关系的形式化概念。直言之,"性"并不是指某种实质性的东西,而是对某种抽象关系的指示。比如说,"生之谓性"的"性"就是用来指示生命与生命之给予者之间的关系的。天生犬为犬,生牛为牛,生人为人,所以,犬与天之间的生与被生的关系就称为犬之性,牛与天之间的生与被生的关系就称为牛之性,而人与天之间的生与被生的关系就称为人之性。虽然都使用了一个相同的概念"性",但是,犬之性、牛之性、人之性其实并不相同,因为天之生犬、生牛、生人实在是各不相同的。孟子曾说的"人之所以异于

---

① 胡塞尔:《纯粹现象学通论》,66页以下,李幼蒸译,北京:商务印书馆,1992。

禽兽者几希,庶民去之,君子存之"(《孟子·离娄下》),也是这个意思。需要特别指出的是,人与动物的不同并不像道德主义者所说的那样,在于人是一种具有同情心的道德的动物,而是在于人是天命在身者。正是通过人之性,犬、牛等事物之性才得以可能。人作为万物之灵,是灵异中之灵异者,一切事物的存在(是其所是)都将通过人而得以实现、完成。在这个意义上,人性就是万物存在的一个必要环节,从而也就是"乾道变化,各正性命"的一个必要环节。人之所以是天命在身者,是因为人天生就承担着让万物是其所是地存在的崇高使命,即人天生就承担着大化流行的崇高使命。我们只有在天命——存在的高度上、而不是在道德主义的意义上领会人性,才不至于辱没了人。值得说明的是,让万物是其所是地存在,根本上不同于使万物得以保存,后者正是本体论的道德主义的观点。

孟子的性善论思想是秉承子思的"天命之谓性,率性之谓道,修道之谓教"的思想而来,他对天命具有极其深刻的领会,他曾以一种涵盖乾坤的口气说:"莫非命也,顺受其正。"因此,在孟子那里,所谓人性,实际上是人与天命之间的关系的指示;而在顺受天命的教义中,就直接包含着对人性的领会。也就是说,人具有领会、承担、拓展、成就天命的能力,而这就是人性的直接来源。或者说,人性不是别的,就是人领会、承担、拓展、成就天命的能力。从"顺天休命"的精神脉络里看,孟子的性善论实际上是指人对自身之天命在身的领会与肯定,是人在天命面前领会并肯定自身之卓越性、高贵性。这其中并没有某种实质性的道德原则,而是对人的潜在能力的肯定;性善之论也并不着意于自我对他人的关切,而是着意于自我的终极关切。孟子曾说:"诚身有道,不明乎善,不诚其身矣。是故诚者,天之道也。思诚者,人之道也。""诚身"首先意味着对自身之本真所是的领会,所以,诚身之道就在于"明乎善",就在于明乎人自身与天命之本真关切。在这个意义上,"善"并不是对他人而言才是可欲的,而首先是对自身而言是可欲的,是自身所欲求的美善,是直接指向人的自我成全、自我实现和自我完善。

如果我们从宗教性心理的角度来看,那么,人在天命面前的这种对自我的非凡肯定,就使得人与天命之间的关系不再是债务人与债权人之间的关系(尼采曾经揭示出,在基督教的精神世界中,人与上帝之间的关系实际上是一种债务人与债权人之间的关系),而这一点也引发了人在上帝面前的自我否定而成为基督教"原罪"观念的真实起源:"人情愿认自己负有无法偿还的罪,并因此而应受谴责;情愿认无论何种惩罚都不能抵消他的罪;情愿用负罪和惩罚的问题来污染和毒化事物的根基,从而永远地阻断他走出这座'僵化观念'之迷宫的退路;情感建立一种'神圣之上帝'的理想来确证自己是毫无价值的。"[1]如果说基督教的原罪观念正是来

---

[1] Friedrich Nietzsche: *On the Genealogy of Morals and Ecce Homo*, translated by Walter Kaufmann and R. J. Hollingdale, Random House, Inc., 1967, Second essay, Section 22, P93.

源于人在上帝面前强烈的负债意识所导致的这种"意志错乱"的话,那么,孟子的性善论观念则与此恰好相反,恰恰是在天命面前肯定人自身是有价值的,并通过对人自身的肯定而奠定和美化事物的根基,此即"万物皆备于我,反身而诚,乐莫大焉"的真实涵义。这意味着,人与天命之间的关系并不是债务人与债权人的关系,而毋宁说是受托者与托付者的关系。在这种受托与托付的关系中,人本性高洁,并负有美好的使命,换言之,人是天命在身者。显然,如果我们将孟子的性善论思想与周人的"以德配天"的观念联系起来看,那么,二者的继承性是非常明显的;二者的差异则在于:周人尚认为"德"只是少数人的异禀,而孟子则坚持人人皆是天命在身者,此即所谓"人皆可以为尧舜"、"圣人与我同类者"。

既然人性善是一种价值的设定,是指人对自身之卓越性、高贵性的非凡肯定,是指人性之美善,那么,重要的就在于人如何能够领会到这一点。很显然,人领会自身之天命在身,领会自身之崇高禀性,实际上也就是性善之价值设定的过程。孟子说:"口之于味也,目之于色也,耳之于声也,鼻之于臭也,四肢之于安佚也;性也,有命焉,君子不谓性也。仁之于父子也,义之于君臣也,礼之于宾主也,知之于贤者也,圣人之于天道也;命也,有性焉,君子不谓命也。"(《孟子·尽心下》)直言之,"谓性"、"谓命"即是所谓的"立命存性",即是将天之正命认同为人之性的存心过程,因而也就是性善之价值设定的过程。性善之价值设定正是通过存心而表现出来。人不能够领会到自身以何种方式归属于天命,也就不能够领会到人性是何样的美善。这样,人性善的关键就被归结到人领会天命的能力上。孟子正是从这个角度引出他的"存心"的思想的:"耳目之官不思,而蔽于物。物交物,则引之而已矣。心之官则思;思则得之,不思则不得也。此天之所与我者。先立乎其大者,则其小者不能夺也。此为大人而已矣。"(《孟子·告子上》)耳目之官不思,而心之官则思,这是从功能上说明心与耳目的不同之处。相对于耳目的觉知能力(闻见),心具有一种更为特别的觉知能力(思)。通过心之思,人能够领会"天之所与我者",能够"先立乎其大者",能够识人之大体,能够使人从其大体,而为大人君子。大人君子之所以异于常人,是因为大人君子能够充分发挥心的作用,能够将天所与我之正命了然领会于心,领会到人与天命之归属关系,领会到人在天命面前的高贵性。正是在这个意义上我们才可以说,耳目之知乃闻见之知,而心之知则为德性之知;闻见之知蔽于物,而德性之知达于天。这样,人性之美善必须通过心之思才可得之,若不思则不得。如果出于某种缘由而"陷溺其心",则美善人性之光辉就不能呈现出来。在这个意义上,"存心"与"性善"其实就是一回事。"存心"不仅是"性善"的认知根据,而且更是"性善"的存在条件。

这可能是我们理解孟子即心言性之思想的准确思路,从而也是理解四端之心、揭开四端之心之秘密的正确思路。孟子曾以"孺子将入于井"的设例来说明人皆有"不忍人"的恻隐之心,并进而推出人皆有四端之心。因为恻隐之心也就是不忍人之心，所以，道德主义者能够将设例中的"孺子"直接作为他人的化身，故而将恻隐之心解释为与他人疾痛相感之情，也就是一种纯粹发自人内心的、自觉自愿的、关心他人疾苦的情愫。然而，这只是一种肤浅之见。首先，从本义来说，"怵惕恻隐之心"是指一种惊惧与痛苦之情。《说文·心部》云："怵，恐也。""惕，敬也。"所以，"怵惕"是指一种惊惧、敬畏之情，而朱熹则释"怵惕"为"惊动貌"，有不达之嫌。《说文·心部》亦云："恻，痛也。""慇，痛也。"根据段玉裁的《说文解字注》，"恻隐"之"隐"实乃"慇"之假借，故而朱熹解释说："恻，伤之切也；隐，痛之深也。"由此可见，"怵惕恻隐之心"首先是指一种同时包含着惊惧、敬畏与痛苦的情感，还不是对他人之不幸遭际与苦弱的一种直接的同情或怜悯。于是，要真正理解"怵惕恻隐之心"的涵义，我们就需要进一步追问，那种惊惧、敬畏之情到底从何而来？尤其需要质疑的是，在人直面"孺子将入于井"时所感受到的那种至深至切的痛苦之情是否只是一种移情式的同感？

既然惊惧与痛苦是"怵惕恻隐之心"的真实内涵，那么，毫无疑问，"怵惕恻隐之心"肯定是一种切己的情感。换言之，尽管"怵惕恻隐之心"作为"不忍人之心"牵涉到对他人的关切，但显然同时也牵涉到对自我的关切。然而"怵惕恻隐之心"到底在何种意义上是一种切己的情感呢？根据同感现象的逻辑，作为目击者的人在直面孺子将入于井的遭难场景时，会想到自己也有可能陷入此种境遇，因而就会产生惊恐、畏惧乃至痛苦之情，进而产生对不幸遭难之孺子的怜悯之情。也就是说，正是目击者对自我的关切才使孺子将入于井成为深深触动他内心的一个事件，而且这种触动没有任何功利的缘由：非纳交于孺子之父母，非邀誉于乡党朋友，亦非恶其声而然。在这个意义上，与其说孺子纯粹就是他人的化身，毋宁说孺子更是自我的化身。正是因为孺子的遭难被领会为自我的遭难，所以，人在直面孺子将入于井时才会产生惊惧与痛苦之情，即怵惕恻隐之心。

然而，仅从经验心理学的角度将怵惕恻隐之心解释为同感现象，就忽略了一个非常重要的问题，仿佛人仅仅从自我保护的本能就直接分娩出了道德。无论孺子是他人的化身，还是自我的化身，更为重要的问题在于，人是以何种方式、在何种意义上看待孺子的？人又是以何种方式、在何种意义上理解孺子的遭难的？很显然，这个问题也可以转换为：人是以何种方式、在何种意义上看待自己的？人又是以何种方式、在何种意义上看待他人的？归根到底，人是以何种方式、在何种意义上看待人的？从而，人又是以何种方式、在何种意义上理解人的遭难的？

对于类似于孺子将入于井的苦难遭际，在儒家的精神传统中向来被归于"命"。子夏在解司马牛之忧时曾说："死生有命，富贵在天。"（《论语·颜渊》）而孔子也曾多次感喟于命。比如在慨叹伯牛之有疾时他曾说："亡之，命矣夫！"（《论语·雍也》）而且孔子认为"道"之将行将废也在于"命"："道之将行也与？命也。道之将废也与？命也。"（《论语·宪问》）孟子更是对于"命"有非常深刻的体会：

"莫非命也,顺受其正。是故知命者,不立乎崖墙之下。尽其道而死者,正命也。桎梏死者,非正命也。"(《孟子·尽心上》)在孟子看来,一切都是命,但命仍有"正命"与"非正命"之分别。所以,对人而言,重要的就在于能够分辨正命与非正命,并顺受其中的正命。我们已经知道,孟子实际上是将天之正命与人性联系起来的,也就是说,人将天所赋予自身之正命领会、认同为人之性,此即所谓"立命存性",所谓君子所异于人之"存心"。所以,立命存性实际上就意味着判别正命与非正命,正确地领会正命同时也意味着必须正确地理解非正命。而且,相对于正命之美善,非正命就是丑恶的。"知命者"要领会到"尽其道而死"的"正命",必然蕴涵着对"非正命"的理解,也只有这样,他才可能对自己提出"不立乎崖墙之下"的终身警示。反过来说,非正命之丑恶能够产生一种巨大的力量,从而能够促使人去更加重视、珍惜正命之美善。

显然,在孟子关于"怵惕恻隐之心"的设例中,孺子将入于井的遭际对人而言不仅仅是一种苦难体验,而且更是一种不幸体验。孺子将入于井不能仅被理解为一种纯粹的遭难,而是在一种类似于宗教性体验的意义上被理解为非正命。这样,人直面孺子将入于井时所生发的惊惧与痛苦之情(亦即"怵惕恻隐之心"),就应当被理解为人直面非正命时所生发的一种情绪。正是这种生发于丑恶之非正命的惊惧与痛苦之情促使人去更加重视、珍惜美善之正命。所以,与其说在"孺子将入于井"的设例中孟子是在意孺子的苦弱与遭难,毋宁说他更在意孺子身上禀有的天之正命。同样,正是因为人能够借着天之正命而非凡地肯定自身,同时也以同样的方式非凡地肯定他人,从而也就是以非凡的方式肯定人,肯定人性,肯定人性之美善。在这个意义上,无论作为他人的化身,还是作为自我的化身,孺子首先是天命在身者。如果说"怵惕恻隐之心"必然会从惊惧、痛苦转向一种积极、向上的情感的话,那么也绝对不是怜悯,而是珍惜,对自我的珍惜,同时也是对他人的珍惜,根本上说是对人身上所禀有的天之正命的珍惜,同时也就是对美善之人性的珍惜。因此,"怵惕恻隐之心"的真正涵义从消极的方面来说是人作为知命者在直面非正命时所生发出的惊惧、痛苦乃至惋惜之情,从积极的方面来说则是人领会到天之正命、领会到人性之美善而产生的敬重、珍惜之情。同样,羞恶之心、恭敬之心(辞让之心)、是非之心从积极的方面来说都与人对天之正命的领会、对人性之美善的领会密切相关。简言之,没有对天之正命的真正领会,没有对美善人性的真正领会,就不可能有真正的羞恶、恭敬、是非之心。可以直截了当地说,四端之心实际上就是对天之正命的真正领会,对美善人性的真正领会。所谓"仁义礼智根于心",显然不是说人天生就具有同情他人的道德情感,而是说人天生就是具备领会天之正命、领会人性之美善能力的天命在身者,人天生就是赞天地之化育者。仁义礼智首先是自我实现所需要的美德,是自我参赞天之正命、成就自身之美好生活所需要的美德。于是,在孟子"尽心"的教义中,"心"、"性"与"天命"就构成一个意义的循环:"尽其心者,知其性也。知其性,则知天矣。存其心,养其性,所以事天也。夭寿不贰,修身以俟之,所以立命也。"(《孟子·尽心上》)由于"尽心"实际上是"事天",而天命又是"於穆不已"的,所以,"尽心"就意味着人始终置身于天命的怀抱中而获得了一个毕生的远景。这正是孟子所领会到的"amor fati"(命运之爱),同时也是儒家最根本、最核心的精神旨趣。"尽心"当然不可能是一蹴而就的,也不是一个神秘的道德本体的当下呈现,而是表现为一种成德的艺术,需要实践的智慧,需要足够的教养和不断的学习。正是在这个意义上孟子才将恻隐、羞恶、恭敬(或辞让)、是非之心称作仁、义、礼、智之端绪。"恻隐之心"作为"仁之端",就像一粒纯美纯善的种子,要真正成就为德行,还需要不断地培养直至成熟方可。如果说德性之禀赋来自天命的直接给予,那么,德行之成就则是一种需要人不断探索、努力的艺术。成德的艺术从而也就是成人的艺术。

因此,正如同对性善论的道德主义解释是错误的一样,对四端之心的道德主义解释也是错误的。四端之心留意于对天命的敬畏,留意于正命与非正命的分判,从而也就是留意于人性之美善,留意于对人的非凡的肯定,这也正是人之为人、人区别于动物的功能性差异之所在。人是能思者,人具有领会、承担、拓展、成就天命的能力。只有在天命——存在的高度上肯定人,才无损于人性之美善。四端之心首先并不是某种指向他人的关怀之情,而是直接指向自我之终极关切、直接指向人自身之存在的切己之情。孟子即心言性的意义就在于阐明人皆有领会、感知天命之性的能力,也就是人皆有成德的能力。因此,将四端之心理解为情感主义或康德意义上的道德情感的确也是错误的。就这一点而言,牟宗三明言四端之心非经验性的道德情感,而是"本体论的觉情",显然是一个非常睿智的洞见。可以非常明确地看到,四端之心来自与天之正命、非正命有关的宗教性经验,因而也只能从宗教性心理的角度加以理解,或者可以说是属于宗教性情感。然而,像牟宗三那样将四端之心理解为"超越的本心",并将此"超越的本心"理解为以同情他人为核心内涵的所谓道德本体,则与孟子本来的精神旨趣是格格不入的。

六、保卫原始儒家的纯洁精神

从思想史的角度来看,儒家思想意味着一个源远流长的文化传统,可归于儒家之名义下的理论形态也纷繁复杂,呈现出相当程度的多样性。当然,这一点首先表明,儒家思想传统具有极强的生命力和孳乳能力。但是,如何理解儒家思想的多样性呢?或者说,各种包含着差异的理论形态如何配得上"儒家思想"这一通名呢?在多样性的背后是否存在着某种同一性(identity)呢?尤其是当我们在尼采的谱系学方法的指导和启发下对原始儒家的伦理精神(ethos)作出了一种全新的理解时,我们就更需要考虑这个问题。毫无疑问,考虑这个问题一定会及时地触响反本质主义的警钟:也许一种新的理解只是意味着增加了一种新的可能的解释!?

如果我们能够对同一性的概念直接提出合理的质疑,比如像休谟那样,将之看做是一个"形而上学的幻象",一项毫无理据的哲学虚构,①那么,我们又将如何理解儒家思想所表现出的多样性呢?这时也许我们更愿意像维特根斯坦所说的那样,只是谨慎地承认各种不同的儒家思想形态之间存在着某种"家族相似"的关系。我们往往将维特根斯坦(尤其是后期的维特根斯坦)与反本质主义联系在一起,这当然不错。但是,从另外一个视角看,"家族相似"的概念也许恰恰揭示了本质的秘密,如果"本质"还是一个真实的概念。直言之,本质实际上来源于相似性。在某些事物之间发现其中的相似之处并因此而将它们归为一类,然后根据其相似之处对该类事物的共同特征做出某种判断。也就是说,将事物之间的相似性"转化为"事物的共同特征,最终,从该类事物的共同特征中筛选出一些被认为是殊为重要的根本特征就被当作该类事物的本质或本质特征。本质一旦被确立下来就获得了主张的权利,从而也就成为一种限制的力量,当然也是一种成全的力量。相似性上升为本质,这就是本质的秘密。

而相似性又只能看做是想像力的后果。哲学上的知识论认定想像力在知识的形成过程中起着不可替代的重要作用,但也常常假定想像力是人类先天就有的一种纯粹的智思能力。实际上,作为人类学上的一个基本事实,想像力从来就不是纯粹智思的,甚至毋宁说是实践的。人类的想像活动总是在一些情感、欲望、意念、动机的驱使下进行的,所以,表面上看起来想像是一种自由的、无拘无束的活动,但实际上总是植根于人类的生存体验中的,是与人类的实践生活密切相关的。

所以,无论是用本质的概念还是用相似性的概念来刻画儒家思想,都必须明确一点,儒家思想之所以呈现出多种形态、多样面目,是与被儒家思想所占用的特殊人群在不同历史时期的实践生活以及所面临的精神问题的殊异性密切相关的,以此我们可以谈"儒家思想的历史性"。但是,将思想归因于历史不应该成为一个偷懒的做法,不应该成为规避哲学问题、规避思想之内在的精神性品质的一个借口。虽然福柯可以成功地将尼采的谱系学挪用为一种历史学的方法,但对于尼采本人来说,谱系学主要还是一种哲学的方法。尼采从根本上来说首先是一个关心人的存在方式的哲学家,而不是一个索隐行怪的历史学家。谱系学家并不一定要以放弃真理为代价,反而正是为了维护真理而上下求索。因此,我们反对将儒家思想的精神刻画为道德主义;因此,我们在虚无主义愈演愈烈的现代强烈呼吁:保卫原始儒家的纯洁精神,尤其是使其免遭道德主义的玷污。

毋庸置疑,目前广泛流行的对儒家精神的道德主义解释实际上是一场价值颠覆的后果。这种隐秘的颠覆究竟是如何发生的,对此我们尚不能作出明确、细致的梳理。但是,有一点可以肯定,现代以来中国虚无主义的登场与这种道德主义的价

---

① 参见休谟《人性论》(上),关文运译,北京:商务印书馆,1980。

值颠覆有密切关系。"五四"新文化运动中所出现的极端反传统主义极大地动摇了中国人对自身教化传统的精神信念。当西方现代性观念与洋枪洋炮一道进入中国，中国人不仅遭受到肉体上的伤害，而且也遭受到精神上的褫夺。而当军事上的胜败直接被换算成文化上的优劣之后，就意味着被褫夺的一方在某种程度上已经接受、认可了这种褫夺。最后，当精神与文化沦为生存竞争的技巧，虚无主义作为被褫夺者的心理后果就出现了。

我们之所以断然将中国现代虚无主义作为道德主义儒家的催生剂，是因为道德主义儒家与中国古人的精神世界极不协调。虽然古代中国人似乎没有可以直接对应于西方哲学中的"存在"（Being）的思想和语言，但是，在古代中国人对天命的深刻领会中，毫无疑问包含着对存在之秩序的领会与认可。天命以及蕴涵其中的存在之秩序一直是古代中国人的精神世界中岿然不动的核心信念，而万物的是其所是、各正性命也一直是儒家教化思想的核心精神。所以，即使我们在古代世界中发现了表面上类似于道德主义的话语，那也只能将之理解为柏拉图意义上的"高贵的谎言"，而现代的道德主义儒家则是在天命的信念被彻底动摇、原来的目的论的存在秩序被彻底打破、并充分地认可和接纳西方现代性观念的前提下产生的，因而就表现为对原始儒家之纯洁精神的一种隐秘的颠覆。

道德主义无论对个人来说还是对一个民族来说都是一种坏的征兆，是生命颓废的征象。在道德主义的精神世界里，人失去了存在的根基，失去了终极的关切，从而也失去了对自我的关切，失去了对美好生活的欲求能力。道德主义所着意的道德自我或道德主体实际上是废黜了真正的自我，无异于宣布自我毫无价值、生命毫无价值，从而把人降低到了动物的水平。道德主义所表现出来的道德的癫狂不过是用来掩盖生命之贫乏的遮羞布。对于一个民族来说，道德主义就是一种文化败血症，它会毒害民族的精神，毒化民族的生活世界，因而根本就不配、也不可能成为民族精神或民族的文化生命。

王廷相思想中的规范与人性
——以人性论、修养论为中心

□马渊昌也 著　刘岳兵 译

引　言

关于王廷相(1474—1544)的思想,自第二次世界大战之后其理气论中的"气"的思想备受关注以来,以这一侧面的分析为中心,中日两国学者已就其经验主义的认识论、合理的无神论等思想共发表了二十来篇论文进行考察。

但是,与这些引人注目的侧面相反,对其有关人性或修养的论述中最为具体的部分,则一直关心不够。比如,就人性而言,尽管对其与"气"概念有关的形而上的论述所作的分析相当深入,但是很少有对其更加具体的论述进行考察的。而在王廷相的思想中,具体的论述与形而上的论述是相互并行且相对独立地展开的,其中包含了丰富的值得探讨的重要资料。

本文以其具体的人性论与修养论中规范与人性的关系为中心来加以分析,并认为这才是其有关理气、性气等概念的形而上方面论述的根底所在,同时也是支撑其思路与逻辑的根本。因此,只有通过对其这方面的议论加以探讨,才能够更加明确地理解其形而上思辨的究极意图与意义;而且理解明清时代的理气心性关系这一思想活动的核心,就在于把握规范或原理原则与现实特别是与人性的现实的关系。因为只有探讨王廷相思想中的这一特质,才有可能把握王廷相思想的核心和关键。

我在进行考察之际尽量顾及他的思想与朱子学及阳明学的关系。这是因为王廷相的思想是在对当时已经常识化了的朱子学的不满的基础上产生的,只有探讨两者的差异,才能抓住王廷相思想活动的主要目的所在;而且探讨与其几乎同时出现的具有压倒性影响力的阳明学之间的关系,对于弄清王廷相思想在当时的思想界处于什么样的相对性位置以及阳明学是如何适应时代要求的,都是不可缺少的。还有,这种探讨也必然会归结到这样一个问题,即相对于具有压倒性影响而流行的阳明学而言,为什么王廷相的思想几乎没有产生什么影响。①

本文旨在根据王廷相的各种最具体的见解,将他所把握的规范与人性的关系的实质置之于当时的思想背景中去理解。

本来应该将根据各种具体情况而进行的分析与性气论(性与气的关系的论述)等形而上的论述结合起来加以探讨以求得到整体性的理解,但是限于篇幅,对从具体到抽象的途径等的论述,只能在最小的限度内作必要的提示,并力求找出理解其性气论中有关主张的某种线索。

下面我们以人性论、修养论为顺序来考察他的思想。

一

众所周知,王廷相在气与性的关系上反对朱子的"气外见性"论而提出"性生于气"说,认为"气之灵能"就是性(《慎言·问成性》一八)。而这与他在《横渠理气辨》等文中所表示的一样,是将性放到人的肉体及其所表现的生命活动中去把握的立场相联系的。因此,他的性是能动的,是作为活生生的东西来把握的:

> 文中子曰:性者五常之本。盖性一也,因感而动为五,是五常皆性为之也。若曰性即是理,则无感、无动、无应,一死局耳。细验性真,终不相似,而文中子之见当为优。荀悦曰:情意心志皆性动之别名。言动则性有机发之义,若曰理,安能动乎。宋儒之见当为误。(《雅述》上八五)②

可见,他是主张就现实的人的肉体及其活动来见性的。那么他究竟是如何理解其具体内容的呢? 他说:

> 性之本然,吾从大舜焉。人心惟危、道心惟微而已。……恻隐之心,怵惕于情之可怛,羞恶之心,泚颡于事之可愧,孟子良心之端也,即舜之道心也。口之于味,耳之于声,目之于色,鼻之于嗅,四肢之于安逸,孟子天性之欲也,即舜之人心也。由是观之,二者圣愚之所同赋也,不谓相近乎。(《慎言·问成性》六)

---

① 眼下还没有看到有接受王廷相影响的思想家的报道。容肇祖的《吴廷翰哲学思想概述》(收入《中国哲学史论文集二集》,1961年),虽然认为吴廷翰受到了王廷相的影响,但这只是局部的,决非继承了王廷相思想的精髓。

② 也请参照《雅述》上八四。而且从引文明确地可以看到他不承认"性即理"的命题。同样的主张在《慎言·问成性》一三、《答薛君采论性书》中也可以见到。在本引文中虽然说到"性即理"时的"性之无动"这一问题,但是从其他的记述来看,问题的核心是在说性即理的时候是将性与气相区别来看的,就是说将性即理视为性气二分的命题而加以否定的。这样,从理气关系来重新将性定义为"气之生理"、"生之理"。

这样，他一方面承认人有恻隐之心等"道德之发"（《雅述》上九八）的心，即以舜所谓的"道心"为性；同时也承认有"情欲之发"（同上）的心，即将所谓的耳目之欲也作为人的本真性，认为这是相当于舜所说的"人心"的性。①

从这一立场出发，他尽管批判了朱子学一系的不承认以欲为性的观点（《慎言·问成性》七），②但是就此便认为他将欲包括在性概念的至善性中并从价值上予以肯定的话，实际上并没有这么简单。也就是说，他承认此二心中的道德上的心情——道心有利于社会秩序的形成，从而给予其"性之善"（《雅述》上九五）以肯定性的评价，而将欲——人心视之为反秩序的，是"为恶之才能"（《慎言·问成性》四）、"性之不善"（《雅述》上九五），而只给予其否定性的评价。

这是因为他考虑到这样一种背景，那就是欲本身的展开、发挥必然会产生与他者之欲的冲突和矛盾，由此又必然产生在欲之满足方面以满足强者与排除弱者为核心的斗争、杀戮这种极为混乱的势态：

> 人心、道心皆天赋也。人惟循人心而行，则智者、力者、众者无不得其欲矣。愚而寡弱者，必困穷不遂者矣。岂惟是哉！循而遂之，灭天性、亡愧耻、恣杀害，与禽兽等矣。（《慎言·御民》二一）

正是由于将欲——人心视之为是有指向混乱、无秩序的危险存在，所以说它们是"恶性"、"不正之性"（《雅述》上九六）。

在王廷相看来，现实的人当中，一般而言，与道心相比，人心方面更加旺盛，即道心"微妙而发见不多"（《雅述》上九八），而人心"循情逐物，易于流荡"（同上）。因此从总体上看，人性倾向于恶者多。③

因此以人结成的社会，如果没有某种人为的规范存在的话，那么人们的欲望就会止不住地"流荡"而出现上述由欲者相争造成的弱肉强食的局面：④

> 民无统主，则强食弱也、众暴寡也、智死愚也。极也必反之，相戕相贼，报

---

① 这种欲——人心的具体内容，从《雅述》上一〇一，《慎言·御民》三七等记述来看，即是追求富贵、功名、文章、安逸、美色和货利等。

② 就如常常所说的，虽然朱子自身的立场决非一概否定欲（《大学或问》等），但如朱子门下的程端蒙的《性理字训》（《宋元学案》所引）等，就将欲直接同与天理对立的概念人欲联系起来理解，由此可见在朱子学者中将欲作否定性理解的倾向早就存在。明代以后的学者在主张欲望肯定论时，将许多朱子学者视为欲望否定论而加以批判，恐怕在朱子去世后到明代之间，一般都是在奉持"无欲"命题的同时，给予欲以否定性的理解的。

③ 他认为性之善是由于气质之清明纯粹，气之恶是由于气质之浊驳，将恶理解为起因于气质本身。关于其在思想史上的意义请参照沟口雄三的《明清时期的人性论》（收入《佐久间重男教授退休纪念中国史陶瓷史研究》，1983 年）。

④ 这里所说的弱肉强食原理，不仅仅是作为人类社会的原理，也被理解为是人对自然或整个自然界的原理。参照《雅述》上一〇六、《慎言·五行》一六等。

复相寻,民之获其生者寡矣。是故任其自然者,乱之道也。(《慎言·御民》二三;参照《慎言·问成性》四)

这样,王廷相在将欲视为为恶之才能的同时而承认性,在放弃性这一概念的至善性的同时,而由混乱和无秩序来理解人类最自然的状态。

二

那么,如何理解人类社会的秩序与维持这一秩序的规范呢?王廷相将这一问题放在时间轴上展开而对其进行历史的考察。在他看来,在太古时代,人类的确是处于上述混乱与无秩序的状态中(《慎言·保传》三四)。但是这里出现了智慧和道德上都很优秀的"圣人"①,他对这种混沌状态充满忧患之心,而考虑如何给它带来秩序与安定。就是说,"圣人"以人类之"可以相生、相安、相久而有益于治"之性即道心为基础,而作成了仁义礼智的道德规范体系及其以维持其社会规范为目的的各种制度(如礼乐、学校和刑法等),从而确立了被称为"名教"或"道"的为建立和维持社会秩序的装置:②

> 夫性之善者,固不俟乎教而治矣。其性之恶者,方其未有教也,各任其情以为爱憎,由之相戕相贼,胥此以出。世道恶乎治,圣人恶乎不忧。故取其性之可以相生相安相久而有益于治者,以教后世,而仁义礼智定焉。背于此者,则恶之名立矣。……无名教则善恶无准。(《慎言·问成性》四)(接上所引资料)是以圣人忧之。自其道心者,定之以仁义、齐之以礼乐、禁之以刑法,而名教立焉。(《慎言·御民》二一;其他可参照《性辨》等)

进而,随着礼乐刑法等各种制度的实际运用,规范就逐渐渗透到人们之间,最终使人之性发生改变,也就是抑制人们的欲而使之按规范行事(《雅述》上一二五;《慎言·御民》二〇)。这样,在人类社会就实现了人人各安其分而保持调和、互不相争的秩序与和平:

> 礼行而志定,尊卑、上下、亲疏、贵贱各安其常分而不乱,诸侯四夷安其职而守疆土。……乐行而情达,君臣和于朝、卿大夫和于位、群士和于职、庶人和于野,盗贼奸宄不兴,而夷狄安于四鄙。(《慎言·文王》七;也可参照《慎言·御民》一七)

---

① 他说"圣人"是"具识之至"(《与彭宪长论学书》)、"性之尽善者"(《性辨》),在知识上、道德上是最高存在的同时,也是学而可至的存在,学者有必要以此为实践的楷模(《答孟望之论〈慎言〉》)。

② 他的"名教"这一用语与"道"这一用语,前者是指包括具体的制度文物在内的圣人所创制的维持秩序的整个机构,后者则是指贯通于其中的秩序理念或道德规范等,两者虽然有微妙的不同,但其区别并不是那么严格。

可见，他最终认为人类社会的秩序和规范是由于"圣人"的创造而历史地形成的，是人为的派生性的存在。如上面的引文(《慎言·问成性》四)或者《性辨》中所示，他认为善恶是从圣人设立名教才开始成立的，并非是自然而然产生的具有必然性的东西。对于性，王廷相也保持着清醒的认识，即一方面说善性、恶性，另一方面认为这种区分以名教的存在为前提，合之则为善，不合之则为恶(《慎言·君子》四〇；《答薛君采论性书》)。

三

下面我们把视线转移到实践性的问题上来。王廷相指出了上述的对人性与规范相互关系的原理性理解，那么作为实践主体的一个一个的人应该如何对待这些规范呢？

他从效力方面对作为"孔子之道"即圣人之遗教的教学之优越于佛教作了如下论述：

惟孔子之道，虚心寡欲，定静安虑，道德率民，刑法齐物。以之治己则性命修和，以之治人则纲纪划一，与佛氏一偏之学，迥矣悬隔。(《雅述》上一二三)

由此可知，他是将奉儒教为教学的实践主体放在名教与"治己"和"治人"这两个层面的关联中来理解的。这里由于篇幅关系，只是就这两个层面中的治己——本身的道德修养实践的具体情况加以探讨。

首先，他的名教圣人创制说是以这样的背景出发而得出的结论，即如果放任自流的话便只会导致混乱与无秩序，以至于产生对形成人的先天道德性的自律秩序能力的不信任。正像由此所当然预想的那样，王廷相指出治己的理论——道德性的修养实践论，就是实践主体根据圣人所创制的名教或道使自己朝着善的方面去陶冶，即顺应、同化于外在的名教规范：

夫人之生也，使无圣人修道之教，君子变质之学，而惟循其性焉，则礼乐之则无闻，伦理之宜周知，虽上智之资，亦寡陋而无能矣，况其下者乎。(《雅述》上八〇)

这样，其顺应、同化必须涉及内外两个方面，即要求内在义理的涵养与外在礼制的合拍相一致："古人之学，先以义理养其心。志于道、据于德、依于仁是也。复以礼乐养其体，声音养耳，彩色养目，舞蹈养血脉，威仪养动作是也。内外交养，德性乃成。由是动合天则，与道为一矣。"(《慎言·君子》三四；也可参照《慎言·潜心》三、五、三四)进一步具体而言，就是说要在向内外两方面的规范的顺应的基本构架下，有必要作主敬、静时的存养和动时的省察这些功夫：

无事而主敬，涵养于静也。有内外交致之力，整齐严肃，正衣冠，尊瞻视，以一其外；冲淡虚明，无非僻纷扰之思，以一其内。由之不愧于屋漏矣。此学道入门第一义也。(《慎言·潜心》二；也可参照《雅述》上一三)

夫何以谓存养,曰心未涉于事也,虚而无物,明而有觉,恐恐焉若泊之也。夫何以谓省察,曰事几方蒙于念也,义则行之,不义则否。履冰其慎也,恐一念不义,蹈于小人之途也。(《慎言·潜心》二九;也可参照《雅述》上一二四)

这样,通过实践,人就可以确立内在的"虚",在确立"廓然大公之体"(《雅述》上一二四)的同时,根据外在的礼而获得"物来顺应之用"(同上),并达到"动静与道为一"(《雅述》上一三)的境界。

在论述这种积极的修养论的同时,王廷相也主张无欲的必要性:"人心淡然无欲,故外物不足以动其心,物不能动其心则事简,事简则心澄,心澄则神,故感而遂通天下之故。是故无欲者作圣之要也。"(《慎言·见闻》二三;也可参照《慎言·作圣》四一、《慎言·潜心》一六)欲虽然作为性被承认,但这毕竟是被视为"为恶之才能",在实践方面还是要求灭却它。① 只有这样,才可能使自己与名教规范相一致。(《慎言·见闻》二七)

虽然在治己的实践中,一个一个的主体与规范的关系问题,在这里与本主题没有直接的关系,但对理解其思想实质具有参考意义,故略述如下。首先,在王廷相作为官僚士大夫从治民的立场所作的政治发言中,他不是对民众之欲望强行进行禁压,毋宁是继承了传统的民本主义立场,积极地承认民众之欲望,相信在一定程度上满足民众的欲望是实现社会安定所必需的。实际上,由于国家的浪费与胥吏的榨取等,民众欲望的满足度极为有限,这正是引起社会不安的原因,因此必须进一步满足民众的欲望。(参照《送刘伯山之广灵令序》,《送半洲蔡先生巡抚山东序》,《慎言·御民》二五、二九等)

一方面,王廷相在修养论中作为"作圣之要"而力说的无欲,在社会性的视野中来论述时,多处提及"君子"(《慎言·君子》一六)、"宰相"(《慎言·君子》四六)和"上"(《慎言·保传》一九)等。另一方面,从他强调所履行的"礼"的实质性

---

① 在《雅述》上九八中,王廷相叙说了未必是否定欲望的修养论,这几乎是惟一的例子,可以当作例外来考虑。但是山下龙二认为这是欲望否定论(《罗钦顺与气的哲学》,载《名古屋大学文学部研究论集》9,1961),而松川健二则认为是欲望肯定论(《王廷相的思想》,载《中国哲学》3,1965)。这是因为山下氏是以否定欲的修养论为依据,而松川氏则是以承认欲为性及例外的肯定欲为依据而得出的结论,他们都只是看到了王廷相有关欲的复杂论述的一个方面。而且,山下氏认为王廷相是超越现实而确立超越的太虚、与现实的具体事物相比更重视其太虚这一本体,他从这一方面来理解其欲望否定论。但是从以下几点来看,很难说这是妥当的。第一,其太虚在修养论上并没有什么特别的意义,复性被否定了;(《雅述》下一〇八)第二,太虚独在之说毋宁说是与使理变化的气紧密联系这一尊重具体事物的逻辑一体的;(《雅述》上八八)第三,作为修养支点的规范不是由超越的太虚而来的,而是圣人所创制的。再则,在修养论中,道心几乎没有被作为问题提出,但在《雅述》上九八中提示了扩充道心的这一方向。只是,他没有言及道心与顺应名教是什么关系,与得道心而定的名教本身之间又是什么关系,都依然不清。

内容事实上只有士大夫阶层（同上）才有可能体会这一想法来看，①最终，他的以无欲和与礼相一致为中心的修养论，尽管从原理上说对所有的人都是适应的，但实际上可以推知这是以包括他自己在内的士大夫为中心这一社会上层（更进一进说是统治阶层）为对象而构筑的理论。

最终，在王廷相的思想中，实践主体从治己这一侧面与规范的关系而言，由于对形成人的自律秩序能力的普遍不信任，因而指出了对涉及内外两方面的名教规范的顺应和同化方向，而且还将欲作为妨碍与主体规范相同化的元凶而要求全面消除。② 因此，王廷相的修养论实际上是为以士大夫为中心的上层社会相适应而构筑的，民众的主体性并没有进入他的视野。

四

下面我们从思想史的角度来考察王廷相有关规范与人性的理论。

首先，他从人的现实的肉体及其所表现的生命活动来把握"性"的这种立场，可以视为这是将人性论的基点从朱子学的所谓"理"转移到了具体的人本身上来了。因此从其反对朱子学中将"欲"排除在"性"之外而指出其实在性非常稀薄的倾向，转而将"欲"作为"性"加以承认从而使其实在性得以恢复的这种努力来看，他的思想活动，在一定意义上与同时代的王阳明、罗钦顺基本上具有同样的性质。就是说，王阳明在从活泼的生动的人心中见到性（"心即性"。参照《传习录》上一二二等）的同时，于晚年还在欲之良知——性之流行下主张容忍论；而罗钦顺则承认欲是发之于性的东西而反对无欲说。这都对朱子学提出了异议。

但是，王廷相的特殊之处在于，即便将欲作为性来承认，最终也只不过是在"为恶之才能"的意义上被认为是"不正之性"。而且，随着这种性的至善性被放弃，人的自然就在无秩序、混乱的面相上被把握，而秩序、规范也才会被看成是圣人所从事的创作。这就将朱子学以及王阳明和宋明思想界其他几乎所有的思想家都一贯坚持的本来圣人、预定调和的构思完全逆转了。

---

① 看一下他编纂的《丧礼备纂》等与礼有关系的著作，这里所显示的礼的具体规定相当繁琐，所表示的是以他自身的士大夫阶层为直接对象而有意识作成的。

② 他在将这种修养过程理解为气质变化的同时重视习，显示了对这种变化可能性的夸大。其在思想史上的意义参照前面提及的沟口雄三的论文。而且他将由习到性的现实态是后天所固定的这一事实置之于以由修养而达至善的固定化的中心，称之为"成性"（《慎言·问成性》一）。汤浅幸孙曾经依据王廷相的"性成于习"（《答薛君采论性书》）、"（仁义礼智之性）皆人之知觉运动为之而后成也"（《横渠理气辨》）等言论，认为王廷相的性是由于知觉运动而后天形成的。（《作为思想家的王廷相》，载《中国哲学史研究》8，1978）他与性连用的"成"这一用语，从《慎言·问成性》一、二，《雅述》上四四等用例看，应该作上述的解释，因而汤浅幸孙的解释是不妥当的。

众所周知,当时的思想家们一般都认为人的至善之性是先天所赋予的(本来圣人),如果在所有的人当中这种至善之性都以纯粹的形式得到发挥,那么在此自然就会实现社会水准上的秩序与安定(预定调和)。因此,混乱、无秩序——恶毋宁可推断为是由本来之性以外的次要原因所产生的。而且,承认作为"欲"的"性"也是在这一框架之下来进行的。比如,罗钦顺对作为欲的性的承认就是如此。但欲被认为是发之于性,这同时就意味着它作为这样一种东西在价值上被认可,即欲按照被包摄于性的至善性当中的形式,它合乎作为性的分殊性表现的"节"这种善的形态,才是其本来的面目,而不合乎节的恶的面相只不过是次要性的东西。(参照《困知记》下一四、上一六)

而王廷相由于既将欲视为倾向于恶的能力又以欲为性,所以他就放弃了性概念的至善性,认为欲充分发挥时所表现出来的混乱与无秩序正是人性之自然,而秩序和规范恰恰是后来人为设立的东西,由此他就完全逆转了既有的认识。

那么,他为什么会持有这种认识呢?

在考虑这一问题时,首先必须指出的是他的这样一种态度或构造,即在考察某一现象之际不拘束于原来的理论和解释,而是将实际上存在、可能观察到的事实作为根本前提加以重视,也就是关注和尊重事实的"事实第一主义"。这一点虽然他在对自然现象的认识活动中发挥无余,[①]但在关于人性的认识上,比如他反对静时恶人也保持有未发之中的善性这一朱子学系统的说法,而根据动时恶被观察到这一事实,认为静时恶也只是未被发现,它仍然潜伏于心中。他的观点,[②]由此可见一斑。(参照《慎言·问成性》一二等)这样,从关注作为事实所观察到的人的各种恶行以及背后的"欲"出发,并必须以此作为人性论中心,这就是他的立场。实际上,他对自己所生活的明代中叶的中国社会就发出了这样的叹息:

> 自世之人观之,善者常一二,不善者常千百;行事合道者常一二,不合道者千百。昭昭虽勉于德行,而惰于冥冥者,不可胜计。读书知道者,犹知廉耻而不为非,其余嗜利小人,行奸侥幸而无所不为矣。(《雅述》上二二;也可参照《雅述》上四七)

关注这种社会所充斥的恶行,进一步体会到作为其原动力的"欲"的实在感,其"恶"正是欲的自然且必然的形态,在此所成立的正是他将欲视为"为恶之才能"、并将人的自然理解为混乱与无秩序的性论。

但是,在社会秩序及规范是人为创制的而不是人所本有这一认识中,他不仅仅

[①] 参照《雅述》下七一,《答孟望之论〈慎言〉》中关于雪或蟠蜡的论述。这种立场与经验主义的认识论或重视知识积累、合理的无神论的思想等有关。参照前面提及的松川氏的论文。

[②] 关于这一问题,当时王阳明(《传习录》上四六等)、何瑭(《明儒学案》所引儒学管见)等以及稍前的朱子学者胡居仁具有同样的立场(和刻本《居业录》卷二、二〇七)。

是关注恶与欲,而且也敏锐地洞察到了社会规范在每个人的内心在现实上发生作用之际的样态。

在《性辨》中,王廷相认为,朱子一系学者所说的恶,是"人心之欲夺道心之天",妨碍它的发现,故不认为它是本性。假设与自己的性说相反,在恶的行为中,如果因存在这种"蔽"(抑制其他的心的要素之发现)的结构而本来性、内发性不被认可的话,那么,因为善也具有相同的构造,所以它同样不能够被认可。王廷相以此来证明善的行为中也存在着"蔽"的现象。

他首先引用汤武革命、周公讨伐管蔡的例子,认为这些行为虽然通常都被认为是善的,但如果仔细分析的话,首先,表面上所表现出来的行为,假若就是所谓"臣弑君、弟杀兄"这种一般性,那么被认为是恶的就是相应的行为。如果这样说,那么进一步在其行为的背后,"君臣之义、兄弟之仁"这种"人性之自然"的发现,就阻止了这种行为。还有,在邻人之子与自己之子同时落入井而先救自己之子这一事例中,由于珍惜自己之子这种"父子之爱"的实现,对邻人之子的"怵惕之仁"就无法实现。这样,在社会上被认为是善的行为中,在其行为的背后,实际上存在着阻碍人的自然"道心"发露的实情。在这种意义上,善的行为也决非仅仅是具有本来道德性的自然发露的这种单层构造,而必须理解为是伴随着"蔽"的多层性的构造。这样,善的行为具有多层性,尤其是作为道德性心情的"道心"在其不能实现时也被认为是善;还有,即使有时现实中的行为被错认为是恶但也被认为是善。正是在这些事实中,①把善的行为看成是善的基准,就是通过圣人人为地导入的。

这样,敏锐地洞察到被社会上所承认为善的行为,在此心理上的多层次性事实以及作为朴素的心的作用的道心与善的行为未必就能同等看待。发现这种事实以及有时在形态上恶的行为也被认为是善这种善恶标准非一贯性的事实,正是他确立名教圣人制作论的理由之一。

最后,王廷相的反对本来圣人、预定调和的性论,是基于现实所观察到的人性事实加以综合而形成的,即一方面有关欲以及来源于欲的恶,承认其根源性与实在性;另一方面,有关合乎规范的行动,从其非一元的性格而看出其人为的后来的性格。

我们再来将王廷相的性论与朱子学、阳明学作一整体性的比较。首先与朱子学相比,朱子学重视从零乱的人的现实中发现一个共同的同一的至善本性,而王廷相重视的则是零乱的现实本身,是在这里发现人性中的第一义性。阳明学与王廷相一样直面零乱的现实,在重视卷入其中的欲和恶的同时,(参照《拔本塞源论》)毋宁正是在其中确信活生生的道德本性即本质共通的"良知"(《传习录》下九三)

---

① 这种通常被视为恶的行为,在一定的情况下也可能被当作善。对这种善恶基准非一致性的事实,他觉得特别不协调。在《慎言·鲁两生》五、六,《雅述》下八九等处每每提及。

的存在,由此恶归根到底也不过是次要的东西。

比较这三种人性论,首先,在人性最本质的东西何在这一点上,王廷相与王阳明虽然都共同突出对现实的人的各种活动的重视,但是在如何对其作出价值评价的问题上,毋宁说王廷相更接近于朱子学。也就是说,倾向于将现实的人的肉体或欲望当作妨碍至善的本性的显现的障碍物来看待的朱子学,与不断地认耳目之欲为性而将此性视为"不正之性"的王廷相的立场,都具有对现实的人的肉体及其诸活动给予消极的、否定性的评价倾向。王廷相的这种立场,毋宁说与阳明学确信贯穿在人们现实日常活动中的视听言动或欲的根底是活生生的至善性——良知的作用而高唱人的此在性的这种强烈的人性肯定色彩,具有同样的基础。但是王廷相、王阳明两人对人的现实状况的不同评价,直接地影响到下面要探讨的修养论,对决定两者思想的影响力大小也有很大的关系。

五

如上所看到的那样,王廷相的这种悲观的人性论立场,作为修养论当然就导出了要求实践主体对名教规范的全面顺应、同化以及消除欲望的方向,这种修养论在实际性格上与朱子学的修养论极为相似。

首先,虽然对于天理与圣人所创制的东西,或者对人性所本有的东西与姑且作为外在的东西的理解方式有所不同,但在一点上是不变的,即都认为,人应该遵守的规范被设定为先于主体的存在,主体必须学习它并使自己同化于它。而且,此时应使自己同化的规范,在对欲和情要么否定、要么把它纳入到严格的框架内加以抑制上两者也是相通的。①

实际上,一般认为,有关个人在修养上应遵循的规范,王廷相并未揭示出取代朱子学这一方面内容的更新的实质,②其用语、内容都是从朱子学借来的东西。就修养论的具体内容而言,从他的言说中也很难找出与朱子学有根本不同的东西。大概,他自己作为士大夫的一员,既浸身于当时作为士大夫社会伦理常识的朱子学的规范体系之中,又对其抑制情欲的倾向根本上实有同感,并把它理解为圣人所制作的名教,这不正是他的立场吗?

与此不同,按照阳明学,则是完全信赖内在于自己的当下良知判断,认为按其指示自律地生活才是真正的道德生活,否认先于主体的规范的权威。而且认为,

---

① 正如王廷相所说的"圣人之于物也,无喜、无怒、无好、无怨……"(《慎言·作圣》三六)"视听言动以礼而不任情也"(《慎言·潜心》三)那样,他对情是抑制的。有关朱子学及阳明学对情的理解方式,参阅荒木见悟的《佛教与阳明学》,第十五章,1979。

② 在《丧礼备纂》等资料中,虽然对朱子家礼等表示出不满,但是这最终只是对具体的礼的细节方面的问题,而不是原理性的问题。

良知是与情等成为一体而发挥作用的东西。在这种宽容之下,情等(有时欲也如此。《传习录》下九〇)就能够活生生地得以发显。这可以视为是从朱子学抑制情欲色彩甚强的规范体系束缚之中救出主体,并揭示出了取代此而依据活的规范——良知这种新主体性的或肯定情欲色彩很强的道德生活的可能性。

这样,由于王廷相与王阳明两人的修养论所接受的人性论不同,就形成了他们之间很大的分歧。而且,两人对朱子学规范体系的立场相距甚远,这才是决定当时他们二人思想影响力大小的根本原因之一。

众所周知,从 15 世纪后半期开始,出现了主体要以完美形式实现朱子学理想的活动。其中,对朱子学所说的"天理",主体无论如何也不能完全一体化的这种苦恼,逐渐明确地被自觉到了"理与心不一致"[1],王阳明否定朱子学为"天理"所赋予的绝对性,将相应于状况自发显露的主体的道德判断力——良知所描述的轨迹当作天理的这种立场,就正是在这一延长线上出现的。

这样,从鲜明到暧昧,在各种内容上,这种对主体意识的膨胀以及朱子学规范严格主义的不协调感,[2]广泛地为士大夫们所共有。在这种思想状况下,王阳明所揭示的不受既有规范约束的以主体性或自律性还有活泼性来肯定情欲的道德生活逻辑、以及这对于谁都具有亲近感的良知遍具的逻辑产生了强烈的吸引力,这当然就是阳明学获得如此大支持的原因。在这一点上,王廷相主张的以对人的先天的道德能力的不信任为基调、随顺抑制情欲的名教规范(本质上是朱子学的东西)的逻辑,则与此恰恰相反。不难想像,这对于当时的人们来说几乎没有什么魅力。

再者,王阳明思想的这种特征,对当时逐渐提高了作为社会主体自觉的农民和工商业者也具有触动力,当然更使影响力扩展到了这些从来与儒教的修养实践等无缘的人们之中。[3] 但实质上以士大夫(以上)为对象所形成而民众的主体性并未充分进入其视野的王廷相的理论,对他们不可能具有影响力,这也应该说是理所当然的事。

小　结

归根结底,王廷相的思想具有逆时代要求而动的一面。这就是由于他不信任人的先天的道德性,并将欲视为"为恶之才能",所以他就具有了按照抑制情欲的

---

[1]　虽然陈白沙、王阳明的更为有名,这里为了更明确地说明其事实,举出魏校的例子:"临事时,分明见得天理当如此,吾心亦欲如此,而蔽固之深,不能得发现。且如过墟墓,当兴哀也,而未必有恻怛之义。遇穷困,虽可悯也,而未必如疾痛在身。心与理打成两片,无如之何。"(《庄渠遗书》卷三《与王纯甫》)。

[2]　陈白沙的"斯理也,宋儒言之备矣,吾尝恶其太严也"(《白沙子全集》卷二《复张东白内翰》)之语很有名。

[3]　岛田虔次《中国近代思维的挫折》第二章《泰州学派》,1949。

规范去收敛自己的这一事实上与朱子学同样的修养论。正是因为如此,他的修养论就没有得到那个时代的支持。但是,在其修养论的前提中,他则有重视现实的人并将人性论的基点置于此的构想。在这种意义上,其思想的根底中就有与王阳明等相同的构想。王廷相终究也是呼吸时代气息的一个人,只是,在此他有了曲折。正是这种曲折,过去人们难以理解他的思想。尽管如此,在评价其思想时仍然应该记住他的思想与王阳明等在根本上的共通性。

然而,如上所述,他将儒教的实践主体放在名教中"治己"和"治人"这两个层面的关联中来理解。在有关治人方面,他在主张名教圣人制作论的同时,对主体也给予了相当大的驾驭名教的权限。① 由此,治人中实践主体对名教的主宰的、能动的态度与治己中随顺的、被动的态度,这两者是如何彼此牵连,或者与治人紧密相关而展开的,他重视实证性知识的积累、思索、实行、经验等"道问学"的实践论,与这里所探讨的主敬或无欲等的"尊德性"的实践论之间是什么关系这一问题,由于篇幅的限制只好留待以后讨论了。

---

① 参照《慎言·御民》五、二四;《慎言·君子》四等。
(追记)本论文所使用的王廷相的著作为影印本《王氏家藏集》(明代论者丛刊,伟文图书出版,1976)及《王廷相哲学选集》(中华书局,1965)。

刘宗周与明代理学的基本走向

□崔大华

一、引言

《明史·儒林传》总述有明一代学术流变之势曰：

> 原夫明初诸儒，皆朱子门人之支流余裔，师承有自，矩矱秩然。曹端、胡居仁笃践履，谨绳墨，守儒先之正传，无敢改错。学术之分，则自陈献章、王守仁开始。宗献章者曰江门之学，孤行独诣，其传不远。宗守仁者曰姚江之学，别立宗旨，显与朱子背驰，门徒遍天下，流传逾百年，其教大行，其弊滋甚。嘉、隆而后，笃信程朱，不迁异说者，无复几人矣。（《明史》卷二八二）

《明史》之论，大体不爽。当然，在实际上，由于明代承袭元代皇庆以来的科举条例，考试的经义标准用朱学传注，故即使在嘉、隆而后，朱学的正统地位亦未动摇。王守仁曾辑《朱子晚年定论》，努力求同于朱学，并致书罗钦顺表述其衷心曰："平生于朱子之说如神明蓍龟，一旦与之背驰，心诚有所未忍，故不得已而为此。"（《阳明全书》卷二《答罗整庵少宰书》）此最为可证。朱学笼罩着整个明代时期，和明中叶以后在此理论背景下的王学风靡，是明代学术的基本态势。

虽然可以判定朱学笼罩全体和王学风靡一时是明代学术或理学的基本情势，但明代理学的演变仍有许多复杂的情况，从不同理论角度仍可作出不同的观察和描述，然而从理学最重要的论题之本体论的意义上说，涵盖明代理学发展的却是这样两个基本的理论走向：本体转移和本体重建。所谓"本体转移"，是指在朱学笼罩下，作为程朱理学理论基础的理本论，受到以气本论、心本论为特色的明代理学中两个最主要的新的理论思潮的批评与否定，其中，以王守仁为代表的心本论，在本体论、工夫论的全部理学理论层面上都离异了朱学，形成一个完全独立于朱学的新的理学派别；

而以罗钦顺、王廷相为代表的气本论,因为在工夫论(心性修养论)上未能跨越朱学藩篱,虽然还不足以完全独立于朱学,但毕竟也实现了从理本论到气本论的转移。所谓"本体重建",是指王学兴起后,百年间在迅速传播的同时,亦呈现出流弊滋生蔓延的瓦解状;为救正王学的弊端和衰颓,王学后学的一个共同的、首要的理论选择和努力,是对作为王学之根本观念的"良知"本体作新的诠释、界定,是对心学本体观念注入新的理论内涵的本体重建。从这个观察角度上可以发现,作为理学家的刘宗周,他的理学思想恰是处在明代理学的这两个基本的理论走向的交汇点上,也是在明代理学的终点上。

二、本体转移

以理为本体是朱熹理学最重要的理论特征,所以在朱学笼罩下的明代理学本体转移,无疑是指与理本论相对立的以心为本体和以气为本体的理学思潮兴起。相比而言,心本论的形成与流变,即王学风靡是明代理学的更为显著的特色,有更为复杂的情况,后面再论。这里先考察明代理学中的气本论的兴起与发展,及刘宗周在其中的位置。

追溯明代理学气本论思潮的兴起,在不太严格的意义上可以说是在"明初醇儒"①曹端、薛瑄对朱熹的"理先气后"和"理无动静"观点提出的怀疑中开始显露端倪。曹端曾作《辨戾》一文申述其疑曰:

> 周子谓"太极动而生阳,静而生阴",则阴阳之生由乎太极之动静。而朱子之解极明备矣。其曰:"有太极则一动一静而两仪分,有阴阳则一变一合而五行具",②尤不异焉。及观《语录》,却谓太极不自会动静,乘阴阳之动静而动静,遂谓之乘气,犹人之乘马,马之一出一入,而人亦与之一出一入,以喻气之一动一静,而理亦与之一动一静。③若然,则人为死人而不足以为万物之灵,理为死理而不足以为万物之原,理何足尚而人何足贵哉!今使活人乘马,则其出入、行止、疾徐,一由乎驭之何如耳。活理亦然。不之察者,信此则疑彼,信彼则疑此矣。经年累岁,无所折衷,故为《辨戾》,以告夫同志诸君。(《曹月川先生文集》卷一)

曹端的疑问是,朱熹解说周敦颐《太极图说》时说"太极一动一静",何以在《语录》中又说"太极不自会动静"?这是两个信彼则疑此,无可折衷的矛盾的论断。很显然,曹端在这一矛盾两难中是有抉择和主张的,他认为理应是"活理","太极自会

---

① 《四库全书总目提要》谓:"明初醇儒以曹端及胡居仁、薛瑄为最,而端又开二人之先。"(卷二十九)
② 语见朱熹《太极图说解》(载《周濂溪先生全集》卷一)。
③ 语见《朱子语类》卷九十四。

动静"。应该说,发生在作为朱学后裔的曹端这里的疑问,是可以在朱学范围内自行消解的。因为从完整的朱熹理学来看,这个问题是不存在的。朱熹曾说:"盖谓太极会动静则可(自注:以本体而言也),谓太极有动静则可(自注:以流行而言也),若谓太极便是动静,则是形而上下者不分。"(《朱文公文集》卷四十五《答杨子直》一)即在朱熹看来,在形上的本体层面上,只有动静之理,在形下的宇宙生成层面上("以流行言之")才有动静之为,理是借气之动静而显动静,故他又说:"阳动阴静,非太极动静,只是理有动静;理不可见,因阴阳而后知,理搭在阴阳上,如人跨马相似。"(《朱子语类》卷九十四)显然,在朱熹这里,"太极一动一静"(太极含动静之理)与"太极不自会动静"(乘阴阳之动静而动静)两个论断,是分别对本体层面上和宇宙生成层面上的理之动静的表述。两者有区别,但并不矛盾。曹端基本上是站在宇宙生成论的理论角度上来研判这两个属于不同理论层面上的命题,所以他感到"无所折衷",并最终选择了在朱熹理学中是属于宇宙论层面上的观察结论——理有动静。但是,即使在这个层面上,曹端与朱熹仍有一重要不同,朱熹的观点是"理搭气而动静",拟如"人跨马",曹端的看法是,理自会动静,不应比拟为"人跨马",而应喻为"人驭马",即人(理之喻)不是被动地如死人般地被载于马上,而是自由主动地驾驭马出入、行止、疾徐,所以他称之为"活理"。这样,曹端就在理的观念中注入了自主、自为等意蕴,而这却正是某种具有实体性的主宰或根源才有的特征,迥异于朱学理本体的哲学性质。朱熹说:"所谓太极云者,合天地万物之理而一名之耳,以其无器与形,而天地万物之理无不在,是故曰'无极而太极';以其具天地万物之理,而无器与形,故曰太极本无极也"(《朱文公文集》卷七十九《隆兴府濂溪先生词记》),"圣人谓之太极者,所以指夫天地万物之根也"。(同上书卷四十五《答杨子直》一)朱熹对太极的解说,也就是对作为本体之理的界定。据此可以说,朱学之理本体是一种具有形上性、总体性的世界之最后根源,它具有实在性,但不具有实体性。如果说,曹端对朱熹关于太极动静的两个不同理论层面的命题之间的差异的怀疑并不存在,可以被朱学理论自行消解;那么,他在为破解这一怀疑时对理的新的理解("活理"),即将理本体的实在性转换作实体性的解释,却超出了朱学的框架,因为这是朱学理论所没有的。这预示,这会是明代理学突破朱学笼罩的一个可能选择的理论走向。

薛瑄主要是就"理气先后"问题提出了对朱学的怀疑并与之对立,他说:

> 或言:"未有天地之先,毕竟先有此理。"窃谓理气不可分先后,盖未有天地之先,天地之形虽未成,而所以为天地之气,则浑浑乎未尝间断止息,而理涵乎气之中也。(《读书录》卷三)

仅就薛瑄这里的论说而言,他的"理气不可分先后"观点与朱熹的"毕竟先有理",显然是有区别与对立的。但是,若就朱熹对"理气先后"问题完整的、全部的,即包括本体论和宇宙论两个层面上的论述来看,薛瑄所论并没有越出朱熹已观察到、已论述过的理气关系范围。朱熹曾说:"所谓理与气,此绝是二物,但在物上看,则二物浑沦,不可分开各在一处,然不害二物各为一物也。若在理上看,则虽未有物而已有物之理,然亦但有其理而已,未尝实有是物也。"(《朱文公文集》卷四十六《答刘叔文》一)即在朱熹看来,从本体的层面上看("在理上看"),理作为形上的万物根源,不同于形下之气,故理气"绝是二物";但在宇宙论的层面上("在物上看"),"此气之聚,则理亦在焉"(《朱子语类》卷一),理气又不可分离,"有是理即有是物,无先后次序之可言"(《朱文公文集》卷三十七《答程可久》三)。可见,薛瑄的"理气不可分先后",实际上正是朱熹理气观中在宇宙论层面上"在物上看"的观察结论。在这个意义上可以说,如同曹端在理之动静问题上对朱熹理学的怀疑可以自行消解一样,薛瑄在理气先后问题上构筑的与朱熹的对立之势也并不真正存在。但是这种怀疑、对立也还是明代理学离异朱学的最初表现,并且预示明代理学摆脱朱学的理论努力,可能是要选择更容易被感性经验理解和证实的走向,而不是形上玄思的走向。

曹端、薛瑄虽然在理气先后、动静等理学论题上对朱熹理气观有所怀疑,甚至显示出某种对立,但在工夫论,即心性修养方面的观点却完全固守朱学矩矱,无敢改错,故清人仍称之为"醇儒";同时,虽然这种对朱熹观点的怀疑和对立,实际上并未能越出朱学范围,但在其离异的理论意向中,却显示明代理学沿着理气观思路突破朱学理本体观念笼罩的前景——一个具有经验色彩和某种实体性质的气本体观念出现。

明代理学中较早的和理论内容较完整的气本体论者,当属明中期与王守仁心学确立同时的罗钦顺和王廷相。罗、王年秩经历皆相当,但并无交往;罗、王的理学思想有所差异,①但其所持气本论在显示与朱学理本论相对立的基本观点方面却完全相同。罗钦顺、王廷相气本论是明代理学气本论的典型理论形态,其主要观念是:

第一,气为实体性之本体。罗钦顺说:

> 通天地,亘古今,无非一气而已。气本一也,而一动一静,一往一来,一阖一辟,一升一降,循环无已。积微而著,由著复微,为四时之温凉寒暑,为万物之生长收藏,为斯民之日用彝伦,为人事之成败得失。(《困知记》卷上)

王廷相亦说:

---

① 罗钦顺说:"仆虽不敏……其认理气为一物,盖有得乎明道先生之言,非臆决也。"(《困知记》附录《答林次崖》)王廷相说:"张子曰,'太虚不能无气,气不能不聚而为万物……'横渠此论,阐造化之秘,明人性之源,开示后学之功大矣。"(《王氏家藏集》卷三十二《横渠理气辩》)可见,罗钦顺、王廷相气本论的理论来源有所不同,显示于其整个理学思想中,罗钦顺义理辨析深,王廷相博闻广证多;在诸如心与性、道心与人心等某些理学论题之诠释上亦有差异。

> 天地之间,一气生生……统而言之,皆气之化,大德敦厚,本始一源也;分而言之,气有百昌,小德川流,各正性命也。(《雅述》上篇)

显然,在罗钦顺、王廷相这里,气是万物的根源,万物皆是气的变现。换言之,气是本体,正如同朱熹界定太极或理是"天地万物之根"。但从哲学的性质上看,与朱熹的理是指一种"太极而无极"的实在性不同,罗钦顺、王廷相的气是一种具有感性或经验内容的实体。王廷相于此表达得尤为清楚:

> 气虽无形可见,却是实有之物,口可以吸而入,手可以摇而得,非虚寂空冥无所索取者。(《内台集》卷四《答何柏斋造化论十四首》之十二)

第二,理为气之理。罗钦顺说:

> 理只是气之理,当于气之转折处观之。往而来,来而往,便是转折处也。夫往而不能不来,来而不能不往,有莫知其所以然而然,若有一物主宰乎其间而使之然者,此理之所以名也。(《困知记续》卷上)

可见,在罗钦顺看来,理是气之所以变化、之所以成为万物的那种内在的必然原因。但是这种"理",不是离气之外的某种独立的存在,"初非别有一物",而是"依于气而立,附于气以行也"(《困知记》卷上),所以"理只是气之理"。王廷相也持同样的观点:

> 万理皆出于气,无悬空独立之理……万物之生,气为理之本,理乃气之载。所谓有元气则有动静,有天地则有化育,有父子则有孝慈,有耳目则聪明是也。(《王氏家藏集》卷三十三《太极辩》)

在王廷相看来,正如有耳目之实体方有聪明之功能、有父子之人伦关系方有孝慈之伦理原则那样,只是有了气,方有理,理是气所具有的、所显现的某种特定性质。不难看出,罗、王对理本身的界定有所区别,罗钦顺偏重于一般地将显示事物间的那种必然、因果等界定为理,而王廷相则较具体地认定一事物之性质、条理等即是理。但在理气关系上,罗、王的识解则完全一致,王廷相的理不能"悬空独立",理是"气之载"之观点,也正是罗钦顺的"理只是气之理"、理"附于气而行也"的观点。

罗钦顺、王廷相以其气为实体性之本体、理为气之理的两个气论的基本观点,完成了明代理学气本论的建构,彻底地与以理为实在、理在气先的朱学理本论划清了界限,实现了明代理学的本体论的转移,在理学本体论的意义上突破了朱学的笼罩。但是,罗钦顺、王廷相的理学思想在理学的另一个重要方面——工夫论或心性修养论仍没有迈出朱学的范围。

工夫论是本体论之外的理学另一理论主题。朱熹理学的工夫论或心性修养论有甚为细密的内容。简约言之,在心性理论方面,朱学的特色是在本体的理论层面上("性"之层面)有两性之分,①心性之分,②在宇宙论的理论层面上("心"之层面)则有道心人心之分,③性情之分与未发已发之分。④在修养实践方面,朱熹沿袭程颐"涵养须用敬,进学则在致知"之说,将修养工夫划分为两个方面,主张须用伦理原则规范行为、培养心境(持敬),又须了解、体察事事物物之理(格物)。当然朱熹也十分强调"涵养穷索,二者不可废一"、"居敬穷理二事互相发"(《朱子语类》卷九)。对于朱熹理学以理本论和理气二分为逻辑基础的这些心性观念,两性观点被罗钦顺、王廷相从气本论的立场上否定了。罗钦顺说:"但曰'天命之性'固已就气质而言之矣,曰'气质之性',非天命之谓乎?一性两名,且以气质与天命对言,语终未莹。"(《困知记》卷上)王廷相也说:"人物之性,无非气质所为者,离气言性,则性无处所。"(《王氏家藏集》卷二十八《答薛君采论性书》)王廷相甚至十分明确地指斥朱熹说:"朱子谓本然之性超乎形气之外,其实自佛氏本性灵觉而来,谓非依傍异端,得乎!"(《雅述》下篇)气本论认为"元气之上无物,无道,无理"(《雅述》上篇),气质之性之外别无本然之性。从逻辑上说,朱学两性说在这里被破解、被否定是很自然的。但是,罗钦顺、王廷相的气本论还引申不出足以破解朱学心性之分、两心之分的逻辑结论。罗钦顺说:"理之所在谓之心,心之所有谓之性,不可混为一也。"(《困知记》)卷上)王廷相说:"谓之人心者,自其情欲之发言之也;谓之道心者,自其道德之发言之也,二者,人性所必具者。"(《雅述》上篇)可以判定,罗钦顺、王廷相的心性论完全处在朱学心性、人心两分的藩篱内,并分别承接了朱学的基本观点。⑤ 此外,在修养实践方面,罗钦顺赞同朱学的格物求理之说,认为"欲见得此理分明,非用程朱格物工夫不可,凡程朱格物之训,正所谓合内外之道"(《困知记》附录《答刘焕吾》)。王廷相亦主张"主敬以养心,精义以体道","明道莫善于致知,体道莫先于涵养,求其极,有内外交致之道"(《慎言》卷六

---

① 朱熹说:"论天地之性,则专指理言;论气质之性,则以理与气杂而言之。"(《朱子语类》卷四)

② 朱熹说:"性便是心之所有之理,心便是理之所会之地。"(《朱子语类》卷五)

③ 朱熹说:"只是一个心,知觉从耳目之欲上去,便是人心;知觉从义理上去,便是道心。"(《朱子语类》卷七十八)

④ 朱熹说:"性,本体也。其用,情也,心则统性情,该动静而为之主宰也。"(《朱文公文集》卷七十四《孟子纲领》),朱熹并以性情之分诠释《中庸》之已发、未发,"情之未发者性也,是乃所谓中也,天下之大本也。性之已发者情也,其皆中节则所谓和也,天下之达道也"(同上书卷六十七《太极说》)。

⑤ 罗钦顺、王廷相在心性论方面承绪朱学观点亦当区别言之。罗钦顺心性之分虽同于朱学,但其以体用关系诠释道心、人心,则异于朱熹(见《困知记》卷上及附录《答刘焕吾》);王廷相道心、人心之解与朱学无异,但其以性为"生之理"(有善有恶),心为"性之才"(知觉运动),其心性之分与朱学并不相同(见《王氏家藏集》卷三十二《横渠理气辩》)。

《潜心篇》)。凡此皆昭然可见罗钦顺、王廷相的工夫论亦是承袭朱学的观点。

在朱熹理学中,心性之分,两心之说,以及其修养方法上的主敬穷理的内外之分,与其本体论中的理为本体、理气为二的观点在逻辑上是一致的;但在罗钦顺、王廷相这里,这种心性、人心道心、内外的二分,显然与其气本论或理气一物是有矛盾的。在朱学中,本体与工夫是不同的,但工夫论是以本体论为基础的。罗钦顺、王廷相的气本论缺乏进一步的理论发展,其心性论还未产生与其理气论必然联系的理论观念,这样其在本体的理气观上对朱学的否定就贯彻不到工夫论、心性论的层面上。换言之,罗钦顺、王廷相的气本论只是在理气观上而未能在工夫论、心性论上全面突破朱学的笼罩。明代理学中,沿着理气论的理论走向全面地突破朱学笼罩的是刘宗周。

刘宗周生于明万历六年,卒于清顺治二年(1578—1645),生活在明代晚期。就其所浸润于理学思潮中的情况来看,一方面他仍是处在作为正统的官方的朱学笼罩之下,另一方面他也感受着王学风靡及其趋于衰败的变迁。因此可以说,刘宗周的理学思想实际上是由两个既有区别也有联系的部分组成:其一是对朱学的回应,其二是对王学的回应。刘宗周理学思想的复杂之处,就是他思想中映现的明代理学发展的两条基本理论走向,经常是交织在一起。为便于论述起见,我们对此分别予以考察。其中刘宗周对朱学的回应,主要表现为他沿着罗钦顺、王廷相的气本论的方向,将明代理学的本体论转移推到终点,不仅在理气论上,而且在心性论上也突破了朱学的笼罩。

首先,刘宗周是位气本论者,他的气论观点也正是上述构成了明代理学气本论特征的那两个主要的理论观念。刘宗周说:

> 盈天地间一气也,气即理也。天得之以为天,地得之以为地,人物得之以为人物,一也。人未尝假贷于天,犹之物未尝假贷于人,此物未尝假贷于彼物,故曰万物统体一太极,物物各具一太极。(《刘子全书》卷十一《学言》中)

这是刘宗周对气的最基本的界定:气是万物共同的本源,是"太极"、"统体"。刘宗周在回答弟子"虚生气"之问时进一步解说气之性质说:

> 虚即气也,何生之有。吾溯之未始有气之先,亦无往而非气也。当其屈也,自无而之有,有而未始有;及其伸也,自有而之无,无而未始无也。(同上)

这种气,无往不在,无时不在,能屈能伸,显然是某种具有实体性的存在。不难看出,刘宗周对气的这两点解说,显现的正是明代理学中气本论的最重要的理论观念:气是实体性的世界本体。此外,刘宗周也多次明确表述了明代理学气本论的另一与此相通的理论观念:理为气之理。刘宗周说:

> 天地间一气而已,非有理而后有气,乃气立而理因之寓也。(同上书卷五《圣学宗要·濂溪周子》)

> 理即是气之理,断然不在气先,不在气外。(同上书卷十一《学言》中)

就明代气本论的两个基本观念来考量,刘宗周与其先的罗钦顺、王廷相难以见其差别。若探察其渊源,刘宗周曾说:"前辈只说理,至横渠首说个气,见得理气无不相离"(同上书卷三《五子连珠》),"性即气,气即性,此横渠先生见道语也"(同上书卷二十一《书张奠夫塾约》)。此与王廷相服膺张载气论并有所承接亦为相同。要之,刘宗周为明代理学气本论追溯了更远的渊源。《曾子·天圆》中曾有天地万物风雨神灵皆"一气之化"之论,刘宗周在其《曾子章句》中为此篇作解题曰:"《天圆》一篇首发明造化之蕴,而因及于圣人之赞天地者,所以尽三极之道也。"又为此篇作结语曰:"《天圆》一篇与《易》道相发明,其《中庸》、《太极图说》、《正蒙》之祖与?"(同上书卷三十五)显然,在刘宗周看来,理学中的以气为万物之本的观念应该是源起于《曾子》,是子思之前的、自然更是周敦颐和张载之前的曾子的思想。①无疑,刘宗周的气本论观念的形成是从《曾子》中受到了启迪。当然,在实际上这并不是曾子的思想,因为大体上在秦汉之际撰作的《大戴记》,与同时代出现的儒家经典《易传》、《礼记》一样,其中的阴阳、气的观念都是感受了道家思想的浸润、影响的结果。

刘宗周的气本论,认为气是万物之统体本源,认为理因气而立,这些理论观点,如同罗钦顺、王廷相一样,都跨出了朱熹理本论的理气观的笼罩。不同的是,对于罗钦顺、王廷相来说,这里已是他们气本论理论的终点,刘宗周则又跨进一步,将此气本的观点推演到心性的层面上,破解了朱学中将心与性、义理之性与气质之性、人心与道心作分裂的、对立之解释的理论结论。刘宗周说:

> 性,只是气质之性,而义理者,气质之本然,乃所以为性也。心,只是人心,而道者,人之所当然乃所以为心也。人心道心只是一心,气质义理只是一性。(《刘子全书》卷八《中庸首章说》)

> 性者,心之理也。心以气言,而性其条理也。离心无性,离气无理……恻隐羞恶辞让是非,皆指一气流行之机。(同上书卷十九《复沈石臣》一)

十分清晰,在朱熹理学中被理解为是对立的义理之性与气质之性、心与性、人心与道心,在刘宗周这里被诠释、弥合为一了。也不难看出,刘宗周这个破解朱学心性论的新诠释,其主要之点有二:一是对心的解释。刘宗周认为"心以气言",即是说心当以气来作诠释,心在本质上是气。刘宗周说:"盈天地间一气而已矣,气聚而有形,形载而有质,质具而有体,体列而有官,官呈而性著焉。"(同上书卷七《原

---

① 《汉书·艺文志》有《曾子》十八篇。注曰:"名参,孔子弟子。"隋后世传《曾子》三卷十篇取自《大戴记》(刘宗周《曾子章句》同此)。南宋朱熹、黄震等曾深致怀疑焉(见《朱文公文集》卷八十一《书刘子澄所编〈曾子〉后》、《黄氏日抄》卷五十五《读诸子》),一般说来,自宋以来,特别是晚近学者多正确判定《礼记》(包括《中庸》)和《大戴记》(包括《曾子》),是汉儒纂缀先秦儒家旧闻之作。刘宗周此是就传统立场上立论。

性》)此意是谓心之官就其实体而言,是由气而成。刘宗周又说:"天有四德,运为春夏秋冬四时……人有四德,运为喜怒哀乐四气";"维天于穆,一气流行,自喜而乐,自乐而怒,自怒而哀,自哀复喜"(同上书卷十一《学言》中);"恻隐之心喜之变也,羞恶之心怒之变也,辞让之心乐之变也,是非之心哀之变也。"(同上书卷七《原性》)可见刘宗周对于心的具体的外在表现,也是以气来解释,将人之心态归属于气的运动,即人的自然心理感情(喜怒哀乐)和道德理性(恻隐、羞恶、辞让、是非),在他看来如同四季之变迁,皆是"一气流行"。总之,在刘宗周这里,心之实体是气之聚,心之显现是气之流行,一言以蔽之,"人心一气而已矣"(同上书卷十二《学言》下)。刘宗周对心之本质的这种唯气的解释,显示他将气本论彻底地推演到理学的心性层面上,与朱学以心之本质为"理之会"明显地区别开来。二是对性的解释。刘宗周对性的理解可以归结为两个命题:一曰"离心无性",此是就性之产生或归属而言。刘宗周认为"有心而后有性"(同上书卷十三《会录》),"凡所云性,只是心之性,决不得心与性对"(同上书卷十二《学言》下)。即是说,性是由心所发生的,只是心才具有的。很显然,就心与性之发生次序,或这两个理学范畴所处的理论层面而言,心先于性,心高于性。这恰将朱熹理学中的心性关系颠倒过来。朱熹认为,"性犹太极也,心犹阴阳也。太极只在阴阳中,非能离阴阳也。然至论太极自是太极,阴阳自是阴阳,惟性与心亦然。"(《朱子语类》卷五)可见在朱学中,性是属于本体层面的范畴,而心是属于宇宙论层面的范畴。二曰"性者心之理",这是对性之内涵的界定。如前所引,刘宗周曾说"心以气言,而性其条理也",他还说:"性者,生而有之之理,无处无之,如心能思,心之性也,耳以听,耳之性也,目能视,目之性也。"(同上书卷十一《学言》中)显然,刘宗周也是一般地将某种"条理"、固然,称之为理,并用以界定性。但重要而特别的在于,刘宗周的这种"性其条理"或"生之理",并不是指气或事物所固有的某种性质,而是心的性能表现,如他说:"心之所同然者理也,生而有此理之谓性。"(同上书卷七《原性》)所以,在刘宗周这里,用来界定"性"的"理",乃是指心有关气或事物共同性、秩序性的观念,是心的一种知觉状态,决非心之外或异于心的某种独立存在。刘宗周说:"古今性学不明,只是将此理另作一物看,大抵臧三耳之说。"(同上书卷十一《学言》中)这显然是对朱学的批评。朱熹曾说:"未有形气,浑然天理,未有降付,故只谓之理;已有形气,是理而降在人,具于形气之中,方谓之性。"(《朱子语类》卷九十五)正是将性解释为、界定为外在的、客观的本体之理(天理)落在形气中(包括心)的存在和表现。刘宗周还说:"非性为心之理也,如谓心但一物而已,得性之理以贮之而后灵,则心与性断然不能为一物矣,吾不知径寸中从何处贮得如许性理,如客子之投怀,而不终从吐弃乎?"(同上书卷七《原性》)这显然也是对朱的批评。朱熹曾说:"心以性为体,心将性做馅子模样。盖心之所以具是理者,以有性故也。"(《朱子语类》卷五)"心与性自有分别,灵底是心,实底是性……性便是那理,心便是盛贮该载敷施发用底。"(同上书卷十六)正是将性理视为异于心,且是心之所以有灵觉之根源的一种独立的存在。总之,按照刘宗周的理解,性实际上是心的认知功能的显现,所以"言心而性在其中"(《刘子全书》卷十三《会录》),性本身无任何可表述、指称的性质,所以"性无性"(同上书卷七《原性》)。刘宗周的性的理学观念逾越了朱学的藩篱也是很明显的。

刘宗周气本论的心性论的基本理论内容是以气释心,以心摄性、摄理。这一新的心性论使刘宗周、也使明代理学获得一种破解朱学心性论的理论立场和逻辑。在这个立场的理论眼光中,朱学的理气、两性之分,则应一之以气,所谓"性只是气质之性";朱学的心性、两心、性情之分,则应一之以心,所谓"离心无性","人心道心只是一心","即情即性"(同上书卷九《商疑十则·答史子复》)是也。不仅如此,在修养实践上,或者说工夫论上,朱学的涵养致知之分或内外之分,从这个立场看来,也应该是被否定的。刘宗周说:

> 从来学问只一个工夫,凡分内分外,分动分静,说有说无,劈成两下,总属支离。(同上书卷十二《学言》下)

> 识得心一、性一则工夫亦一,静存之外更无动察,主敬之外更无穷理,其究也,工夫与本体亦一,此慎独之说,而后之解者往往失之。(同上书卷八《中庸首章说》)

可以认为,刘宗周"一个工夫"的工夫论对朱熹理学的工夫论的破解、否定是相当彻底的。朱熹曾说:"学问只有两途,致知力行而已。"(《朱文公文集》卷四十八《答吕子约》十六)无疑,朱熹理学工夫修养方法是被明确地划分为两个方面,刘宗周"一个工夫"与此之对立自然是十分鲜明的。其实,朱熹更经常强调这两个方面是不可分离的,他每说:"主敬者,存心之要;致知者,进学之功,二者交相发焉。"(同上书卷三十八《答徐元敏》)"涵养省察,可以交相助,不可交相待。"(《朱子语类》卷六十二)"涵养穷索,二者不可废一,如车两轮,如鸟两翼。"(同上书卷九)兼有这如同"两轮"、"两翼"的两个方面,才是朱学所努力追求达到的,朱熹称之为"全体工夫"。①刘宗周的"一个工夫"的深刻涵义,正是在于其对朱熹的"全体工夫"也包含着一种否定。在刘宗周看来,"静存之外更无动察,主敬之外更无穷理",如同理在气中,性在心中,省察穷理即在涵养主敬之中,所以"只有一个工夫"。这种"一个工夫"具有某种超越了作为单纯修养方法的本体性质的内涵,"工夫与本体亦一",即工夫不仅是达到本体的途径,同时亦即是本体之显现,即是本体。"一个工夫"的独特内涵是程朱理学的"涵养"、"主敬"所涵盖不住的了,刘宗周曾用《大学》和《中庸》所共有的一个概念——"慎独"来表述之。至此,刘宗周

---

① 朱熹说:"人心有全体运用,故学问有全体工夫……故圣贤教人,必以穷理为先,而力行以终之。"(《朱文公文集》卷五十四《答郭希吕》四)

的理学思想由气本论到心性论再到工夫论,显示了明代理学在气论的理论走向上跨出朱学笼罩的全部过程,这也是明代理学在这个走向上的终点。

值得注意的是,作为气本论者的刘宗周,在其心性论的层面上的理论结论("心以气言"、"只是气质之性")都有十分清晰气的气本论的逻辑延伸、逻辑推演的痕迹。但是,这种痕迹在其工夫论理论层面上不再显现。这似乎表明刘宗周的工夫论有明代理学中气论以外的思想渊源,刘宗周在致友人信中自述其理学思想发生的某种变迁,证实了这一点:

> 诚意之必先格致也与诚身之必先明善也,夫人而知之,仆亦尝窃闻之矣。一日有感于阳明子知行合一之说曰,"知之真切笃实处即是行",夫真切笃实非徒行字之合体,即诚字之别名,因知知行是一,诚明亦是一……阳明子又总言之曰"道问学是尊德性工夫,惟精是惟一工夫,明善是诚身工夫,格致是诚意工夫",将古来一切劈开两项工夫,尽合作一事,真大有功于学者。犹恐其不能合也,直于《大学》工夫边事,轻轻加一良字以合于明德之说,以见即工夫即本体,可为费尽苦心。(《刘子全书》卷十九《答史子复》二)

刘宗周的叙述清晰地表明,他从承认格致与诚意、明善与诚身之间,即知与行之间有先后之分的传统观点,改变为主张知行为一的新理学观点;从认为道问学与尊德性、格致与诚意为两种修养方法,转变到坚持只是一种工夫的理学立场上来,是受到王守仁的知行合一、即工夫即本体的良知说的启迪、感悟的结果。显然,刘宗周与明代理学中的主要思潮心学(王学)也有极密切的关系。通过下面对这种关系的考察,我们将发现,刘宗周在这个作为明代理学的气论之外的另一主要理论走向上,有着更为重要和艰难的理论创造,并且也是处在终点的位置上。

三、本体重建

全祖望说:"蕺山之学,专言心性。"(《鲒埼亭集》卷十一《梨洲先生神道碑文》)心学理论无疑是刘宗周理学思想中的最重要部分。但刘宗周出现在明代心学阵营中,已是王守仁心学发生严重流弊的时候,论述刘宗周的心学思想必须回顾王学的这段理论经历,因为这构成了刘宗周心学理论的背景与根源。

在明代理学中,真正实现了对朱学笼罩的突破,并形成风靡一时的新思潮的是王守仁心学,故史称:"姚江之学,别立宗旨,显与朱子背驰,门徒遍天下。"(《明史》卷二八二《儒林传》)王守仁心学"背驰"或者说破解朱学,归纳言之,实是两个方面。其一,是对朱学本体("理")客观性的消解。王守仁说:

> 理也者,心之条理也。是理也,发之于亲则为孝,发之于君则为忠,发之于朋友则为信。千变万化,至不可穷竭,而莫非发于吾之一心。(《阳明全书》卷八《书诸阳伯卷》)

> 虚灵不昧,众理具而万事出,心外无理,心外无事。(同上书卷一《传习

录》上）

可见在王守仁这里，理实际上是心之认知、知觉功能的产物，不再是如朱学所认定的那样是心之外的、高于心的作为某种"万物之根"、"本然"的独立的存在。①其二，是对朱学工夫论中内外之分的破除。王守仁说：

> 行之明觉精察处即是知，知之真切笃实处即是行……原来只是一个工夫。（同上书卷六《答友人问》）

> 格物如孟子"大人格君心"之格，是去取心之不正，以全其本体之正。（同上书卷一《传习录》上）

> 道问学即所以尊德性也，晦翁言"子静以尊德性诲人，某教人岂不是道问学处多了些子"，是分尊德性道问学作两件，且如今讲习讨论，下许多工夫，无非只是存此心，不失其德性而已。（同上书卷三《传习录》下）

不难看出，在朱学中是作为一种实践过程来理解的"行"，②在王守仁这里被解释为一种认识过程；在朱学中是作为对外界事物认识过程的格物，③在王守仁这里被解释为内心修养过程；在朱学中是"交相助"、"交相发"关系的两种修养工夫，④在王守仁这里被解释为一种修养工夫中的目标与过程或目的与手段的关系。而正是这三个创造性的解释，破除了朱学有内外、先后、本末之分的工夫论，⑤工夫只是一个"知行合一"，一个"存心"，一个"不失德性"。

王守仁心学在本体论和工夫论上对朱学的破解是相当彻底的。正是这种彻底性，使其与先前的南宋陆九渊心学及同时代的湛若水江门心学区别开来。在王守仁看来，陆九渊提倡发明本心，"简易直接，真有以接孟子之传"（《阳明全书》卷七《象山文集序》），但其格物致知之论，"亦未免沿袭之累"（同上书卷五《与席元

---

① 如朱熹曾界定太极（即理）说："圣人谓之太极者，所以指夫天地万物之根也。"（《朱文公文集》卷四十五《答杨子直》一）又解说其在宇宙层面的表现，诸如人之道德本性曰："父子之仁，君臣之义，莫非天赋之本然，民彝之固有。"（同上书卷八十二《跋宋君忠嘉集》）

② 朱熹解说知行曰："知与行须着并到，知之愈明则行愈笃，行之愈笃则知之益明，二者皆不可偏废。"（《朱子语类》卷十四）

③ 朱熹说："夫格物者，穷理之谓也。盖有是物必有是理。然理无形而难知，物有迹而易睹，故因是物以求之，使是理了然心目之间，而无毫发之差。"（《朱文公文集》卷十三《癸未垂拱奏札》）

④ 朱熹训释"尊德性"、"道问学"曰："尊德性，所以存心而极乎道体之大也。道问学，所以致知而尽乎道体之细也。"（《四书集注·中庸章句》）又曾界定"居敬"、"穷理"曰："居敬是个收敛执持底道理，穷理是个推寻究竟底道理。"（《朱子语类》卷九）朱熹之尊德性、道问学以存心、致知为训，故大体相当居敬、穷理之修养工夫。

⑤ 朱熹曾有"论先后，知为先；论轻重，行为重"，"持敬是穷理之本，穷得理明，又是养心之助"（《朱子语类》卷九）之说，主张"须是内外本末、隐显精粗，一一周遍，方是儒者之学"。（同上书卷十八）

山》),有"见得未精处"(同上书卷六《答友人问》)。陆九渊虽提出"心即理",确立了宋明理学中与朱学理本论对峙的基本理论观念,但他在对"理"的内涵作界定时,仍认为"此理在宇宙间,固不以人之明不明、行不行而加损",即"此理乃宇宙所固有"(同上《与朱元晦》二)。可见在陆九渊心学中,北宋二程以来作为本体的"理",其客观性尚未被他的"心"消融净尽。与此相连,这就使他也将"格物致知"训解为"研究物理"(同上书卷三十五《语录》下)。虽然陆九渊的"研究物理"并不一定与程朱之"穷理"相同,尤其是当他将格物比喻为"减担子"时(同上),更明显地是指一种内心修养工夫,但陆九渊心学之观念形态在这里确实显现了"沿袭"的痕迹,而这种痕迹在王守仁心学中就不再出现了。王守仁解说"天理"曰:"此心无私欲之蔽,即是天理。"(《阳明全书》卷一《传习录》上)界说"物"曰:"意之所在便是物。"(同上)宋代理学中,理与物之客观性在这里全部被化解,"格物"也就逻辑地被解释为格心,即"去其心之不正"。正是在这新的心学角度上,王守仁观察到并判别出陆九渊的"沿袭"和"未精"之处,宋明理学中的心本论获得了真正突破朱学的最重要的理论进展。

湛若水的心学思想是明代理学中一个与王守仁心学在理论特色和发展方向皆有不同的心本论。这一不同在湛若水致王守仁的一封信中清晰地显示出来:

> 昨承面谕《大学》格物之义,以物为心意之所著,荷教多矣。但不肖平日所受益于兄者,尚多不在此也。兄意只恐人舍心求之于外,故有是说。不肖则以为人心与天地万物同体,心体物不遗,认得心体广大,则物不能外矣。(《甘泉文集》卷七《与阳明鸿胪》)

王守仁、湛若水都共同持有"心外无事,心外无物,心外无理"的心学基本观点,① 但从此信可以看出王、湛心学于此间甚有差异:王守仁"心外无物"是用"心"完全消融掉外界之物的客观性("以物为心意之所著")之后的一个必然的逻辑结论,既然如他所说事物是"意之所在",那么也就如他所说:"天没有我的灵明,谁去仰他高?地没有我的灵明,谁去俯他深?鬼神没有我的灵明,谁去辨他吉凶灾祥?"(《阳明全书》卷三《传习录》下)其结论就是"千变万化,莫非发于吾之一心"。而湛若水的"万物莫非心"的观点则主要是由扩充心的主观性("认得心体广大")而产生的一种体验、感悟,正如他所说:"心体物而不遗,何往而非心。"(《甘泉文集》卷七《答太常博士陈惟浚》)"吾之所谓心者,体万物而不遗者也,故无内外。"(同上书卷七《答杨少默》)故王、湛的差异可以简约地表述为"心无外"与"心包内外"

---

① 王守仁著名的论断是:"心外无物,心外无事,心外无理,心外无义,心外无善。"(《阳明全书》卷四《与王纯甫》二)湛若水对此表示赞同,认为"心外无事,心外无物,心外无理,三句无病"(《甘泉文集》卷七《答太常博士陈惟浚》),并提出自己的一个著名论断:"何谓心学,万事万物莫非心。"(同上书卷二十《泗州两学讲章》)

之间的差异。在哲学的意蕴上,此是将一切外界事物皆化解为心(知觉)之表现(即是感知),与认为一切事物皆可包容在知觉(心)之中(皆被感知)两个观念或论断之间的差异。这种差异映现在明代理学的发展演变中,就是湛若水心学未能如守仁心学那样摆脱、突破朱学的笼罩,开拓更大的心学规模。在湛若水心学中,就本体论而言,"心"虽然"体万物而不遗",但万物与天理作为被"体",即被感知被体认的对象,其客观性并没有被消融。湛若水曾界说"天理"曰:"天理者,吾心中正之本体而贯万事者也,天理二字不落心事,不分内外,何者? 理无内外心事之间故也。"(《甘泉文集》卷七《复洪峻之侍御》)"理只是一个理,而谓之天理者,明其为自然不由安排耳,象山从而非之,浅矣。"(同上书卷二十三《语录》)显然,此"天理"是独立于人之心意的客观实在。湛若水还曾说:"夫学不过知行,知行不可离,又不可混"(同上书卷七《答顾若溪佥宪》),"鄙见以为如人行路,足目一时俱到,涵养进学岂容有二? 涵养致知一时并在,乃为善学也。"(同上书卷七《答太常博士陈惟浚》)所以就工夫论而言,湛若水既未能从工夫之性质上破解朱学的知与行、涵养与致知的两种工夫之分,更又在工夫之功能的意义上沿袭了朱学的两种工夫相发相助之论。凡此皆见其未能跨越朱学藩篱。湛若水在王守仁死后比较自己与王阳明在学术思想经历上的差别时曾说:"阳明公初主格物之说,后主良知之说,甘泉子一主随处体认天理之说。"(同上书卷五十一《阳明先生王公墓志铭》)这是完全符合实际的,湛若水的心学思想和整个江门学派的心学思想,都是结束在"随处体认天理"中。其"随处体认",一定程度上显现的是明代心学开风气者江门陈献章的"自然"、"养端倪"的心学特色,①其"天理"潜蓄着的却完全是朱学的实质。因此,湛若水心学不可能有离开朱学更远的发展,其后的江门学派的学术归向也只能是在融入王学或偏向朱学之间摆动。而王守仁心学却能在以格物说消融了朱学中本体之理的客观性和工夫论的涵养与致知或知与行的两元之分,完全地突破了朱学的笼罩后,并继以良知说将其心学推向更高的发展;②这一发展就是将工夫升越为本体,"一悟本体,即是工夫"(《阳明全书》卷三《传习录》下),形成了"本体工夫合一"(同上)的王学根本特色和"门徒遍天下"的风靡之势。

---

① 陈献章关于修养方法特色的著名论断是:"为学须从静坐中养出端倪方有商量处"(《白沙子》卷二《与贺克恭黄门》),"学者以自然为宗,不可不著理会。"(同上书卷二《遗言湛民泽》)

② 对于王守仁心学思想的演变,照钱德洪的归纳是"为教三变":"居贵阳时,为知行合一之说;自滁阳后多教学者静坐;江右以来,始提致良知。"(见其《刻文录叙说》,载《阳明全书》卷首)王畿的观察是"学成之后又三变":"自此以后,以默坐心为学;江右以后专提致良知;居越以后所操益熟,所得益化,时时知是知非,时时无是无非。"(见《龙溪先生全集》卷二《滁阳会录》)比较而言,两弟子所见,乃其师修养方法、境界的细微变化。王学理论观念的阶段性发展,应以湛若水所说的"初主格物,后主良知"为确切。

王守仁的"良知"是个内涵丰富、有多种界说但却仍是模糊而不易确定的范畴。归纳言之，这些界说大体上可分属三个方面：一是本体。王守仁说："良知者，心之本体。"（同上书卷二《传习录》中）作为心之本体的良知，王守仁似乎是指具有超越于个人之上的人人之所同的性质，所谓"良知之在人心，无间于圣愚，天下古今之所同也"（同上），是人人所固有的性质，即所谓的"不由见闻"（同上）、"不假外求"（同上书卷一）、"当下具足"（同上书卷二）。王守仁对良知的这种本体性有很多的描述解说，诸如"本然"、"本来面目"、"未发之中"。① 良知是王守仁对其前期心学的"心即理"之"心"或"心外无物"之"心"本体的升华。二是工夫。王守仁说："心之虚灵明觉，即所谓本然之良知也。"（同上书卷二《传习录》中）"知善知恶是良知。"（同上书卷三《传习录》下）所以在王守仁心学中，作为心之本体的良知，还内蕴着知觉功能和认知修养活动，即工夫。良知也因此内蕴着本体与工夫的合一，王守仁说："心无体，以天地万物感应之是非为体。"（同上）心之知觉功能和人之修养实践，不仅是心之本体良知的表现，而且就是本体良知本身。这样，在良知说中就出现了理学中所特有的工夫向本体的升越，本体不离工夫，工夫即是本体，亦即王守仁所说："合着本体的是工夫；做得工夫的，方识本体。"（同上书卷三十二《传习录拾遗》）三是境界。王守仁良知的最为复杂而模糊的内涵，是指由经历或体验而产生的一种精神境界。王守仁曾说："某于良知之说，从百死千难中得来，非是容易见得到此。"（见钱德洪《刻文录叙说》）"人若知这良知诀窍，随他多少邪思枉念，这里一觉，都自消融，真个是灵丹一粒，点铁成金。"（《阳明全书》卷三《传习录》下）可见在王守仁这里，良知虽是本体，是工夫，但本质上实是一种境界。良知的真正发见，本体与工夫的合一，总是以一种境界显现，即由丰富的人生经历和精神经历升华、凝结成的一种充分的道德理性自觉；在这种自觉或境界中，外在的、表现儒家伦理的事事物物，似乎已被内化为自然、本然。人的经历总是不同的、多样的，此种境界的表现即良知的发见，总是因人因事而异，所以王守仁说："良知即是易，其为道也屡迁，不可为典要，惟变所适。"（同上）这种境界或道德理性自觉高于逻辑，难以语言表述，而只能见于事中，所以王守仁又说："良知本是明白，实落用功便是，不肯用功，只在语言上转说转糊涂。"（同上）

　　王守仁良知说将程朱理学对客观之理的探寻转向对内心状态的体察，变程朱理学的涵养致知之分为知行合一、本体工夫合一，在理学中引起了巨大变革，学者视为"自孔孟以来，未有若此之深切著明者也"（《明儒学案·师说·王阳明守仁》），使得如《明史》所说，"嘉、隆而后，笃信程朱，不迁异说者，无复几人矣"（卷

---

① 如王守仁曾谓："凡致知者，致其本然之良知而已。"（《阳明全书》卷二十七《与陆清伯书》）"'本来面目'即吾圣门所谓良知。"（同上书卷二《答陆原静书》）"良知即是未发之中，即是廓然大公，寂然不动之本体……无前后内外而浑然一体者也。"（同上）

二八二《儒林传》),即在明代中后期的百年间,王守仁心学成为占据理学舞台的主要角色。但是,亦如《明史》所说,"姚江之学,流传逾百年,其教大行,其弊滋甚"(同上),王守仁心学在兴盛的同时,流弊随之出现而使其趋向衰落,发生蜕变。

《明史》所谓王学"其教大行,其弊滋甚",实际上是指作为一种儒学理论的王学在其流传中,非但不能指导、激励人们的伦理道德实践,反而破坏着这种实践。而这种情况的发生,在王守仁的良知说中已埋下根源,并很快被王门弟子观察到或感受到。其一,王守仁以空泛之"本然"、本然之"无善无恶"来界定心之本体,这就使王学最高的精神追求和境界中的儒家善的伦理价值取向被模糊、被取消。王守仁的江右弟子邹守益说:"近来讲学多是意兴,于戒惧实功,全不著力,便以为妨碍自然本体,故精神浮泛,全无归根立命处。"(《东廓文集》卷五《与余柳溪》)"全无归根立命处",即缺乏稳定的、明确的、具有道德价值内涵的精神本体,这正是王学的弊端之由。王学后学所理解和企望达到的精神境界,因此在实际上并不具备或者说丧失了儒家的伦理精神,江右再传弟子王时槐对此有所观察:"学者以任情为率性,以媚世为与物同体,以破戒为不好名,以不事检束为孔颜乐地,以虚见为超悟,以无所用耻为不动心,以放其心而不求为未尝致纤毫之力者。"(《明儒学案》卷二十《江右王门学案》五《王塘南先生时槐·语录》)其二,王守仁以心之知觉功能界定良知,认为"七情顺其自然之流行,皆是良知之用","流行处当下具足,更无去求,不须假借"(《阳明全书》卷三《传习录》下),这在王学后学中也开启了一个弊端,即达到良知境界所需经历的道德实践过程被削弱了,甚至被取消了。王守仁的江右门人罗洪先对此有所觉察,曾自谓曰:"从前为'良知时时见在'一句误却,欠却培养一段功夫。"(《念庵文集》卷三《与尹道舆》)浙中再传弟子张元忭对良知说引起的道德践履的疲衰有更深入的观察:"近世谈学者,但知良知本来具足,本来圆通,窥见影响,使以为把柄在手,而不复知有戒慎恐惧之功,以嗜欲为天机,以情识为智慧,自以为寂然不动,而妄动愈多,自以为廓然无我,而有我愈固,名检荡然,阳明之良知,果若是乎!"(《张阳和文选》卷一《与许敬庵》)

一般说来,王守仁殁后的王学形势是,浙中王门以王畿(龙溪)为代表,进一步以知觉释良知,以虚寂释良知,①更明显地表现出接近、吸纳佛老的倾向,倡"真性流行,始见天则"(《龙溪先生全集》卷十六《赠思默》),显化和发展了良知说中所固有的、容易导人越出儒家规范的弊端,致有如《明史》所述"士之浮诞不逞者,率自名龙溪弟子"(卷二八三《儒林·王畿》)。而以邹守益为代表的江右王门弟子对良知说滋生的弊端观察、感受比较深切,他们的心学观点虽相互也有歧异,但多是

----

① 如王畿界说良知曰:"良知本寂本虚,不学不虑,天植灵根,天浚灵源,万事万化,皆从此出,无待于外也,致知之功,存乎一念之微,虚以适度,不为典要,寂以通感,不涉思为。"(《龙溪先生全集》卷十七《渐庵说》)并提出"舍知觉无良知"(同上书卷十《答念庵》)。

围绕救除良知说流弊而发。这大体上可归纳为两个方面:其一,对良知说的本体论之救正。主要是在良知中注入作为最终根源的确定性和道德性内涵。如邹守益完全从正面价值对良知作界定说:"良知之本体,本自廓然而大公,本自物来顺就,本自无我,本自无欲,本自无拣择,本自无昏昧放逸。"(《东廓文集》卷五《复石廉伯郡守》)欧阳德驳正以知觉训释良知曰:"知觉与良知名同而实异,凡知视、知听、知言、知动,皆知觉也,而未必其皆善。良知者,知恻隐,知羞恶,知恭敬,知是非,所谓本然之善也。"(《欧阳南野文选》卷一《答罗整庵》)凡此皆可见江右王门在良知本体中突出了儒家传统的善之道德内涵,其旨在恢复、明朗被"无善无恶心之体"之说模糊、削弱了的良知境界中儒家伦理精神。江右王门在对良知的诠释中还增入了确定性内涵,其以聂豹、罗洪先为代表。如聂豹说:"良知本寂,感于物而后知;知,其发也,不可遂以知发为良知,而忘其发之所自也。故学者求道,自其主乎内之寂然者求之,使之寂而常定。"(《双江文集》卷八《答许玉林》)罗洪先表述了相同的看法:"心有定体,寂然不动……心体惟其寂也,故不可以见闻指。"(《念庵文集》卷三《答陈明水》)良知本寂说强调,作为本体的良知是一种确定的、寂然自足的根源,旨在将良知本体与作为其功能的种种外在表现(如知觉)区别开来,①没有这种确定性,没有这种区别,良知本体就会在流变的知觉功能显现中被消解掉。其二,对致良知的修养工夫之救正。江右王门针对王学欠缺培养工夫的流弊,提出纠正的修养方法是主敬与主静。邹守益说:"圣门要旨,只在修己以敬,敬也者,良知之精明而不杂以尘俗也。戒慎恐惧,常精常明,则出门如宾,承事如祭。"(《东廓文集》卷七《答徐子融》)罗洪先说:"良知该动静、合内外,其体统也,吾以主静所以致之。"(《念庵文集》卷一《答董蓉山》)主敬说将良知视为善之本体,主张以儒家的道德原则规范行为,"不使自私用智得以障吾本体"(《东廓文集》卷八《寄龙光书院诸友》);主静说认为良知本寂,保持心之静才能应物不爽,所谓"本体复则万物备,所以立天下之大本"(聂豹《困辨录·辨诚》)。显然,江右王门之主敬与主静之修养工夫的重心有所差别,这是由于他们对良知的本质内涵的确认有所区别而造成的。但将某种具体的修养原则、路数贯注到致良知中去,并要求为此作出努力,

---

① 聂、罗"良知本寂"说的此种旨意,在当时未能得到王学同门的谅解,史称"王龙溪、黄洛村、陈明水、邹东廓、刘两峰各致难端"(《明儒学案》卷十七《江右王门学案·聂双江先生豹》)。同门致难质疑,要之有二:一是疑其与释氏之"寂"相同,一是论其与王学心体动静、寂感合一之说相悖。聂豹申论之曰:"夫神之异于儒者,以感应为尘烦,一切断除而寂灭之,今乃归寂以通天下之感,致虚以立天下之有,主静以该天下之动,又何嫌于禅哉!"(同上书《双江论学书》)聂豹此论破解了与释氏相同之疑,又申论之曰:"无时不寂,无时不感者,心之体也;感惟其时而主之以寂者,学问之功也。故谓寂感有二时者,非也;谓功夫无分于寂感,而不知归寂以主夫感者,又岂得为是哉?"(同上)聂豹此论谓从本体言,寂感无二时,但实践工夫中当以寂主感,此确是王学中的异见。

则是共同的;其旨在救正浙中王门"良知固不待修证而后全"①的主张所带来的流弊,也是一致的。

在王学风靡的情势下,王学的流弊衰败也给朱学复兴创造了契机,此种表现除了在王门弟子中不断出现提倡实学实功的呼声外,②东林学派的崛起最为显著。清代学者胡慎概述东林之起曰:"至明弘正之世,则姚江之学大行,而伊洛之传几晦,东林亦废为丘墟。至万历之季,始有端文顾公、忠宪高子振兴东林,修复道南之祀,仿白鹿洞规为讲学会,力阐性善之旨,以辟无善无恶之说,海内翕然宗之,伊洛之统复昌明于世。"(《东林书院志·序》)

以上,我们简略地描述了刘宗周出现前明代理学在心学或心本论走向上的发展历程和已经形成的流弊的局面。这样,当刘宗周进入虽有风靡之势但却流弊滋甚的王学理论环境中时,③他的理论方向在两种可能有的选择中,却是惟一地被确定了的。其一,他可以加入东林之学,从朱学方面批评王学。刘宗周36岁时在《修正学疏》中曾为东林党人辩护,推崇其"多不乏气节耿介之士"。疏中并论及学术说:"王守仁之学良知也,无善无恶,其弊也,必为佛老顽钝而无耻。……佛老之害,自宪成而救。"(《刘子全书》卷四)此表明,刘宗周不仅在当时的政治斗争中与东林站在一起,在理学理论上与东林也有共识。但是,刘宗周的气本论观点和在王学风靡下所接受的即本体即工夫的王学功夫论观点,却从根本上断绝了使其理学思想最终汇入或融入朱学的可能。所以,其二,他惟一地只能如同江右王门那样,在心学的范围内,在心学的方向上救正王学流弊。但是,刘宗周与江右王门有很大的不同,他置身于浙中王学三传之后的理论环境中,"新建之传扫地",王学之极弊使他觉得救正王学需要付出更大的理论努力。据黄宗羲的观察,刘宗周与王学的关系,"凡三变,始而疑,中而信,终而辩难不遗余力"(《子刘子行状》)。事实是,刘宗周不是囿于在王学范围内对良知说作修补,而是突破了王学的良知理论,重建一个"意"的心学的本体理论和"慎独"的工夫理论。换言之,刘宗周心学理论是明代心学的最终发展,并主要展现在三个方面。

---

① 王畿说:"良知者,性之灵根。……盎然出于天成,本来真头面,固不待修证而后全。"(《龙溪先生全集》卷五《书同心册》)

② 如浙中王门季本"闵学者之空疏,只以讲说为事,故苦力穷经"(《明儒学案》卷十三《浙中王门学案,季彭山先生本》),南中王门薛应旂批评"今之学者,离行言知,外事言学",黄宗羲认为"东林之学显导源于此"(《明儒学案》卷二十五《南中王门学案·薛方山先生应旂》)。

③ 黄宗羲在《子刘子行状》中曾叙述刘宗周所置身的王学颓败之状曰:"当是时,浙江东之学,新建一传而为王龙溪,再传而为周海门、陶文简,则湛然澄之禅入之,三传而为陶石梁,辅之以姚江之沈国谋、管宗圣、史孝咸,而密云悟之禅又入之。会稽诸生王朝式者,又以捭阖之术鼓动以行其教,证人之会石梁与先生分席而讲,而又为会于白马山,杂以因果僻经妄说,而新建之传扫地矣。"(见《刘子全书》卷三十九)

1. 良知说之批评　　刘宗周对王学的兴起与流弊皆有十分准确的观察。61岁时在为重刻王守仁《传习录》作序时，曾援引并表示完全赞同当时学者对王学的总体评断：

> 良知之说，以救宋人之训诂，亦因病立方耳。及其弊也，往往看良知太见成，用良知太活变，高者玄虚，卑者诞妄，其病反甚于训诂。(《刘子全书》卷二十一《重刻王阳明传习录序》)

这一简明的判定准确地覆盖了王学的全部历程，其将良知说流弊的产生概括为"看良知太见成，用良知太活变"，也确为事实，这正是当年江右王门所致力于救正良知说的那两个方面。在此前后，刘宗周亦有多次评及良知说。一般说来，他都肯定良知说的历史价值，甚至认为其是儒学发展史上继孔子中庸说、孟子性善说和周濂溪无极说之后的第四次觉醒，"一时唤醒沉迷，如长夜之旦"(同上书卷六《证学杂解》二十五)。当然，同时也指出其弊端，概之为"猖狂者参之以情识而一是皆良，超洁者荡之以玄虚而夷良于贼，亦用知者之过也"(同上)。但刘宗周更多地是从理论上揭橥良知说的疵漏，努力于推倒而不是修补良知说。刘宗周对良知说的批评甚至可以说是否定，在他66岁时所撰《良知说》中有集中的表述：

> 阳明子言良知，最有功于后学，然只传孟子教法，于《大学》之说，终有未合。《古本序》曰："大学之道，诚意而已；止至善之则，致良知而已。"宛转说来，颇伤气脉。至龙溪所传《天泉问答》，则曰："无善无恶者心之体，有善有恶者意之动，知善知恶是良知，为善去恶是格物。"益增割裂矣，即所云良知，亦非究竟义也……且所谓知善知恶，盖从有善有恶而后言者也，固有善有恶，而后知善知恶，是知为意奴也，良在何处？又反无善无恶而言者也，本无善无恶，而又知善知恶，是知为心祟也，良在何处？且《大学》所谓致知，亦只是致其知止之知。知止之知，即知先之知；知先之知，即知本之知。惟其知止、知先、知本也，则谓之良知亦得。知在止中，良因止见，故言知止，则不必更言良知；若曰以良知之知知止，又以良知之知知先而知本，岂不架屋叠床之甚乎？……只因阳明将意字认坏，故不得不进而求良于知；仍将知字认粗，又不得不退而求精于心，种种矛盾，而知其非《大学》之本旨矣。……然则良知何知乎？知爱知敬而已矣，知皆扩而充之，达之天下而已矣。(《刘子全书》卷八)

此文凸显出刘宗周据以否定王守仁良知说的论据可概之为两个：其一，良知说与《大学》悖谬。王守仁在《〈大学〉古本序》中说："《大学》之要，诚意而已矣。诚意之功，格物而已矣。诚意之极，止至善而已矣。止至善之则，致知而已矣。"(《阳明全书》卷七)显然，王守仁此序将《大学》诚意与格物、致知等纲目之间的关系理解作某种顺序，将致知(致良知)理解为达到"止于至善"、"知本"的工夫。刘宗周却认为，《大学》"致知"之"知"本身即含有"止"、"本"、"至善"的本体性内涵，即"知在止中"，《大学》纲目共同构成一个境界，"《大学》之教只是知本"(《刘子全书》卷十九《答叶润山》四),"大学是一贯底血脉,不是循序底工夫"(同上书卷十二《学言》下)。刘宗周还认为:"孟子言本心,言良心,言人心,言不忍人之心,言四端之心,言赤子之心,不一而足,最后又言良知良能,益勘入亲切处,凡以发明性善之说,此阳明先生之教所自来也。其曰致良知,亦即是知,皆扩而充之之意,然以之解《大学》殊非本旨。"(同上书卷十一《学言》中)在他看来,王守仁"致良知"之"知"乃是一种"扩而充之"之义,是一种认知功能或过程,此种理解源自《孟子》,用以诠释《大学》"致知"之"知",则"终有未合"。故他批评说:"阳明立言之病,正是以《大学》合孟子,终属牵强……其解《大学》处,不但失之牵强,而于知止一关全未勘入,只教人在念起念灭时用个为善去恶之力,终非究竟一著。"(同上书卷十九《答韩参夫》)应该说,刘宗周在对《大学》的独特理解基础上对王学良知说的批评、否定,就其对王守仁本人来说,未为尽当,因为在王守仁那里,良知具有"未发之中"、"至善"、"本然"的本体性内涵是十分明确的、确定的;但是,对于凸显王守仁良知中"虚灵明觉"的内涵,进而倡"舍知觉无良知"的王学后学来说,却是可以成立的。

其二,良知说存在着内在矛盾。刘宗周在此文中机智地从逻辑上揭示出以王守仁"四句教"表述的良知说的内在矛盾,刘宗周之意是,既然"有善有恶意之动,知善知恶是良知",那么,善恶皆是由意而生,①则意在先,当为主为本,知善恶的良知在后,是为奴为末,若如此,良知何以为"良",何以为"究竟义"?既然"无善无恶心之体",即包括意、知在内的心本无善恶,而良知却能"知善恶",此对于心来说岂非是鬼祟,岂非是违心?此外,刘宗周在论学或致友人书中,还多次论及王守仁"四句教"的矛盾,皆表现出对良知说的否定。如:

"有善有恶意之动,知善知恶知之良",二语决不能相入。则知与意分明是两事矣,将意先动而知随之邪,抑知先主而意继之邪?如意先动而知随之,则知落后者,不得为良;如知先主而意继之,则离照之下安得更留鬼魅?若或驱意子心之外,独以知与心,则法惟有除意,不当诚意矣。且自来经传无以意为心外者,求其说而不得,无乃即知即意乎?果即知即意,则知良意亦良,更不待言。(同上书卷十二《学言》下)

窃谓天地间道理只是个有善而无恶,言有善便是无恶,言无恶便是有善,以此思之,则阳明先生所谓"无善无恶心之体"未必然也。言为善便是去恶,言去恶便是为善,即阳明先生所谓去人欲便是存天理是也,以此思之,则阳明先生所谓"为善去恶是格物"亦未必然也。(同上书卷十九《答秦履思》十)

不难看出,在刘宗周这里的论述中,或以逻辑归谬,或援经典义训,将"四句教"的

---

① 刘宗周在此处是就"四句教"之"有善有恶意之动"而立言,下面将论述,在刘宗周的心学思想中,作为本体的"意",是"有善而无恶"(《刘子全书》卷十二《学言》下)。

四个命题全部否定,将以"四句教"为内涵的良知说彻底否定。①也不难看出,在刘宗周否定良知说的同时,他又在由知与意组成的心之结构中,将意之心理因素凸显出来,并赋予"好善恶恶"、"心之所存"之精神的原初性、主宰性的特质,即一种具有"究竟义"的本体性内涵。这样,刘宗周的理学在否定、推倒王学的良知说后,就进入了他的最重要的理论创造——新的心学本体"意"之重建。

2. 意之本体论　　如上所述,刘宗周在批评王守仁良知说时一再指出"非究竟义","于知止一关未勘入",可见在刘宗周看来,本体内涵或本体特质的失落,是王学良知说最要害的理论缺陷。因此,刘宗周的本体重建,就是要重新确立一具有"究竟义"的本体观念。作为一个持"天下无心外之性,天下无心外之理,天下无心外之学"(《刘子全书》卷七《原学》中)的心本论者,他无疑地只能从心之结构中去寻找。刘宗周对人之心理现象或意识结构有甚细致的观察,他说:

> 盈天地间皆万物也,人其生而最灵者也。生气宅于虚,故灵,而心其统也,生生之主也。其常醒而不昧者,思也,心之官也。致思而得者,虑也。虑之尽,觉也。思而有见焉,识也。注识而流,想也。因感而动,念也。动之微而有主者,意也,心官之真宅也……(同上书卷七《原心》)

刘宗周认为,人为万物之灵,心为人身之主,故心亦为万物之统,为"生生之主",②这也是通常的儒家心性论意义上的观察和立论。特殊的是,刘宗周在诸多的心理因素中确定意为"心官之真宅",为心之结构中的"主",这与传统儒学观念有较大的歧异。《论语》谓:"子绝四:毋意、毋必、毋固、毋我。"(《论语·子罕》)朱熹曰:"意者心之所发。"可见在传统儒学中,意是意识结构中的一个派生的、具有某种消极的、被否定性质的心理因素。现在刘宗周要赋予其具有原初的"究竟义"的本性,无疑要进行一番艰苦的论证。他对意的本体性论证主要是:

意为心之原初与归宿　　刘宗周认为,在人之心理活动或意识结构中,意具有原初和终极的性质,他说:

> 意为心之所存,则至静者莫如意……意无所为善恶,但好善恶恶而已。好恶者,此心最初之机,惟微之体也。(《刘子全书》卷十《学言》上)

意是意识结构中的"好恶"心理因素和"好善恶恶"的心理活动,这是刘宗周对意的最基本的界定。显然,此界定是根据《大学》解"诚其意"为"如恶恶臭,如好好色"和朱熹对此所作的"恶恶则如恶恶臭,好善则如好好色"的训释。刘宗周的心学理

---

① "四句教"没有一点可保留地被否定,以至使刘宗周判定此说不是王守仁的思想,而是王畿的思想,在刘宗周《钱绪山先生要语序》(《刘子全书》卷二十一)和黄宗羲《明儒学案·师说·王龙溪畿》中都可以看到此论断。但没有史实能证实此论断。

② 刘宗周在另外一篇论心的文章中说:"只此一心,散为万化,万化复归一心。"(《刘子全书》卷二十三《心论》)心为万物之统、之主的意蕴更明显。

论因此在逻辑起点上是有经典基础的。同时,在刘宗周看来,这种好恶或好善恶恶的心理因素,正是人之行为的最初的、最根本的心理动因,所以意是心之结构中的"最初之机"。在这个意义上,亦如刘宗周所说,意也是"天命之体而性、道、教所从出"(同上书卷十一《学言》中),意于是获得了作为本体的那种根源的性质。

与此相连,刘宗周又赋予意以至善的、终极的内涵。他说:

> 意者,心之所发,发则有善有恶,阳明之说有自来矣。抑善恶者意乎?好善恶恶者意乎?若果以好善恶恶者为意,则意之有善而无恶也明矣。然则诚意一关,其止至善之极则乎?(同上书卷十二《学言》下)

刘宗周此论是针对传统理学观点而发。朱熹以来,将意界定为心之所发,是一种派生、次生的心理现象,既是流出而非源头,自然地会生善生恶。但刘宗周认为意是"最初之机",故是原发而非所发,是源头而非流出,是好善恶恶,有善而无恶。换言之,就道德价值来评断,意之性质是纯善。并且,在意作为"最初之机"的意义上可以说,一切善皆发源于此;在以《大学》为"一贯血脉"、"诚意"即是"知本"、"止于至善"的意义上,意也是善之终极,故刘宗周说:"意也者,至善归宿之地……意外无善。"(同上书卷二十五《读〈大学〉》)

刘宗周赋予意以至善的本体性内涵,显然与传统儒学的"毋意"尖锐对立,消解此对立是刘宗周心学意本体论之确立所必须实现的。刘宗周是通过意念之辨,使意从这种对立中摆脱出来的。从前引《原心》中可以看出,刘宗周认为念与意都是心之结构中的组成部分。但刘宗周还认为念与意有重要的区别。他说:

> 念有起灭,意无起灭。(同上书卷九《答董生心意十问》)

> 念之有起有灭者,动静所乘之几。而心官之无起无不起者,太极本然之妙也。(同上书卷十九《答文灯岩》)

> 意者心之所存,非所发也。或曰:好善恶恶非发乎?曰:意之好恶与起念之好恶不同,意之好恶一机而互见,起念之好恶两在而异情,以念为意,何啻千里。(同上书卷十一《学言》中)

在刘宗周看来,意是同时内蕴着好恶之机的心之本然,无所谓起灭,念是好或恶之情的发见,有起有灭;意是有善无恶,念却是有善有恶。意与念之间应是迥然有别的。刘宗周进而又在意与"毋意"之"意"间进行分辨,他认为,为孔子之四绝的"意必固我",乃是"人欲之机自浅而深,由微而著"者。(同上书卷二十九《论语学案·子罕》)就道德价值评断,它无疑是一种恶,因此,他赞同朱熹将"毋意"之"意"作"私意"的训解,并认为此私意即是念。他说:

> 圣人"毋意"正所谓有主而无主也,朱子曰"私意也",必下个"私"字,语意方完,毕竟意中本非有私也。(同上书卷九《商疑十则·答史子复》)

> 子绝四,首云毋意,圣人心同太虚,一疵不存,了无端倪可窥,即就其存主处,亦化而不有,大抵归之神明不测而已。惟毋意,故并无必、固、我,自"意"

而积成为"我",才说得私意。今意云私意,是以念为意也。(同上书卷十一《学言》中)

刘宗周认为,圣人本应"心同太虚,一疵不存",本应"无主",今自"意"至"我",显然是有欲、有主,所以固当四"毋"之;惟其"四毋"中有"我",故其中"意"才应训解为"私意"。即是说,《论语》之"毋意"实是"毋私意",所以他训解"毋意"说:"毋意者,毋自欺也。"(同上书卷十一《学言》中)不难看出,在刘宗周的心之结构中,此"私意"是可以被视为是"因动而感"之"念"的。

总之,通过意念之辨,刘宗周终于跨过"至善"之意与"毋意"之"意"对立这一最困难的理论障碍,意所具有的善之原初和终极的那种本体性内涵被确立起来。这一理论经历和结论,对于刘宗周心学是有决定性的,以至他曾不无感慨地说:"今人鲜不以念为意者。呜呼!道之所以常不明也!"(同上书卷九《答董生心意十问》)

意为心之主与心之体 如上所述,刘宗周对意的基本界定是"好恶"或"好善恶恶"之心理因素,并从道德性质上确定意是"有善无恶"。在这样的意义上,刘宗周认为意是作为"生生之主"的心之结构中的"最初之机"和"归宿之地"。而正是这两个本体性内涵支持,刘宗周得出与王守仁良知说划清明显界限的另外两个结论:"意为心之主宰"与"意为心之体"。刘宗周说:

> 意者心之所以为心也,只言心则心只是径寸虚体耳,著个意字,方见下了定盘针,有子午可指。然定盘针与盘子终是两物,意之于心,只是虚体中一点精神。(同上书卷九《答董生心意十问》)

> 心之所向曰意,正如盘针之必向南也。只向南,非起身至南也。凡言向者,皆指定向而言,离定字便无向字可下,可知意为心之主宰。(同上书卷九《商疑十则·答史子复》)

> 以虚灵而言谓之心,虚灵之主宰而言谓之意,心如舟,意如舵。(同上书卷十三《会录》)

理学心性论一般都判定"心是主宰",如朱熹说:"心者人之知觉,主于身而应事物者也。"(《朱文公文集》卷六十五《大禹谟传》)王守仁也说:"身之主宰便是心,心之所发便是意,意之本体便是知。"(《阳明全书》卷一《传习录》上)从朱、王所论中不难看出,此主宰性一般是在心有知觉之功能的意义上赋予的。此种知觉功能在王守仁那里表述得尤为明显。他曾对心有个界定说:"心不是一块血肉,凡知觉处便是心,如耳目之知视听,手足之知痛痒,此知觉便是心也。"(同上书卷三《传习录》下)但是,刘宗周却认为,心之为主宰不是因其知觉的功能,而是由其内蕴着的某种精神的特质,即好善恶恶的指向和动因——意。在刘宗周看来,意的这种主宰性可比喻为"定盘针"、"舵",是"心之所以为心"的心之本质。显然,刘宗周用"意"将理学的"心之主宰"命题的涵义深化了、提升了。在刘宗周这里,"心之主宰"不是知觉的泛然应物,而是道德价值定向的取舍选择;不是知痛痒,而是追求善。刘宗周曾对王守仁学术思想有一极审慎的总体的判断:"阳明之学谓其失之粗且浅、不见道则有之,未可病其为禅也。"(《刘子全书》卷十九《答韩参夫》)刘宗周可能正是在"意为心之主宰"的立论角度上得出这个论断的。在这个角度上可以观察到,王守仁以知觉为心毕竟不同于佛禅的以知觉为性;而其将心之主宰视之如"知痛痒",比起己之"一点精神",则是"粗且浅"了。

与此相连,刘宗周关于意之本体性的另一个结论或命题是"意为心之体"。他认为:"心浑然无体,而心体所谓四端万善,参天地而赞化育,尽在意中见,离意无所谓心者。"(同上书卷十二《学言》下)即是说,意作为是好恶或好善恶恶的心理因素和活动,就其构成人之行为的精神指向、动因而言,为心之主宰;就其构成了心之结构的精神形态而言,是心之体。刘宗周常用几、微、独三个概念来描述、界定作为心之体的意。刘宗周以几、微来解说曰:

> 意不在心外也,心只是个浑然之体,就中指出端倪来曰意。即惟微之体也……微之为言几也,几者动之微,吉之先见者也,即意也。(同上书卷九《商疑十则·答史子复》)

> 人心之有意也,即虞廷所谓道心惟微也。惟微云者,有而未始滞于有,无而未始沦于无,盖妙于有无之间而不可以有无言者也。以为无,则堕于空寂,以为有,则流于习见。(同上书卷九《答董生心意十问》)

可见,所谓"几微之体",乃是指好恶或好善恶恶之意向,时时在发动着人之行为,但却又无具体形体可指。刘宗周以此将意描述、界定为一种超感性经验的、人之行为根源的精神实在。刘宗周又以独来解说曰:

> 喜怒哀乐之未发谓之中,此独体也。亦隐且微矣,及夫发,皆中节,而中即是和,所谓莫见乎隐,莫显乎微也。未发而常发,此独之所以妙也。(同上书卷八《中庸首章说》)

> 问:中便是独体否?曰:然。一独耳,指其体谓之中,指其用谓之和。(同上书卷十《学言》上)

《中庸》曰:"喜怒哀乐之未发,谓之中;发而皆中节,谓之和。"所以一般说来,未发与已发、中与和可以视为是儒学对心理之本然状态及其表现形式的概括。刘宗周的"独体"正是试图将心理之本体与其显现整合、统一为一个周延的整体。从刘宗周所说"静中养出端倪,端倪即意,即独,即天"(同上书卷十三《会录》),"如恶恶臭,如好好色,盖言独体之好恶也"(同上书卷十二《学言》下),可以判定,这一整体或独体也就是意。意因此也获得了兼有未发与已发或中与和的总体的本体性特质,进一步否定了将意界定为"心之所发"的包括王守仁良知说在内的传统理学观点,故刘宗周说:"独即意也,知独之谓意,则意以所存言而不专以所发言明矣。"(同上书卷九《商疑十则·答史子复》)

总之,意是最初之机与至善之归,是心之主与心之体,意是具有"究竟义"的精神本体。刘宗周对意的本体性之论证,是他的心学思想中的最重要的理论创造。其意义在于,王学中,特别是在其后学中被失落了的本体观念,在这里被重新确立起来。此过程在刘宗周与其门人史孝复一次商疑答问中曾有清晰的表述:

  史孝复问:窃现前后宗旨,总不出以意为心之主宰,然必舍良知不言而言意者,益尝深思而得之。缘阳明以后,诸儒谈良知之妙,而考其致处全不相接,因疑良知终无凭据,不如意字确有可依耳?

  刘宗周答:先生所见近时良知之弊,直说出愚意中事,何幸先得同然!不意若心相证乃尔。然鄙意则谓良知原有依据,依据处即是意。(语见《刘子全书》卷九《商疑十则·答史子复》)

不难看出,师生二人一疑一答所凸显的明代晚期心学的本体重建过程是:王学后学将良知的本体性丧失了,使得心学"终无凭据";但刘宗周意本体观念的形成,心学又"确有可依"了;而被王学后学从良知中丧失掉的那种本体性,正是刘宗周所重建的意。

3. 慎独工夫论   "慎独"分别在《大学》、《中庸》中出现,就其本意,是要求人时时和处处皆能践履儒家的伦理道德原则。宋代以来,理学家都很重视这一道德修养要求,并且形成将其视为是一种道德自觉的尺度或一种道德境界内涵的两种基本的理解,①刘宗周突破了理学的传统理解,将慎独升越为涵盖、包容理学全部修养方法的惟一工夫。如他说:

  独之外别无本体,慎独之外别无工夫。②(《刘子全书》卷八《中庸首章说》)

  《大学》之道慎独而已矣,《中庸》之道慎独而已矣,《论》、《孟》、《六经》之道慎独而已矣;慎独而天下之能事毕矣。(同上书卷二十五《读〈大学〉》)

在刘宗周思想中,"慎独"被升越得如此重要,如此突出,以至黄宗羲甚至以其作为刘宗周全部学说的宗旨或标志,③这应该说是正确的。尽管从理论逻辑上说,刘宗

---

① 就理学而言,程颐谓"慎其独者,知为己而已"(《程氏经说》卷八《中庸解》),程颢谓:"纯亦不已,此乃天德……其要只在慎独。"(《程氏遗书》卷十四)可视为是此两种理解的发端。此后,如朱熹训"独"为"独知"(《大学章句》),张九成以"寂然不动之时,喜怒哀乐未发之时"释"独"(见《横浦文集》卷五《少仪论》),则是此两种理解的进一步明确表述。

② 邹守益说:"除却自欺更无病,除却慎独更无学。"(《东廓文集》卷六《答夏卿高泉名东山》)此论也有"慎独之外别无工夫"之意,其与刘宗周的差异亦几希。若分辨之,邹守益尝谓"戒慎恐惧便是慎"(同上书卷七《冲玄录》),主要是从修持方法上论慎独。如下面所述,刘宗周于慎独则从本体、方法等更多方面立论。

③ 黄宗羲在《子刘子行状》中概述刘宗周学术思想曰:"先生宗旨为慎独……其大端有四。"(见《刘子全书》卷三十九)

周的意(独)本体论更基本、更重要,但就实际意义上说,构成刘宗周心学的最终目的或归宿的,确是为了救正王学风靡情势下的"学者专取良知以为捷径,于古人用功处一切舍过"(同上书卷十九《答秦履思》三),即缺乏道德修养实践工夫的弊端,他的慎独论的全部内容皆由此而发。

如前所引述,刘宗周归纳王学末流所表现出的良知说之弊端为"猖狂者参之以情识而一是皆良,超洁者荡之以玄虚而夷良于贼",就工夫论而言,也就是修养实践工夫的无根、无实。刘宗周"慎独"工夫论首先指向的正是王学末流修养工夫"荡以玄虚"而没有归宿的流弊。他说:

> 古人慎独之学,固向意根上讨分晓。(同上书卷六《证学杂解》六)
> 慎独之功,只向本心呈露时随处体认去,使得全体荧然,与天地合德。(同上《证学杂解》三)

在刘宗周心学中,作为心之体的意,是好善恶恶的心理动因,是有善无恶的精神本体,所以刘宗周慎独工夫所首先要求的"向意根上讨分晓"、"向本心呈露时随处体认",实际上是要使心境能在儒家伦理价值观念主宰之下。显然,这种"体认"、"讨分晓",不是单纯的理性认识过程,而是精神向儒家的伦理道德观念融入的人格塑造过程。作为这种修养工夫的结果,在刘宗周看来就会是"识得慎独,则发皆中节"(同上书卷十《学言》上),"庶几所知不至荡而无归"(同上书卷九《商疑十则·答史子复》),王学后学那种"既无本体,亦无工夫,将率天下于猖狂自姿"(同上书卷十九《答秦履思》二)的流弊就能被遏制。

王学末流"参以情识"即以知觉为良知、为本体而带来的修养工夫空虚无实的弊端,也是刘宗周的慎独工夫所要救正的。当时,与刘宗周并立的浙东王学三传陶奭龄主倡"识得本体则工夫在其中,若不识本体说甚工夫",刘宗周批评曰:"不识本体,果如何下工夫,但既识本体,即须认定本体用工夫,工夫愈精密则本体愈昭荧。今谓既识后,遂一无事事,可以纵横自如,六通无碍,势必至猖猖纵姿,流为无忌惮之归而后已。"(同上书卷十三《会录》)鉴于此,刘宗周要努力确立的是一种有笃实而周密内容的修养工夫,他说:

> 敬之一字,自是千圣相传心法,至圣门只是个慎独而已……由主敬而入,方能觌体。(同上书卷四《圣学吃紧三关》)
> 圣学之要只在慎独,独者静之神,动之机也,动而无妄曰静,慎之至也,是谓之主静立极。(同上书卷十《学言》上)
> 孔门授受只在彝伦日用讨归宿,绝不于此外空谈本体,滋人高明之惑。(同上书卷十《答秦履思》二)

可见,理学历史上曾提出过的敬、静、日用三种心性修养的基本方式或方法,皆被刘宗周的慎独工夫所吸纳。简言之,在日用伦常中保持敬与静的修持,就是刘宗周的慎独工夫。刘宗周慎独工夫中的敬与静,其内涵基本上也与传统理学观念相同。

刘宗周感叹说:"朱子一生学问半得力于主敬,今不从慎独二字认取,而欲掇敬于格物之前,真所谓握灯而索照也。"(同上书卷十二《学言》下)这表明刘宗周慎独中的敬的内涵是认同、承袭了朱熹的观点。朱熹对"敬"有诸多解说,其中最为明白浅近的是:"只收敛身心,整齐纯一,不恁放纵,便是敬","将个敬字收敛个身心,放在模匣子里面,不走作了。"(《朱子语类》卷十二)所以,这种"敬"就是用儒家的道德原则来收敛身心和规范行为。刘宗周对慎独中的"静"曾界定曰:"循理为静,非动静对待之静。"(同上书卷十《学言》上)朱熹亦曾说:"知这事当做,便顺理做去,便见动而静底意思。"(《朱子语类》卷四十五)可见刘宗周对"静"之"循理"的界定也是认同、承袭了朱熹的观点。所以,这种静实际上也是要求心境与行为保持与儒家道德原则的一致。完全可以认定,刘宗周的在日用中有敬与静修持的慎独说,是召唤对儒家伦理道德观念的自觉,并将其贯彻到生活的一切方面去,是对于王学末流"猖狂无姿,流为无忌惮"而发。

虽然刘宗周的慎独工夫论的主要内容是以救正王学末流的流弊为目标而形成的,并且其中有承袭朱学的理论观念,但是,在一个根本的理论观点上,刘宗周的慎独工夫论仍保持由王学确立的明代心学的特色,而与朱学对立,这就是"即工夫即本体"。刘宗周说:

> 圣贤千言万语说本体说工夫,总不离慎独二字,独即天命之性所藏精处,而慎独即尽性之学。(同上书卷五《圣学宗要·阳明王子》)

> 此之谓止至善,此之谓知止,此之谓知至而意诚,此之谓慎独,即工夫即本体也。(同上书卷三十八《大学杂言》)

前已论及,比起朱学,王学最重要的理论变迁是将心(良知)升越为本体;心性修养(致良知)既是工夫,也是本体,即工夫即本体。而在朱学中,心只是本体之理在宇宙论层面上的显现;穷理主敬的修养工夫是达到本体(境界)的过程。朱、王差异与对立之情况,在刘宗周这里也正是如此发生。在刘宗周心学中,意或独是心之本体、是天命之性,所以在他看来,慎独、诚意虽是修养工夫,但亦即是《中庸》之"尽性"、"致中和",或《大学》之"止至善"、"知止"、"意诚"的最高境界,即本体。据此,刘宗周就朱熹之《大学》解批评说:"朱子于《大学》分格致诚正为两截事,至解慎独,又以为动而省察边事,先此更有一段静存工夫,①则愈析而愈支矣。"(同上书卷三十八《大学古记约义》)又就朱熹之《中庸》解批评说:"朱子以戒惧属致中,慎独属致和。② 两者分配动静,岂不睹不闻与独有二体乎? 戒惧与慎独有二功乎?

---

① 朱熹解《大学》"诚意"章,认为慎独之前,必有格物致知的工夫,谓:"必致其知,方肯慎独,方能慎独。"(《朱子语类》卷十六)

② 朱熹解《中庸》"致中和",将中和分属戒惧与慎独,谓:"自戒惧而约之,极其中而天地位矣;自慎独而精之,极其和而万物育矣。"(《中庸章句》)

致中之外复有致和之功乎？"（同上书卷十《学言》上）如前所述，在刘宗周看来，所存与所发、中与和、静与动同含于意或独之本体之中。所以在工夫论上他的结论就是：

> 静存之外更无动察，主敬之外更无穷理，其究也，工夫与本体亦一，此慎独之说也。（同上书卷八《中庸首章说》）

不难看出，这个结论也正是刘宗周在气本论那个理论走向上的工夫论的最后结论。这样，我们就可以说，就整个明代理学而言，刘宗周理学思想是明代理学气本论和心本论两个基本走向的汇合点；就刘宗周个人的理学思想而言，这两个并行的、回应不同理论情境的理论思路，最后在慎独的工夫论中汇合。

四、结语

明代理学一开始就出现沿着气本论和心本论这两个基本理论走向发展的态势。刘宗周一方面承接了其先的气本论的理论传统，将其理气关系的理论观点进一步推演到心性关系中，使明代理学在这个走向上到达了终点。另一方面，在心本论的走向上，刘宗周在心之结构中的知觉心理因素之外，发掘出好恶之意的心理因素作为本体，使得宋明理学中的心学本体论由"本心"到"良知"到"意"，在愈来愈深入细致中也走到了终点。从这个意义上说，明代理学的理论发展的可能性已经耗尽，刘宗周是明代理学的终结者。

刘宗周生当晚明朝政腐败、学术衰敝之际，他的理学理论创造从根本上说是为了挽救这种颓势。当然，作为刘宗周这一理论创造最主要内容的意本体论和慎独工夫论的心学理论，完全不足以阻止明末社会秩序的全面崩溃；但是，从刘宗周身上，从他在困危处境中的所行所言中，特别是在家国覆灭后对生命归宿的抉择中，都可以看出一种令人肃然起敬的儒家道德精神。刘宗周曾告诫门人说："不要错看了豪杰，古人一言一动，凡可信之当时，传诸后世者，莫不有一段真至精神在内。"（《刘子全书》卷十三《会录》）对于这位明代先贤所创造的一切，也可以说，他为救正王学流弊而提出的意本体论和慎独工夫论是可信于当时的；而被他的心学理论所升华了的和被他的政治的、道德的实践所表现出来的儒家伦理道德精神，则是可以传诸后世的。

为中国哲学开生面
——孟旦(Donald J. Munro)先生治学简介

□刘笑敢

孟旦教授是美国密西根大学中国文化中心研究员,哲学系与东亚系荣休教授。他早年在哈佛大学哲学系获学士学位,后来在哥伦比亚大学中国与日本研究系以及哲学系学习并获博士学位。他曾在台湾师从刘毓鋆先生,在香港中文大学师从唐君毅先生。他是当今世界罕见的将西方哲学训练与汉籍经典研究结合得相当好的一位哲学家、汉学家和教育家。他的中国哲学研究,达到了"中国味"和"哲学味"的水乳交融。

孟旦先生自博士毕业后就一直在密西根大学任教,曾获优秀服务奖,荣任哲学系与东亚系教授,文理学院执行委员会委员,中国思想文化研究所研究员和常务委员。他曾获得许多著名基金会和学术团体的奖学金到各地著名大学作研究,如洛克菲勒(Rockefeller)基金会、古根汉(Guggenheim)基金会、福特(Ford)基金会、美国全国人文和艺术与科学协会、美国人文学会联合会的奖学金等。他也曾先后在美国和加拿大的佛蒙特、传特、华盛顿、史丹佛等大学兼任杜威(John Dewey)讲座主讲、赖尔(Gilbert Ryle)讲座主讲、佛里兹(Fritz)讲座主讲、伊万—温兹(Evans-Wentz)讲座主讲等。还担任过许多全国性的学术机构的主席和委员,如美国人文学会联合委员会中国思想与宗教委员会主席、中国文明研究委员会主席、美国亚洲学会中国与中亚委员会委员等。

孟旦出身于书香门第。其父Thomas Munro也是哲学家、美学家。为了独立地开辟自己的学术天地,孟旦有意避开家庭的欧洲传统,加之时逢50年代美国注意力开始转向亚洲,他开始在亚洲寻找自己的研究领域,通过对日本、越南、菲律宾与中国的比较,他感到中国哲学最有深度,最为丰富,最为复杂,也最有意义,所以他最终选择了中国哲学作为他的专业方向。

孟旦先生的代表作是历时三十年的关于中国人性论研究的三部曲,即集中于先秦的《中国早期的人性概念》(*The Concept of Man in Early China*),探讨20世纪50至70年代的《当代中国的人性概念》(*The Concept of Man in Contemporary China*),以及聚焦于朱熹的《宋代的人性喻像》(*Images of Human Nature: A Sung Portrait*)。孟旦以人性论为中心课题,既有断代、专人的剖析,又有自古至今的通论性眼光与规模,既有专题理论研究的结构,又有历史的纵向的思考,这样多角度相交织的综合研究在学术界是很少见的。由此也可看到孟旦先生早年形成的独到的学术眼光和潜心向学的恒心与定力。

一、中国的自然平等观念

1969年,孟旦三部曲的第一部(*The Concept of Man in Early China*,《中国早期的人性概念》)由斯坦福大学出版,立刻金声玉振,引起广泛反响,奠定了孟旦在学术界的地位。英国皇家科学院院士葛瑞翰(A. C. Graham)说此书试图揭示中国思想史中的新的发展主线,是富于激发性与创造性的尝试,是少数清晰的、富于启发性的、关于中国思想史的英文著作。美国宾州大学布德教授(Derk Bodde)说作者的哲学的洞察力和汉学的才能相结合,把中国思想史的研究推到了一个新的成熟的水平,在多方面都是杰出的。此书已经收入密西根大学中国研究中心出版的密西根中国研究经典系列,于2001年再版。(中译本1994年由上海古籍出版社出版)

孟旦在这部书中提出了一个人所未发的重要观点,即中国哲学史中的自然平等观念。一般认为,中国的儒家和法家都是肯定和维护等级制度的,认为人和人的社会作用和地位都是不同的,因此很难在中国哲学史中找到占主导地位的平等观念。孟旦则指出,中国古代没有西方近代的评价性的平等观念,却有着占主导地位的描述性的平等观念或自然的平等观念。这里的关键是孟旦首创了"描述性"的平等观念和"评价性"的平等观念的区分。

西方近代评价性的平等意味着所有的人具有相同的价值(当然价值的具体内容是不同的),应该受到同等的待遇,比如在法律面前的同等权利等。在这个意义上,中国的传统哲学认为人(主要是成年人)的社会功绩是不同的,因而不平等的遭遇是合理的。所谓描述性的平等是指所有人生而具有的共同性,是相同的本性或特质,也就是自然的平等,是人们在进入社会和承担一定的社会角色以前的平等。评价性的平等观念和描述性的平等观念之间有着根本性的不同,但是这并不意味着这二者之间没有重合之处。有时评价性的意义也会附加在关于人类平等的描述性陈述上。例如孟子讲人的自然之性是善的,这是把善的观念加到了描述性的自然之性之上。但是,在一个描述性的陈述中,所谓平等或不平等所强调的是人们秉赋的属性,任何评价性的含义都是第二位的。此外,"善"的性质也不同于"价值"或"高贵"在评价性陈述中所具有的含义。当孟子讲人性善时,他强调的是人刚生下来时的潜能,而不是一般成年人的特质。但是,在西方的纯粹评价性陈述中,价值和高贵是永恒的代表(天)赋予人并可以终身保有的性质,并且不指任何可能预期的行为。此外,描述性的陈述并不必须含有人应该得到某种待遇的意义。孟子断言人生而具有的本性是善的,但这并不意味着所有人应该得到正义的和不偏不倚的待遇,也不意味着应该给成年人以平等的权利。然而,在西方关于平等的纯粹评价性的陈述中,首先强调的是人应该得到公正的待遇,并终身享有平等的权利。

  总的来看,中国古代思想家是很少强调先天的高低贵贱的。在这一方面,中国古代争论不休的儒、墨、道、法诸家倒是少有的一致,而且这种一致大体上一直延续到现代中国。当然,中国不乏封妻荫子的传统,有过"龙生龙,凤生凤,老鼠儿子会打洞"的俗语,也有"我们的子女接班我们放心"的老人情怀。但仔细考察起来,中国古代为天生的高低尊卑作论证的思想家的确不多,至少是不显著。可惜,这一倾向长期以来被宗法等级制的传统和现象淹没了,因而也被学术界忽略了。

  确立中国的自然平等的概念涉及许多问题,需要考察比较西方从古到今的各种哲学流派以及犹太教、基督教传统,需要讨论一些反例,需要分析为什么自然平等的观念没有在中国引出民主政治,等等。对这些复杂的课题,孟旦都有细致的考察和分析。自然平等的观念很好地解释了中国重视教育和树立榜样的传统,孟旦以充分的事实证明这种传统从古代一直延续到毛泽东时代。

二、毛泽东时代与传统的"意识簇"

  像很多中国知识分子一样,孟旦先生既有研究中国古代哲学的专注,也有对当代中国的关心。所以,他的第二部书(*The Concept of Man in Contemporary China*,《当代中国的人性概念》)很自然地将视野从古代转向当时的中国,即 20 世纪 50 至 70 年代毛泽东领导的中国。孟旦指出,这一时期中国的人性观念主要来自于德国的和苏联的马克思主义,以及古代的儒家学说。其特点是特别强调人性的可塑性,这就为中国共产党提倡的一次又一次思想改造运动提供了思想理论的基础。在这一方面,中共比德国或苏联的马克思主义走得更远、更彻底。这是对人性的一种乐观主义的态度,和西方的传统构成对照。在西方,人性不可改变的观点占主导地位,比如认为自私的倾向、攻击的本能、恋母情结、智商等都是不可改变的。

  在这部书中,孟旦创造性地提出了关于心的 clustering 概念,似乎可以译为"意识簇"。孟旦由此揭示了中国古代和毛泽东时代关于心的概念的复合现象。关于心的"意识簇"是指三合一的精神现象,即认识、情感和行动意向的集合。

  毛泽东时代的"意识簇"特别强调认识与情感的密切关系。毛泽东曾经指出认识是掌握事物的本质和规律,因此在理论上认识与情感是必须区别开的。但在实际上,人们总是倾向于把认识和情感联系在一起。当时中国的心理学教科书上说,情感随着认识的觉醒而产生,并且随着认识的变化而变化。比如我们知道了祖国的伟大,就会产生热爱祖国的感情,当我们对祖国的知识增加了的时候,我们对祖国的热爱也会随着加深。

感情不仅与认识相联系,而且与价值判断相伴而行。比如喜欢红色就不仅是一种感情,而且蕴涵了对红色所象征的事物的赞同的价值判断。中国的哲学家和心理学家都强调没有纯粹的感情。事实上,情感也是价值判断的载体。和在儒家的"意识簇"中一样的是,伴随某种认识而来的不一定总是正确的感情,确保正确感情的是个人自己的责任。

毛泽东时代的"意识簇"还特别强调认识与行动意向(prompting to act)的复合,就是说一个人对事物的认识和他按照自己对它的价值判断所产生的行动倾向总是密切地联系在一起的。中国的认识一词本身就包含了理解和"接受"的意思,这里所谓"接受"就表达了按照所知道的和所赞同或不赞同的判断去行动的意志。当学生们说他们"认识到了参加体力劳动的意义"时,就意味着他们应该去参加体力劳动。

把对客观事物的认识、附有价值判断的情感以及行动意向三者密切联系起来的倾向,加上对人的可塑性的信念,导致了中国关于国家角色的特殊概念。国家的责任包括培养人们的"心",要对人心和社会环境全面负责,相应地来说,每个人的个人责任和自由意志就不那么重要。这和西方人的观念全然不同。西方的格言是"人们的思想是不能去试的,只有魔鬼才能知道人们的想法",建立在这一格言基础上的自由民主理论认为政府只能关心人们外在的行动而不能去管人们的思想。每个人都有其自由意志,因而每个人都应该尽自己的责任,对自己负责。

近代以来,不断有人在讲中国人的思维是笼统、模糊、直觉的,西方人的思维是个别的、分析的。孟旦的"意识簇"概念为这种说法提供了新的具体的例证和深入的分析。这可以帮助我们进一步认识中国与西方文化心理上的不同,可以使我们对自己的文化的改造、发扬和发展有更多的自觉意识,克服在中西古今之间简单的价值判断或情绪化反应。

三、与儒学的内在矛盾

孟旦三部曲的第三部(*Images of Human Nature: A Sung Portrait*,《宋代的人性喻像》)和前两部相比,在研究方法上有了重要发展。第一部和第二部分别是古代和当代的思想史,第三部则是以朱熹这一代表性人物为中心的研究。此外第三部书突出了朱熹思想体系中特别重要的结构性形象化比喻,如家庭、水、镜、身体、植物以及君王等。孟旦发现,这些形象在朱熹哲学体系的构成上有不可或缺的功能。

在分析朱熹思想时,孟旦特别注意揭示儒学体系中理论上的两极之间的内在矛盾或紧张。第一个内在矛盾以儒学的家庭优先的原则为一极,以儒家的普遍仁爱原则为另一极,显然,这两极之间存在着冲突的可能性。先秦时期,儒墨之争就涉及这一矛盾。墨家提倡无差等之兼爱,儒家强调别亲疏贵贱之仁爱,二者的冲突充分显露。此外,亲亲的原则与普遍的道义原则也是有矛盾的。《论语·子路》中,孔子反对儿子告发父亲,提出"父为子隐,子为父隐,直在其中矣"。但是《左传·昭公十四年》却记载孔子说"不隐于亲,曰义也夫,可谓直也"。可见,以孝为中心的亲亲原则在特定的情境下难免会与普遍的公义原则相冲突,也会与儒家提倡的泛爱众生、民胞物与的原则相扞格。作为这种冲突的反映,朱熹不断批评墨家,认为他们贬低天然的亲情,并企图抹煞人们在才德方面的自然的等差。

朱熹既提倡家庭优先的价值原则,又提倡体现公众精神的利他原则。但是朱熹没有很好地解决这二者之间的关系,特别是没有具体讨论利他原则实现的方法,所以他的继承人大多数走向了偏重家庭优先原则的一极。由于朱熹哲学逐渐变成了官方正统思想,这一弱点就带来了儒学中的泛爱思想或人道主义弱化的趋势。最终,这一弱点成为晚清和民初文化精英批判官方儒学的要害内容。孟旦认为这是儒家哲学的一个根本性困境。

儒家人性论内的另一个矛盾以强调自我修养、道德上的自我提升为一极,以服从外在礼法、权威为另一极。孟子相信天生的、内在的善性和是非之心,荀子则强调外在的礼法教育。在强调个人的自主努力和强调外在权威教育的两极之间,早期儒家并没有提出一个明确的优化的平衡原则。而朱熹对儒家内部的这些理论上的可能冲突也没有足够的注意和讨论。在朱熹的论证中,道德真理的自我发现和对各种外在权威的依赖也是可以并存的,二者之间并没有明确的先后高低之别。这样,后来的儒家学者或统治者,无论倾向于哪一个极端,都可以在朱熹思想中找到依据。

针对朱熹哲学中的弱点,孟旦指出,家庭之爱和家庭之外的普遍之爱看起来有冲突,其实二者的种子或可能性都包含在自然人性之中。近年来,孟旦一再利用进化生物学、比较人类学及其他社会科学的研究成果证明人类的基因中不仅有利己主义的种子,也有互惠的利他主义的种子。从而用经验科学的发现支持了儒家的传统观念,为化解传统儒学的内在矛盾提出了一个新理论。

四、帝国式求索模式的演变

孟旦上述三部曲贯穿着一个共同的主题,这就是在探讨人性观念的同时揭示中国人的思维方法及其在多方面的影响。这一主题在他的最新专著中有了一个系统的总结和发展。这就是他 1996 年出版的《二十世纪中国的帝国式求索模式》(*The Imperial Style of Inquiry in Twentieth-Century China*)。

此书虽以20世纪为中心,但书中所讨论的帝国式求索模式却植根于孔孟时代,成熟于宋明理学,影响到20世纪,并开始与客观的认知模式互动消长,逐渐让位于现代的与科学精神相一致的求索模式,但也仍然有着某种或积极或消极的影响。

所谓求索(inquiry),显然包括今人所说的对知识以及求知方法的追求,但其内容远不止于此。它还包括探求道德理想的实现、道德教育的方法、社会实际问题的解决等多方面的方法和模式。求索概念显然是根据中国哲学的特点而提出的,它避免了沿用西方哲学的认识论或知识论概念及其理论框架分析中国哲学的局限性和可能引起的误解。中国的思想系统与西方哲学的分支体系有明显不同。在中国,相当于西方认识论的领域总是与道德追求、人性修养、社会控制等方面交织纠合在一起。在孟旦的第二部和第三部书中,他反复揭示并批评了中国传统思想中价值与事实的混淆。而这部书以帝国式求索模式为中心进一步扩展并深化了这方面的研究。

帝国式求索模式与传统的天人合一理论或整体主义相互依存,相信把一切存在结合在一起的秩序不仅贯穿于自然界,而且体现在人类。这种传统后来不仅成为皇权和等级制的支柱,而且制约和引导着传统儒家的求索方式,其重要特点就是顺从前辈的或传统的认知模式和解决问题的方法,把认识及其方法的标准归于外在权威,最终归于皇帝。在道德认识方面,儒家认为道德真理就在心中,所以对外的求索实际上是要印证心中之理。这心中之理和外在权威发生冲突时,最终裁判往往在政治权威。儒家传统又相信人心是可以改变、应该改变的,而统治者就应该扮演精神导师或道德权威的角色。此外,帝国式的求索模式对事实和价值,实然和应然没有明确区分,因此常常把人的价值评判加在客观存在的事实上,影响了客观的、科学的观察和研究。

帝国式求索模式在20世纪的中国开始与西方的科学认识方法相激荡、冲突、融合,并逐渐让位于尊重个人自主性和多样性的、科学的、客观的知识论原则。在这个过程中,哲学家、社会科学家、科学家以及政治领袖都扮演了重要的角色。有意思的是,孟旦在书中不仅讨论到熊十力、贺麟、梁漱溟、陈立夫的观点与帝国式求索方式的关系,而且讨论了孙中山、蒋介石、毛泽东的思想理论与帝国式求索方式的互动。他指出,毛泽东先后树立了延安模式、苏联模式以及大庆模式。1949年以前的延安模式是传统的和新时代的认识模式的结合。他强调调查研究,主张从中国的、农村的、战争的实际出发,反对"本本主义",这是向客观性认识途径发展的倾向。另一方面他又从传统中接受了政治领袖要一天下、正人心、化万民的求索模式,严重限制了一般人的认识主体的作用。1949年以后,毛泽东的延安模式中的新时代的、客观性的一面几乎消失,相应地,传统的帝国式的大一统的求索模式占了主导地位,加上苏联模式的影响,给中国的发展带来灾难性后果。这种后果在

20世纪80年代以后逐步得到纠正。20世纪前半期由先进知识分子所提倡的科学精神在80年代重新发展,个人在求索中的主体性作用开始受到尊重。

孟旦虽然有力地批评了传统的帝国式求索方式的各种弊病,如混淆事实与价值、政治权威至上、压抑个人主体性等,但他同时也充分肯定了传统求索模式中对现代仍然有意义的内容,比如重视人与自然的协调、承认人的可塑性、重视典范的引导作用等。这种分析的态度也是我们在面对古今中西之争时应有的态度。同时,孟旦也特别澄清,虽然他强调民主和个人主体性在求索过程中的积极作用,但他的重点是方法性或工具性的,无关于政治制度的改造。他认为照搬西方的制度来改造中国的传统是不可能的。

五、不倦的追求与奉献

以上只是管窥蠡测地介绍了孟旦先生的主要著作,他的其他许多著作也都有重要贡献和影响。比如他主编的 *Individualism and Holism: Studies in Confucian and Taoist Values*(《儒道价值中的个体主义与整体主义》,1985)一书,收集了许多重要的哲学家、史学家、文学家、社会学家的论文,如余英时、金耀基、杜维明、李欧梵、葛瑞翰、狄百瑞(Wm. Theodore de Bary)、陈汉生(Chad Hansen)、Irene Bloom、Arthur Danto、Wolfgang Bauer 等,这些作者不仅是当时的一时之选,而且到现在也仍然是研究中国思想和文化的重镇。孟旦本人不仅为该书提供了重要的一章,而且撰写了长篇导言。他从中西比较的角度分析了有关个体主义和整体主义的基本概念,如独特性(uniqueness)、隐私(privacy)、自主(autonomy)和尊严(dignity)等。他特别强调,道家特别是魏晋玄学时期的知识分子强调和追求的是个人的独特性,而儒家的圣人观念强调的是人的共同性,对人的个体自主以及独特性有所忽略或压抑。西方的思想传统更注重个性、独特性和自主性,这一点和道家传统倒有更多的共性。

孟旦先生从一开始研究中国哲学就注重多学科、多领域的沟通和借鉴,比如哲学与汉学、古文字学、教育学、心理学、社会学等。同时,他也长时期思考一些深层的问题,比如,为什么儒学能在中国延续两千年之久?他认为,这可能是因为儒学中的某些内容和基本的人性有一致之处。这个问题在他近年来参加"文化与认知研究小组"的活动中有了新的答案。这个小组由自然科学家、社会科学家和人文学学者自发组成,定期讨论。大家关心的是文化对人们的求索方式以及认识内容的影响。在跨学科的研究中,他把经验科学的成果运用到对中国哲学的分析。其中一个成果是他发现自然科学的一些新发现和新理论可以借鉴来分析中国传统的人性论和道德理论。他近年来的一些文章和演讲都是这方面的探索成果。

孟旦先生不仅倾力于个人的纯学术的研究和写作,而且全心全意地教书育人。他的很多学生以及学生的学生,都已经在大学任教,有的已经成为知名学者。很多人虽然不是他的亲炙弟子,也都受过他的帮助、指点或提携。笔者本人也是他包纳百川、诲人不倦之精神的受益人。

为了进一步推动中国哲学的研究,培养更多的中国文化的研究者,他倡议并率先捐款,在密西根大学成立了唐君毅中国哲学研究奖学金。这可能是西方世界第一个以中国哲学家命名的奖学金。值得一提的是,孟旦先生此道不孤。香港中文大学哲学系也已经筹备成立了唐君毅哲学讲座。孟旦先生不仅为我们提供了中国哲学研究的精品和样品,而且实际推动着这一领域学术研究的发展。其精神、其努力、其成果、其贡献都值得我们深思、回味、学习和效法。

照计划,孟旦先生今年要在香港中文大学作为钱穆讲座的主讲作三次演讲,演讲的内容都围绕着他长期研究的两个主题,即平等观念(包括自然平等与价值平等)以及个人的自主性问题。这将是一次厚积薄发的学术示范,是我们品尝学术佳酿的良机。为了表达我们对孟旦先生的谢意与敬意,让我们谨以下面的两句话献给孟旦先生:

致广大,辟榛莽,开通古今中西;

尽精微,送春雨,滋润天人内外。

附注:本文原为香港中文大学新亚书院第十六届钱宾四先生学术文化讲座(2003年2月)纪念册而作。

有关于孟旦先生的学术研究,还可参看以下文章:1. 安延明:《探究儒家伦理学的实践内涵——访孟旦教授》,哈佛燕京学社、三联书店主编:《儒家与自由主义》,213~226页,北京:三联书店,2001年。2. 周炽成:《蒙罗对中国人性论与认识论的研究》,《中国哲学史》,113~118页,2001年第1期。3. 刘笑敢:《研究比较哲学与人性论的巨擘——孟旦的中国哲学史研究》,傅伟勋、周阳山主编:《西方汉学家论中国》,173~203页,台北:正中书局,1993。4. Liu Xiaogan, "Foreword to the Reprint Edition" of *The Concept of Man in Early China* by Donald Munro. Ann Arbor: Center for Chinese Studies, The University of Michigan, 2001. pp. ix-xxvi.

公与私：先秦的"立公灭私"与对社会的整合

□ 刘泽华

公、私问题是中国历史过程全局性的问题之一。它关系着社会关系和结构的整合，关系着国家、君主、社会和个人之间关系的价值取向和行为准则，关系着社会意识形态的规范、社会道德与价值体系的核心等重大问题。由于它的重要，因此又关系着政治乃至国家兴衰和命运。公、私观念的确定和"立公灭私"范式的形成基本是在先秦时期，因此本文以先秦为限。本文的主旨是讨论"立公灭私"这一理念的形成及其与春秋战国社会整合的关系。

一、春秋战国时期"公"、"私"由人指向社会观念的拓展

甲骨文中已有"公"字，其义仅指"先公"或地名。"私"字还未见。

西周时期"公"的使用逐渐广泛，从指人而扩展到指属于"公"的物和事，并开始发展为有政治公共性含义的抽象概念。公指称人，即是指人的身份和个人。"公"是高级爵名，同时又是最高的官阶，有些小官也冠以"公"。"公"指个人则是以官爵称人，如周公、召公、鲁公，等等。物指是说属于"公"的各种事物，这类的名称颇杂。事指是指与"公"相关的事情、行为、社会关系等。

"私"在西周是一个表示身份、所有与个人情性的概念。作为身份，指与"公"相对的人，可以是贵族，如卿大夫，大凡说到"私家"，即指这些人；也可以是底层的一般人，如私属、仆役。"私"的另一含义是"属于己"之谓。《诗·大田》："雨我公田，遂及我私。"这里的"私"指"私田"。《周礼·夏官·大司马》载打猎的收获，"大兽公之，小兽私之"，此处的"公"、"私"都是名词作动词

用,即"公有"、"私有"。私又指私情、私恩。《诗·小雅·楚茨》:"诸父兄弟,备言燕私。"毛注:"燕而尽其私恩。"

西周时期的公、私基本上是以社会身份为主,大体在具象范围内,到春秋战国时期,"公"、"私"的含义像连续乘方一样大扩张。先说"公"。就人的社会身份而言,"公"已从西周时期贵族的专称普及于社会。上层的王侯贵族可泛称"公"、"王公"、"公侯"、"公卿"、"公大夫"等。中下级官僚的官名与爵位带"公"字的也很多,如"县公"、"公吏"、"公乘"、"公士"等;国家的编户民称为"公民"、"公徒"等;一般家庭的家长可称之为"家公",妻子称丈夫为"公",子称父为"公",人与人之间的敬称可称之为"公"。

在社会事物上与"公"相连的词汇遍及各个方面。大致说来又可分为三种情况:一是与公侯主体相关的事物,如"公家"、"公室"、"公门"、"公宫"、"公所"、"公馆"、"公国"、"公财"、"公邑"、"公社"、"公席"等;二是与公侯有关联的国家、朝廷事物,如"公法"、"公举"、"公事"、"公仓"、"公货"、"公马"、"公币"、"公钱"等;三是社会公共事物,如"公作"、"公器",等等。

这个时期最有新义的是由"公"字为核心组成的一系列社会价值和道德概念,诸如"至公"、"奉公"、"为公"、"徇公"、"用公"、"贵公"、"公道"、"公正"、"公直"、"公平"、"公心"、"公识"、"公理"、"公义"、"公信"、"公审"、"公察"、"公议"、"公是"、"公忠"、"公利"、"公功"、"公患"、"公过"、"公然",等等。

与"公"的含义扩张的同时,以"私"为核心的词组也同样成系列地被创造出来。诸如:

与"公家"相对的有:"私家"、"私门"、"私馆"、"私自"、"私利"、"私财"、"私藏"、"私属"、"私卒"、"私族"等。表达个人情欲的如:"私欲"、"私心"、"私意"、"私好"、"私情"等。表达个人道德与行为的如:"私善"、"私德"、"私廉"、"私恩"、"私惠"、"私道"、"私义"、"私荣"、"私为"、"私劳"、"私怨"、"行私"、"私行"、"私事"、"私求"等。表达个人政治行为的如:"私奸"、"奸私"、"私党"、"私人之党"、"私朝"、"私威"、"私曲"、"私交"、"私请"等。表达个人认识的如:"私言"、"私视"、"私听"、"私智"、"私虑"、"私议"、"私意"、"私名"、"私词"、"私术"等。

以公、私为核心组成的词组,其内容覆盖了社会生活的各个方面,说明公、私是极端重要的。

二、"公"、"私"的社会价值分析

"公"所指的社会存在应该说是"公"的价值内容的基础。所谓"公"的社会存在,大致可分为两方面:一是社会身份与相应的社会内容;二是所表达的社会公共事物与公共关系,如国家、社会共同体、普遍的社会关系等及其价值准则。这两者巧妙地结合在一起,前者是后者的主体,后者相对独立于前者,又服务于前者。

"公"的价值意义中最主要和最核心的是把国家、君主、社会与个人贯通为一体,并形成一种普遍的国家和社会公共理性。

"公"发展为国家和社会公共理性的标志有三:一是成为国家与社会的准则;二是成为人们的道德与行为准则;三是成为人们认识的前提和认识准则。为了说明这些问题,我们先分析如下一些关键词。这些词具有"纽结"的意义,是公共理性的集中体现。一是公道、公理。公道、公理在其后的历史中形成不待思索的最重要的社会价值准则与合理性的依据。公道、公理是人们生存当然的前提,不容置疑;人们的行为和思想都要接受公道与公理的检查,违反了也就失去了合理性。二是公法与礼之公。礼与法有别,甚至有冲突,但在根本上并不相悖。法的精神在于"公",因此把法径称为"公法"。礼与公的关系稍微复杂些,礼讲"亲亲",与"私"有牵连,但与"公"也不绝然相悖。从先秦的文字上看,直接把礼与公互相论证的的确不多,而且明确说到礼的本质是公的不是儒家,而是法家。慎到说:"法制礼籍所以立公义也。"(《慎子·威德》)《尹文子·大道下》说:"在下者不得用其私,故礼乐独行。礼乐独行则私欲寝废。"《管子·五辅》说:"中正比宜,以行礼节。"无私、中正与公互相定义,论述礼的本质是无私、中正的在《左传》、《国语》中有多处,因此说礼在本质上与公是相通的。三是公器。所谓公器指社会交往中的各种标准性的共用器具,如度、量、衡、货币、契约,更为抽象化的则是名分与公共概念等。标准性的器物体现着"公"。名号也是一种公器。四是公识、公心。在认识论中,"公"占有特别重要的地位。思想家们除庄学外,几乎都把"公"贯彻到认识的全过程,认识要求"公心"、"公察"、"公议"、"公是"、"公义"。五是公正。公正作为一个道德与政治概念在战国时期大行于世。"公正"与"中正"相近、相通。从以上诸方面可以看到,"公"是社会普遍化的准则,是社会制度(包括礼、法、俗等)的精神准则,是社会交往的准则,是道德价值的准则,一句话,是人间的公共理性。

关于"私"的界定或定义,战国时期的著作中有多处近似的说法,胪列于下:"私"与"公"相对,在价值上大抵都属于被否定的东西。"私"也有不含价值立场的情况,如孔子说颜回"退而省其私"(《为政》),这类的用法几乎没有理论内容,不予议论。下边就"私"的社会价值意义的词语条列如下:一是与法对立。法是公的体现,因此违法则属私。中国法系形成于先秦时期,当时各国的法律虽然有所不同,但基本精神大体一致。其特点是自上而下的行为规定,人只有在赏罚中存在,并没有法律"主体人"的观念和规定。因此在法律中没有独立性的"私"和"己"的地位。在当时人的眼里,一谈到"私"就意味着与法相对或对立。法律无疑应该是社会公共性的体现,但它不一定必须是排私的,如果法对"私"一概排斥,这种法就是专制主义的法。二是与国、君主对立。大致说来可以这样概括:国是绝对的公;君主有私的一面,但又是"国"的人格体现,因此又是公;臣民在国、君主面前则都属于"私"。当然也可以同于"公",但首先要克私。由于臣下在本体上是"私",因此在本体上与国和君主是天然的对立和相反的关系。三是私心、私德与公心、公德对立。事实上人人都有私欲,可是在理论上却成为过街老鼠,除道家的"贵己"和"纵欲"派外,几乎其他的派别都加入了声讨的行列,把私欲视为万恶之源。私欲同德义成反比,春秋时期楚国的伍举说:"夫私欲弘侈,则德义鲜少。"(《国语·楚语上》)《逸周书·官人解》说:"多私者不义。"从广义说,私德与法相悖,因此君主也要去其私德。道本是一个崇高的概念,但"私道"也属逆行,一些人主张抑止"私道"。私恩、私惠也属被禁之列,"明主之道,必明于公私之分,明法制,去私恩"(《韩非子·饰邪》)。四是私说与公议对立。"智"、"说"、"论"、"议"、"见"、"理"等关涉到知识论、价值论诸多内容。就发生学而言,这些都源于个人,由"私"而出。所谓"公论"、"公识"、"公议"等,只能是"私论"等社会化的结果,离开"私论","公论"就无由出。然而有一个极为有意思的现象需要我们认真思索,这就是,中国古代的哲人贤者一方面殚精竭虑,绞尽脑汁提出个人的创见,另一方面又要求排斥"私论",禁止"私说"。五是私利与公利相对。私利的含义极广,这里只讨论财产关系。中国自有文字以来的记载表明,君主和国家对社会财产拥有最高的所有权或支配权,同时私人也有某种程度的所有权和支配权,因此我认为在所有权问题上,既不是简单的国有,也不是简单的私有,而是一种混合性的多级所有制。作为一定程度的私有在西周时期已有文字记载,到春秋战国发展得更为明显。尽管个人财产买卖、交换现象相当发达,国家对个人私有财产也有一定程度的保证,但却一直没有出现私人财产不可侵犯的观念和相应的法律规定。由此而来的"私利"、"私有"也没有足够独立的合法地位,国家和君主要凌驾其上。"私利"、"私有"是否合法,取决于行政分配与国家相应的制度规定。这就是晏婴所概括的两方面限制:其一是"幅利"原则;其二是"利不可强,思义为愈"(《左传·昭公十年》)。"幅"是布帛的尺寸标准,所谓"幅利",就是制度规定原则。孟子说的"制民之产"的"制"字说明"民产"由政治分配决定。由于财产占有关系从属于政治分配,个人的占有来源于"公"才是合理的,合法的,超乎此,个人另谋利益则缺乏合法性,因此在中国古代财产占有"逾制"是一个经常提出的问题。与此相对应,"私利"、"自私"、"自利"意味着与君主、国家相对立。

三、公私关系:立公灭私

从上述公、私观念可以看出,凡属有公的地方都有相对的私。公与私不仅是一种观念,同时也是一种社会关系和行为。需要特别强调的是,春秋战国时期是"私"字大行的时代,财产私有化迅猛发展;人们为争私利熙熙攘攘而奔走,直至争斗,令朝野不安;社会关系以私为纽带进行了空前的大改组;士人的私理、私论大行其道、传播天下。总之,私布满社会各个角落。照理,我们的先哲应对公和私一视同仁进行对应论证，寻求公、私各自存在的理由和依据，探索公、私相对存在的机制、体制和道德准则。然而，先哲的睿智几乎都没有朝着这个方向施展，他们从不同的角度出发，对私进行了猛烈的抨击。大家众口一词把"私"视为万恶之源，是政治的大敌。

基于上述理由，人们对私没有一点宽容之意，而是全力进行批判、抑制、杜绝。与此相反，对公则进行无限的颂扬。在公私关系上逐渐形成如下的简练的判断："以公灭私"（《尚书·周官》），"立公所以弃私也"（《慎子·威德》），"废私立公"（《管子·正》），"任公而不任私"（《管子·任法》），汉初的陆贾、贾谊也说"公而不私"（《新语·耳痹》），"公而忘私"（《新书·阶级》）等。

为了证明公的绝对性，先哲们诉求本体，说公源于天地、四时、神明，还源于"道"。公的另一同义说法即"无私"，也是天地、自然、神灵和道的本质性体现。古代思想家凡属要论证事物的合理性或绝对性时，一定要从天地、自然、神灵、道与圣人那里寻求本体性的依据。只要找到这种依据，该事物便成为不可置疑的，而且在当时也很难有其他理由与之抗争。

如何立公灭私？法家、道家、儒家、墨家各有不同思路，但又有交叉。在立公灭私上法家是最为明快的，论述最多。法家立公灭私的思路是以法为公，一断于法。法家虽然承认在法范围内"私"的存在和意义，但没有把"私"作为法律的主体来对待。法家的法无疑有社会公正的内容，但同时又是以帝王利益为核心的，是为帝王统治服务的。法家毫不含糊地说，法者乃帝王的工具。法家的公私论是在追求国家秩序，而在当时，这种秩序只能是君主专制制度。儒家的立公灭私的思路与法家有别，他们主要是以道德完善和自律来灭私。在儒家那里，公、私对立的命题直到荀子时才出现。在孔、孟思想中，国家、社会公共理性与个人的关系是用"克己复礼"及尚义贱利两个命题表达出来的，与立公灭私大体是相类似的。从社会历史角度看，礼是等级物，同样，公也是等级物，公的社会形式就是礼。儒家在生存面上承认私的存在，但没有给它应有的合理性，公几乎占据了整个的合理性。当儒家把人定义为礼义的存在物时，也就把人的等级性视为自然。道家的立公灭私之路是回归自然，与道同体。在他们看来，私、我、己仅仅是自然的一种存在形式，或演生过程中的一种现象。因此，私、我、己与万物并没有什么区别，于是提出齐万物，物我为一。由此很自然导出无己、无私的结论。墨家以义为公。《墨子》一书直接论述公私的不多，把公私相对立的仅一见，即《墨子·尚贤上》中所言："举公义，辟私怨。"虽然仅一见，但一个"举"字和一个"辟"字完全表达了墨子在公私问题上的思路。

诸子从不同角度和不同理论出发都导致一个大致上相同的结论，这就是"无私"、"灭私"、"弃私"、"废私"。那么与私字相近的还有什么相关词语呢？大致说来，最主要的还有如下几个字：我（吾、余等）、己、身、欲、心等。只要这些与私相近,均在灭、废之列,于是有"无我"、"无己"、"无欲"、"无身"、"无心"等命题的提出。对"志"似乎有所不同,孔子主张"有志",其他诸子在"有志"这点上都有相近之处。(这点可参阅拙文《道、王相对二分与合二为一》与《圣、王相对二分与合二为一》。)诸子说的有"志"是否是精神独立、人格独立、道德独立和主体独立呢? 乍然看去,确实有相当的依据,诸如"当仁不让"、"大丈夫"、"道高于君"、"从道不从君"以及"民不畏死,奈何以死畏之"等豪言壮语,足以显示有志者人格之伟大精神。但是我们如果把这些豪言壮语与"无私"、"无我"、"无己"、"无欲"、"无身"、"无心"等联系起来考察,那么这些豪言壮语中是不包括自身个性和利益在内的,此时的"我"已经不存在,"我"仅仅是"公"的载体和体现。因此从逻辑上说,"我"是无个人之人格的,"我"是不独立的。上述方方面面的"私",其核心是"私自"、"私有"以及"隐私"。"私自"说的是主体,"私有"说的是个人对物的所有,"隐私"说的是不愿公开的个人的事与情感。把这些"私"都灭掉,还有哪些是属于个人的东西呢? 没有任何个人的东西而谈个性独立,等等,显然是空话和虚话。应该说与个性独立相反,在"立公灭私"的公式中恰恰没有给个性独立留下应有的位置,而是否定个性独立的绝对化的集体主义和国家主义。此点下边还要论及。

当然,诸子也不是对人的自私自利性一点也不顾,在一定程度上对"私"还是关注的。如法家并不完全否认"自私"、"自利",认为人生来就是自私自利者,直到盖棺而后止。墨子认为人的本性也是自私自利的,他还第一次提出要把人之"生利"作为自然的权利来看待。孔子罕言利,但对人的实际利益又给予特别的关注,强调不管为人还是为政,都要利于他人。孟子的"心性"论,从人性上肯定了"色"、"食"的意义。总之,对在生存意义上的"私",先哲们给予了一定的肯定和关切,但"私"既不包含个人社会权利的意义,也没有社会独立价值的意义,只是在生存意义上才被重视。因此,"私"大致说来仅是一种动物性的需要,而没有进一步发展成为社会权利系统中的要素,更不是政治系统中必需的要素。由于在公私关系上彻底排除了"私",因此剩下的只有"公"才是惟一合法与合理的。而"立公"导致了社会与国家政治公共理性的充分发展。

四、立公灭私与社会和政治公共理性的发展

社会和政治公共理性主要指社会与政治的一般化原则和通例,它或是人们在生活过程中形成的共同认定的准则和习惯,或是由国家与社会组织颁布的政令与行为准则。社会和政治组织范围越大,越需要公共理性来维持和维护,而且社会与政治组织的范围的大小与公共理性的一般化程度成正比。这种公共理性的发展是历史总体运动的成果,其中包括政治制度的改革、社会关系的重组、国家机器发展的程度,等等,而"立公灭私"则是这个时期公共理性的高度概括和总体特征。"立公灭私"表现在不同层面,有许多内容,其荦荦大者有以下几点。

一是理性治国观念的发展。政治公共理性的发展以破除神性政治为必要条件。在春秋以前,重大的政治决定大都是在庙堂里决定的,都与卜问、占龟等相联系,因此称为"庙算"。政治公共理性发展起来之后,政治就走向社会,甚至走向民间,以至平民也可以论政。曹刿曾说过"肉食者鄙,未能远谋",这是政治公共理性走向人间的新时代的标志性话语。士人的普遍参政与政治公共理性的发展是互为因果的,是互相促进的。政治变成社会性的认识对象,诸子百家的议政足以表现其炽热的场面。在这场以理性认识为主的争鸣中,人们提出了各式各样的治国纲领,诸如"以礼治国","以德治国","以法治国","以道临天下","无为而治","一同天下之义",以及这些纲领的混通、兼用,等等。这些治国纲领都是以"公"作依据的,都是"公"的体现。

二是百姓观念的发展。"与百姓同谓之公"(《逸周书·太子晋》),"立制及众曰公"(《逸周书·谥法解》),是处理社会公正和公平的最有价值的思路。因为在这个命题中明确提出了"公"的社会标准是"百姓"、是"众"。应该说,这在认识上是一个极大的突破,与"王公"之为"公"、"公家"之为"公"、"国家"之为"公"等有着原则的区别。这比"国将兴,听于民"更具体,更深刻。

三是"公国"和"天下为公"观念的发展。国家至上的观念到战国中后期才逐渐形成。这就是"公国"与"天下为公"说的提出。《管子·法法》说:"明君公国一民以听于世。""世无公国之君,则无直进之士。""公国"即以国为公。比"公国"更具普遍意义的是《礼记·礼运》篇的"大道之行也,天下为公"这句话。类似的说法还有不少,如《商君书·修权》说,尧舜位天下"非私天下之利也"。慎到说:"古者立天子而贵之者,非以利一人也。曰:天下无一贵,则理无由通。通理以为天下也。"又说:"立天子以为天下,非立天下以为天子也。立国君以为国,非立国以为君也。"(《慎子·威德》)《吕氏春秋·贵公》说:"天下,非一人之天下,天下之天下也。"《韩非子·观行》说:"大勇愿,巨盗贞,则天下公平。"这些论述与"天下为公"没有什么差别。公国、公天下可以说是政治公共理性发展的极致,具有十分重要的理论意义和实践意义。从纯粹逻辑上说,它否定了君主独占统治权的专制体制,否定了家天下。事实上,"天下为公"并不是惟一的,与之相对还有"王有天下"论。

四是工具理性和制度理性的发展。像度量衡这类工具,其本身蕴含着丰富的社会公共关系,人们把度量衡、契约等视为社会的"公信"、"公识"。以规矩成方圆成为一种社会公共理念。与之相应,人们把社会制度、道德规范,即礼、法、道义等也视为一种规矩,以之规范社会,使人群成方圆。如下的论述十分明快:公共理性的存在形式是公开化,要人人皆知。法家主张法律必须"明",即公开,法要成为君臣上下"共操"之物,使"天下之吏民无不知法者"(《商君书·定分》)。由于"共操","吏不敢以非法遇民,民不敢犯法以干法官也"(《商君书·定分》),法于是成为公共之公器。在公的面前要"一断于法","刑无等级"。规矩、制度、道德等上升为一种独立的、一般的存在,所有的人在它面前都属于个别,而个别则要服从一般,即使君主也不能例外。因此君主办事也要出于公心、听之以公、为公利、断之以公。但同时所有的思想家几乎从不同角度又得出一个共同的结论,即君主可能是"公"的最大的破坏者。臣下背公行私固然也有极大的破坏性,但上有君主在,可予以制裁。对于君主就比较麻烦了,他手中的权力是不受约束的,可以任意而行。如何解决这个矛盾?古代思想家没有下工夫设计相应的操作程序和办法,孟子虽然有过询国人和同姓易位之论,但都是非体制性的制约。因此君主能否立公去私,只能靠君主的认识和自觉。

"公"作为政治公共理念的提出和发展,应该说是时代的产物,更具体地说是春秋战国时期国家体制的变革产物。这一变革的重要标志是从春秋前血缘分封国家转变为一统的君主专制国家。一统的君主专制国家有两个明显的矛盾:一是专制君主与众多臣民之间的矛盾。君主一人如何统治那么多的臣民?二是社会分工和国家权力系统的分工越来越细,如何把由分工而带来的分散倾向集中起来?这两个问题又可归结为一个问题,即"一"与"多"的关系。"一"就是专制的君主,"多"就是千头万绪的事务、政务和众多的臣民。对这个问题当时的哲人从不同的角度进行过不同的思索并提出了解决问题的方案。而其共同点就是抓住普遍性、一般性即政治的公共理性,以"一般"驭"万端"。"一般"又有不同层次,而其最高抽象就是这个"公"字。

社会事物的复杂化、分工化、个性化与共性化、普遍化、一般化是相反相成的发展,普通人忙于在前者中讨生活,只有君子、圣人才能发现和把握后者。抓住共性,即"公"性,才能牵一发而动全身。先秦诸子为了认识和发现万端事物中的"公"性展开了一场精彩的认识竞赛和争鸣。从春秋战国以后,特别是从秦帝国以后,中国的历史在政治上基本上是沿着统一的君主集权制的轨道运行,其中的原因很多,但主要的因素之一不能说不是这个"公"字在发挥着整合和统领作用。

五、立公灭私与君主专制制度的发展

立公灭私观念形成的时期正是君主一统专制制度的发展时期。这里用"一统专制制度"一词除我们共识的君主专制外还强调如下两层含义,一是君主专制制度从上到下"一竿子插到底",直接统治所有的臣民,控制社会分配权;二是空间上的无限扩张性,不允许有相同的政权并存。立公灭私正是这一进程的理论大纛。关于君主一统专制制度的形成过程我曾在几篇文章中进行过讨论,我们的基本观点是:当时为争社会资源分配权而进行的兼并战争是君主一统专制制度形成的直接原因。作为社会身份的"公"、"私"之争就是当时兼并战争的主要内容之一。

"公""私"之争表现在国家权力上即君主集权与分封分权之争。春秋时期诸侯简称"公",卿大夫则简称为"私"。所谓"私肥于公"之"私"即指卿大夫之"私家","公"即指诸侯之"公室"。因此在一定意义上"公"、"私"是一个特定的社会阶层和权力单位。春秋时期作为权力的公、私之争,大致说来有两种情况、两种结果:一是"公"压倒和裁抑住"私",如秦、楚、燕;另一种是"私"打倒了"公",即卿大夫把诸侯打倒,如分晋的韩、赵、魏、代姜齐的田齐等。"私家"胜利了并不意味着"私家"势力的发展;取胜的"私家"对原来的诸侯是取而代之,自己上升为公侯,于是又形成新的"公""私"对立。楚、秦、燕的"老公"如何压倒"私家"?"新公"如韩、赵、魏、田齐如何壮大新的公家势力? 一般的教科书都有论述,要之,其内容都是把权力集中于君主之手,同时削弱和取消私家的权力单位意义。从国家形式来说,"公"打败"私"的过程就是从西周封建制国家向春秋战国集权制国家转变的过程。

在封建制下,所有受封者都是一个个相对独立的国家。分封者和被封者虽然有宗主和藩属的隶属关系,但权力各成体系。上下关系的特点是:我的主人的主人不是我的主人。君主一统的集权制正是要取消或削弱这种制度与观念,君主要"一竿子插到底",要控制每一个人,即使达不到全体,也要尽可能多地控制更多的人以纳税和服徭役。这就要改变"我的主人的主人不是我的主人"的社会结构。改成什么样呢? 要改成"君主是所有人的主人"。所以不管是"老公"的胜利,还是"新公"的壮大,共同的结果是"公"压倒"私",即取消或削弱"私"作为权力单位的意义。

"公家"与"私家"两者之争不仅贯串春秋,也贯串战国。战国时期"私家"势力仍然不小,直到战国中后期"私家"对"公家"的威胁依然很大,在各国几乎都先后程度不同地出现过私家专权的情况。孟子说过:"为政不难,不得罪于巨室。"(《离娄上》)所谓"巨室"就是私家。孟子从另一面说明了"巨室"势力是相当大的。法家与孟子的看法不同,他们一再指出,对君主威胁最为直接的是这些"私家"、"巨室"。战国时期法家的改革主要内容之一就是打击、削弱这些私家大族。吴起在楚国的变法把打击"公族"作为首要内容。商鞅变法也是如此。在商鞅看来,所有私家大族,只要不在国家体系之中或对国家有离心倾向的都在打击之列。韩非对"私家"、"私门"之害有反复的论述,认为是国君的最大、最直接的威胁,一再提出要把打击私家势力作为政治的主要打击对象。他以树干与枝为喻,提出强干弱枝。君主一定要经常剪理枝杈,切不可让枝杈长得茂盛。在韩非看来,妨害君主集权的主要障碍是"私门"太重。应该说,"公门"与"私门"之争一直是一个突出矛盾,秦始皇统一之后首要举措之一就是迁豪。汉承秦法,也是不停地迁豪和打击豪强。

"公"胜"私"的过程也就是从分封制国家转到君主集权国家的过程。这一转变关系到社会结构、社会关系、观念与价值体系的转变,等等。应该说"公"控制住"私"是历史的一大进步。立公灭私之所以会导向君主专制,还因为有如下两个理念和相应的运动趋势来支持:一个是公而无党。党本来是一个复杂的社会现象,有血缘关系的"族党"、"党族",有地缘关系的"乡党"、"里党",有以角色为中心的这样与那样的党,诸如"父党"、"母党"、"夫党"、"妻党"、"主党"、"宾党",在政治上有"朋党"、"比党"、"王子党"、"公党"、"公子党"、"党与"、"私党",等等。总之"党"是一种社会普遍存在和不可避免的现象。应该说,党是社会利益的组合体。社会是不可能没有利益集团的,也不可能没有利益的差别;有利益的差别和集团,必然有这样与那样的"党"。从逻辑上说,政治公共理性发展应为政治上的"党"提供理论依据。但是中国古代的哲人却走了另一条路,他们几乎一无例外地在"公"的大纛下,对"党"进行了批判和否定。他们把"公"绝对化。所谓绝对化,即要达到一律化和无差别之境。于是从立公灭私中自然得出的结论是"公而无党"。从纯粹逻辑上说,如果"公"到了绝对的、无异议、无差别的境地,是可以导出"无党"论的,因为人人都一样,都一条心,都是公的肉体,没有区分,自然也就没有"党"了;但这仅是一种纯粹的逻辑。换个角度,如果政治公共理性是历史的,是有层次的,那么,从不同层次的"公"中也可以推导出有党论。事实上当时诸子主张的"公"就互不相同,甚至如同水火,因此不仅应有不同的"党",而且确实也有不同的"党"。可是我们的先贤在政治上却绝对不容许"党"的存在,把"党"视为首害,诸子不约而同地都要求取缔政治上的"党"。他们把"党"与"私"说成是同体,党必私,私必党,私与党是孪生兄弟,于是政治上要求立公灭私与取缔党便成为一回事,相反,公则无党。典籍中对朋党的批判比比皆是。

先哲们根本没有提出过容许党存在和调理党之间的关系这一理论课题,而是一无例外地进行了抨击。所有人,不管是结党的还是不结党的,从观念上和理论上都认定"朋党"是政治的大敌,于是打散、取缔"党"成为一种普遍的政治价值准则,只要加上"朋党"的帽子,就是大恶、大奸。温文尔雅的孔子也高扬"君子不党",这样一来,在政治上人们不能有横向联合关系,只有垂直服从关系。

公而无私与公而无党成为同一个问题的两种表述。把"党"视为私的体现,这是古人步入的一个大误区。就实而言,党既有"私"的一面,又有"公"的一面,是一种公私结合体。把"党"完全派给"私",就割断了"党"与"公"的联系,否定了"党"的合理性。另外,"公而无党"也把"公"绝对化了,"公"则不准有社会性的组织,于是"公"便都集中到君主那里,君主是惟一的可以摸得着和体现"公"的政治实体。这样一来就取消了个人独立的政治意识和行为的合法性。以公否定"党"存在的合理性,无疑是一个理论误区,但却是当时以及其后两千余年的公论;党作为一种事实存在尽人皆知,但又都认为是一种非合理性的存在,更没有结党的法律保护。这是一个非常相悖的现象,我们的先人一直在这种相悖的环境中生存,衍化出说不尽的麻烦事。无党论适应了君主一统专制的需要,因为任何党派的存在都会在不同程度上造成对君主一统专制体制的分解,进而成为一种威胁。取消"党"的意义在于从根本上取消了人们横向联合的可能性，把人的社会联系减少到最低程度，特别在政治上，要把人尽量孤立成为一个个单个的人，把人单个化、孤立化，是君主一统专制制度存在的必要条件。我在多篇文章中说过春秋战国的诸子百家都在营造君主专制主义，其根据之一就是他们都反对"党"。在庞大的君主权力面前，人们越是孤立，就越没有力量，就越便于君主专制。这可以说是历史的一条铁则。

其次，与公而无党论相伴的是公、忠一体的忠君观念的发展与确立。"忠"的含义有多方面的内容，要之可分为两个方面：一是以主人和君主为对象，就是说下级对"上"的人身服从和人身依赖；一是以公共理性为对象，就是说在社会活动与人际交往中要忠于和恪守社会的公共理性和政治公共理性原则。从逻辑上说这两者的方向和行为是不尽相同的。前者向人格的萎缩和消失方向发展，后者向人格的独立发展。为了行文方便，我把前者称为第一种忠，把后者称为第二种忠。第一种忠一直是主流，第二种忠在春秋战国时期有很大的发展。当时国与国之间的竞争和招揽人才，士人的朝秦暮楚和自由的流动，臣对君主的绝对服从有一定的松动。另一方面，社会改革、社会关系的大变动和激烈的政治、军事竞争激起了社会和政治公共理性的发展。在这种环境下，一些具有独立精神和有使命感的士人、官僚把坚持第二种忠作为自己的责任。表现在君臣关系上，他们尽忠的原则是以道事君、道高于君，甚至从道不从君；政治理念相合则留，不合则去；拒绝对君主卑躬屈膝的"妾妇之道"。

第一种忠与第二种忠在逻辑上是不同的。但第二种忠要进入实际的政治运行系统就不能不与君主打交道。在实际的权力运行中，君主不会喜欢臣下过于自信，也不会喜欢臣下过多地张扬"道高于君"。因此第二种忠的实践条件是极其有限的，常常像伍子胥那样被杀，像屈原那样被逐，总之，第二种忠的悲剧多于喜剧。于是第二种忠逐渐向第一种忠靠拢、妥协、屈服。在强大权力支配社会的事实面前，相应的理论也一定会制造出来以折衷两者的关系、调和两者的冲突。如果仔细考察，从忠观念一出现就有把两者混合起来的论述，把第二种忠融于第一种忠，或者作为第一种忠的附庸理论到战国后期已经完成，荀子和韩非是有关理论的集成者，其标志是"忠顺"和"公忠"的合一。

战国时期人们对君主的忠虽有种种区分，如"至忠"、"上忠"、"大忠"、"次忠"、"下忠"、"愚忠"，等等。然其主旨不外：竭尽全能效力而无异心和个人图谋；忠信而不党，尽忠而死职；听从吩咐和支配，不择事，不计较；忠谏不听不生异心；有善归之于君，不彰君之恶，恶归于己；君要臣死则死，死而无怨。以上这些几乎为社会公论和价值准则。臣民对君主的忠顺是专制体制的要求，也是君主专制制度赖以存在和运转的社会观念基础和条件。把公与忠一体化，既使忠充实了政治公共理性的内容，又使公获得了臣民忠顺的支持。

六、立公灭私与国家和社会领域的对立

国家指以权力为中心的权力体系,社会领域指国家体系之外的社会组织与个体存在等。国家与社会领域是历史中的必有之物,无法互相取代。但是,如何处理两者的关系,则有相当的空间由人安排和设计。立公灭私的观念把国家与社会生活完全对立起来了,战国时期以此为指导而进行的变法对国家与私人关系进行了新的组合,并对以后也产生了极大的影响。

在理念上公私的对立是公共理性与私人的对立,在社会关系上则是君主、国家与民间社会与个人的对立。在诸子的言论中,固然有君主、国家与民间社会之间的统一性言论,但在观念上占主流的则是两者之间的对立。在道家的理论中,人的自然存在是最合理的,远古时期没有任何社会性的自然人是最自由的、最符合人性的时代。唐尧、禹舜等圣人的出现搅乱了人性,他们创立的种种制度是人性的枷锁和桎梏。这样,压根上国家与人的社会性就是对立的。儒家的贵贱等级论中虽有调和的一面,但贵贱上下之分则是主要的,而贵贱上下之分正标志着君主国家与民众之间的对立,他们有关君子小人的对立论也包含了一部分国家与民间社会对立的内容。墨子认为,人类最初是一人一义,因此各不服气,争乱不已,于是有圣人出,禁乱制暴,制定出刑罚,强制人们放弃一人一义而归于一是。国家也是在与人性对立中产生的。法家认为人类最初没有君主与国家,由于人们之间的争斗使社会陷于一片混乱,于是在争斗中胜者为王,并制定出控制社会的制度体系。所以在法家眼里,君主、国家与社会民众之间是一种控制与被控制的对立关系。这方面的言论很多,各家的思路尽管有很大的差别,但有一个共同点,即君主、国家同民间社会或多数人之间是一种对立关系。

公体现在法、礼,而法、礼是君主、国家规范和统治民众的工具。法、礼与人的关系,占主流的说法是圣人外加给人的,而不是从人自身的需要生长出来的。因此礼、法对人是一种矫正。在儒家看来,没有礼,人就不成其为人,礼是人与动物区分的标志,是对人的矫正器。法更是如此。在法家看来,人的本性是好利的,好利引起争乱,于是有圣人出,制定出法,以规范人的行为。礼与法的主旨都是明分或定分。以法"定分"的论述很多,无需征引。于礼则有不同的看法,一些人认为礼的主旨是讲"和",如《论语》有"礼之用,和为贵"等。然而究其实,"和"的前提是"分",礼首先是分贵贱上下尊卑,荀子说:"人何以能群?曰分。分何以能行?曰义。"又说:"先王恶其乱也,故制礼义以分之。"(《王制》)《礼记·坊礼》说得更清楚:"夫礼,坊民所淫,章民之别。"《乐记》说:"礼义立,则贵贱等矣。"礼、法的主要功能是分贵贱等级,这就决定了它们与人的对立性。

春秋战国的立法只有"公法"而没有"民法",这同立公灭私观念应该说有极大的关系。所谓的公法也就是"王法",它的出发点和归结点都是为王的统治服务,

民众只有作为王的附属物和使用物才有存在的意义，法家对此有明确的论述。他们提出，如果臣民不能为君主所用，那么这些臣民就失去了存在的价值，要采取最严厉的手段进行处罚，直至消灭之。中国法系的一个重要特点是"诸法合一"，应该说这同君主绝对专制是配套的。诸法合一说明了法律的主体只有一个，这就是君主，其他一切臣民都是被君主统治的对象。从出土的秦律中可以看到对臣民的行为规定极其详细和具体，但没有任何有关臣民权利的规定。

依据立公灭私的原则，不允许有独立于国家之外的民间社会的存在。所有的居民都必须纳入"编户齐民"的行政管理系统。当时发展起来的编户齐民制度不是一般的行政管理与户口登记，而是整套的人身控制、职业控制、行为控制、义务控制和社会控制体系，是君主直接对每个人的统治和奴役制度。秦国的法律对家庭制度都有硬性的规定，儿子成人必须与父亲分居，居民要编入什伍里甲体系，实行什伍里甲连坐，人们除垂直隶属于君主外，完全没有任何横向的自由空间，自然也就没有民间社会的活动余地。韩非提出对个人也要严格控制，要用法律与行政手段"禁其行"、"破其群"、"散其党"。(《诡使》)"俗"应该说包含许多民间社会的东西，为了一体化，各国变法对"俗"进行了肃整，改"俗"入法，吴起在楚国"一楚国之俗"，商鞅在秦国的变法同样"移风易俗"。

崇公论、抑私说是立公灭私在思想文化方面的体现，而抑私说可以说是禁绝民间社会活动最彻底和最极端的行为。抑私说意在于控制人们的思想，如果人们没有了思想的自由，进而变成只知听命，那么这种人就只能是会说话的工具而已。在历史的一定时期，比如春秋战国，国家与民间社会有某种对立，国家对民间社会进行某些改造，从历史进步而言是必要的，这个问题不在这里讨论。我要说的是，这种国家与民间社会的对立是适应了君主专制发展的需要，立公灭私导向了国家至上。这种模式一旦形成就成为巨大的惰性，使国家控制民间社会成为惯性和成例，在历史的发展中越来越走向反面。

七、立公灭私与道德的扭曲

公与私本来是相反相成的一对矛盾，两者都是社会的普遍存在，不能一个吃掉一个的。但在中国的历史上却出现了一种绝对化的理论，即本文中一再说到的"立公灭私"论。立公无疑是合理的，但"灭私"却把一种社会普遍存在的"私"置于了死地，取消了"私"的正当性与合理性，于是"私"被置于恶的地位，成为一种恶势力和万恶之源。这样就出现了一个无法解决的悖论："私"虽是客观存在，但在观念上是不合理的；人们在"私"中生活，但观念上却要不停地进行"斗私"、"灭私"；人们在实际上不停地谋"私"，但却如"作贼"一样战战兢兢，不能得到应有的保障；在社会生活交往中，特别是在政治上，只要被戴上"私"的帽子，一下子就失去了合理性与正当性。

人灭私之后还有什么呢？人只能是一种"公"的存在物。从一方面看，人不能不是"公"的存在物，因为人是一种社会动物，当然应该遵守社会的公共理性和社会规范。如果一个人反过来把"公"灭掉了，这个人应该说也就失去了人的社会价值，就会变成一个孤立的个体人，这样的人要么不进入社会，彻底离群索居，"自生自灭"；要么进入社会，那他一定会成为害群之马。一句话，人不能无"公"。

从逻辑上说，人如果仅仅是"公"的存在物，哪怕这种社会和政治公共理性是极其美好的，也不能避免其专制主义性质。道理在于：其一，它取消了人的个性和多样性，只能充当社会和政治公共理性的工具；如果人只是工具，就只能扮演服从和被支配的角色，人只会"服从"和"被支配"，那么其对立面一定是专制。这是历史的辩证法铁则。其二，如果人只是"公"的存在物，那么他同时也就变成了一个现存制度的"制度人"。所谓"制度人"，意思是说人与制度一体化了。制度是历史性的，而人的主动性和创造性总有突破历史性的一面，取消了人的主动性和创造性的制度只能是专制主义的制度。其三，人本来是"公私"的浑成体，公私之间需要的是适度调理，求得平衡，但理论上却要把私灭掉，这如同把人劈成两半，该是何等的残酷啊！

理论上一味地提倡"立公灭私"，在事实上却极难做到，而人们又没有突破"立公灭私"的框架，于是就出现了大批的"假人"，即阳公阴私，假公济私，化公为私，援私为公，等等。这点先哲们早有观察和揭露。按照"立公灭私"的要求，只有如下的人才是真正的人：儒家所谓的"君子"，法家所谓的"法术之士"，道家所谓的"真人"，墨家所谓的"义士"等。而阳为公阴为私者，只能是"假人"、"小人"、"伪君子"等。从历史实际看，在"立公灭私"的标准下，中国人的绝大多数是"假人"。对假人只能实行专制。因此道德的绝对化，如"立公灭私"，看起来十分纯真、高尚、典雅，而实际上则是武断、凶残、专制。理论上要"灭私"、"无私"，然而事实上做不到。可是诸子百家又基本上都接纳这个理论和价值体系，这样一来，"私"只能是一个没有合理性的怪物游荡于人间，于是阳为公，阴为私便成为中国历史上的一大奇观！

古代"公天下论"的构成

□张分田

公天下论是中国古代最重要、最流行的政治理论之一。《礼记·礼运》有:"大道之行也,天下为公。"《吕氏春秋·孟春纪·贵公》有:"天下,非一人之天下,天下之天下也。"这些思想命题被历代思想家、政论家反复征引,它的影响既广泛又深远。在中国思想史研究领域,许多学者称这一类思想命题为"民主主义思想"、"反专制思想"。例如,有的学者认为《礼运》篇的思想表明儒家主张建立"民权的大同世界"。① 许多前辈著名学者都有这种论断,仿而效之、沿而袭之的后学自然为数众多。在这方面,以鼓吹弘扬"儒家民主主义"的现代新儒家最为典型。

这种解读方式的特点是把具有特定内涵的古代思想附会为现代思想。将《礼运》的"大同"、"天下为公"解读为民主共和政治最为典型。较早将"天下为公"附会为民主政治的是康有为,而他的观点又有广泛的影响。康有为在《礼运注叙》中写道:"天下为公,选贤与能,官天下也。夫天下国家者,为天下国家之人共同有之器,非一人一家所得私有,当合大众公选贤能以任其职,不得世传子孙弟兄也。……固只有天下为公,一切只本公理而已。"这段话的大部分文字符合中国古代公天下观念的本义,而"大众公选"之意却是古代思想所不具有的。将"天下为公"解读为"大众公选",这是一种附会。正如一位日本学者所说:"天下为公四字……也不过说让天下于有德的人罢了,全然不含民主的思想,也没有治权在人民全体的意思。……就算含有民主思想,却还不见得有共和思想。天下为公四字中,并没有大总统公选的意味。总而

---

① 参见徐顺教:《〈礼运〉大同与孙中山的天下为公》,收入中国孔子基金会编辑:《孔子诞辰 2540 年纪念与学术讨论会论文集》,上海三联书店,1992。

言之,绝不可以把这一句话认做民主共和主义。"①

对《吕氏春秋》贵公思想的评价与此相似。许多学者认为,《吕氏春秋》立君为了利群、天下属于天下的思想是民主思想。在研究《吕氏春秋》的专著中,这种观点很常见。对此,学界有不同看法。但是,这些学者也把公天下观念与家天下制度对立起来。因此,迄今为止尚未有人从帝王观念、统治思想和全社会普遍政治意识的角度全面审视这类思想命题。本文的核心论点是:中国古代的公天下论集中回答了设君之道、为君之道和择君替君之道等重大政治理论问题,它既论证了人类实行君主制度的必然性与合理性,又为君权的存在与行使设置了条件和规范。立君为公、君位为天下之公器、君道尚公、天下非一家一人私有等思想是中国古代统治思想的重要组成部分。一般说来,历代统治者不仅不排斥这些思想,还往往自觉地运用它、利用它来调节政治或变革政治。这类现象不能简单地一律斥之为粉饰政治。

一、立君为公的设君之道

公天下论首先回答的是设君之道,而公天下论的第一要义是立君为公。在这个意义上,公天下论属于政治本体论的范畴,它集中回答了君主制度的来源、目的和功能等根本性的政治理论问题。君主制度由何而来、因何而设,这个问题涉及到君主论的理论基础和帝王观念的核心内容,即君主制度的必然性和治权在君的合理性。它又是进而解释帝王权势、君道规范和帝王统绪的重要依据。中国古代思想家提出的许多论点,简言之,即天、道、圣立君,而立君的目的是为了主持社会正义、利群为公。

设君利群的政治观念至迟可以追溯到西周时期。《尚书·泰誓》说:"天佑下民,作之君,作之师,惟其克相上帝,宠绥四方。"该篇还把"元后"比作"民之父母"。这就是说,君主制度是上帝创造的,天对帝王宠之以权力,让他协助天来治理人类社会,帝王必须像师长、父母一样教化、养育芸芸众生。《周书》、《诗经》诸篇还提出"革命"思想,即如果一家王朝、一个君主不能养民、保民,天帝就会另择"民主",人间就会改朝换代。这就是说,立君的宗旨是养育广大臣民,君主"代天牧民"、为"民主",而为君的必要条件是为天下众生谋福利。《泰誓》虽系后人整理成文,但该篇文字曾为《孟子·梁惠王下》等先秦文献征引,再参考《周书》其他篇章的思想,上述思路属于西周的统治思想当无疑问。《周书》是西周统治者昭告天下的政治文诰,《诗经》是广为传诵的颂辞民谣,有关的政治观念显然具有相当广泛的影响力。天立君择君以主天下、利众生,这一直是中国古代公天下论的核心思想。由此可见,后世公天下论的基本思路在西周时期已经形成。

---

① 服部宇之吉:《儒教与现代思潮》,《文星周刊》第15页。

明确而又系统的设君利群为公论见于《吕氏春秋》。《吕氏春秋》的《贵公》、《去私》、《恃君》等篇明确提出君主制度为公利而设、君主必须利群为公的观点。《恃君览》认为,人类生而柔弱却能"裁万物,制禽兽,服蛟虫",原因在于群居。"群之可聚也,相与利之也。利之出于群也,君道立也。故君道立则利出于群,而人备可完矣"。无君则社会秩序混乱,生活水平低下,人类无法自立于自然界之中。群居与公利,要求有一个人来组织社会,团结群体,维护公益,这就是设立君主制度的本因。既然设君利群为公,那么天下非一人之天下。推而论之,当今之世仍需坚持这种制度,君可废,国可亡,"而君道不废者,天下之利也"。君主制度体现着万世不可革除的社会法则。

其实,这个思路并不是《吕氏春秋》首创的。它在先秦各个主要政治学说流派中具有普遍意义。例如,墨家持上帝鬼神立君说。墨子认为:远古"未有刑政之时",天下之人皆自以为是,相互争斗,导致"天下之乱,若禽兽然"。自从有了以天子为首的正长体系,以赏罚统一天下之义,才使人类社会如丝之有纪,网之有纲。"察天下之所以治者何也?天子唯能壹同天下之义,是以天下治也"①。总之,"古者上帝鬼神之建国都、立正长也",目的是统一天下公共之义,并通过赏善罚恶来维护社会正义,为大众群生谋求福利。② 又如,道家及受其影响的一批学者持君主制度依据道义确立说。他们认为道是宇宙本体、万物宗主和普遍法则,世界一切事物都是道的派生物。人类社会的一切制度、规范和准则都以道为本原和依据。老子说:"道者,万物之奥,善人之宝,不善人之所保。……人之不善,何弃之有?故立天子,置三公……"王弼注:"言故立天子,置三公,尊其位,重其人,所以为道也。"③君主制度本于道、原于道,它是道在人世间的体现。立君的目的是维护道义、教化众生。尊道必尊君,尊君为行道,由天子和百官构成的政权体系是合乎道义的。这个思路影响深远。道家中的黄老派认为"道生法",④阴阳家认为,"道生天地","道生德,德生正(政),正生事",⑤即一切根源于道,人间的政治制度、政治原则都是道的派生物。战国秦汉以来,一切认同"大道为本"的思想家都认同君主制度本于道、体现道的说法。许多儒家学者把道升华为最高范畴,他们虽然仍使用"天作君师"的命题,而天即道,道即天,义理、主宰之天与道可以互相诠释,所以也属于君主制度因道而设者。先秦法家也持道义立君说,他们常常把道、公、法作为同义词使用。法家代表人物认为道是"万物之始"、"是非之纪",国家法制、治国

---

① 《墨子·尚同上》。
② 《墨子·尚同中》。
③ 《老子·六十二章》。
④ 《法经·道法》。
⑤ 《管子·四时》。

之道、赏罚之术等,都因道而设,依道而行。他们以天道之公论证法治之公,以大道无双论证君主惟一,主张以法令立"公义",以法治行公道。《商君书》、《韩非子》为制止人间纷争而设立君主制度的观点也是设君利群为公理念的一种重要表达形式。在先秦,法家最先明确提出尚公论,他们的国家与君主制度起源理论属于典型的立君为公论。至迟自战国以来,凡是提出过系统政治理论的思想家都势必论及设君之道,其形而上的依据又都势必推及或上帝、或天道、或大道、或自然。绝大多数思想家还认为具体创立君主制度的主体是圣人。至于创立君主制度的目的,人们普遍认为是为了推进文明,安定天下,教化大众,养育庶民,福利众生。

中国古代思想家一般认为,天下国家之公源于宇宙本体之公。上帝无私、天道无私、大道无私、天地无私、日月无私、圣人无私,因而帝、天、道、圣所确立的一切社会准则、政治法则也以大公无私、诚信无欺、普济众生为基本特征。老子以天地"不自生"而"长生"来论证圣人"无私"而"能成其私",①他注重讨论公、王、天、道的关系,讲究"公乃王,王乃天,天乃道"②,并主张据道立君;儒家以天地之道"至诚无息"、"高明"、"博厚"的属性论证"大哉圣人之道",以盛赞五帝三王的王制与圣德;③法家以道的包容万物、一视同仁的属性来论证立君为公、法立公义、法治公平;阴阳家以天地四时的公道诚信论说政治起源和治道法则;《吕氏春秋·孟春纪·去私》以"天无私覆也,地无私载也,日月无私烛也,四时无私行也",论证天下、君位非一人所私有等,这些都是典型例证。这些思路很有代表性,也具有普遍意义。这一类哲理经汉唐学者的不断发挥,逐步达到登峰造极的程度。宋明以降,"天理之公"、"圣人无私"成为理学诸子及一切受其深刻影响的思想家共同的理论基础。在他们看来,"公"是天理与圣人的本质属性,一切正确的制度、规范、思想、行为,都是"天理之公",反之便一律属于"人欲之私"。④ 在他们的著作中,将"天"、"道"、"天理"与"礼"、"仁"、"中"、"公"相互诠释的现象也很常见。既然宇宙本体以公为本质属性,那么由其派生和支配的人类社会及其政治模式也应以公为基本特点。人们普遍认为,宇宙本体、道德楷模的大公无私,注定了人类的各种社会法则理应体现大公无私。天大公、道无私,在其支配下的天下也理应大公;圣王、圣人大公无私,其所创立的制度和实施的政治必定大公无私。尽管不同时代、不同学派、不同思想家对"公"的理解存在差异,而政治必须以公为取向却是共识。"大道之行也,天下为公"正是这个思路的一般概括。

许多学者依据《礼记》成书年代的不同结论去争执《礼运》的思想究竟属于孔

---

① 《老子·七章》。
② 《老子·十六章》。
③ 《礼记·中庸》。
④ 《朱子语类》卷一三。

子、墨家还是属于汉儒。其实早在先秦,天下不属于一家一姓的思想已经成为具有广泛性的认识。关于"五帝官天下"、尧舜选贤与能的传说早就到处流传,立君为公更是百家共识。燕王哙曾经仿效尧舜禅让。如果《说苑·至公》的记载属实的话,那么就连秦始皇也承认传位于贤能的"天下官"是至上的政治理想和至善的道德境界,甚至还曾一度动过仿而效之乃至超之越之的念头。可以不无根据地推断:"天下为公"很可能不仅是孔子的思想,还是当时许多人的共同理想,至少它也是对前人已有的一种政治观念、社会理想的追述、概括与升华。

为公利立君说是古代"公天下"观念的有机构成之一。秦汉以后,这种观念几成公论。其中黄宗羲的观点最具代表性。在《明夷待访录·原君》中,黄宗羲提出"天下为主,君为客"的精彩命题。他的基本思路是:"有生之初,人各自私也,人各自利也,天下有公利而莫或兴之,有公害而莫或除之。"无君则天下利不兴、害不除,于是"有人者出,不以一己之利为利,而使天下受其利,不以一己之害为害,而使天下释其害。"设立君主制的本意是为天下兴利除害,三代之所以为盛世是由于帝王一心为公。如果君主不为公众谋福利,那么他将成为"天下之大害"。显而易见,虽然"天下为主,君为客"的命题是黄宗羲提出的,而基本思路却古即有之。就笔者翻阅历代众多文献所见,在中国古代社会,不仅没有任何学派、任何思想家提出过立君旨在为一家一姓一人的观点,而且许多帝王将相也标榜"天下为公"。很显然,设君之道旨在公,大道行而天下公,这不是一家一派的思想,而是一种传延久远的普遍性的政治意识。与公天下论相关的设君之道,一方面论证了人类设立君主制度的必然性和治权在君体制的合理性,另一方面又为君主政治确定了基本宗旨,为君权的存在与行使设定了基本条件。这种理论本身就内蕴着规范、制约、限制君权的思路。

二、确立公义的圣王之制

立君为公设君之道的第一个重要推论,就是君主必须确立公义,实行大公之制。"公"为设君之道,"公"也就是定制之规。惟有建立"大公"的制度,才能体现、实现立君为公的宗旨。这种推理是符合一般思维逻辑的。实际上,历代思想家也的确非常重视制度之公的建设。人类是否有过体现大公的王制?许多古代思想家的回答是肯定的。以儒家为代表的、也是最为流行的一种观点认为,三皇五帝三王之时曾经有过以"大公"为特征的"圣王之制"。《礼记·礼运》最为典型。该篇把理想社会分为"大同"和"小康"两个层次。大同的本质特征是:"大道之行也,天下为公。"在政治上,"选贤与能,讲信修睦"。在经济上,财富由社会分享而"不必藏于己",人人参加劳动而"不必为己"。在人际关系上,"人不独亲其亲,不独子其子",互相照顾,彼此友爱,男女、老幼各得其所。小康的本质特征是:"大道既隐,天下为家。"在政治上,君位世袭。在经济上,"货力为己"。在人际关系上,"各亲其亲,各子其子"。虽不得已而有城池、礼义、兵刑、智谋之设,由于圣王在上,君子执政,有"礼义以为纪",却也君臣正,父子亲,兄弟睦,夫妇和。从儒家的全部政论和《礼运》的叙述方式看,大同指尧舜之世,小康指三代之时。二者的本质区别在于大同是"公"的极致,人们无需礼义兵刑的强制便自然而然达到了完美的道德境界,而小康则杂入"私"的成分,在礼法仁义的感召下,人们仍达到了较高的道德境界。与大同、小康形成强烈反差的是当代。当代是"僭君"、"乱国"之世,礼崩乐坏,世风浇漓,人心不古。《礼运》全篇的核心命题是"礼者,君之大柄也",它的作者显然赞成实行君主制度。其基本逻辑是,由自然符合礼义的大同,到礼义得到全面贯彻的小康,再到礼义遭到破坏的今世,人类社会逐步蜕化。重返理想社会的途径是,首先健全礼制,"治政安君",进而企及以礼为砥柱的"三代之英",最终实现"大道之行"。所谓大同,实为"礼治"、"德政"理想的一种表达形式和最高境界。

一般说来,古代著名思想家的"天下为公"观念都不具有否定君主制度、等级制度和财产私有制度的意义。然而他们又力图扩充这种制度中所内蕴的公的因素,使之达到理想的境界。与此相似的思想是关于"官天下"与"家天下"的辨析。二者的区别主要在于王位禅让传贤还是世袭传子。换句话说,二者都属于"王天下"体制,官天下实行王位传贤制度,而家天下实行王位传子制度。古代思想家普遍认为官天下是公天下的极致。据说,鲍白令之与秦始皇有过一次争论。统一天下后,自以为"功盖五帝"的秦始皇曾召集群臣商议,他问道:"古者五帝禅贤,三王世继,孰是?将为之。"鲍白令之对曰:"天下官则让贤是也,天下家则世继是也。故五帝以天下为官,三王以天下为家。"秦始皇仰天而叹曰:"吾德出于五帝,吾将官天下,谁可使代我后者?"令之对曰:"陛下行桀纣之道,欲为五帝之禅,非陛下所能行也。"秦始皇大怒,厉声喝道:"令之前,若何以言我行桀纣之道也。趣说之,不解则死。"令之历数秦始皇建宫室、修陵墓等"殚天下,竭民力,偏驳自私"的行为,指出:"陛下所谓自营仅存之主也。何暇比德五帝,欲官天下哉?"鲍白令之引用公理,依据事实,犯颜直谏,秦始皇无以应对,"面有惭色"。① 秦始皇读过《商君书》、《吕氏春秋》等众多先秦典籍,他的身边还有一批儒者参政议政,因此他肯定知道有关"公天下"的许多说法。汉代以降,学者们辨析官天下、家天下的事例很常见,君臣之间讨论这类问题的事例也并不少。即使《说苑》所记不是事实,也确有一些帝王承认官天下高于家天下。又如,帝王有一个常用的便称叫"官家"。据《香祖笔记》卷九记载:"宋太宗问杜镐'官家'之义。镐以三皇官天下,五帝家天下以为对。太宗善之。"这类思想对于帝王观念和具体政治进程有一定的影响。官天下高于家天下也是一种社会普遍政治意识。一些研究者把"公天下"与"家天下"简单对立起来,将"家天下"归入"私天下"的范畴。他们认为前者是对后者的否定,两者格格

---

① 《说苑·至公》。

不入，进而判定前者为"民主主义"，后者为"专制主义"。这种认识是需要推敲的。它实际上是在用今人的观念解读古人的观念，因为按照现代政治观念，家天下无疑属于私天下。但是中国古代政治观念不完全是在这个意义上认识私天下。尽管古代思想家的确普遍将禅让贤能的"官天下"与世袭传子的"家天下"区别对待，品分高下，却很少有人将"公天下"与"家天下"直接对立起来，视为性质根本不同的两种政治制度。在一定条件下，家天下不属于私天下范畴。《礼运》将大同与小康分属于两个不同层次的理想境界的思路就是典型代表。"官"、"家"可以合成"官家"称谓也证明"官天下"与"家天下"并不具有相互对立的文化意蕴。

需要指出的是，儒家还千方百计为家天下的合理性寻求理论依据。孟子说："天与贤，则与贤；天与子，则与子。"在他看来，君权天赋，判断君位合法性的根本标准是"天命"，只要符合"天与之，人与之"这个条件，传子与传贤并无道德高下之分。获得天命，符合民意，传子也是合理合法的。祖先功德盖世，创业垂统，德薄的子孙可以继位。继位之君不必是圣哲，不必有大德，只要不像桀纣那样残暴，天是不会剥夺他的天命的。① 在"祖述尧舜，宪章文武"的儒家学派看来，夏商周三代王制也属于"圣王之制"。孔子主张"从周"，孟子歌颂周德，他们不仅没有任何否定这种"家天下"体制的言论，反而把它树为值得效仿的样板。儒家后学大多接受这种认识，他们之中的许多人明确肯定三代王制属于公天下范畴。例如，朱熹、黄宗羲等认定三代制度"乃圣王之制，公天下之法"，② 它不属于"一家之法"，而属于"天下之法"。③ 他们与孟子一样，并不拘泥传子传贤的具体形式，也不拘泥某种具体的制度，而是强调帝王订立各种制度"能公天下以为心"，④"未尝为一己而立"。⑤ 在儒家的政治思维逻辑中，只要最高权位圣圣相传，圣王立至公之法，定王者之制，一心为天下谋利益，这就是政治之"公"。在他们的政治观念中，"家天下"并不是"公天下"的反义词，也不一定是"私天下"的同义词。凡是符合"圣王之制"、推行"天下之法"的家天下王朝也是"公天下"，三代王制就是这种"公天下"的范本。

汉唐以来，儒家式的"天下为公"一直被奉为政治的最高境界。在汉唐以来特别是宋明以来的文献中可以看出，不仅许多在野的儒家思想家持类似的看法，就连许多在朝的儒家官僚也常常引用这类思想。一些人公开在朝廷上谈论汤文武等三代圣王的"公"，他们显然没有把夏商周的家天下归属于私天下，也没有把当代王朝置于公天下的对立面。于是许多帝王公开标榜以实现"天下为公"为己任。如果儒家的政治理想不具备肯定在一定条件下家天下也属于公天下的性质，那么这

---

① 参见《孟子·万章上》等。
② 《朱子语类》卷一〇八。
③⑤ 《明夷待访录·原法》。
④ 《古史余论·本纪》。

种现象是不可能出现的。儒家学说中的政治之公肯定了王者之制,经济之公肯定了等级之别,道德之公肯定了纲常之理。惟其如此,儒家才能安居统治思想、官方学说的宝座达两千年之久。在设计公天下体制方面,同样"祖述尧舜,宪章文武"的墨家与儒家的思路比较接近。在先秦,墨家与儒家一样不太热衷关于"公"的理论探讨,但这并不意味着其政治学说体系中没有公天下的思想。墨家喜欢用"义"作为最高政治道德范畴。墨家主张由上帝选立贤能智者为天子,建立中央集权的政治体制。其理想中的正长制度,以统一公义为基本宗旨,以选贤与能为组织原则,以严刑厚赏为维护公义的手段,以兼爱交利为最高道德标准,其基本思路符合公天下论的主要特征。但是,墨家的正长体系是典型的君主专制政体。天子统一天下之义、天下尚同于天子的尚同体制,既不具有排斥治权在君的意义,也不具有否定家天下的意味。事实上,墨家也是把三代王制作为尚同尚贤兼爱交利政治的范本的。按照墨家的政治价值标准,尧舜禹汤文武都属于"兼王"。法家关注现实,强调变革,较少怀古之幽思。他们偏爱以"公"讨论政治,一心企盼"新圣"之君以律令为天下立公义,以赏罚为天下行公平,其理想中的公天下体制显然与家天下和君主专制并无矛盾。

三、行政尚公的为君之道

立君为公设君之道的第二个重要推论就是君主必须厉行以"公"为特征的为君之道。立君为公思想为君权的行使设定了基本规范,即行政尚公。既然"天下非一人之天下,天下之天下也",那么君主必须时时刻刻把天下公利摆在第一位,其立法定制必须体现大公,其治国行政必须保证公平。这既是公天下论合乎逻辑的推理,又是公天下论的主要政治功能。行政尚公的为君之道涉及到政治的各个层面,简言之,其要点有三。

一是维护公义,遵守公义。君主应当立法以维护公义并自觉遵守公义,这是百家共识。儒家认为,"惟皇作极"[①],"非天子,不议礼,不制度,不考文"[②]。他们主张由最高统治者确立天下臣民共同遵循的标准和规范,即所谓"圣王之制"、"天下之法",同时统治者也要做遵守这一标准的楷模。墨家赞颂圣王"乡制大极"以"别物上下",[③]主张由天子为天下确立统一的公义。天子不仅应当积极推行尚同尚贤兼爱节俭之治,而且应当成为躬行兼爱政治的模范。法家认为,君主是立法者,而"法制礼籍,所以立公义也。凡立公所以弃私也"[④]。立法是为了确立公的标准,法

---

① 《尚书·洪范》。
② 《礼记·中庸》。
③ 《墨子·非攻下》。
④ 《慎子·威德》。

令行则私道废，因此君主也要尊重既定法令，"任公而不任私"，"以法制行之，如天地之无私也"。① 在这方面，被称为"道法家"的黄老一派与法家的思想很相近，他们特别强调立法之君必须以身作则，"立法而弗敢废"、"能自引以绳"。② 先秦诸子的上述观点，被后人不断引用、阐发。君主立法要合乎民心，赏罚要公正无私，这是具有普遍意义的政治观念。

二是主持公道，赏罚公平。君主执法要公正无私，这也是先秦诸子的共识。《尚书》中有"无偏无党，王道荡荡。无偏无党，王道平平"之论。法家的有关论述最为系统。他们极力强调法的公开性、客观性、严肃性，主张事断于法，信赏必罚，"刑国不避大臣，赏善不遗匹夫"③。法家还主张依法定罪，据法刑人，"不引绳之外，不推绳之内，不急法之外，不缓法之内"，"使人无离法之罪"。④ 这个思想颇有"罪刑法定主义"的意味，与现代法治思想有相通之处。黄老一派主张君主不仅立法要公正无私，而且执法也要公正无私，"精公无私而赏罚信，所以治也"⑤。秦汉以后，人们普遍认为，君主必须主持公道，依法办事，赏罚公平。许多思想家、政治家主张"以法为公"，"勿私赏以格公议，勿私刑以亏国律"，他们认为"私喜怒者，亡国之赏罚也；公欲恶者，王者之赏罚也"。⑥ 在朝堂谏议中，人们常常强调执法必须公平。许多帝王也认为"古者称至公者，盖谓平恕无私"，主张执法必须"志存公道，人有所犯，一一于法"。他们通常承认"法者非朕一人之法，乃天下之法"⑦，深知"法者，公天下持平之器"⑧，并在一定程度上做到赏罚公平，不私亲戚。

三是平均天下，君心无私。所谓"平均天下"涉及到君主节欲节俭、田地赋税均平、官吏选贤任能、安抚鳏寡贫孤等许多具体内容。人们认为"平均天下"的主体是帝王，实现公天下的关键是圣王在位，君心无私。战国秦汉以来，许多思想家主张"天子不能以一人之私而制天下"，他们认为帝王"一有私天下之心"，就会导致君臣关系紊乱。⑨ 在朝堂谏议中，时常见到这样的语言："天下者，中国之天下，祖宗之天下，群臣、万姓之天下，三军之天下，非陛下之天下。"⑩明清以来，朝臣名士要求皇帝"以天下之心为心"、"以天下之非是为非是"的舆论遍及朝野。一般说

---

① 《管子·任法》。
② 《经法·道法》。
③ 《韩非子·备内》。
④ 《韩非子·大体》。
⑤ 《经法·君政》。
⑥ 参见《龙川文集》的《谢梁侍郎启》、《上光宗皇帝鉴成箴》、《问答下》等。
⑦ 参见《贞观政要·公平》。
⑧ 《金史·刑法志》。
⑨ 参见《龙川文集·问答上》。
⑩ 《宋史全文》卷二十。《宋史全文续资治通鉴》卷二十，绍兴八年十二月癸酉。

来,皇帝们可能不喜欢谏议中所涉及的具体政治问题,而对这些说法所体现的政治原则并不以为大逆不道。被明代皇帝大加赞赏的《大学衍义补》中明明白白地写着公而无私、平均天下的修、齐、治、平原则。公天下论归根结底是一种为君之道,而为君之道主要是君主规范。它对君权有所限定,因而也势必成为批评政治的重要尺度。在政治现实中,违背行政尚共原则的君主比比皆是,于是依据公天下论抨击不公不平之政成为司空见惯的政治现象。墨子怒骂不行兼爱的"别君"。孟子抨击暴虐之君为"率兽食人"。荀子斥责桀纣之君为独夫民贼。商鞅痛斥徇私乱法的君主,他说:"今乱世之君臣,区区然皆欲擅一国之利而管一官之重,以便其私,此国之所以危也。"①秦汉以来,人们的言词也越来越激烈。到明清之际,黄宗羲公然指责以"大私"偷换"大公"的君主为"天下之大害"。唐甄的言辞更加激烈:"自秦以来,凡为帝王者皆贼也。"②这种现象在历代名臣谏议中也很常见。然而他们依然期盼君心大公。期盼君心公正的思想源远流长。"一人有庆,兆民赖之。"③君为政治之本,天下安定、万民幸福有赖于君主一人。孔子认为"为政在人",赞成"一言而兴邦","一言而丧邦"的观点。④ 法家认为能否贯彻法治取决于君,即"国无常强,无常弱。奉法者强,则国强;奉法者弱,则国弱"⑤,君主"一言正而天下定,一言倚而天下靡"⑥。先秦诸子普遍从君主"心术"的角度探求治乱之源。孟子认为君之言行与身心是否仁、义、正,决定着政治兴衰。《中庸》、《大学》进一步指出:君主的道德修养是政治之本,所谓"一言偾事,一人定国"⑦。法家认为:"国之政要,在一人之心。"⑧道家更讲究"心术",他们最先提出"内圣外王"的命题。《庄子·天道》盛赞帝王天子之德、玄圣素王之道,提出:"一心定而王天下。"《管子·心术》、《文子》等,以心比君,以君比心,认为君主犹如国之心,心术正则"治道通"⑨。

秦汉以降,"君为政源"是朝野上下的共识。⑩《大戴礼记·保傅》认为"天子正而天下定"。《太平经》说:"天子者,天之心。"宋代理学诸子明确提出"一心兴

---

① 《商君书·修权》。
② 《潜书·室语》。
③ 《尚书·吕刑》。
④ 参见《论语·子路》等。
⑤ 《韩非子·有度》。
⑥ 《太平御览》卷六二四引《申子》。
⑦ 《大学·九章》。
⑧ 《慎子·威德》。
⑨ 《文子·上德》。
⑩ 《贞观政要·诚信》。

邦,一心丧邦"命题。朱熹说:"一心可以兴邦,一心可以丧邦,只在公私之间尔。"①陆九渊也说:"君之心,政之本。"②君心正和正君心是宋明理学政治思维的核心命题。历代理学传人对此津津乐道,帝王们也大多认同这类思想。邱濬著《大学衍义补》,认为:"平天下者,惟以一人之心体天下之心,以天下之心为一人之心。"③为此帝王要正君心,审几微,防范一私之念,一事之过。明神宗则称颂这类思想是"阐尧舜禹汤文武之正传,立万世帝王天德王道之标准"④。清代诸帝将各种提倡君主审几微、断私念的诚铭抄写成条幅,高挂于庙堂。那些高举公天下旗帜的在野的政治批判思想家也依然将理想政治寄托于君心之公。黄宗羲说:"天之生万物,仁也。帝王之养万民,仁也。宇宙一团生气,聚于一人,故天下归之,此是常理。"他把"令君心自悟"作为平天下的关键。⑤ 唐甄则说:"治天下者惟君,乱天下者惟君。"⑥又说,"天下之主在君,君之主在心。"⑦圣王立至公之法,行至公之政,一心为天下谋利益,这就是"天下为公"。可是如果君心不公且不可理喻又当如何?人们对此的回答也大体一致:如果在位君主无法满足立君为公的设君之道,不遵守行政尚公的为君之道,那么在一定条件下可以革他的命。这是公天下论的第三个重要的推论。

四、"选贤与能,天下为公"的择君替君之道

《礼运》"天下为公"的主旨是什么?郑玄的解释是:"公犹共也。禅位授圣,不家之。"孔颖达的解释是:"天下为公,谓天子位也。为公谓揖让而授圣德,不私传子孙,即废朱、均而用舜、禹是也。选贤与能者,向明不私传天位,此明不世诸侯也。国不传世,唯选贤与能也。"他们的解释既接近经典的本义,又有广泛而深远的影响力。《吕氏春秋》的《贵公》、《去私》以立君为公、禅让为公、君道公平来论证"天下非一人之天下也",这与《礼运》的主旨是相似的。这表明,在中国古代,"天下为公,选贤与能"的主旨是论证一种最合理的择君之道。

在中国古代,"君位乃天下之公器"的基本意义是,天下非为一朝一代所有,君权不可一家一姓独占,最高权位理应实行选贤与能制度,即宋太祖所宣称的"非一人之天下,唯百姓之与能"⑧。这种政治观念可以追溯到殷周之际的"革命"观念。

---

① 《论语集注·子路》。
② 《陆九渊集·政之宽猛孰先论》。
③ 《大学衍义补·圣神功化之极中》。
④ 《御制重刊〈大学衍义补〉叙》。
⑤ 《孟子师说》卷四。
⑥ 《潜书·鲜君》。
⑦ 《潜书·良功》。
⑧ 《宋大诏令集》卷一八七《即位谕郡国诏》。

西周、春秋的材料表明，当时人们认为王朝更替，君位更迭，是不可避免的。"社稷无常奉，君臣无常位，自古以然"，这就像"高岸为谷，深谷为陵"一样，是"天之道也"。① 改朝换代受上帝、天道的支配。"惟天时求民主"②。上帝每时每刻都在为人民寻求合格的君主。因此，"天命不于常"③，上帝随时可能剥夺一个王朝、一位君主的天命。"皇天无亲，惟德是辅"④，上帝选择君主的依据是德行，它根据开国君主的德行"命历年"。⑤ 每一朝代的历年都有天定的期限。一旦暴君在位，鱼肉民众，又不思悔改，上帝就会剥夺他的天命，让另一个获得天命的王者取代他。天从民愿，民心向背是天命转移最重要的指示器。这就否定了一家一姓永享天命、永居君位的可能性，同时还规定，一个王朝、一位君主获得并保持君位的必要条件是认真履行为天下谋福利的天职。

上述思想在战国以后形成更加系统的理论。其中影响最深远的是"尧舜禅让"说、"汤武革命"说、"五德终始"说和"三正三统"说。这些思想都是后世革命论的理论基础。"尧舜禅让"说的依据是一种广为流传的政治传说。除《竹书纪年》、《韩非子》等认为尧舜禹之间并非禅让、实属篡夺外，人们普遍认为"尧舜禅让"是一种天下为公、荐贤举能的政权更迭形式，属于"官天下"范畴。自孔孟以来，尧舜禹圣圣相传一直被儒家主流派奉为最理想的君位获得与传承形式。"汤武革命"说的范本是一种确凿的历史事实。儒、墨、道、法、阴阳等家的多数思想家都在不同程度、不同角度上承认这种政权更迭形式的合理性。《易传》明确提出"汤武革命，顺天应人"的思想。孟子、荀子及《易传》都对"汤武革命"大加论证和称赞。"五德终始"说是阴阳家主张的。邹衍认为，金木水火土这"五德"支配着人类历史的变化，其规律是："五德转移，治各有宜，而符应若兹。"⑥五德代兴决定了王朝的更替，即"五德从所不胜，虞土，夏木，殷金，周火"⑦。代周而兴者将"以水德王"。此后依据土胜水、木胜土、金胜木、火胜金、水胜火，无限循环往复。"三正三统"说春秋公羊学论之最详。所谓"三正三统"，即"建子"（以子月为正月）和"尚赤"的"正赤统"、"建丑"（以丑月为正月）和"尚白"的"正白统"、"建寅"（以寅月为正月）和"尚黑"的"正黑统"。据说，夏朝建寅、尚黑，商朝建丑、尚白，周朝建子、尚赤。每一种"正"承受一种"天统"，能够"统致其气，万物皆应而正"。"新

---

① 《左传·昭公三十二年》。
② 《尚书·多方》。
③ 《尚书·康诰》。
④ 《左传·僖公五年》引《周书》。
⑤ 《尚书·召诰》。
⑥ 《史记·孟子荀卿列传》。
⑦ 《文选》沈休文《故安陆昭王碑》李善注引《邹子》。

王"必须改"正"以"明乎天统之义",如此方可"统正,而其余皆正"。① "三正三统"循环交替,周而复始,王朝亦随之更替。秦汉以来,这些理论被正式纳入统治思想,它们往往综合在一起,又与民本论、公天下论交织在一起,共同支持着"君位乃天下之公器"的信条。"夏无道而殷伐之,殷无道而周伐之,周无道而秦伐之,秦无道而汉伐之。有道伐无道,此天理也,所以来久矣。"②有的说法甚至曾经成为科举考试的题目。君无道则可废、可诛、可禅、可革,这成为全社会的普遍政治意识。君位为天下之公器观念是"天下为公"思想的一个重要构成。它使人们认识到:"自古及今,未有不亡之国也。""王者必通三统,明天命所授者博,非独一姓也。"③"垂三统,列三正,去无道,开有德,不私一姓,明天下乃天下之天下,非一人之天下。"④

君位为天下公器观念对社会各阶层的政治意识有深刻影响。历代帝王大多一方面祈求"王朝永命",一方面又满足于"卜世若干"、"卜年若干"。例如,秦始皇一方面宣称"朕为始皇帝。后世以计数,二世三世至于万世,传之无穷",另一方面又依据"五德终始"说为秦王朝定位。⑤ 这些言行实际上承认了自家王朝不可能万世永存,迟早要为他人取而代之。《二十五史》中记述了许多觊觎王权者的言行,他们的共同心态是:天命或许已经移到自家身上。"皇帝轮流做,今年到我家。"这类观念深入人心。在中国古代,几乎没有人真正相信"王朝永命",而是动辄抬出"革命"、"更命"的旗帜。一旦皇权衰微,吏治腐败,水旱频仍,灾异屡现,人们就会普遍认为现存王朝"气数已尽"。许多人立即解除忠于当朝皇帝的心理契约,投身于造反者的行列。广大臣民也会在心理上、行动上突破公认的例行的行为规范,直接与统治者对立、抗争,甚至必欲诛除时君、推翻当朝而后快。这与世界中世纪史上许多国家和民族关于王权的政治观念是有明显差异的。

五、"天下为公"与"治权在君"共寓一体的理论结构

许多学者把儒家的"天下为公"观念与"治权在君"制度对立起来,似乎前者是对后者的否定。这种看法是颇值得推敲的,它显然与儒家政治思维的性质与特点不符。尧舜之治是儒家公认的"天下为公"的模范。然而儒家又盛赞舜"德为圣人,尊为天子,富有四海之内"⑥。所谓尧舜之治显然以治权在君为基本法则。被儒家纳入公天下范畴的三代王制,其"圣王之制"、"天下之法"更是典型的治权在

---

① 《春秋繁露·三代改制质文》。
② 《春秋繁露·尧舜不擅移汤武不专杀》。
③ 《汉书·楚元王传》。
④ 《汉书·谷永传》。
⑤ 《史记·秦始皇本纪》。
⑥ 《礼记·中庸》。

君体制。在儒家经典中,"天下为公"的提法与"君国一体"的思想并存。在历代大儒的学说中,将天下之公与君主之权相提并论的例子并非罕见。综观儒家的政治理论体系,"天下为公"与"治权在君"不仅共存并录,而且相辅相成。二者共时性地寓于一体,共同构成一个完整的理论体系。

一般说来,"天下为公"或"公天下"是一种着重讨论君主与国家之间相互关系的政治理论。在政治史上,"公"最初是一种君主称谓,即《尔雅》所说:"天、帝、皇、王、后、辟、公、侯,君也。"后来它演变成内蕴公共、公益、公义、公正、公平等意蕴的政治概念。"天下"最初是一种常用的国家称谓,特指天子统辖的区域。"天下",即普天之下,是相对于"天上"而言。天在空间上无限,天下在地理上无边。天下的一切归天主宰。天子作为上帝的代理人,支配天下一切土地臣民。天下在地理上又称"四方",在政治上又称"万邦"。天子是四方正长,万邦宗主。在"王有天下"的意义上,天下属于国家称谓。尽管天下一词后来被注入更为丰富的文化意义,但在政论中,天下通常仍用于指谓国家。《礼记·礼运》有"故天下国家可得而正也"。孔颖达疏:"天下谓天子,国谓诸侯,家谓卿大夫。"天下、国、家分别指三种等级不同的政治实体及其统治者。天下、国家、社稷都可以作为国家称谓使用,而天下特指天子的国家、社稷。当人们谈论"打天下"、"得天下"、"坐天下"的时候,所谓"天下"显然系指领土、政权、臣民三者一体的国家。这种用法一直是"天下"的主要涵义。因此,天下观是中国古代特有的一种国家观。用现代的概念诠释,所谓"天下为公"的主旨就是国家为公。

天下、国家、社稷等国家称谓中所内蕴的君、家、国一体观念影响极其深远。它几乎在国家组织、政权机构、最高统治者之间画了一个等号,以至人们通常将国家论与君主论混为一谈。在政论中,只要论天下、国家、社稷,必然论及君主,国家本位与君权至上往往是同类命题。这种观念使许多人把忠君与爱国混为一谈,把自己视为君主的附属物,所谓"我君是事,非事土也。名曰君臣,岂曰土臣"①。但是,君毕竟不等同于家,家毕竟不等同于国,国毕竟不等同于天下。这些差异是天下重于国家、社稷,重于君主的观念的现实依据。在一定历史条件下,人们的观念发生变化,开始将事土置于事君之上。天下、国家、君主之间的差异就成为理论辨析的关注点之一。

公天下论的先导是国家社稷重于君主的观念。在君主专制制度下,很难将国家与其主宰者完全区分开来,然而基于国家整体利益的要求,又需要将两者有所区分。春秋战国时期,国家形式发生重大变化,国家观念也随之发生变化,一些将具体的君主与社稷、一家一姓的国家与天下区别开来的政治理论相继产生。从《左传》等文献的记载看,春秋时期,社稷重于君主的观念已经形成。例如,面对弑君

---

① 《国语·晋语九》。

事件,吴国的季札、齐国的晏婴认为,只要国家、社稷、人民的根本利益不受损害,谁居君位并非至关重要。如果君主为个人私欲而死,更不值得为其殉葬。他们都将国家、社稷、人民摆在优先于君主的位置,置国家利益于君主私利之上。其中晏婴的思想更为明确:君臣之设皆为社稷,君、家、国一体的条件是"君为社稷主"。这就在观念上把具体的君主与国家区别开来。① 在战国,社稷重于君主的思想进一步发展,这集中表现为孟子提出的一个著名命题:"民为贵,社稷次之,君为轻。"在孟子看来,"诸侯危社稷,则变置"②。这就是说,立社稷为民,立君为社稷。君主的职责是保其社稷,安其民生,若一国之君有危害国家社稷的行为,可以另立贤明之君取而代之。在这个意义上,君轻于社稷。这个思想是公天下论的一个重要来源。汉唐以后,国家社稷重于君主是人们的共识,历代儒宗皆有申论。例如,朱熹为孟子的民贵君轻说作注称:"盖国以民为本,社稷亦为民而立,而君之尊,又系于二者之存亡,故其轻重如此。"③君主是国家政治的核心,关系到民和社稷的安危存亡,但民和社稷是国之本,相较而言,它们比在位之君更重要。

应指出的是,社稷重于君主论与君国一体论是同一思想体系中的两个相关命题。先秦诸子与历代儒宗一方面主张君主专制,驾驭天下国家犹如赶着一辆马车,另一方面又把君主与社稷分开,强调国家利益高于君主利益。《春秋》和《孟子》的历代传注者都把治权在君、君国一体与社稷重于君主相提并论是这方面的典型例证。这就是说,社稷重于君主论并不具有否定君国一体论的理论品格。"天下为公,一人有庆"④。君国一体,公私混淆,这是古代政论的通病。但公与私毕竟各有分野,由社稷重于君主发展为国家至上的公私论,进而推导出"公天下"论,这标志着中国古代国家学说的重大发展。春秋以前,国事、家事是一回事,君利、国利有一致性,所以"公家之利"可以用来表示国家利益和君主利益。随着国家机构与宗族组织逐渐相对分离,君主之私与国家之公的差别和矛盾日益为人们所认识。许多人开始意识到君主并不总是公的化身和代表,君主的私利、私欲往往背弃国家利益,损害社会公益。在这种情况下,人们开始从理论上把君主之私与国家之公分别开来,主张立君为公、天下公利高于君主一己之私。最先提出贵公论的是法家,最先打出公天下旗帜的也是法家。法家是国家本位、君权至上论者。他们主张通过君主集权来实现国家利益,甚至把国家机器视为君主的工具。这就难免在观念上、理论上把君主与国家、君利与公利纠缠在一起。但是,正是由于对国家利益,特别是国家法制的重视,使法家的公私之辨最先达到较高的理论水平。法家认为群臣

---

① 参见《左传》的昭公二十七年、襄公二十五年。
② 《孟子·尽心下》。
③ 《孟子集注·尽心下》。
④ 《贞观政要·刑法》。

之私与国家之公、君主之私与法制之公存在着矛盾,而实现公、维护公的惟一有效途径是立法制,守法令,严格依法办事。法家之法是国家体制、法律制度、行为规范的概括,是国家利益、社会正义的化身。他们认为,君主行法、守法才能切实保证公的实现。合格的君主应以国家利益为重,奉法废私,以公义御天下。败坏法制,侵害公益,则是乱君。国家公利至上,君行其私则乱国。推而论之,必然主张公天下。《慎子·威德》提出:"古者立天子而贵之者,非以利一人也。曰:天下无一贵,则理无由通。通理以为天下也。故立天子以为天下,非立天下以为天子也。立国君以为国,非立国以为君也。"《商君书·修权》表达了同样的思想:"故尧舜之位天下也,非私天下之利也,为天下位天下也。"这就是说,为了履行国家职能,维护社会正义,必须立君主以独操权势。但是,君主只是国家职能的执行者,贵天子是为了平天下,立国君是为了治国家。天下、国家重于君主,君主不得"立法而行私"。天下正义、国家公益才是目的,立君仅是手段,这就在理论上把天下与天子、国家与君主区别开来。法家的基本思想是,设立君主制度是合乎天经地义人情的,立君为公,无君则不能实现天下公利,而君主若利用权势地位谋取个人利益,就违背了立君为天下的本意。

总之,"天下为公"与"治权在君"交织在一起的公天下论,集中讨论君主与天下、国家、社稷的关系问题,在承认天下、国家、社稷应由一人主宰的前提下,阐明了天下、国家、社稷重于君主,君权具有相对性。有规范必然有批判。规范君权,谏诤时君,品评政治,批判暴政,这是公天下论的重要理论功能之一。但是,在特定历史条件下,公天下论内含着特定的思路和特定的历史内容,它从不具有否定君主制度的理论品格和现实品格。由于治权在君是公天下论的政治前提和基本取向,所以它内蕴着"以一人主天下"与"非以天下奉一人"的双重命题组合结构。两个命题相互依存,前者肯定了一人为主的必然性,后者对一人的行为提出了限定。如果说"以一人主天下"论证了君权的绝对性,即国家治权永远从属于君主,那么"非以天下奉一人"就指出了君权的相对性,即君位非一家一人所私有。坐稳帝王宝座的条件是他必须为天下人谋利益,乃至彻底克除私欲,以实现"天下为公,一人有庆"。国家社稷重于具体的君主,为了王朝的利益可以废黜庸君。天下重于王朝,一家一姓的王朝如果危及天下民生,就可能被推翻。无论具体的君主还是具体的王朝,其对权位的占有都是相对的、有条件的。于是,公天下论成为中国古代政治批判的主要依据,它对暴君暴政具有强烈的批判和调整功能。在历史上,依据公天下论批判暴君暴政的人,不仅有对社会现实强烈不满的人,还有统治阶级的思想家乃至某些帝王。但是,高举公天下旗帜的人们又是以有君论为前提的。由一人为天下而主天下,这是人们广泛认同的政治法则;由大公无私的圣王实现天下为公,这是人们普遍企盼的理想政治。即使清代一些激烈抨击皇帝制度和暴君暴政的思想家也没有从这种思维逻辑中超脱出来。

公私观念在近代的演变
——以晚清上海为例

□李长莉

引 言

"公"与"私",在中国自古至今的社会生活中,既是一对基本的社会关系范畴,也是一对基本的社会伦理概念。公与私的含义为何?如何处理公与私的关系?对公私关系作怎样的社会伦理和价值意义的判定?生活在不同时代的人们,因应所处时代的状况和社会需要,对这些问题形成一定的认识,并形成主导的社会伦理观念,规范着人们的行为,决定着民风世貌。而当社会发生某种变动,社会结构和社会关系发生大的变化,人们对公私观念的认识也往往会出现歧异,甚至会导致伦理价值观念的混乱,人们行为方式的失序,以致社会冲突增多,社会生活不稳。如今,我们正处于这样一个变动时期。由于社会剧烈转型,社会结构和社会关系发生激烈变化,公私关系出现多样化状态,人们的公私观念也混乱不一,充满矛盾困惑,并引发了一些社会矛盾和社会心理问题。如何认识和处理当代社会的公私关系,以怎样的公私观念为社会主导理念,以适应社会的现代化发展,是关系当前及今后社会稳定的一个重要问题,也是重建中国当代社会伦理的一个关键问题。而要认识和重建今天的公私观念,一个必要的前提就是需要反省中国公私观念的历史,特别是需要考察近代化变迁开始以来,公私观念是如何演变的,其性质、机制、特点及趋向为何,从中会得到一些历史经验的启示。

中国自秦汉直至明清,传统主导社会伦理一直是"崇公抑私"观念。明清之际由于政治统治的松弛和商品经济的发展,出现了肯定"私"和"私欲"的异端思想,但只在少数思想家的言论中显现一时,便随着清朝统治秩序的强化而销声匿迹了。到了19世纪末的维新时期,康有为、严复和梁启超等维新人士明确提出了肯定个人权利及追求私利的正当性观念,并得到新知识阶层的认同。这种以个人为本位的新公私观,标志着传统公私观念向近代性的一个根本转变,并成为中国近代社会伦理观念的一个基本内容。此后伴随着中国社会的曲折变动,主导社会的公私观念虽然又屡有变化,但提倡人权、肯定私利的观念一直没有灭绝,并成为唤发社会活力的一种社会思想资源,表明它已在中国社会扎下了根。

维新时期何以出现了这种明显的观念转变呢？关于其原因和机制,以往的研究大多是从观念层面追溯其思想源流,一般认为是在救亡图强的思想基础上,一方面受西方近代人权、个人主义观念的影响,一方面是对以往传统人本思想和肯定人欲的异端思想的继承发展。揆之于这些精英人物的思想言论文本,这种解释大致不差。然而,这只是从精英思想层面观察到的情形,而公私观念作为一种社会伦理观念,不仅仅只是少数精英人物由社会立场而理性概括出来的精英思想,也还有一般民众所认同和遵行的民众观念的一面。这种民众观念,是人们从实际利益立场而在现实生活中所遵行的为人处事方式和行为准则。这种民众观念虽然与精英思想有着紧密的联系,在一般情况下二者还会有较多一致性,但总会因观念主体的立场不同而有所差异,因而不能简单地视同为一。此外,更重要的一点是,公私关系除了观念形态之外,它还具有社会生活的实践形态,即实际社会生活当中所存在的公私关系及人们对应的行为方式和遵循的准则。而正是这种社会生活的实践形态,才是孕育产生公私观念的土壤,是公私观念得以形成和建构的基础,是它得以扎根于社会并获得生命力的必要条件。新公私观念如果只是少数精英头脑中的思想产物,而没有人们实际生活的社会需求,就不会被人们广泛接受。因而,要考察公私观念由传统向近代转变的原因和机制,就不能仅限于对精英思想的文本梳理,还需要从民众观念,特别是实践形态进行多方面的考察,如此才能寻找到更合于历史客观实际的解释。

由此我们就要追问,维新时期新公私观念产生的社会基础是什么？公私观念由传统向近代转变的实践形态如何？在社会转型的实际生活变动中,人们处理公私关系的行为方式和准则发生了哪些变化？新的公私观念何以能够被人们所认同和接受？要解释这些问题,便需要从维新以前社会生活的实际变动中去进行考察。

公私观念的变化是社会结构和社会关系变化的反映,公私观念的近代转变是与中国社会由传统农业社会向近代工商化社会转型相伴而生的。自鸦片战争后开口通商至维新以前的半个多世纪里,上海、广州、天津、武汉等通商城市是这种社会转型最为明显的地区。特别是上海,开埠后伴随中外贸易的发展,人口聚集,商务繁盛,短短几十年间,就由一个仅数万人口的偏隅商镇,发展为数十万人口的全国首屈一指的工商业城市,形成了一个与传统农业社会明显不同的以工商业为中心的小社会。这里人们的生产方式、生活方式和社会关系,也发生了向近代社会转型的变化,新报刊为民间舆论提供了讨论的园地,使人们的言论空前活跃,思想观念得以相互交流影响,使这里成为一个新生活方式和新思想观念的发祥地,从这些变化中也展现了公私观念由传统向近代转变的最初形态。我们可以借助上海,对公私关系的实践形态和民众观念形态的变化进行一番考察,从中探寻一些理解前述问题的历史检证。

一、晚清上海公私领域的变动

上海自1843年正式开口通商,西洋商船、商人开始涌来,后来又设立了外国租界,中外贸易的发展更吸引了中国四方商民大批涌入,在短短二三十年间,就已经发展成为一个人口众多、商务繁盛的全国第一大商埠,使这里以租界为中心,形成了一个与传统乡镇全然不同的主要由移民组成、以近代工商业为中心的小社会。在这个特殊区域里,社会结构与以往相比已有了很大变化,多数人们的经济活动方式,已经不再是传统小农—手工业家庭经济,而是市场化、社会化的工商业经济活动。其突出特征是,多数人经济活动的主要凭借,已不再只是与家庭成员和一块土地结合为一体的耕织自给的家庭自足体,而是更多地与市场和社会直接相连。由此造成人们生产生活方式的变化,造成人与社会的关系发生变化,作为公私关系实践形态的公私领域的分界及关系也因而发生变化。

首先,以往以家庭为分界的私领域发生了以下变化:

第一,家庭规模缩小,个人独立色彩增强。这个新兴商业城市的人口主要由移民组成,他们脱离了世代聚族而居的乡村流入上海,或携带少量家口,或单身来此谋生,家庭形式出现明显的小型化趋向。这里的家庭形式除了少数本地人和常住的富商大贾仍然有同族聚居或几代同堂之外,绝大多数的家庭形式明显呈小型化,主要有三种形式:一是核心家庭,即夫妇一代或与子女两代共居的家庭;二是子家庭,即男子在农村有妻儿父母的母家庭,在城里则与妾及其子女组成子家庭,或者是母女、父子等部分家庭成员离家入城一起生活;三是临时性家庭,即离家入城的已婚或未婚单身男女姘居生活,这种人往往属于中下阶层[①]。这些小型化了的家庭,人数已明显减少,关系更为简单,与农村母家庭的关系因地域隔绝和经济分离,多数已相当疏离,因而独立性更强。即使在城里有的家庭也有一部分家族关

---

① 在晚清上海,下层单身男女姘居成风。参看拙著《晚清上海社会的变迁——生活与伦理的近代化》,500~511页,天津人民出版社,2002。

系，但往往因小家庭的经济独立而具有较大的独立性①。像姘居家庭男女双方的关系往往不牢固，各自的独立性也更强。除了家庭形式之外，更有人数众多的单身男女，他们大多属于中下层，单身离家入城做工谋生，他们往往或租房独居，或在受雇的主家附居。他们虽大多与农村中的母家庭仍有着密切关系，如定期送钱回家，但其日常生活已脱离了家庭而以个人身份在社会上生存活动。总之，家庭规模的缩小及单身人口的增多，使小家庭和个人在社会中的独立性增强。

第二，家庭作为经济生产单位的功能减弱。开埠后发展起来的上海，商家汇聚，店铺林立，商旅往来，货物流通，工商业成为社会的主要经济形式。迅速增多起来的大量人口，主要分布于遍布这里的贸易集散转运、贩卖、制造、交通运输、生活服务、娱乐消闲、新闻出版、教读卖文等各种工商行业里面，人们主要通过经商、开店、贩卖等商务及其辅助活动，或做工、帮佣、卖艺、卖文等出卖劳动来通过市场取得经济收入。这种商业化的经济活动方式，与传统小农家庭经济最为不同的一点就是，人们的经济活动已经不可能只在家庭之内来完成，而必须与家庭以外的市场相连。虽然商家的财产仍是为家庭所拥有，商家的主要经营参与者也往往是家庭或家族成员，但其商务活动却不可能再像以往耕织自足的小农生产那样，在家庭圈子之内就能完成，而必须与外面的市场相连。商家一般都要雇用店伙、小工帮忙生意，其一切商业活动也都要依靠市场。至于人数更多的由于贫困而流入上海，没有资本经商的中下层人，则更是只有到市场上去出卖自己的劳动，受人雇佣，才能换取到衣食之资。甚至连历来依附于家庭，其活动范围也被限制在家庭之内的妇女，也不再像农家生活一样，能在家庭之内纺织和辅助农活以参与生产，而需要到社会上去作女佣、做工或卖笑卖艺才能自求衣食②。商业化使人们的生产领域由家庭移至市场，家庭已不再是独立自足的基本生产单位。

第三，家庭的生活功能也与市场相连。在城市化、市场化环境下，不仅家庭的生产功能转向社会市场，即使是人们的日常生活，也不再像农家生活一样在家庭内部就可以基本自给自足，而也要依赖于市场。如原来靠自家田里生产和自家加工的粮食，原来自家由原材料纺织制作的衣服，现在因为没有了土地而只能到市场上去购买，甚至住居之处也有不少外来移民需要花钱租赁、定期付租。至于离家入城、受雇于人家的单身男女，更要住在主家，过着离开家庭亲人、寄居主家的生活。

---

① 如19世纪70年代有伶人杨月楼"诱拐"商家女子一案，韦姓商人之妇及其女，因许嫁杨月楼遭到夫弟的阻挡，在有可能与韦商之弟发生矛盾时，韦母便携财产与女儿想搬家移居，脱离其弟及其乡族的控制。参看拙文《从"杨月楼案"看晚清社会伦理观念的变动》，载《近代史研究》2001年第1期。

② 关于上海妇女走上社会谋生的情况，拙著《晚清上海社会的变迁——生活与伦理的近代化》一书第五章有较详细的记述。

人们的消闲生活,也由原来主要在家庭家族及乡邻之间进行,而转向遍布街头的茶馆、酒楼、戏园、妓馆、烟馆等公共娱乐消闲场所,因此才促使上海的各种消闲娱乐服务行业迅速兴旺,名扬天下。人们日常生活的一部分内容也由家庭伸展到社会,使家庭的生活功能,也由于与市场相通,部分地转向社会,因而比原来弱化了。

第四,个人私领域独立性增强。由于家庭已不再是生产和生活封闭自足的共同体,人们虽然在家庭之内依然同居共财,但其生产和生活活动必须与家庭之外的市场相联系,家庭成员也必须到市场上、到街市上不同程度地参与社会生活,与家庭之外的人打交道,因而,家庭成员作为个人在社会中的独立性增强。至于那些单身流入上海谋生的男女,则不仅要独立从事经济活动,而且从日常生活上也脱离了家庭,直接以独立的个人身份在社会中生活,他们的个人独立性更强。

由上可见,由于上海社会的商业化,原来以家庭为主要分界线的私领域已出现了根本性的变动。无论是从生产方面还是从生活方面,家庭作为社会基本单位的独立共同体功能都明显减弱,而个人的独立性则明显增强,已出现了明显的个人取代家庭而成为社会独立单位的趋向。表明在社会关系中私领域的分界线已由家庭移向了个人,私的领域已经由一家一姓之私,向着个人个体之私缩小,个人作为独立利益主体和社会关系基本单位的趋向明显。

在上海人们社会生活私领域演变的同时,伴随着社会结构的变化,公领域也出现了变动。以往人们言论中的公领域,是指天下、社会、朝廷国家,与身家之私形成对应互指关系。而以租界为中心的上海区域社会,不仅商业成为社会活动的中心,而且行政管理上也由于租界由外国当局管理,中国官府的控制被阻断,成为处于朝廷国家的垂直控制系统之外的特殊区域,形成了一个相对自然状态的华人聚集社会。这里因而也是一块旧社会因素的约束最少,新社会因素最为活跃的区域,从而使社会结构和人们的社会关系更多地摆脱了原有的框架和羁绊,因现实的需要和市场化的利益原则而重组。这就使得人们在社会生活中公的领域关系出现了相应变动,主要表现在以下几个方面:

第一,传统的天下、社会、朝廷国家仍然是人们观念里的公领域,但与人们的实际利益关系已比较疏离,在个人与社会、朝廷国家之间出现了较大的中间层公共空间,在这个空间里形成了新的与个人相对应的公领域。

第二,人们的经济活动主要在同行业里进行,业缘代替血缘成为社会关系的主轴,同业组织成为新的公领域。虽然泛血缘的同乡关系也是一种重要的社会关系,但它主要是依附于业缘而发挥作用,因为往往行业与地域相关,同乡多为同业,或同业中又因不同地域而形成次一级的同乡小集团。人们依这种同业兼同乡关系形成经济活动和社会利益关系集团,即行会组织和同乡组织,成为与个人相对的一个经济方面的公领域。

第三,生活的商业化,使社区成为人们日常活动的公共空间。遍布上海街头数量繁多的商店、茶馆、酒楼、戏院、书场、妓院、烟馆等处,成为人们来往聚集、交易消费、社会交往的公共场所,人们在这里谈买卖、作交易,消费消闲,结交朋友,交流信息。这种街市公共空间,与传统村社相比,覆盖面更大,更加多样,更具开放性、流动性、交互性和自由化,人们身处其间,个人化、主体性和平等性色彩更强,形成了一个超越个人的社会生活方面的公领域。

第四,经济和生活的商业化、市场化,使人们对信息交流和沟通的需要大增,出现了报刊这种公共传播媒体形式,形成超越于个人交际的公共舆论空间。《上海新报》、《申报》、《汇报》、《万国公报》等代表不同立场的报纸,主要以一般市民为读者对象,影响舆论。这些报纸上不仅刊有大量广告、船期等商业信息,可以直接为人们的经济活动服务,而且还有大量时事报道、社会新闻、论说等社会文化内容的文字,形成了超越个人及小集团的公共舆论空间,取代了以往的家族管束,及乡邻街谈巷议的村社舆论空间。这种公共舆论空间覆盖面更大,更具世俗性,加之有的商业性色彩浓厚,要迎合人们口味,因而具有更为自由,更平民化,力求公正平等的色彩,成为超越个人的文化舆论公共领域。

由上可见,晚清上海公领域已伴随着商业化和城市化而发生了较大变化,最主要的特征就是在个人私领域与社会、朝廷公领域之间,出现了较广阔的中间层公共领域,如经济方面的行业组织,生活方面的公共场所,文化方面的公共舆论媒体,成为超越于个人,又与个人直接相连的公领域。

晚清上海出现的这种公私领域的变动,使个人与公的关系有了新的方式,个人之私利与公的利益关系,出现了新的对应关系。作为社会基本单位的私,其主体已经个人化,而且其独立性和自主性大大增强,而公领域则出现了中间层扩大及多元化的趋向。同时,作为主体的个人,直接与公领域的联系增强。这些变动,使得生活于其间的人们的私观念也发生了相应的变化。

二、"私"观念的变动

晚清上海社会生活的商业化、城市化,使私领域趋于缩小,个人的独立性增强,同时,人们生活方式的市场化,也使个人的自主性增强。市场使人们作为一个独立自主的个体参与交换,人们要到市场上去,按照市场等价交换的原则交换自己的商品或劳动,并有一定的选择自由,这就需要了解市场行情,估量自己的价值,权衡交换是否公平值得。这种市场行为教给了人们自主意识,教给了人们对于个人价值的认知和保护意识,由此引起人们私观念发生了一些相应变动。这些主要反映在当时报纸上刊登的一些社会事件及人们对于这些事件的议论,从中可以看到私观念的变动主要反映在下述几方面:

第一,人们对私领域的缩小及其独立性的认可。

在血缘家族制度基础上形成的传统伦理观念中,个人首先是作为家庭和家族成员,因而视个人与家庭和家族连同一体,视家族和家庭利益重于个人利益。家族制约家庭,家庭主宰个人,是处理内部事务的原则。但上海这一时期实际生活中作为社会基本单位的私领域,已经由血缘家族色彩的一家一姓之私,向小家庭乃至个人收缩,因而家族干涉小家庭、家庭主宰个人的观念也开始松弛,人们对于小家庭及个人的独立性有了一定的认可。

婚姻在中国历来是关涉个人、家庭、家族利益的一种社会行为,相对于社会公领域来说属于私的领域。对于婚姻,个人、家庭、家族三者之中哪一方具有决定权,反映了人们对于何者为私领域权利主体的认知,亦即关于私领域的分界及权利观念的认定。在以往传统礼法中,婚姻是由男权家庭作主,即所谓"父母之命",在关涉到家族利益的情况下,则家族也有干涉之权,如果违反了礼法准则,触犯了家族利益,家族还会有最后决定权,会以家族法规予以强行惩处。这表明传统上家族及男权家庭作为权利主体的优先性。但是,在这时期上海人们的实际生活中,个人在婚配行为中的自主权明显增强,使男女婚配这一原来更多取决于家族和男权家庭的事,现在缩小到了小家庭、子家庭,甚至个人。

例如,传统礼法有"良贱不婚"的原则,即娼优隶卒等"贱民"不能娶良人之女为妻,对此清律有明文禁条①。如果偶有良家女嫁与"贱民"者,民间通行的做法是家族将其家驱除出族,以保护家族的名誉②。但在这时期的上海,商业化使人们眼中金钱的社会价值超过了身份,出身低贱的人只要有钱,也可能会娶到身份高的人家之女,而且即便有此事发生,社会舆论已较少干预,甚至家族是否有权干涉也受到舆论的质疑。1872年发生的一起轰动一时的名优杨月楼娶商家女一案,从当时人们对于此案的争论中,就可以看到这种观念的变化③。杨月楼以一历来被视为"贱民"的优伶之身,与一位捐有官衔的茶商之女结好,并经女子之母同意而缔结婚约。但以女子之叔父为首的乡族势力,以良贱为婚有损家族名誉,及女子之父在外经商,其母不能主婚等为由,以杨月楼诱拐案告官。他们所执的依据,就是认为在女子之父不在场的情况下,其叔父所代表的家族对这一婚姻具有决定权。这是一种沿袭传统的家族及男性家长主权的观念。而同情杨月楼的议论,则有与此不同的看法,主要有以下两种说法:一是认为婚姻的决定权只属于小家庭,即其父母,其叔父等家族无权代为决定,不应"代人作父"④。甚至认为即使其父不在场,其母也可以家长身份为女作主。这是认为决定权在小家庭之内,而小家庭之外的人,包

---

① 《大清律例》(同治九年刊本)卷十,1页;卷三十三,1页。
② 《不平父论杨月楼事》,1874年1月7日《申报》;《记杨月楼事》,1873年12月30日《申报》。
③ 参看拙文《从"杨月楼案"看晚清社会伦理观念的变动》,《近代史研究》2001年第1期。
④ 《续录公道老人劝息争论》,1874年1月10日《申报》。

括代表家族的叔父也无权决定。二是认为该女子与杨月楼私相结好、两情相悦而缔结婚姻,是符合人之常情的,该女子即使在公堂威逼之下,也仍然执意嫁与杨月楼,称"嫁鸡遂(随)鸡"、"誓不再嫁",因而赞其"尚知气节"①。这种议论表现了对该女子与杨月楼个人意愿的认可。这种强调小家庭自主权,及对个人婚姻意愿的认可,都表现了与以往家族优先观念的不同,反映了人们对于小家庭和个人自主性观念的增强。

在男女婚配问题上,上海这一时期在中下层还流行姘居之风,即单身男女未正式结婚而同居生活。这种现象在传统社会里被视为严重的违背礼俗行为,为亲族和社会舆论所不容。但在这时期的上海,这种现象不仅流行成风,而且人们对此也多视为当事人的私事而不再干预。如时人所言:"租界之中,妇女寡廉鲜耻,侪辈相逢,往往询外舍之何方,问姘头为谁氏,直言对答,习不为怪,并无羞涩嗫嚅之形。"②不仅人们在私下谈论中已不大避讳,即使诉讼到公堂之上,在众人面前也往往直认相姘,不以为事。如时人所说:"上海之风气至于今日可谓坏极矣……姘头、搭脚等语,竟有时直陈于公堂。"③"男女之私,俨然讼诸公堂,而无怍色。姘头二字,竟作口头言语。"④可见姘居风气之盛,及人们对此已司空见惯、不以为怪的态度。而公堂审官对于姘居纠纷也往往顺应人情处断,不深究其咎,表明以审官为代表的公共权力,对于姘居的个人意愿也予以默认。

在这种风气之下,即使像家族这样原来对族内寡妇婚配拥有的绝对权力,其制约能力也大为减弱了。如拥有本姓家产的族内寡妇与外姓男人姘居,这在以往是家族所绝对不允许的,如有此事,家族定会干预。但这时的上海却有家族面对这种情况而无力干预之事。如1878年《申报》报道的一件讼案,就反映了这种情况。一位在虹口开外国皮鞋店的寡妇,与雇来的曹姓店伙姘居,共同生活已达十一年。其间该妇原夫族人虽虑曹某将侵占家产,"皆恶曹之所为,屡向寻衅",但是却"终无把柄"⑤,无由赶走曹某,只得任其长期姘居。后来只因该妇为曹某生子,家产继承之争迫在眉睫,原夫之族人才出头告官干涉。由此可见,即使是族人就在身边,该寡妇也敢于与外姓男人公然长期姘居,而原夫族人却不能以此为把柄而骤然干涉,这表明在社会对于姘居更多认为属个人行为而比较宽容的风气之下,以往能够对此有制约权利的家族,也已经失去了直接的制约能力。可见,在男女婚配问题上,个人及小家庭的自主权已明显增强,并得到社会舆论一定的认可,这正是私领

---

① 《持平子致本馆论杨月楼事书》,1873年12月29日《申报》。
② 《禁令宜相辅而行说》,1885年9月23日《申报》。
③ 《恶俗宜亟禁说》,1885年12月4日《申报》。
④ 《风俗宜防其渐说》,1882年2月25日《申报》。
⑤ 《婚案类列》,1878年4月29日《申报》。

域缩小引起人们对于个人及小家庭在社会生活中独立性和自主性的认可。在人们观念里,作为社会基本单位的私领域,已经由家族、家庭向个人收缩,包括妇女的个人,作为独立的个体,在社会生活中已经受到人们的重视,在社会舆论中个体的角色已开始被社会所承认。

第二,个人权利的合法性观念增强。

传统社会伦理观念中,由于个人缺乏独立的社会意义,因而强调个人对于家庭、家族、国家、社会的义务,而个人的权利意识十分淡薄。在崇公抑私的社会准则和贵公贱私的道德定性之下,无论是人们处理社会关系的方式,还是社会舆论,往往以公共秩序和社会道德的名义,对个人的言行拥有褒贬、限制甚至裁决的权力,而个人几乎没有讲论权利的余地。但在这时期的上海,随着个人私领域的突显,个人在社会生活中的独立性增强,人们对于个人应有合理的权利,及维护个人权利不受别人干涉的意识开始增强。这种个人权利意识在人们的行为方式及社会舆论中都有所体现。

例如,以往对于社会生活中一些人有违传统礼俗的行为,社会舆论和代表公权力的官府往往以维护道德风化的名义而予以谴责或惩处,并不顾及当事者个人的利益。但在这时期上海的社会舆论中,对于这种传统的处置方式却出现了质疑,并发出要求维护个人应有权利的声音。如前述杨月楼一案,茶商女子的叔父及乡族以优伶娶良女违背礼法为由,将杨月楼以"诱拐"罪告官,审案的县官也以诱拐罪名而予以重刑责打,一些舆论也纷纷要求重惩。他们的依据便是认为此事属"奸淫大恶",有伤风化,为了维护礼教、端风化、正人心这一社会公共利益,对杨月楼应当施以重刑严惩。但一些同情杨月楼的舆论则认为,对于此案的审断应当依据事实和律法,不应当以道德义愤代替律法。杨月楼此事依清律至多也只是犯了"良贱为婚"或"和奸"之罪,清律对此的惩处有明文规定,审官只应依律而行,而不应出于义愤而过重惩处,因而他们指责县官的重惩是"情轻罚重",①是"违例",是"越例以残民人",是对民人过于"残忍"的"不公"②。他们的依据,就是应按清律执法,认为杨月楼虽有罪责,但只应承受律法规定的惩处,如超过了律法规定的过重处罚,就是对他及其所代表的民人的"不公"。这种将罪犯和民人的私的权利,与官所代表的公的权利以律法为准则而平等看待,据以评判审官的处置是否公正的思路,表现出要求对于民人——即使是犯了罪的、身份低贱的民人——个体之私权利的界定和尊重,反映了人们要求尊重个人权利意识的觉醒和伸张。

再如,娼妓业是当时上海的一大娱乐行业,传统上视娼妓为贱业,狎客则为尊

---

① 《持平子致本馆论杨月楼事书》,1873年12月29日《申报》。
② 《论杨月楼发郡覆审一案》,1874年5月23日《申报》。关于这些争论可参看拙文《从"杨月楼案"看晚清社会伦理观念的变动》。

贵身份，因而往往有狎客仗势欺妓之事，妓女因处于卑贱地位而只能忍受，人亦视为当然。而这时期上海的妓业已呈规模化和商业化，妓女形成了较强的商业意识，要求狎客要像对待其他生意一样遵守公平交易的商业规则，如果狎客有欺妓、欠资等不守商业规则的行为，妓家往往会据理力争，甚至扭打告官。由于此类事件时常发生，因而被人们谓为"妓欺客"之风。对于此风虽主流舆论多沿袭贵贱身份观念而指责妓女以贱凌贵，有悖礼教，但也有人对于妓女自视与客人是平等的商业关系，要求依照商业规则行事，维护自身商业利益的行为表示同情。审官审理此类案件，也往往顺应妓业商业化的现实，将妓客关系视为对等的商业关系，而依照欠资还钱、毁物赔价的商业规则来审理断案①。这表明以审官为代表的社会公共权力，对于现实生活中形成的娼妓作为商业主体的地位及其相应权利予以认可，因而对妓客相争，则将妓与客作为平等的商业关系来对待，承认妓与客的平等权利。

第三，对私与公利益关系的认识由公私对立向公私两利转变。

个人之私领域的突显及个人权利意识的觉醒，使人们在考虑公私关系时，对个人利益以往浓厚的道德否定色彩趋向淡化，而能够采取比较客观务实、二者兼顾的宽容态度来看待。同时，上海社会生活的商业化，也使得现实生活中个人与社会，即私与公的利益关系发生了变化。如前所述，在传统小农生产方式下，资财数量有限，公与私之间是利益分割、此多则彼少的对立关系，因而形成非公即私、崇公即需抑私的公私二元对立的观念。而商业化则使得个人之私与他人之私及社会之公在市场这个共同领域里统一起来，人们从商业化的生活中体会到，买卖双方通过市场可以各获其利，工商业的发展不仅使商家得利，而且可以使更多的人参与其业分得其利，社会财富的总量可以无限制地增加，使国家及更多的人分享到财富。这种市场教给人们的新的公私利益关系，使人们关于公私关系的观念也发生了变化。

例如，关于个人消费的奢俭与公私的利害关系，人们的认识就有了变化。传统社会伦理向来是提倡崇俭黜奢，反对人追求奢侈享受。其理由是认为天下财富只有此数，有人奢侈享受，多消费了资财，就会使其他人少得资财，导致不公平，如果很多人都追求奢侈，则天下资财很快就会被耗尽，国家、社会之公就会受到损害。因而正统伦理向来把这种追求奢侈的人欲之私，视为有害于社会之公的负面价值而加以谴责和抑制。上海19世纪70年代后奢风渐盛，当时就有人依据这一传统伦理对此批评道："天地物产，只有此数。一人华服，必有数人受其寒者；一人鼎食，必有数人受其饥者；一人作淫巧，必有数人倾其产者。饥寒迫而盗贼生，盗贼炽而乱阶伏。"②也就是说，少数人逞私欲而奢侈，必然会导致多数人贫困，进而引起

---

① 参看拙著《晚清上海社会的变迁——生活与伦理的近代化》，335~344页。
② 朱采：《海防议》，《清芬阁集》卷二。《洋务运动》丛刊（一），339页，上海人民出版社，1961。

社会动乱,损害社会之公。但与此同时,也有人开始以商业原则来看待此事,指出少数富人的奢侈消费,会促进相关商业的发展,不仅不会损害他人及社会公利益,反而会使更多的贫民分得其利,"若无业穷民,借此等微末生理以仰事俯畜者,亦尚不止以万计"。因而富人的奢侈消费,实际上是"哀多益寡、以有济无",有益于社会之公的好事①。进而更有人指出,人们由追求奢华享受之欲,会尽力发挥才能去经营赚钱,这就会为他人、为社会创造更多的财富,由于其为社会创造的财富多于其个人的奢华消费,"其事物之所成,出诸己以与人者重且多;而食用之所费,取诸人以入己者轻且寡",因而这样的个人奢华之欲既是其个人之利,也是国家、社会之利,公私利益不是相害的,而是两利的。所以,这种有益于公利的个人奢华之欲,从伦理上讲也是正当的,"虽至宴安逸乐,侈靡奢华,亦其分之所当然,理之所应有"②。这是人们由商业经济的实际经验而得出的对于公私利益相生相长、两相为利的新认识。这位论者更进而认为,如果社会形成了这样的规则,人们都在追求享受的私欲本性驱使下,发挥才能,去更多地从事社会(即市场)所需要的事业,创造有益于民的财富,就会使个人的享受之欲得到满足的同时,又增加了社会的财富,这实在是"致富之本"。这位论者还断言,如果遵循这种公私两利的规则的话,则"为家者家富,为国者国富",从而将个人之利与国家富强(公利)这一时代目标联系起来。

结　语

由上述所考察的晚清上海社会生活由于商业化和城市化而引起的公私领域、公私关系及人们公私观念的变化,我们可以看到几个明显的趋向:

首先,在社会关系中私领域的界线由传统一家一姓的家族、家庭之私,向小家庭和个人之私缩小,个人和小家庭在社会关系中的独立性增强。这种公私关系实践形态的变化,是传统崇公抑私观念向近代公私两利观念转变的社会基础。

其次,由个人的社会独立性增强,个人权利意识开始有朦胧的觉醒,人们开始公开要求不能以社会之公的道德名义侵害个人的合法权利,个人权利应当予以一定的承认和保护。个人权利意识的觉醒是公私观念由传统向近代性转变的关键。

最后,商业化的经济方式,使人们摆脱了由小农经济而形成的公私利益对立为害的传统思维,而意识到公私利益可以兼顾两利。这一认识使个人求私利的行为与求国家富强的时代要求相连,从而使个人私利这一传统负面价值转变成了正面价值,为肯定私利、公私两利成为中国近代主导社会伦理,及在中国社会中扎根提供了伦理基础。

---

① 《论治世不必偏重节俭》,1877 年 2 月 28 日《申报》。
② 《论致富之本》,1888 年 3 月 21 日《申报》。

晚清上海社会生活中所出现的上述这些公私观念的变化，虽然多数还基本处于人们直接来自生活感受的感性认识，因而比较零散、肤浅，但是我们已可以从中看出由传统向近代的时代趋向性转变。而由上海的这种变化情形也反映出，公私观念的近代转变，虽然在精英思想层面受到西方观念的较大影响，但在民众观念这一层面，则主要来源于经济生活和社会生活方式的改变，来源于人们为适应新的经济和生活方式而产生的伦理调整，而不是西方观念的直接影响。

　　这种观念的转变，虽然在维新运动以前的晚清时期，还只是发生在像上海这样的少数商业化程度较高的城市里，但是却具有时代趋向性。特别是反映这些观念变化的社会舆论，通过报刊传媒对于当时的知识界产生了一定的影响。所以，这是后来维新时期新公私观念的一个重要社会基础和来源。后来维新时期形成的新公私观念，也是沿着这条路更加发展成熟。如维新人士提出的新公私观念集中在以下三点：一是肯定作为个人领域之"私"的合法性，强调个人权利之"私"，肯定个人自主自由的独立人权。如康有为提出："人人有天授之体，即人人有天授自由之权。""禁人者，谓之夺人权，背天理也。"①第二是肯定人求私利的正当性，提倡合理的利己主义。如康有为提出："普天之下，有生之徒，皆以求乐免苦而已，无他道矣。"②他把是否适应人们"求乐免苦"的要求，作为衡量社会进步、文明程度高低的标准。第三，对于公私关系，把私提升到与公平等的地位而统一起来，主张公私两利。如严复提出"开明自营"的命题，认为对于人己、上下、公私等关系中，损益任何一方都是不恰当的。只有在利己的同时也利他、利群，才是最完满的，即他所说的"两利为利，独利必不利"③。梁启超也认为，利己与利他、利群从表面上看是对立的，其实是"一而非二"。利他、爱他、利群是变相的利己、爱己。如果追溯这些观念的来源，我们都可以在此前上海人们的观念变迁中找到这些观念的最初影子。因此可以说，晚清上海公私观念的变迁，反映了中国公私观念由传统向近代转变的最初形态，也使我们看到了这种观念变迁的社会基础及转变机制。这种观念变迁的社会机制及其时代趋向，对于我们今天思考重建适应于现代社会生活的公私观念，具有一定的启发意义。

---

①　康有为：《大同书》，136 页，古籍出版社，1956。
②　康有为：《大同书》，6 页，古籍出版社，1956。
③　《天演论》论十六，《群治》案语，《严复集》第 5 册，1395 页，中华书局，1986。

中国公私观念研究综述

□ 刘　畅

一、导言：公私之辨的古今一贯性

公私观念是中国政治文化中至关重要的思想观念,相对于其他概念范畴来说,具有提纲挈领的意义。有学者指出:"在中国历史上,公与私的关系和作用形式等问题是牵动整个中国历史的大问题,牵一发而动全身。"①从历史过程来看,"公"天下思想的时间跨度最长。战国时期,已经产生了"大道之行也,天下为公"(《礼记·礼运》)的思想;宋学力倡君子与小人之辨,其界限也只在"公私"二字,如朱熹言:"凡一事便有两端,是底即天理之公,非底乃人欲之私。"(《朱子语类》)清人袁枚论宋代政治弊端云:"宋之病,不病于小人,而病于君子,不病于君子之少,而病于君子之多,不病于君子之私,而病于君子之公。"②黄宗羲《原君》指出,封建君主专制的要害就在于"以我之大私为天下之大公"。可见,"公天下"的精神理想在传统文化系统中生命力之活跃和顽强。到了近现代,"尚公抑私"是发动一次次激烈"革命"的强大思想引擎,太平天国主张平等之公,"凡天下田,天下人同耕……天下人人不受私……天下大家处处平均,人人温饱"(《原道醒世训》),并由此催生了以公平为核心的《天朝田亩制度》;孙中山曾手书"天下为公"四字,将"公"作为批判、推翻满清一姓之"家天下"、"私天下"的精神武器。20世纪50～70年代,尚"公"的思想仍然十分活跃,"大公无私"、"以公灭私"、"要斗私批修"、"狠斗私字一闪念",不仅是书本教义规范,还是几代人身处其中的活生生的现实。沟口雄三把尚公观念与社会主义思潮联系起来说:"天下之公。经过暂时的、由士大夫阶层的经世意识而产生的政治主张上

---

① 刘泽华主编:《中国传统政治哲学与社会整合》,第246页,中国社会科学出版社,2000。
② 袁枚:《宋论》,《小仓山房文集》卷二十,清乾隆三十四年刻本。

的民族、民权的公,随着革命的深化终于再次表现为佃民的天下之公。""'天下之公'观念发展的思想背景,也是导致民生主义、社会主义理念易于产生的原因。社会主义容易和中国的思想传统相结合,或许可以说,中国天下之公的传统因为具有天下一体性,原本就是社会主义的。"①可以说,古代尚公抑私思想与近代社会主义思潮确有某种联系。

下面,特对公私观念的研究现状作一粗略描述。

二、字义构形溯源

公私是一个反义对举的思想范畴。字义构形,是公私观念研究的起点,也是研究的难点之一。从字义构形溯源角度目前对公私有以下解释:

(1)私为自环,公为平分。《说文》载:"厶,奸邪也。韩非曰:'苍颉作字,自营为厶。'凡厶之属皆从厶。""公,平分也。从八厶。八,犹背也。韩非曰:'背厶为公。'""私,禾也。从禾,厶声。北道名禾主人曰私主人。"段注引《诗》"骏骏尔私",注曰:"私,民田也。"②许慎的说法源于《韩非·五蠹》:"以是观之,夫父之孝子,君之背臣也。故令尹诛而楚奸不上闻,仲尼赏而鲁民易降北。上下之利若是其异也,而人主兼举匹夫之行,而求致社稷之福,必不几矣。古者苍颉之作书也,自环者谓之私,背私谓之公,公私之相背也,乃苍颉固以知之矣。"③结合上下文,很清楚,这是一种政治文化上的阐发,而非文字学意义上的解释。但这种说法,仍成为一些学者梳理传统公私观的逻辑起点,如有人说:"《说文》释'公'曰:'公,平分也。'并引韩非的解释:'背厶(私)为公。'而韩非释'私'为:'自环者谓之私。'能够'平分'的是什么?能够'平分'的只能是'物'和能够按'物'的方式被'分'的东西。而'自环者',即圈占者,亦即不愿把有限好处'平分'与人的独占者。'平分''物'的'平分'者,在把'公'理解为对'物'的'平分'这一状态下,显然已把自身放在分物者和持物者的位置,因而其自身已在此成为以'物'为生的持物者。这样,'公',即是'平分',即是以天下之福利归于天下。……'平分'和'自环'可以说是中国文化'公'、'私'观的核心意义。中国文化的权力体制和个人德性境界与以这种'平分'和'自环'的公、私界分观为基础的'道''理'论构成了不可割解的表里关系。"④

(2)徐中舒认为:"公象瓮(甕)形,在古代大家经常要围在瓮旁取酒共饮,故公得引申为公私之公。私是农具,从㠯,象耒耜之耜形,是农夫用以耕作,作为自己私

---

① 沟口雄三:《中国公私观念的发展》,《国外社会科学》,1998年1期。
② 许慎著,段玉裁注:《说文解字注》,中华书局,1981。
③ 王先谦:《韩非子集解》,中华书局《诸子集成》本,1986。
④ 蒋荣昌:《中国文化的公私观》,《西南民族学院学报》,1998年4期。

有的工具，故私得引申为公私之私。”又：“耜为农具，为个人所日常使用的物件，故得认为己有……厶与私亦当为耜引申之字，耜，私、厶，古同在心母（古韵耜在之部，私、厶在脂部，之、脂古不通用，或由声近相通）厶小篆作ᘔ，形与铜器中ᘓ字绝相似，私从禾，即耜之别体，耜为个人所有，故得引申为公私之私。《韩非·五蠹篇》云：‘古者苍颉之作书也，自环者谓之私，背私谓之公，公私之相背也，乃苍颉固以知之矣。’此说与古代社会情况不合。铜器中公作㕣，全无相背之形，可证其为臆说。”①方舒鑫先生亦认为指瓮器。②

（3）还有学者认为，“厶”乃人侧面形象之象意，“公”乃人脸正面形象之象意。即：侧面为私，正面为公。其云：“我们的祖先……发明了‘象意’造字法，使这个问题迎刃而解——用形象的方法解释抽象的事物——从那些‘截流私分’的人总是以侧面来应付众人的疑问这个‘形象’入手，抓住这种人面部侧面的‘制高点’——鼻子侧形的形象，用他们形象的‘偏’，来说明他们的‘心术不正’；同时再以一个蔑视的声音‘SI’或‘XI’表示对这种人的谴责，‘厶’字就创造出来了。”而“公”，则是正面人的脸形。③

（4）日本《广汉和辞典》里“公”字作“㕣”，为一指事字，解释为“八是开”之意，是通路的象形；厶为“口”，表示场所，从举行祭祀的广场意义中，引申出“公”字。④

（5）“㕣”，从八从口，构形不明，卜辞的“公”可能指先公。多公当是一种习惯性用法，与“多妣”、“多父”、“多母”之类近似，应是指先公。⑤ 郭沫若持此说，与多后同例，盖假为君。⑥

（6）卜辞的公也有用作地名的，如“才㕣”（才公，在公地）。⑦

（7）公宫，宫室名，即大众之宫。⑧

（8）指某些辈分的亲属。⑨

（9）指祖宗。⑩

---

① 徐中舒：《徐中舒历史论文选辑》，中华书局，1998 年，第 1441、93 页。

② 方舒鑫：《甲骨文口形偏旁释例》，《四川大学学报丛刊》，1982 年 10 期，第 290 ~ 291 页。

③ 范德茂、吴蕊：《关于‘厶’字的象意特点及几个证明》，《文史哲》，2002 年 3 期。

④ 转引自王中江《中国哲学中的公私之辨》，《中州学刊》，第 64 页，1995 年 6 期。

⑤ 赵诚：《甲骨文简明词典》，第 227 页，中华书局，1988。

⑥ 郭沫若：《殷契粹编考释》，东京，求文堂，1937。

⑦ 赵诚：《甲骨文简明词典》，第 227 页，中华书局，1988。

⑧ 徐中舒：《甲骨文字典》，第 71 ~ 72 页，1988。

⑨ 陈梦家：《殷墟卜辞综述》，《考古学报》，1956 年 2 期。

⑩ 胡厚宣：《临淄孙氏旧藏甲骨文字考辨》，《文物》，1973 年 9 期。

(10)"公"字传到日本时,除中国原有的发音(音读),还有日式发音"おおやけ"(训读)。这就意味着日本"公"的概念形成了。"おおやけ"指大的建筑物和带有建筑物的领地。在天皇制国家成立之前,是指各地割据的氏族的共同领域;也有把"おおやけ"加在地名前面表示该地物产丰富。从《魏志·倭人传》里的"国国有邸阁"等的记述来推断,"公"这个字当时是指共同体带有管理机能的贮藏物质的仓库。其后,一般是指共同体首长的支配关系和共同体成员的共有关系。在大和朝廷成立以后,就成了含有朝廷、天皇、国家、官事的意思。也有人解释说,因为有这个共通性的缘故,"公"这个字才有了日式的"おおやけ"的发音。①

(11)"厶"字,甲骨文中只有一例。李亚农《殷契杂释》有"厶"字,与"丁"同形,为"■"、"囗",词义及来源不明。② 此为甲骨文中"厶"字所仅见。徐中舒认为,有文字依据可查的"厶"字,要晚至春秋战国时代。③

三、公私观念总体价值判断

(1)国民性格总体自私论。以费孝通为代表的部分学者认为,中国社会结构和西洋不同,它不是一捆一捆扎起来的柴,而是好像把一块石头丢在水面上所发生的一圈圈推出去的波纹。被圈子的波纹所推及的就发生联系。每个人在某一时间某一地点所动用的圈子不一定相同。以"己"为中心,不像团体中的分子那样一般都处在一个平面上,而是像水的波纹,一圈圈推出去,愈推愈远,也愈推愈薄。在差序格局中,社会关系是逐渐从一个一个人推出去的,是私人联系的增加,社会范围是一根根私人联系所构成的网络。因之,传统社会里所有的社会道德也只在私人联系中发生意义。"在我们传统里群的极限是模糊不清的'天下',国是皇帝之家,界线从来就是不清不楚的,不过是从自己这个中心里推出去的社会势力里的一圈而已。"所以,传统社会是一个以"私"为本的社会。中国传统社会里一个人为了自己可以牺牲家,为了家可以牺牲党,为了党可以牺牲国,为了国可以牺牲天下。……在这种公式里,你如果说他私,他是不能承认的,因为当他牺牲族时,他可以为了家,家在他看来是公的。当他牺牲国家为他小团体谋利益、争权利时,他也是为公,为了小团体的公。在差序格局里,公和私是相对而言的,站在任何一圈里,向内看也可以说是公的。④ 近代以来,严复、梁启超、梁漱溟、鲁迅等均指出,中国人缺乏公共精神、团体意识,人人各怀其私,没有凝聚力,如一盘散沙,又像分散的马铃

---

① 沟口雄三:《公的概念在中国和日本的区别》,《船山学刊》,1999年2期。
② 载《考古学报》,1951年第5期,第241~242页;松丸道雄、高明谦一《甲骨文字释综览》所收。
③ 徐中舒:《汉语古文字字型表》,第364页,四川辞书出版社,1981。
④ 费孝通:《乡土中国·差序格局》,第26~30页,北京大学出版社,1998。

薯。他们强调,为了复兴国家,必须放弃"私"意识,树立"公"的观念。

(2)公私观念与政治文化相互缠绕。不少学者注意到了中国公私观念的特色,即它主要不是围绕财产所有制来争论,而是从政治文化角度进行价值判断。验之历史事实,公私之辨主要与政治文化相互纠缠。有学者认为,"大公无私"、"以公灭私"构成了中国文化的基本观念。先秦的法家、道家、儒家都讲过类似的话,尽管程度不同。宋明理学,公私对立最为严峻。近代以来,公私紧张未见缓解,日趋激烈,至"文革"达到高潮。① 还有学者指出,公私观念是牵动整个中国历史的大问题。根据是:①"天下为公"与"有德者居之",成为"家天下"的理论依据。"公"的道德理想采取了极度自私的表现形式;公的社会生活并没有公众参与的形式。②酷烈残忍的崇公抑私。"私"字成为万恶之源。无私、无欲、无我是理想境界。把个人、私人空间压缩到零。甚至"圣人"人格也被异化,失去自己的真正本性。③公共生活与私生活两无的社会格局。私人空间完全被挤压,既无私人领域存活的空间,也无公共生活的立足之地,结果是私人生活与公共生活皆不能得到实现。④大公即大私,以公之名,行私之实。"公"是表面的外壳,"私"是实际内容。② 还有学者指出,研究先秦时期的公私观,不仅要从抽象概念和道德范畴入手,还应该下移与社会问题挂钩,注意思想与社会的互动。刘泽华详尽剖析了先秦公私观念嬗变的特征。一是由人的称呼——与人相关的共同体称呼——再发展成一种公共理念。公私作为一种社会公共理性,被赋予了普遍意义。公私的社会价值有:国家社会之准则;个人行为之准则;认识的前提与准则。二是公私形成之初,就充满了尖锐对立。立公灭私,成为普遍共识,走非此即彼的道路。三是论证公具有本体性,向天地自然(天地、日月、四季)寻找根据,公与人的心灵即思维器官相联系;私不具有本体性,与人的欲望及耳目感官相联系。四是公私观念的质变始于荀子。这与君主制度的不断强化有一种互动的关系。具体表现为,君主专制程度越来越强,"天下为公"的呼声越来越高。立公灭私表现出国家机器和社会的对立、群体和个人的对立,使公民社会在中国的土壤中难以成长起来。五是工具理性和制度理性的发展。社会、国家、道德、礼、法被视为"工具"、"公器",像度量衡、货币一样,为天下人所共同遵守。公理、公法、公天下,积极方面是社会关怀具有普遍性,士人以社会为己任。六是先秦公私只有纵向联系。强调公而无党,切断人们之间的横向联系,不允许任何外在于君主制度的团体存在。强调忠于君主和上级,个人成为附属物,依附性很强。从纵向保证最底层对上层的顺从。③

---

① 王中江:《中国哲学中的公私之辨》,《中州学刊》,1995年6期。
② 刘泽华:《中国传统政治哲学与社会整合·崇公与抑私》,中国社会科学出版社,2000。
③ 刘泽华先生为南开大学古代思想史博士研究生开设"先秦公私观念"讲座,谈及这些观点。

（3）群体与个体观念的错位及公私悖论。群己关系在传统文化中至关重要，有学者从这一角度切入研究公私观念。在群己关系上，儒家是先群后己。近代以来，严复、梁启超、孙中山、陈独秀、鲁迅等思想先驱，在群己关系上都指出中国人一盘散沙、缺乏公共道德、没有集体意识等。他们也都将个人权利作为走向现代的旗帜使用过，但是一旦遇到"风吹草动"，他们就会很快回归传统。严复这样说："天演之事，将使能群者存，不群者灭；善群者存，不善群者灭。"这即是说，两者发生矛盾时个体应让位于群体。梁启超也对公共空间情有独钟："自由云者，团体之自由，非个人之自由也。"革命者说："个人不可太自由，国家要得完全自由。到了国家能够行动自由，中国便是强盛国家，要这样做，便要大家牺牲自由。"这些观念产生于国势危急之时，看似合情合理，但沿着这条思路走下去，社会大于个人、民族大于自我、国家大于个体的价值观念将不断泛起。①

（4）血缘因素在"公私"之辨中的意义。公私混淆，私域性的血缘因素掺杂其中是关键。有学者指出，儒家形式上大讲"公"，但其逻辑起点却从"私域"即"血缘"（父子）和"私人伦理"（朋友）开始。"私域"的过分"膨胀"，恰恰抑制了"公域"的发展。"君臣关系"比较接近公域，但在"忠孝"之间，儒家往往又使"公"的角色"忠"让位于私的角色——"孝"，并对此大加称道。如，"'家'是一个私人领域，但儒家却把'齐家'当成'治国'之'公'的基础。这也是我们把'公'的'国'称之为'国家'——即'国'是放大了的'家'——的文化、心理根据。其实，它们是两个领域，虽有互助之力，但主要是各自独立发展，谁也不是谁的基础或'根'。在此，可以稍微比较一下中日的'家'的观念。与日本的'家'注重'生产功能'、'创业功能'相比，中国的'家'更注重'血缘纽带'。在日本的'私家'中，容易外化出一种'忠公'的精神。荻生徂徕早就针对理学的'存公灭私'提出过批评。他界定公私说：'众所同共，谓之公；己所独专，谓之私。君子之道，有与众共焉者，有独专焉者。'在我们看来，'天下为公'、'大公无私'，只能作为一种'理想'来提倡，不能落实到实际操作层面。否则，其实际结果只能是'大私无公'、'天下为私'。根本问题是，社会的主体是一个一个的人，不是一个抽象的公民，每一个人都是一个主体，都是有个性的。那么究竟怎样在与公共领域或公共事物之外，保持各自的价值及其运转，是一个很大的问题。同时，在'公共领域'中活动的，恰恰也是私人。但在此，我们虽有私心，但不能表现私心，私心只能在私人领域中表现；在公共领域中必须扮公的角色，表现公心。"②

---

① 王中江、张宝明、梁燕城：《活力与秩序的理性基础——关于互动的对话》，载《文化中国》。

② 王中江、张宝明、梁燕城：《活力与秩序的理性基础——关于互动的对话》，载《文化中国》。

(5)传统法律以公的名义对公众的剥夺。黄克武先生指出,严复认为传统专制主义是君主私人的"家天下":"中国自秦以来,无所谓天下也,无所谓国也,皆家而已。一姓之兴则亿兆为之臣妾,其兴也,此一家之兴也,其亡也,此一家之亡也。天子之一身兼宪法、国家、王者三大物,其家亡则一切与之俱亡。"在此制度下,只有君权,没有民权,因而也就没有自由可享。为了从理论上把颠倒了的君民关系再颠倒过来,严复对韩愈的尊君论进行了激烈的抨击。严复所看到的中西法律的区别还表现在公法与私法的划分上。他说:"吾国宪刑,向无此分,公私二律,混为一谈。"在中国人的法律观念中,向来"公"字居上,但言"公"字,而深畏"私"字。虽然西方人的公私法划分未必尽合道理(法律在本质上都是国家制定的,且不论公法还是私法都涉及私权),但是其中所体现的基本精神则是力图保障私权。突出"私",必然要同"公"相抗衡。只有通过私权与公权的合理抗衡,才能达到公不侵私、私不犯公的法的理想境界。如果但言公权而不言私权,颠倒立公为私的法律关系,自由人权就会荡然无存。对此,严复虽然没有明确的论述,但他对因私立公的法律关系是清楚的。他在评论卢梭《民约论》中的公私观时曾表示:"国家之安全非他,积众庶小己之安全以为之耳,独奈何有重视国家之安全而轻小己之安全者乎?"个人通过社会契约让渡部分个人权利的目的不是要积成一种压迫私权的公权。公权的确立不外是为了保障私权而已。当国家尊重和保护个人权利时,个人为爱国而赴国难也就会在所不惜,因为他知道自己在为自由权利而斗争。这是严复在爱国与私权关系问题上的思路。它表明严复与卢梭讲公益时,都是从因私立公或立公为私的契约法律关系原则出发的。[①]

四、公私观念嬗变及若干命题的清理

(1)公私观念形成溯源。一般认为,公私观念源于《尚书》。《古文尚书·周官》云:"以公灭私,民其允怀。"孔传曰:"从政以公平灭私情,则民其信归之。"孔颖达疏曰:"为政之法,以公平之心灭己之私欲,则见其下民信汝而归汝矣。"他们均以"公"对"私"的绝对排斥来释义。由于"以公灭私,民其允怀"出现在《尚书》中,所以就被一些学者当作目前中国文献中所能见到的有关公私观念最早的文字,甚至作为分析判断问题的逻辑起点。如有学者指出:"至于如何看待公义与私情的关系,最早的主张见于《尚书》的'以公灭私,民其允怀'。从形式上来看,我们今天所倡导的大公无私,与这种以公灭私的主张实际上是一脉相承的。大公无私者,以公义、公理灭私心、私情之谓也,并非主张以公利灭私利。《尚书》是我国最早用文

[①] 黄克武:《严复的人权思想》,北京大军经济观察研究中心网站网址:www.dajun.com.cn。

字记史论史的经典,因此,此处所言'以公灭私'可以看做是'大公无私'的最早主张。"①《周官》属于《古文尚书》,早被判为伪书。有学者试从公私观念角度出发,从文献征引、字义构形及公私观念发展演变等几个角度为《尚书·周官》证伪另辟新径,并借此勾勒出先秦公私观念发展嬗变的思想轨迹。验之文献征引,先秦诸子尤其是力倡公私之辨的《荀子》、《韩非子》和《吕氏春秋》等均未曾征引《周官》;验之字义构形,先"公"后"厶",西周时缺乏反义对举的基本文字条件;验之观念发展,商周时期,公私只有具体义,而乏抽象义。春秋时,公私对举、内涵对立的例子也不多见。至于战国,随着君主专制意识的加强,社会上出现了"尚公"的普遍社会理念需求,催生出比较成熟的公私观念。秦汉之际,又出现了《贵公》、《去私》等专篇。这期间,由具体到抽象,由身份称谓到价值判断,由不成熟到成熟,公私观念发展嬗变的内在逻辑十分明晰。明乎此,即可知为何西周时不会出现"以公灭私"这样成熟的观念。这样,就将"以公灭私"观念的产生推迟了400余年,纠正了目前学术界几乎达成共识的"以公灭私最早出现于西周说"。②

（2）基本意义清理。有学者认为,把国家或政治共同体及其所属之物视为"公",把个人及其相关之物视为私。古代公私观念的意理结构为"意识到天下、国家、法律是公共之物,不属于君主私有",即"道高于君"之意。道家、法家、儒家皆如此。法家论述政治运作中的公正无私最多。除了政治行为外,公还体现在利益分配上。分配公平、均等,就是公,否则就是私。《礼记·礼运》、《说文》和康有为的《礼运注》,均强调社会财富应公共占有,而不应由少数人私有。从政治和经济行为中的公私来看,公私已经从"存在物"和"实体"转向了道德意义层面,这一点在宋代理学中达到高潮。"公私的道德意义,首先是从共同体和非共同体本身派生出从事共同体事物的行为,即政治中的道德与不道德,进一步又走向普遍意义上的道德不道德。"从总体上说,中国传统哲学从"天道"、"天理"出发,把"公"(公道、公事、公物等公域)与此连接起来,作为"至善",使之"独尊"。而与此相对立的"私"(私道、私事、私物等私域),则力主割掉,或至少是要求大加抑制。宋明理学在这方面非常典型。孙中山讲"天下为公"及我们熟悉的"大公无私",都是这种逻辑的延续。③

（3）私本位说:明清之际公私价值判断的易位。诸多学者普遍认为明末清初之际为公私观念发展史上的一大关键,其标志是出现了以"私"为本位的思想家。李贽明确提出"夫私者人之心也,人必有私而后其心乃见"(《藏书》),其私非个体

---

① 钱广荣:《中国早期的公私观念》,《甘肃社会科学》,1996年4期。
② 刘畅:《〈古文尚书·周官〉'以公灭私'辨析》,载《公私观念与中国社会》,第68～91页,中国人民大学出版社,2003。
③ 王中江:《中国哲学中的公私之辨》,《中州学刊》,1995年6期。

之私,而是群体、社会之私;黄宗羲《原君篇》肯定人"有生之初,人各自私也,人各自利也"。他的所谓"自私自利"是指富民阶级。顾炎武提出富民的公私论。吕坤《呻吟语》说:"世间万物皆有所欲,其欲亦是天理人情,天下万世公共之心。"富民阶层向君权要求自身的私利,通过以公包容私,否定社会欲之间相互的"私",于是产生了类似市民社会的"公",这在思想史上值得注意。其后王夫之、戴震延续了这种天理、人欲的思路,强调"仁"不滋生个体之间的对抗,憧憬"天下市民社会调和"。龚自珍《平均篇》表示了对贫富不均的隐忧:"小不相齐,渐至大不相齐;大不相齐,即至丧天下。"后来经过这种"天下市民社会"之公,迎来了中国独具特色的近代。太平天国的《天朝田亩制度》、严复、康有为的《大同书》、陈天华、邹容,直到孙中山的"三民主义",都以"天下普遍之公"为依据和目标。"太平天国以来,甚至明末以来的经济上的公概念,最终发展为民生主义乃至社会主义的公(但是在现阶段,国民之公较之人民之公更为贴切)。孙文就'四万万人之穿衣吃饭',强调'我党(不欲个人发财)则欲人人发财而已',他要求四亿民众,'如君欲真发财,必人人发财,乃可达真发财之目的'(《党员应协同军队来奋斗》),先验地赋予个人以天下人人之共,李卓吾'以天下为公'的思想;后经过孙文,最终发展为旨在土地公有化的社会主义思想。由士大夫阶层的经世意识而产生的政治主张上的民族、民权的公,随着革命的深化终于再次表现为佃民的天下之公。""'天下之公'观念发展的思想背景,也是导致民生主义、社会主义理念易于产生的原因。社会主义容易和中国的思想传统相结合,或许可以说,中国天下之公的传统因为具有天下一体性,原本就是社会主义的。"[1]

王中江先生认为,明清思想家使"私"字抬头,李贽、胡宏、戴震等,肯定"私"的合理性,其基本观念与"公本位"相对抗,大力肯定"私"的合理性和正当性。但是,这种思维,与"公本位"同样不是健全的形态。中国一直强调"公",但现代许多思想家(如孙中山、梁启超、梁漱溟、费孝通等)都共同诊断说,中国所缺乏的恰恰是公共精神、团体精神,盛行的是"个人主义"。一些思想家从自由、民主和个人主义出发,认为中国传统所缺乏的却是"个人主义",甚至是自利主义。实际上,中国是"公私"都不健全。首先是理论上都不健全。其次是传统社会政治结构,也不能使之健全。[2] 同王中江先生的见解接近,蒋荣昌先生也认为,此期思想界并未突破传统思维局限。王夫之、顾炎武与同时代的黄宗羲、唐甄等人可能是中国古代史上对君权君政最肆言无忌的思想家,他们通常也被当作明末清初启蒙思想运动和中国古代史上民主思想的代表人物。但据上文清理过的"民主"论细考上述诸位的"公""私"论及其"民主思想",恐怕很难高估其思想的"启蒙"意义和"民主"价值。

---

[1] 沟口雄三:《中国公私观念的发展》,《国外社会科学》,1998年1期。
[2] 王中江:《中国哲学中的公私之辨》,《中州学刊》,1995年6期。

综观黄、顾、王等人反对君主独裁或以一姓"私天下"的言论及其政治主张,实际上我们看到的不过是某个退而求其次的"大同"理想。黄宗羲甚至提出过"天下为主,君为客"和"以天下之法"取代"一家之法"的激进主张,但其立足点仍然是所谓"公利"与"公害",仍然是"君臣共治"、"分治以群工"及合"学校"和"方镇"之力,实现众人分治和"授民以田",从而使"一姓之天下"在某种意义上成为天下"平分"之天下。这与顾炎武的"寓封建于郡县"论、王夫之"分统之则治"的"分权"论一样,意在以"分权"的方式,达成由"天下"共享或"平分""天下"的"大同"之治。①

有学者指出,对明清之际思想家倡导以"私"为本位不可估计过高。因为,第一,无论是明末清末,思想家在肯定"私"与"利"的同时并没有放弃"公"的道德理想,仍然拥抱中国传统中"天下为公"、"大公无私"的目标,反对徇私或"假公济私"。换言之,他们是在不抹煞个人欲望的前提下,来重新思考群己关系。因此他们的思考一方面为宋明以来的儒家传统开创出一个新的局面,另一方面仍继承了许多固有的思想预设。对明末清末肯定"私"的思想家而言,其思想之中连续性的因素除了大公无私之外,还包括王道、仁政、内圣外王、生生不已、乐观主义的认识论、环境的乐观主义(认为天然资源十分充足)、将社会视为由士农工商所组成而环绕着"礼"的活动以及对知识分子角色之认定等。这些预设不但在19世纪经世传统之中十分盛行,甚至在20世纪仍有持续的影响力。再者,不能忽略主流儒家论述之中一直存有肯定"恒产"、"因民之所利而利之"和商业活动观念,这也是明末清末思想家肯定"私"的重要基础。第二,在近代肯定"私"的历史发展之中,中国知识分子将一个一元化的"私"的概念(特别是针对宋明理学对公私的看法)分化为不同的概念范畴。就行为之主体而言,一类为统治者之私,一类为庶民之私。就其内涵来说,一类是负面性的自私自利、损人利己之私,需要贬抑;一类是正面性的合情、合理之私,必须肯定。明末与清末的思想家所肯定的私均为庶民的合情、合理之私,并以此来讨论"合私以为公",亦即肯定每一个个体的合理欲望、私有财产及个人对公共事务的参与,以建立社会正义的准则。第三,就思想的渊源来说,明末公私观念的讨论与反专制、理学内部的变化以及明清社会经济变迁有关;清末的公私观念的讨论除了有传统渊源之外,具有更强烈的西方影响的色彩。第四,两者虽然都是从"合私以为公"的角度来肯定一个具有正面意义的"私",但明末时所注重的私是指个人欲望与私有财产权,清末对公私的讨论则更为关注由全体国民私其国,倡导"国民"的权利,其理论基础不仅是基于人性的必然趋向,也与国族主义、社会达尔文主义、社会有机体论、功利主义、自由民主思潮等相关。尤其值得注意的是,清末思想界对"私"的讨论将西方"开明自营"与顾、黄的"合私以为公"的

---

① 蒋荣昌:《中国文化的公私观》,《西南民族学院学报》,1998年4期。

观点结合起来,以肯定个人政治、经济方面的"权利",使国人对于公私、义利与群己关系的认识进入一个新的境界。这样,明末所谓的"公"主要是指追求公平、正义或正道,而清末所谓的"公"除了追求公平、正义与正道之外,更增加了国民对于一个现代国家的认同之意涵。①

(5)公私之辨与义利之辨的关系。义利之辨,是与公私之辨相互缠绕的问题。有学者认为,不应从公私角度探讨"义利之辨"。因为从历史过程看,公私涵义都有一个从具体到抽象的过程,"公私"与"义利"并不存在一种互动、互诠的关系。从西周、春秋到战国,公私都先有具体义,后有抽象义。在宗法话语中,上一级之事为公;下一级之事为私。《论语》中"公"出现七次,基本义是"公事","私"出现两次,基本义是"个人"、"私人"。《孟子》中"公"出现四次,基本义是"爵位"、"公事","私"出现十次,基本义是偏爱、个人和私人。可见,公私观念不是孔孟儒学中的应有之义,二者也未以"公私"论"义利"。以公私论义利始于《荀子·修身》:"此言君子之能以公义胜私欲也。"《君道》载:"公道达而私门塞","公义明而私事息"。都明显以"公私"相对举。总之,无论从文字还是思想角度,孟子从未把"义"等同于"公",把"利"等同于"私"。在孟子那里,公私和义利是两对不同的概念,二者无必然联系。验之郭店楚简,也无此类说法。这说明早期儒家,不注重公私之辨。②

(6)天、天道、天理——公本位的超越性论证。学者们注意到,为"公"寻求本体、终极意义上的依据,是传统文化公私之辨的特征。从天的无私性入手论证"公"的道义性,如《庄子·大宗师》、《吕氏春秋·去私》、《礼记·孔子闲居》("三无私")和《论语》("天何言哉?四时行焉,百物生焉")等。沟口先生指出,中国的公私,包含着公正对偏邪的道义性。这种道义性的特点是,不分集团内外,不论何时、何地,都具有均一、妥当的原则性、普遍性。沟口先生认为,进入宋代,公私与天理、人欲的命题相结合。宋学大谈公私之辨,"存天理,灭人欲"成为普遍命题。王中江先生也认为,传统思维把公与天道、天理结合起来,相信人类之公内在于天道之内和人类社会是天道的一部分,要求效法天之公,追求以"公"为中心的社会理想和天下太平。先秦诸子学说不同,但在主张"天公"与"人类公"的连续性逻辑上却表现出惊人一致。由此推导认知上的"客观为公,主观为私"的结论,把真假或客观性称之为"公",而把是非或主观性称之为"私"。章学诚《文史通义·言公》,

---

① 黄克武:《从追求正道到认同国族:明末到清末中国公私观念的重整》,北京大军经济观察研究中心网站网址:www.dajun.com.cn。
② 杨泽波:《公与私:义利诠释中的沉疴痼疾》,《中国文化研究》2002年春之卷。

强调在"立言"中,追求客观性的道是公,反之,追求主观性的虚文则是私。①

五、中日公私观念比较研究

日本学者对中日公私观念进行了许多研究。沟口雄三先生认为,在中国宋代至明清、近代,有其内在连续发展的固有原理。这就是追求一种超越于一切社会实体之上、具有普遍意义的社会公理及公正。他在重要的著作中探讨了中国的公私观,他还有讨论公私的专门著作(《中国的"公"与"私"》,研文出版,1995 年;中译本将由中央编译出版社出版)和论文(《公的概念在中国和日本的区别》、《中国公私概念的发展》)等。日本学者讨论公私的论文还有加滕常贤的《公私考》、责田多喜男的《先秦的公私观念》、栗田直躬的《公与私》、福田欢一、板桓雄三的《比较思想史中的公私问题》以及田原嗣郎的《日本的"公私"》等。日本学者认为中日公私观的主要区别有:

(1)中国的公私是在道义上相对,即由朝廷、国家这种共同体的"公"发展为政治、道德领域的"公",实施这种"公"的操作方案是"平分"。这种道义上的"公"的概念在日本没有,由此所派生的道义性、原理性、自然性、普遍性特征在日本的"おおやけ"里也没有。

(2)中国共同体的"公"是在一根主轴上贯穿着多数人的"公",即"私"的连合体就是"公"。如康有为所说的在大同世"人人皆教养于公产,不恃私产"(《礼运注》)。这里的"公产"不是官有财产的意思,而是众多的人共有的意思。"人民公社"的"公"也是继承了这种共有的"公"。这和日本的"おおやけ"有微妙的区别。所谓"公立"和"公有"在日语里只有"官立"和"官有"的意思。日本共同体的"公"有两个特征,一是与共同体的首长有非常深的关连,如"公立"和"公有"指的就是"官立"和"官有"的意思;二是在日本,一家一户的"私"与社会、公司和官署的"公"属于不同领域,毫不混淆。

(3)清末"公"的普遍原理性被发挥到极致。革命派认为,从天"公"角度来看,朝廷和皇帝的少数性和专制性是"一家一姓之私",人民要求拥有多数性和全体性的"大多数人的公"。多数和全体人民、国民为"公",少数和专制的朝廷、皇帝被视为是破坏世间万物与反全体的"私"。如康有为、孙文的"天下为公"就是"大同主义的公"。孙文提倡的三民主义,同日本明治时代启蒙思想家福泽谕吉的思想是完全对立的。福泽说:"往昔,封建时代,诸藩无交际,虽诸藩之民非为不正者也,然各藩之交请谋于内,藩外杵其为私,藩内则襄其为公,确为各藩之实情也。此私实难非其为反天地之公道。……日本国内诸藩尚且如此,东西悬隔异国蛮人之

---

① 王中江、张宝明、梁燕城:《活力与秩序的理性基础——关于互动的对话》,载《文化中国》。

交际何来天地公道。迂阔之甚也。"(《文明论之概略》卷六)为自己所属的共同体(这里指的是藩)效力即为"公"。日本的"おおやけ"的最高对象是天皇或国家,没有中国"天"的这种普遍原理性观念。孙文以"天下为公"的"公"这一普遍原理性的观念来主张全世界各民族的平等,从民族平等的公理诞生出了民族主义。与之相对的是,福泽谕吉以"おおやけ"来赞美不管怎么侵害他国的利益,只要是为本国的利益效力即是爱国主义行为,由此诞生了狭隘的国家主义。

(4)日本"公私"概念不表现为中国那样的对立关系。"私"作为被承认、被肯定的一个领域独立于"公"的领域。"私"在原则上、道义上并没有被否定。农民的土地是世代长子相传,土地买卖是被禁止的,农民把土地称为"先祖代代相传的土地",所以"田"这个"私"的领域被世代相传而保存至今。商人也是如此,被称为商家招牌的"家号"与地产和资产一起代代长子相传。还有被称为匠人的工匠,他们把自己拥有的绝活传给儿子或弟子。这样,家业和技能就作为"私"的领域被世袭继承下来,给明治时代的资本主义发展打下了坚实的基础。中国则与之相反,由于家族制和非世袭的科举官僚制,在同一宗族的土地经营上尽管官僚、商人和学者人材辈出,但由于不是世袭,在各自的"私"的领域,也就是专门职业领域上则无人继承。尽管在同一宗族里同时存在有官僚、商人和学者,有时甚至同在兄弟之间也有一人当官、一人经商的。但是以宗族共有田为共同的财政基础,强化了宗族的共同意识。与日本的连祖父母的兄弟姐妹的名字都不知道的单一家庭不同,中国的血缘网络扩展得非常宽泛,共同意识的基础也非常广,没有培养出像日本那样单一的专门领域的意识。

(5)在日本,"私"的领域只限于狭小的单一家庭内,其外则都是"公"的领域,是非血缘的他人世界。在这个"公"的领域里,法是第一准则。日本人的遵法精神从近代初期开始就深入人心了。但在中国,国家的法与由民间共同意识所培养出来的共同伦理的界线并不很明确,所以经常有伦理重于法的事情出现。清人戴震的"人死于法,尤有怜之者,死于理,其谁怜之",就表现出中国人的这种伦理观念。

(6)日中两国之间法的差异,导致了近代两国政治观的差异。福泽谕吉说,公司的干部和职员的意见相反,职员必须绝对服从干部的指示。但陈天华则说,如果老板和干部的行为造成了公司和国家的损失,股东和国民应将其纠正。

六、中西公私观念比较研究

(1)西欧汉学家对中国公私观念的研究。中国社会转型所引发的公私观念变迁也引起国际汉学家的注意。"中国隐私概念研讨会"(Workshop of Chinese Privacy Concept)于2001年5月31日至6月2日在荷兰莱顿大学举行,由荷兰莱顿大学、爱丁堡大学苏格兰亚洲研究中心联合举办。主题是:考察中国今天与历史上关于隐私的体验及观念;与英语及西方隐私观念的比较。由于主要侧重学理方面的探讨,有关隐私问题的行为例证不作为讨论对象。20余篇论文的作者来自荷兰、德国、英国、俄罗斯、澳大利亚及海峡两岸。论文主要有:《孤独,静寂和隐匿:晚期中华帝国社会主体的边界线》(by Charlotte Furth);《中国文化的隐私:一些概念化的思想》(by Barend Ter Haar);《西方社会学的中国隐私观:前现代中国历史和文学研究》(by Bonnie S. Mcdougall);《古代中国私人领域的概念化》(by Maria Khayutina);《失乐园:明清时期中国母子间亲密关系的丧失》(by Hsiung Ping-chen);《隐私与中国17世纪信函写作》(by David Pattinson);《信函:探讨一种在公众宣言和消失中的写作形式》(by Raoul Findeisen);《隐私的价值与功能:在鲁迅与许广平之间》(by Bonnie S. McDougall);《中国隐私概念之起源》(by Peter Zarrow);《中国文化中的读写,性与隐私》(by Cathy Silber);《隐私经济:中国的女性写作和市场经济》(by Shuyu Kong);《隐私和寓言》(by Robin Visser);《后毛泽东时代小说中的隐私及其负面影响》(by Robin Visser)。[1]

一般认为,现代隐私研究主要侧重三个方面:一是隐私意识(a sense of privacy),即不同国家、时代和背景人民的体验;二是隐私概念(concepts of privacy),作为一个民族或个人话语的一部分;三是法律意义上的隐私权利(rights of privacy in law)。有一种流行观点认为,隐私概念属于民族文化的特产,据此,有人说中国人没有隐私意识。然而现代隐私研究表明,隐私意识是人类的共同财富。尽管依据年龄、性别和其他环境的不同,它在不同的空间、时间里有不同的表现方式。只能说,在中国,目前尚缺乏对隐私问题的系统研究,没有一种通用的有关隐私的历史学和社会学。

在跨文化隐私概念比较研究中,术语至关重要。有学者认为,英语public和private在汉语"公私"面前一筹莫展。此外,如"隐私"、"私"及同语源的"私生活"、"私事",都蕴涵着贬义,缺乏与英语private、Privacy相吻合之处。也有学者认为,中文中最能与private相对应的词是私。如同隐私(privacy)一样,"私"一般与其反义词"公"搭配,在现代汉语中,"私"一般具有贬义内涵,主要与自私、非情愿的孤独相联系,而非亲密和自愿的孤独。然而,私有着广泛的意思,包括与一些积极涵义的词组合,如"家"(家,家庭,家内)。在实际运用中表述一些隐私体验,如亲和昵,表示亲密。研究者注意了在隐私的定义及翻译上如何避免先入之见(包括文字和视觉文献)问题。在此,英语及其他西方语言中隐私概念的膨胀是一大障碍;更加危险的是把西方的定义强加到中国人的体验上。中西隐私观念的内涵对应问题,是西方汉学家关注的焦点。他们普遍认为,几乎所有西方有关隐私的概念都是基于个人自主的思想。所以在西方,"隐私"被解释为自由主义的核心价值

---

[1] 本文作者注:所有"中国隐私概念研讨会"资讯来源website: www.nias.knaw.nl;经与主办人联系,本文所公开的资料可以引用。

及一个清晰的有关自我、自由的概念。

有学者通过考察认为,"私"不是一个依附概念(非公),而是一个有特殊政治价值的标志。中国现代涵义模糊的隐私观念出现于晚清,严复、梁启超脱颖而出。在他们看来,没有"私",不仅"公"的价值不能实现,而且市民理想也无法实现。这最终导致一种要求全面权利的表述。隐私研究的前提是,要求隐私这一概念在某一国家和文化中的表述是一致的。在英语国家的学者中,大家认为非英语的欧洲国家(如芬兰、瑞典和荷兰)有统一的隐私概念。然而,汉语中则缺乏一个与之相对应的术语。因此有学者特别考察了"隐私"(privacy)一词在英语中的发展演变。英语的"私人"(private)或"隐私"(privacy)来自拉丁词汇"privatus",意为"远离公众生活,脱离公职,特别指个人"。早期对英语"私人"一词的理解中含有一种消极意识(其首次文字记载可追溯到1450年)。19世纪末,"隐私"逐渐与法律、政治相联系,与现代意识和文明挂钩,被赋予极高的价值。一位名为Magnusson的伊莉莎白一世时代的人士说,与隐私对应的词汇应该是"凝思",即个人凝神思索。尽管许多欧洲语言没有与"私人"、"隐私"恰如其分的对应词汇,但英语人士认为,隐私概念在荷兰、瑞典、芬兰语言中并无本质的差异。例如,荷兰语的eigen(与自我同源)和openbaar(与公开同源),通常表示"财产"和"通道",用来表示英语中"私人"和"隐私"之意。芬兰语中与隐私有关的词,如yksitisasia(私密事物)、yksityinen(与公众相对的私人)和yksityisyydensuoja(私人信息保密),来源于yksi一词,意为"一个"或"单独"。

还有学者引用麦克海尔·贝克丁(Mikhail Bakhtin)对希腊罗曼故事的研究成果。贝克丁追溯到希腊罗曼故事去研究隐私观念。他指出,与其他古代文学样式不同,希腊罗曼故事中的人物全都表现为个体以及私人状态的人。人只作为一个孤立的、私人的个体而存在,被切断了与任何组织的联系:和他的本土、他的社会网络甚至他的家庭。"他是一个孤独的人,在一个异己的世界中迷失,他没有任何使命,他生活在隐私和隔离状态。"然而这种内在性描写的深刻性不在于仅仅把它聚焦于私人的隐私。此外,对私人生活的描述也发生在修辞及司法意义上。

(2)公共空间与私人领域——从西方广场文化谈起。有学者认为,西方广场文化是孕育私人领域的温床。西方中世纪开始了一种广场文化。欧洲的每个城市都有广场,广场周围一般都有很大的教堂,也有政府的建筑物。教堂代表着它们的宗教文化,即精神文明;政府的建筑物就是它们的政治、经济、文化与行政活动中心。人到教堂后就必然要去广场聊天。广场上也有买卖,成为商业的领域。那时欧洲很封闭,但有了广场上的买卖,各地商人带来其他地方的新信息,结果消息就不胫而走。广场成为沟通信息的重要手段,西方人由此可以了解世界各地的发展状况。与此同时,这个沟通系统又造就了广场上的商业文化,形成一个有趣的连锁反应,政经文化的新发展也在这里生成。平时那是公务员上班的地方,而星期天它又成了聚会的地方。他们有什么要讨论的问题总是在广场里进行。由是,公共领域这个概念开始产生。因为在广场上讨论的问题,都是公众共同关心的公共问题。在广场,政治、经济、宗教、商业密切相关,渐渐形成了讨论的风气。商业领域的建立,很多商人做生意赚了大钱,拥有了私有财产。他们惟恐别人把自己的财产抢夺过去,也怕政府没收,于是便希望建立私人财产的保障体系。对他们来说,这是一个至关重要的问题:为了保护私人利益,便要想法保护公众的利益。进一步说,如果没有私人的财产需要保护,那么也就没有公众利益。"我赚了钱,我需要保障。这不只是保障我一个人的利益,而是要保障所有人的利益。"这是有财产者的共同呼声。就这样,有产者聚集起来经常讨论怎样建立一种对公众有利的制度,让大家的财产得到保护。当年马丁·路德能成功引发宗教改革,就是靠广场文化,他在威丁堡贴上九十五条,批判教廷代理了真理和上帝,结果在广场议论纷纷,加上印刷术的普及,其观点很快风靡欧洲,也得到新兴商人阶层及先进王侯的支持,不像另一个殉道者胡斯,只限在一区,终被君主镇压而死。结果宗教改革震撼了欧洲,带来重大改革,成为西方近代成功的精神基础。在欧洲历史上,一个作为"私域"的社会所以能够转变为 civil society,正是因为在这个社会内部逐渐发展出一种公共品格与公共空间。公民个人以公众身份就社会公共事务展开自由的、公开的和理性的讨论,并在此基础上形成共识,产生公共意见。这一过程对 civil society 的形成至关重要。因此,一个完整的 civil society 不仅包括家庭和市场这类"私域",而且也包括所谓"公共领域"。

  就西方"广场文化"来说,在中国传统社会中找不到对应物。"古时确有'智者'早就认识到'庶民议政'的价值,如子产。当时郑国有'乡校',实际上是'教育场所',但它具有某种'公共场所'或'空间'的功能,人们可以在这里议论是非和政之得失。有人提议,'毁掉'它,但是子产不同意。孔子对'庶民'议政,说过这样的话,'天下有道,则庶人不议'。据此而论,如果'天下无道','庶民'议政,不仅必然,而且也合理。齐国时代的'稷下学宫',似乎也是一个'公共场所',也有一点'广场文化'的味道。但是,秦汉以后,'公共场所'或'庶议',根本上被统治者视为'异己事物'。对'聚群'和'聚众'更是忌讳,当然就更不愿意有其经常活动的'空间'和'场所'。而借助其他固定用途的'场所'或'书院'进行'议政'、'非政',更是为当政者所不容。在乡村社会,'祠堂'是议事的场所之一,但在此所议之事,基本被限制在'私人领域'中,准确说,是'同宗、同族'之下所要处理的事,而不是超越此的'普遍公共问题'。因此,可以说,西方那种意义上的公民'广场文化',在中国可并不存在。由此,也可对'公共领域与私人领域'至今在中国都难得到健全发展,得到一个理解。"①

（3）英文 civil society 与中文"公民社会"、"市民社会"和"民间社会"的不对应性。在汉语学术界,civil society 有三个流行的译名,即"公民社会"、"市民社会"和"民间社会"。仔细分析其内容,人们会发现,这三个译名分别指明和强调了作为一种特定社会现实的 civil society 的不同侧面,这种情形本身则表明,要在中国语境中找到 civil society 的对应物或者对其恰当表达也困难重重。在欧洲历史上,civil society 的出现是与 17 世纪以降近代民族国家的形成紧密联系在一起的。其时,专制国家开始"由更大的社会中脱离出来,上升而成为一个可以说专门化的政治人物和政治功能高度集中的特殊领域"（Poggi）。国家与社会的分离不仅产生了非人格化的公共的国家权威（Habermas）,而且产生了个人在其中以私人身份追求其各自利益（首先是经济利益）的作为"私域"的社会。最初,这个以"私域"出现的社会只是统治的对象,在政治领域中无关重要,但是逐渐地,通过私人之间的自由结社,通过对公众话题的讨论和对公共事物的关注和参与,一个超乎个人的"公共领域"便产生了。这时,这个社会不但发展出一种它自己独有的社会认同,而且开始在公共决策问题上产生影响。正如 C. Taylor 所言,"通过自由结社,整个社会能够自我建构和自我协调",它甚至"能在很大程度上决定或者影响国家政策的形成"。上面关于 civil society 历史起源的理想类型的叙述虽嫌简单化,但却包含了 civil society 观念中的若干基本要素:一个公共权威之外的私人活动空间（市场、家庭等）;一个由私人活动中逐渐产生的公共领域（从早期的咖啡馆到后来的政党和大众传媒）;一个外在且独立于国家的社会,一个具有高度自主性的社会（civil society）。这些要素分别和不同程度地反映在前面提到的三个译名当中。比如,"市民"一词强调历史上资产阶级市民与 civil society 之间的密切联系,以及 civil society 中"私"的一面;"公民"的概念则突出了 civil society 中公众所扮演的角色:在法律保护之下自由地交换看法从而形成"公共意见";最后,"民间"一词包含了一种与国家并存而且至少不是在国家直接控制之下的社会观念。不过,在汉语的历史语境里,这几个与 civil society 概念有关的关键词显然有着不同的渊源,因此,在被用来指称或描写中国的社会现实而不只是某个英文词对译的时候,其意义是相当不同的。

比较而言,"公民"一词最为晚出。它最早进入中国政治语汇应该是在 20 世纪初。虽然自那以后,"公民"概念在中国社会的政治发展过程中产生了并且继续产生着或大或小的作用,但它与中国古代的政治生活和社会生活完全无涉,因此在同样程度上不宜被用来了解更长历史时段中的社会继替。"市民"与"民间"是汉

---

① 王中江、张宝明、梁燕城:《活力与秩序的理性基础——关于互动的对话》,载《文化中国》。

语的固有词汇,源于古代,沿用于当代。无论是在古代还是当代语汇里面,这两个词所具有的意义都是相当不同的。"市民"所指称的只是一个特定范畴的人群,即城市居民;"民间"所指的却是一个远为广大的社会空间,一个普通民众("民")生活和活动于其中的巨大世界。事实上,"民"和"民间"可以说是中国古代思想世界中最基本的概念范畴之一。仔细考究,合"民间"与"社会"为"民间社会"是一个奇怪甚至可以说欠通的概念组合。如上所言,"民间"并非一种人群的范畴,相反,它本身即包含了一种社会的观念。在这一意义上,它所指称的可以是一个有别于"国家"的"社会"。这一点可以从"民间"一词的含义中得到证实。"民"的原始义和基本义之一即是"人民"、"民众",尤指与"官"相对的普通民众。这种界分本身即暗含了某种区别性的空间观念,这一点因为"间"字的引入而变得更加清楚。"间"字在"民"的概念上加入了一重社会性空间的重要含义,因而建构了一个具有空间含义的"民"的概念,令普通民众生活于其中的世界变得清晰可见。正是在这样一个世界里面,民众依其熟悉的方式过活,追求他们各自不同的利益,彼此结成这样或那样的社会组织,如宗族、行会、村社、宗教会社和秘密会社等。有意思的是,"会"与"社"均是渊源久远的固有词汇,这些单字被用来指称具体的各个不同的社会组织,但并无现代汉语中"社会"概念的抽象含义,自然,联结这两个单字于一的"社会"一词本身也不见于古代中国。事实上,作为一个重要的和基本的概念,"民间"也许是人们可以在传统语汇中发现的与 civil society 概念最为接近的一个概念。初看上去,它包含了若干与 civil society 相似的要素:一个商品交换的市场、家庭的内部空间、中介性的社会组织、某种公众和公议的观念以及一种不在政府直接控制之下的社会空间与秩序。①

(4)中国文化"公"道论与西方文化"公"道论的对立。有学者专门对以罗马法为基础的西方"公道"与以专制法为基础的中国古代"公道"进行了比较。以罗马法为基础的西方公权观念认为,"公共权力机构"作为"公权"的代理者,是当世生者作为普遍人格的必然持有者,以"公权"主权者的名义授权成立的代理机构。"公共权力"以立法、司法和行政制度体系表述的,不外是"公权"主权者。作为"普遍人格形式"持有者持有的"私权",是"普遍人格形式"持有者普遍持有的"个人"权利。因此,"私权"在这里作为普遍权利、作为法权,是最原本和核心的"公权"。而被我们称作"政治权利"的由授权程序所要求的那些权利,如公民的选举和被选举的权利,则是我们通常称之为"私权"的那个原本的"个人权利"所派生的权利。罗马法意义上的"公权"、"私权"以及近代政治学和政治哲学特别提示出来的"公共权力"的基本关系,可以描述为,"私权"作为"普遍的个人权利"是"普遍人格"持有者直接持有的"普遍权利",因而在"普遍个人权利"这一公权的原本意义上它

---

① 陈子明、王军涛主编:《解除中国危机》,明镜出版社,1996。

是原本的"公权"。罗马法意义上的"公权",作为后世所谓"公共权力",通常是由"国家"执掌的权力,它是"普遍个人权利"这一原本的"公权"的所有者为主权者授权成立的权力。"公民的政治权利"这种由"个人"享有的"公权",则是由"公共机构"执掌的"公共权力"按程序所派生出来的"个人权利"。西方思想史上的契约论者,在讨论国家或文明社会起源的时候,总会预设一个"自然状态",以作为人民授权成立政府的起点。无论是霍布斯的处于战争状态的"自然状态",还是洛克和卢梭较为和平的"自然状态",都有一个更为根本的前设条件,这就是"自由"并且生而"平等"的自权人的存在。自权人或者说持有立约者资格的立约者的存在,是立约者们得以经由订立契约这一授权仪式确认国家权力的前提。但立约者的立约资格在此却是毋须授予的"自然身份"。

中国文化的公权或公道概念,则多来自于对专制制度的合理性论证。这个制度性规范的合理性,即是"道"、"天理"等至上的道理根据。从"失道"、"无道"、"有道"等等这一中国式评论之中,可以看到"道"作为制作某种历史事实的最高根据,一直在约束着中国文化的权力运作体系。"道"即是"历史正义",即是此种历史生活赖以确立的形上根据。某个具体的制度形式或统治事实,可以在不合于王朝根本体制的意义上被判为"失道",从而在事实领域内被取消。王朝根本体制的合法性,有赖于历史生者在信仰层面上与此一历史生活之"道"的誓约或普遍承诺。所以,"公共权力"本身在此已不免沦为一"物"的命运。"公共权力"作为对"物"安排的权力,显然只是安排"物"与"物"相对的权力,因而它已不能不以"物"的时空有限性为根据,受限于有限时空中"物"性的一"物"。因此,"公共权力"在以"公共权力"的方式发挥效力之处,就是某种"物"的安排。"公共权力"只是以某种方式独占的权力。其间惟一的区别是,"贤能"者的独占是可能达致"仁政"安排的"公天下"的独占,"不肖"者的独占则是"暴政"或"私天下"的独占。但"贤"与"不肖"的两端,却是这种历史无从摆脱的界限。中国文化的"平分"、"公"、"私"观,包纳了各家有关公私"人格"和"权利"的理论。但以"平分"和"自环"为界分的"公私"观的核心意义,则是"普遍人格"(公有人格)据以进入历史的主观根据的"物"化和与之相应的"普遍个人权利"(公权)的"物"化。这种以"物"化"人"、以"物"为"权利"的"公"、"私"观,作为中国文化的"正义论"和中国历史的逻辑前提,内在地否定了"普遍人格"及其持有者,否定了"公民社会"出现的可能性,否定了"普遍个人权利"这一原本的"公权",从而也在根本上否定了中国古代史上的"资本主义萌芽"。①

---

① 蒋荣昌:《中国文化的公私观》,《西南民族学院学报》,1998 年 4 期。

七、公私之辨的现代价值及意义

(1)自20世纪50年代至今天,中国社会公私观主要经历了四次嬗变。

一是崇公灭私。从1949年的新民主主义的五种经济成分并存到1956年对农业、手工业和资本主义工商业改造的基本完成,人们从原来的私有观念中变得开始崇尚公、追求公。这一时期,农民和手工业者看到了合作化是实现其多增产、生活改善等目标的好办法,志愿加入高级社,走上集体化道路;私营企业中工人追求国营经济生活有保障等优越性,资本家看到国营企业效益好、分成多,从而要求公私合营。到1956年,全国农户的87.8%加入了以土地和耕畜、大型农具等主要生产资料作价归公特征的高级社;91.7%的手工业者参加了手工业生产合作社;99%的私营工业户和82.2%的私营商业户分别纳入了公私合营或合作社的轨道,以按劳分配为原则的社会公有制度基本确立,崇公灭私的社会观念基本形成。

二是大公无私。从中共八大后的多种经济成分并存到人民公社化运动,实行的是单一的公有制经济。"三大"改造热潮过后,人们在追求"公"的同时,又感到"私"的一定数量的存在仍有必要。1956年9月,八大作出了以社会主义公有经济为主体,以个体经济为补充,允许个体经济和自由市场在一定范围存在的决定。八大后,全国城乡个体经济活跃起来。毛泽东等中共领导人多次谈话说,个体经济虽然是国营经济的对立物,但因社会需要就发展起来了,要允许它由非法变成合法,应该允许开私营工厂、夫妻店,允许办私营大厂。华侨投资开厂或投资公司,二十年、一百年不没收。于是,社会上的"兴私"、"以私补公"思想观念产生。但时隔不久,毛泽东等中共领导人又认为公有化程度越高越能促进生产力的发展。于是把"一大二公"的人民公社看做是加速社会主义建设、过渡到共产主义的最好组织形式。1958年8月,中央北戴河会议,通过了《关于在农村建立人民公社问题的决议》;1960年3月,又发出了《关于城市人民公社问题的指示》,全国城乡人民公社化运动一哄而起。人民公社在所有制形式上追求公,关闭城乡自由市场,一切经济归国营。这样,人们在思想上开始形成"公"就是社会主义、"私"就是资本主义的概念,越"公"就越接近社会主义,"公"的程度越高,就越革命、越进步。在各个方面开始追求纯粹的"大公",在思想上要求完全革命化,在行为上要求普遍做到大公无私,于是,一切为"公",便形成为一种社会公德和人们自觉遵守的行为准则,"私"成为过街老鼠,人人喊打。

三是以公灭私。"文化大革命"时期公有化程度再次升级,此期不仅物质形式追求大公大纯,而且在思想上也不许人们考虑一点点个人利益。在"宁要社会主义的草,不要资本主义的苗"的舆论导向下,人们只应追求革命觉悟,而不应追求物质享受和社会富裕,因为"富则修"。因而,人们的公私观则变为了纯粹的"革命性",不敢讲个人利益,狠斗"私"字一闪念。人们追求的这种纯粹的"公",实际上只不过是空头政治而已。

四是为私正名。"文革"结束后,人们开始认真反思。十一届三中全会后,国家进行经济体制改革,在坚持公有制经济的主体地位并使之进一步壮大的前提下,多种经济成分竞相发展,原来的单一公有制结构有很大改变。据统计,截至1993年底,全国登记的私营企业为23.8万户,注册资金680.3亿元,从业人员372.6万人。私营企业主中,既有为数众多的共产党员和共青团员,也有民主党派成员;既有县以上的人大代表、政协委员,也有共青团委员。这种经济结构的变化,使社会公私观念发生了多方位的转变,人们不再以"公"就是社会主义、"私"就是资本主义为标准去判断事物,不再追求纯粹的大公无私。[①]

(2)引入"公共领域"和"私人领域"范畴。有学者指出,从传统文化公私之辨的总趋势来看,公私之间明显存在着对抗和紧张。问题的症结何在呢?从公私相对峙的意义上说,公与私之间,确实存在着发生矛盾的可能性,如公共利益(公)和个人利益(私)有时不能兼得,在这种情形下,无论是选择公,还是选择私,都不能说是圆满的。但一般认为,选择公是明智的,因为个体的利益,与公共的利益相比,在量上要小得多,以牺牲个人的利益换来整体的利益,体现了一种道德精神。同时,还有一种特别的关系,容易使公私之间出现矛盾,这就是,公共利益和共同体事务,都是通过私的个人去完成的,社会群体也是由私的个体组合起来的,由于这种割不断的孪生关系,如果作为私的个体不能明确自己的角色关系,并在活动中约束自己,那么,作为存在性的私的个人,就会产生一种私的行为,从而影响到公共事务和公共利益。公私在不少方面,是可以作为一种各自相对独立的领域而分别对待的。在这一点上,可以引入"公共领域"和"私人领域"的范畴加以说明。所谓"公共领域",主要是指公共的事物、公共的空间以及与此相关的一系列制度和规范,如社会组织、国家、政府、法律等,都属于公共领域。所谓"私人领域",主要是指个人本身及其所拥有的东西和活动空间,如个人的财产、婚姻、家庭、隐私、人际关系等,这些都属于个人的领域。虽然这两个领域根本上是不能完全分开的,如私人领域的存在及其自主性,要通过公共的法律形式加以保证,但是,二者却可以在一个相对的意义上,具有各自的独立性和自主性,谁也不对谁总是或一贯拥有优先权。换言之,由于公共领域和私人领域,分别是两个不同的领域,就像井水和河水的关系一样,二者并不一定绝对对立冲突,可以共依共存。[②]

(3)提倡公私之间良性互动。王中江先生指出,中国过去过分强调整体主义的"公"。这种从"公"出发的文化现象看似公正,其实它最不利于公共领域利益的保护。在忽视、损害私人领域的同时,也是对公共领域的一种间接摧残。所以,将

[①] 刘洪英:《论建国后社会公私观的嬗变》,《史学月刊》,1995年2期。
[②] 王中江:《中国哲学中的公私之辨》,《中州学刊》,1995年6期。

公共领域与私人领域调谐到一个有机的良性互动位置,是一个迫在眉睫的问题。所谓的良性互动就是指公共领域能实现对私人领域(如个人拥有的东西、价值、家庭、财产、私人关系等)的保障,同时,"私人领域"也不侵害"公共领域"。一味地强调一切为公,一切归公,就会形成恶性循环的结局。历史的事实表明,无论是以公为本位还是以私为本位,结果都是两损两伤。这就要求我们建立良好的互动。通过这个良好互动,我们一方面拥有一个健全的"私人领域",同时又能保证"公共领域"体系。①

(4)"零和游戏"与公私观念。所谓"零和游戏",就是你多得一点我就少得一点,财富总量得失相抵为零,即零和。而市场经济原则上可以让所有的人在公平的竞争中实现共同富裕。市场经济是从"私"出发的,市场经济的基础是个人的自利,私人可以在市场经济的规则中为经济的发展发挥最大的主动性。但是另一方面,在经济上,"意外后果的法则"借助于无形之手的机制把私益变成美德;在政治领域则通过民主制度把个人利益与奉公的义务统一起来,而不是要求以后者来否定前者。市场经济完全承认个人追求"私利"的权利,它不要求牺牲任何人的利益,它改变了财富的零和游戏。传统的尊公灭私的公私观之所以注定行不通,就在于公与私的关系不是势不两立的。公私也不是二元平等的,而是以私为依托的。两者不是谁消灭谁的问题,而是相互协调的问题。既然每个个人都对自己的生存承担了不可取代的责任,他就有权利为自己的生存谋取必要的利益。公的重要,不在于抹煞私人利益及取缔属于私人事务的领域,而是在于它能代表众人之私,实现众人之私。背离众人之私的"公益"只能是一己之私。故公来自私,私是公的本位。应当承认,公私之间会存在某种冲突,甚至是剧烈的冲突。即便如此,对公主要的威胁是集团的自私,不是普通个人的自私。

那么,怎样划分公与私的界线呢?对每个人来讲,"私"包括个人自由和私人领域。个人自由又包括人身自由和经济自由。经济自由即追求财富、创造财富的自由,也就是谋利的自由。而私人领域由私人自主支配的空间构成,它的存在不仅仅是要为个人追求其正当的利益造就一个受保护的空间,而且也是为培养美德提供了最基本的条件。而私要实现利益追求每个公民的私人利益的共同交叉部分就形成了公共领域。它是为了实现私而出现的,它是私的派生。公的确像黄金一样可贵,但私却像粮食一样必不可少。黄金之所以可贵,就在于它在必要时能换来大量的粮食。公之所以有价值,就在于它能服务于众人的利益。公益要么作为私利之和,要么作为实现少数人之私利的工具。公益的立足点在于在公私利害之一致。为公即所以为私,为私亦势须为公。否则为公就要废私,为私不免害公,最后公私两亡。苏联国家很强大,但每个公民却很贫穷,所以整个国家很空虚。

---

① 王中江:《中国哲学中的公私之辨》,《中州学刊》,1995 年 6 期。

传统政治哲学认为,好的体制拥有献身于公共利益的统治者,而坏体制则造就以权谋私的统治者。现代政治哲学认为,一个好的体制具有适当的制度化机制,既能满足、又能控制那些自私的人们,而坏的体制则无法做到这一点。"私人领域"是人生中最重要的价值得以实现的领域。在纯粹的私人领域,公共权力不应插足。公共权力要受到公民私人的监督,否则公就会有悖于私。促进公共利益往往是政府扩大其权利和规模所援引的理由。公民个人利益的保障则必然要求对公共权力加以必要的、有效的限制。可见,对"私"的承认是现代宪政民主所不可或缺的价值前提。苏格兰启蒙思想家认为,现代意义上的好人是那些知道如何关心自己的人,对自己的利益和行动负责的人。他通过合法途径对个人利益竭力追求,通过复杂的市场交换机制最终创造社会共同财富。追逐自利需要的是勤劳、诚实及正直的个人道德。正当追求自利所带来的公益绝对大于牺牲自利所带来的公益。市场经济向人们提供从事伟大事业的机会而无需其本人是个伟大的人。①

* * *

以上就公私观念研究作了粗略综述,因笔者视野和水平的双重限制,疏漏和错谬在所难免,望学界同仁指正、补充。

---

① 刘军宁:《私隐与公开:启蒙思想中的公与私》,载 www.chinesenewsweek.com,多维周刊总第 36 期。

先秦"士"阶层的形成、自我意识及原创性

□王中江

"知识阶层"(intelligentsia 或 intellectual)这一名词的出现是相当晚的事。但在东西方,知识阶层的历史都相当悠久。中国春秋战国时期的"士"这一阶层,可以说是中国"知识阶层"比较典型的早期形态。继之,它经历了两汉以来漫长的"士大夫"之"士"历史阶段并在19世纪末开始向"新型知识阶层"转变。如果我们要探讨中国知识阶层的历史,最好还是从它的源头出发。这里,我们从中国知识阶层("士")的诞生入手,进而讨论一下它的早期特征及"自我意识"。

一、流动性"士"阶层的诞生

探讨中国"士"阶层的兴起,首先牵涉到"士"的本义问题。在《说文解字》中,许慎对"士"做了一个界定:"士,事也。数始于一,终于十,从十一。孔子曰:推十合一曰士。"段玉裁注解说:"引申之,凡能事其事者称士。《白虎通》曰:'士者,事也,任事之称也。'故《传》曰:'通古今,辨然否,谓之士。'"按照许、段的解释,"士"字的本义是"事",而且与人的才智联系在一起。与这种思路接近,吴承仕认为"士"字的本义是指男子在田地耕作。由于"耕作"之事的首要性,故引申为一切"事"之称。林同济强调,在周封建社会中,"士"字的意义就是"事",即"专门做事"或"做专门事"。[①]把"士"释为"事",令人费解的地方,是何以从作为"事"的"士"转变为后来作为一种"人"的"士"。与以上解释不同,王国维和郭沫

---

① 参阅林同济的《士的蜕变——由技术到宦术》,见《时代之波——战国策派文化论著辑要》,第69~75页,北京,中国广播电视出版社,1995。

若根据"士"与"雄物"和"阳性"的关系，认为它是指男子；①徐中舒把"士"解释为"官长"，理由是"士"字显示了人端拱而坐的形象；在吴其昌和白川静看来，"士"原为一种武器，引申为主刑狱的官或职掌军律者。② 与此类似，刘翔认为，"士"字在构形上很像武器，本义表示兵刑，引申为职掌兵刑的官职，进一步泛化为担任官职者的通称。③ 根据战争在远古社会政治生活中的首要性，我们倾向于接受"士"字原与武器相关，并由此演变为掌握兵刑的官职。有关"士"字本义的不同认识就回顾到这里，以此作为"士"阶层演变的一个知识背景。下面我想从西周时代"士"的意义（引申意义）入手，来看一看它是如何转变为春秋战国之"士"的。

我们倾向于认为，春秋中期以前的"士"，作为封建社会的一种身份，他是指贵族阶层中的一个等级，而且是级别比较低的一个等级。这可以从以下的记载中看出。《左传》桓公二年载："天子建国，诸侯立家，卿置侧室，大夫有贰宗，士有隶子弟，庶人工商各有分亲，皆有等衰。"《左传》襄公十四年载："天子有公，诸侯有卿，卿置侧室，大夫有贰宗，士有朋友，庶人、工商、皂、隶、牧、圉皆有亲昵，以相辅佐也。……史为书，瞽为诗，工诵箴谏，大夫规诲，士传言，庶人谤，商旅于市，百工献艺。"《左传》昭公七年也载："天子经略，诸侯正封，古之制也。封略之内，何非君土？食土之毛，谁非君臣？故《诗》曰：'普天之下，莫非王土；率土之滨，莫非王臣。'天有十日，人有十等。下所以事上，上所以共神也。故王臣公，公臣大夫，大夫臣士，士臣皂，皂臣舆，舆臣隶，隶臣僚，僚臣仆，仆臣台。马有圉，牛有牧，以待百事。"很明显，在周制中，"士"是与平民最接近的贵族中的最低一个阶层。《孟子·万章下》载孟子指出的周室的爵禄等级是："君一位，卿一位，大夫一位，上士一位，中士一位，下士一位，凡六等。"《礼记·王制》载："诸侯之上大夫卿，下大夫，上士、中士、下士。"按照封建等级制，不仅低级别的"士"分有不同等级，大夫也有等级。"士"不仅是封建贵族的一种身份，一种爵位，而且他还担任着"官职"，④职掌和从事着各种具体的公共事务。在顾颉刚看来，春秋以前的"士"都是"武士"，只是在经历了春秋中期社会剧烈变动之后才变为"文士"。⑤ 照此说来，"士"所担任之官都为武官，所从事的事都为"武事"。这可能把"士"的职掌和所从事的工作过于狭隘化了。由于战争频繁，"士"可能都要有战斗方面的训练，以便在战时能够投入作战。但在平时，"士"则从事着具体公共事务及其管理。根据《礼记·曲礼》的记载，商

---

① 参阅王国维的《释牡》(《观堂集林》卷六，第 287~288 页，北京，中华书局，1984) 和郭沫若的《释祖妣》(《甲骨文字研究》，北京，科学出版社，1962)。
② 周法高主编：《金文诂林》第一册（卷一），第 300~310 页，香港中文大学出版社，1974。
③ 刘翔：《中国传统价值观诠释学》，第 282~286 页，上海，上海三联书店，1996。
④ 对《尚书·多士》之"士"，孔颖达注解说："士者，在官之总称，故言士也。"
⑤ 参阅顾颉刚的《武士与文士之蜕化》，见《史林杂识初编》，第 85~88 页，北京，中华书局，1963。

周之官职,都有复杂的设置和分管事务,①"士"所职掌的事务并不局限在"武职"和"武事"上。一般来说,在封建统治阶层中,天子、诸侯,属于最高统治者,卿大夫属于执政者或行政长官,而"士"则属于专门事务的管理者(即"有司"),负责公共行政事务。如,作为封建统治的教养,有关"六艺"的知识和技能,可能是整个统治阶层都需要具备的,但涉及"六艺"的各种具体"事务"或者教学,则要靠"有司"的"士"来担任。其他像卜、筮、礼、乐、祭、医、药、婚、丧、刑罚、土木等都有专人专司。从甲骨文中我们已经能看到一些比较早的官职设置,如掌管宗教祭祀、占卜记录的官——巫、史、卜;管理王家仆隶的官"有宰";管理工匠的官"有工"等。《尚书·洪范》"八政"所说的"祀",是巫卜官;"食"、"货"是农官;"司徒"是小众人臣;"司空"是工官;"司寇"是刑官;"师"是武官;"宾"是外交官。担任各种具体行政事务的"士",既是"庶民"的统治者,同时又起着承上的作用。许倬云指出:"世官制度给周人贵族以充分共享政权的机会,史官系统(包括祝宗卜史与乐官)由于其承受知识的圣职性格,成为王朝政府中的专门人材,举凡典故、纪录与档案方面的事务,王室必须仰仗他们的服务。"②由于封建官职基本上都是世袭的,所以"士"的职务大致上也沿袭着世代相传("世承")的方式传承。要言之,春秋中期之前的"士",主要有三个基本性格:一是爵禄世袭;二是有战斗训练;三是有专司之职。③冯友兰对春秋之前的"士"所作的简明解释可能是恰当的。他说:"知识分子旧日称为士。在西周奴隶主贵族的等级制度中,士是贵族中的最低阶层。他们都受过一些教育,通晓'礼、乐、射、御、书、数'等'六艺'。打仗的时侯,可以做下级军官;和平时候可以做卿大夫高级贵族在政治上的助手。他们过着'食田'的剥削生活。他们的职守也是世袭的。"④

但是,春秋中期以后,社会结构发生剧烈变化,封建贵族世袭制被动摇,政治共同体受到破坏,即一般所说的"天子失尊"和"礼乐征伐自诸侯出"的局面。这种变化自然也导致了"士"的分化和转变。由于封建贵族世袭制的逐渐解体,作为世袭贵族的"士",也开始慢慢丧失其固定的身份和爵禄,不再有固定的经济来源——即"恒产"和"食田"。在身份和官职的一体化结构中,"士"的世袭贵族身份的丧

---

① 如《礼记·曲礼》载:"天子建天官,先六太,曰太宰、太宗、太史、太祝、太士、太卜,典司六典。天子之五官,曰司徒、司马、司空、司士、司寇,典司五众。天子之六府,曰司土、司木、司水、司草、司器、司货,典司六职。"郑玄认为这都是殷制。根据张亚初和刘雨的研究,西周早期有50种职官专称和11种职官泛称,其中职官专称的数目到西周晚期增加到84种。(参阅《西周金文官制研究》,第148页,北京,中华书局,1986)
② 许倬云:《西周史》,第231页,北京,三联书店,1994。
③ 参阅林同济的《士的蜕变——从技术到宦术》,见《时代之波——战国策派文化论著辑要》,第70页,北京,中国广播电视出版社,1995。
④ 冯友兰:《中国哲学史新编》第一册,第93~94页,北京,人民出版社,1982。

失,同时也意味着世袭的固定官职的丧失,正如《孟子》所载:"士无世官,官事无摄。"①这样,原来作为体制阶层的"士",就开始转变为"非体制阶层"的"士";原来作为世代担任官职的贵族身份的"士",就转变为"失官"、"失禄"的平民身份的"士";从原来贵族等级中的低级贵族,转变为"四民"(士、农、工、商)之首的"士"。"士"下降为"民",失去贵族的身份和官职,对他们意味着什么呢? 从一方面说,这是身份和地位的失落和危机。但从另一方面说,这也是他们重新塑造自身的一种机会。他们从已有的体制和身份中解放了出来,获得了实现自我的新的方式和可能性。如果说体制、有组织和具有强烈的社会认同,都是知识阶层的麻醉剂的话,那么摆脱体制、组织和控制,越出已有的秩序和认同,则是知识阶层获得活力和创新的机会。② 时代已经变迁,"士"获得了新的土壤。他们开始了曼海姆所说的自由流动,或成为顾炎武所说的在一百多年变化中产生出来的"士无定主"的"游士"。③ 他们不受体制的束缚,超出了以往被限制的专职,角色变得多样化,"君子不器"成为新的理想,何去何从都在他们的选择之中。

"士"的这种转变,从西周的"学在王官"到后来的"学在民间"这种变化中,也可以具体地看出来。如同上述,具有"专学"和"专职"的传统之"士",都是体制内的官吏,他们有条件去从事"学",并通过"学"而获得专门的技能。在春秋中期以前的社会结构中,"官"和"师"是合一的,"学"是官府的一部分,它存在于不同的官职中,也就是所说的"学在王官"。"学"被封建贵族所垄断,与庶民无缘。但是,到了春秋以后,天子失去了权威,官学散落。照《左传》昭公十七年所载,就是"天子失官,学在四夷"。"士"流落民间,或者通过他们的学识和教养以求"仕",即子夏所说的"学而优则仕";或者安居民间,成为读书人,招收弟子,传道授业,著书立言。如老子曾担任过周之守藏室之"史","居周久之,见周之衰",他就彻底退居民间,立言著书,成了道家学派的创始人。当然,在礼崩乐坏的乱世,"士"不必只有一种选择,他们先后有不同的经历。如孔子曾担任过鲁国司寇,在官位失去后,虽对政治仍具有浓厚的兴趣,但在屡屡受到政治统治者冷遇的情况下,就退而治学,

---

① 《孟子·告子下》。

② 从这种意义上说,现代知识分子是不幸的,他们正处在曼海姆所说的体制和组织的控制之中:"那些大规模的、稳固的组织通常能够向新来者灌输某种思想并同化他们,瓦解他们不满和创新的愿望。正是在这个意义上说,大规模的组织是造成智力枯竭的一个因素。""社会认同的明显缺乏正是知识分子特有的机会。他尽可以加入到党派中,但却要带着他特有的观点,保持着构成了其才能的流动性和独立性。官僚机器善于产生出它们所需要的相似性和一致性,但要想长久地存在下去,它们也必须使用批判的判断,而这是一个受到控制的头脑所不可能产生的。"(曼海姆:《知识阶层:它过去和现在的角色》,载《社会学与社会调查》1992年第1期和《国外社会学》1992年第2期)。

③ 顾炎武:《周末风俗》,《日知录》卷十三,第1006页,上海,上海古籍出版社,1985。

兴办教育，最终成为儒家学派的创始人。在中国思想和文化史上，从"学在王官"到"学在民间"这种"学术空间"的转变，不仅标志着独立知识阶层的兴起，同时也标志着思想和观念的第一次重大"突破"。正是在这种社会结构和政治制度的巨大转变中，从原来的知识共同体来看是"学术""为天下裂"的局面，但从多元的知识和价值观看，恰恰是塑造了雅斯贝斯所说的"轴心时代"的学术盛况，是自由争鸣的"诸子百家"的兴起。冯友兰描述20世纪初中国政治混乱与学术繁荣的话对此也基本适用，即社会和政治的变动不居，虽然十分不便于人们的实际生活，但却很有利于哲学，因为"哲学总是繁荣于没有教条或成规约束的人类精神自由运动的时代"。① 在春秋战国时代，王道衰微，政治混乱，诸侯纷争，恰恰为"士"提供了自由思想和价值选择的广大空间。《汉书·艺文志》载刘歆《七略》的说法，认为"诸子出于王官"，这一说法引起了不少争论。② 在我们看来，这种说法，如果是强调"诸子"同"王官"的某种联系，是可以接受的。但如果说诸子之学，一一都对应于"王官"，或者都来源于王官，就不容易成立。我想强调的是，诸子之学的兴起，根本上是"学术"民间化、"官学"私学化的结果。如果学术仍为王官所垄断，就不可能有观念上的大"突破"，就不可能有诸子百家的兴起。③ 当韩非、李斯开始提倡"禁私学"、"以吏为师"的时候，就意味着学术民间化的结束，意味着诸子百家自由争论的终结。

二、"入仕"与"隐居"的二元选择

"自我意识"以"自我存在"为前提。套用笛卡儿的"我思故我在"，可以说是"我在故我思"。春秋战国时期自由知识阶层——"士"——的兴起，客观上就使其进行自我反思、自我确认成为可能。知识阶层作为一种新的阶层，他要扮演自己的角色，他要行动，他同时就必须具有"自我意识"，必须进行"自我认同"。曼海姆说："虽然各个时代的人是不同的，但他们针对自身的发问却是相似的：为了行动他要知道如何看待自己。虽然关于世界和自我的一些观念有时没有明确表达出

---

① 冯友兰：《中国哲学与未来世界哲学》，载《哲学研究》1987年第6期。当然，春秋和战国乱世，对"学术"也有不利的影响。如学校不修，《毛诗·子衿》载："子衿，刺学校废也。乱世则学校不修也。"如民不悦学，《左传·昭公十八年》载："秋，葬曹平公。往者见周原伯鲁焉，与之语，不说学。归以语闵子马。闵子马曰：'周其乱乎！夫必多有是说，而后及其大人。大人患失而惑。'又曰：'可以无学，无学不害。'不害而不学，则苟而可。于是乎下陵上替，能无乱乎？夫学，殖也。不学将落，原氏其亡乎？'"

② 章太炎肯定这一说法（见《诸子学略说》），胡适完全否认这一说法（见《诸子不出于王官论》），而傅斯年和冯友兰则采取了折衷的立场（见《战国子家叙论》、《先秦诸子之起源》）。

③ 在这种意义上，我们赞成《淮南子·要略》的说法。按照这种说法，诸子之学皆起于救世之弊，应时而兴。

来,但它伴随着我们的每个行动。我们是谁?——这个问题常常被提出,但又总是通过不同目标的媒介物使我们面对这个问题。人们很难疑惑自己,除非当他遭遇到事物和环境时。"①从自我意识和自我认同来说,知识阶层更具有优越性。他们本身就是以认识世界而存在的。这使他能够成为通过"自我"进行"自行修正"和"自行引导"而成长的一个独特阶层。

中国自由知识阶层从诞生起,他们就在进行自我反思和自我认同。这构成了他们固有历史的一部分,也构成了他们品性的核心。接触过中国知识阶层历史的人一般都清楚,这一阶层的人在他们进行"角色"选择的时候,他们常常会遇到是"入仕"还是"隐居"这样一个问题,也就是要在担任"官职"与"隐居民间"这二者之间进行有时甚至是非常艰难的选择。在这种选择背后,往往包含着知识阶层深层的自我意识。我不敢说这是中国知识阶层所遇到的"独特"问题(日本知识阶层可能也遇到过这方面的问题),但我敢肯定,这一问题在中国知识阶层那里非常重要,它与知识阶层自身鲜明个性的塑造密切相联。在早期中国知识阶层那里,这一问题就异常明显地被意识到了。诸子百家中的孔孟儒家,在这一问题上所具有的意识最为突出。就其基本倾向而言,儒家是主张积极"入仕"的。对儒家来说,获得官职就等于说是找到了发挥自身能力的最适合的工作"岗位"。"入仕"不是一种超出自己本分之外的奢求,而是自己的分位,或者说是自己的"天职"。子路把"不仕"视之为"不义",②孟子把"士之失位"比之为"诸侯之失国",把"士之仕"比之为"农夫之耕",③这都是儒家发自内心对"士"所作出的安排。由此而言,《汉书·食货志》所说的"学以居位曰士",至少是抓住了中国"士人"意识和性格的一个重要方面。但是,必须指出,孔孟儒家强调"入仕",主要不是为了获得显赫的地位和优厚的待遇("厚禄")。④ 在儒家看来,"入仕"只是一种手段,它服务于一种崇高的目的,即"为道而仕"。《论语·里仁》所载的"士志于道",《论语·卫灵公》所载的"邦有道,则仕",《论语·泰伯》所载的"天下有道则见",《论语·微子》所载的"君子之仕也,行其义也",《孟子·告子下》所载的"君子之仕君也,务引其君以当道,志于仁而已矣"等说法,都强调指出了儒家的"入仕"带有强烈的"道义性"和"理想性"品性。儒家并非完全拒绝"隐"。在现实中,"隐"仍是一种可供的选择。这种选择不是"仕途"不畅的一种无奈,而是"主动的"疏离。儒家是"为道而

---

① 曼海姆:《知识阶层:它过去和现在的角色》,载《社会学与社会调查》1992 年第 1 期和《国外社会学》1992 年第 2 期。
② 《论语·微子》载:"不仕无义。长幼之节,不可废也;君臣之义,如之何其废之?欲洁其身,而乱大伦。"
③ 参阅《孟子·滕文公下》。
④ 孟子明确说:"仕非为贫也。"(《孟子·万章下》)

仕"的,但追求伟大理想的路并不平坦。一旦求"道"无望,"入仕"就失去意义。因此,就要主动地"退隐"。"退隐"不是"消沉",它仍是"求道"的一种方式,就像孔子所说的"隐居以求其志"一样,它能与"无道之政"划清界限,并至少能够"独善其身"。因此,儒家之"隐",也可以说是"为道而隐",并没有改变"为道"的理想。因此,儒家强调"入仕",但还为"隐"留下了余地。有关道家对待隐的态度,后面我们还要细谈。

但是,坚持政治实用主义的法家特别是韩非,采取了"入仕"和"反隐"的彻底路线。法家在政治上热烈追求尊君固势、严刑峻法和富国强兵,为此,所有的臣民都必须纳入到这种政治目标之下来安排。"士"不"入仕"就有悖于这一目标,并会起到不良的示范作用。因此,韩非坚决反对"尊隐"和对"隐士"加以鼓励的任何做法,①甚至要求诛杀"隐士",以禁止臣子逃避责任和义务的行为。据认为,韩非虚构了太公望(姜尚)诛杀隐士狂矞和华士的故事。照韩非的说法,齐东海居士狂矞和华士为自己确定了这样一个宗旨:"吾不臣天子,不友诸侯,耕作而食之,掘井而饮之,吾无求于人也。无上之名,无君之禄,不事仕而有力。"但是,东封于齐的太公望不允许在他的辖地有隐士存在,他毫不留情地诛杀了他们。在鲁国听到这一消息的周公,急派使者追问太公望这样做的动机。太公望所作的回答是:"彼不臣天子者,是望不得而臣也;不友诸侯者,是望不得而使也;耕作而食之,掘井而饮之,无求于人者,是望不得以赏罚劝禁也。且无上名,虽知,不为望用;不仰君禄,虽贤,不为望功。不仕则不治,不任则不忠。且先王之所以使其臣民者,非爵禄则刑罚也。今四者不足以使之,则望当谁为君乎?"②法家这种不允许"隐士"存在的理论和逻辑,贯穿着必须服务于君主统治的专制主义。

不管诸子对"仕"与"隐"的意识和观念有何不同,可以肯定的是,中国知识阶层在它的早期就对"仕"与"隐"具有了一种强烈的自觉意识。"士"从春秋以前的"世官"之"士"转到东周以后的具有自由流动的"士",实际上为他们提供了不同选择的可能性。但是,在"世官"和学术还没有分化的体制之下,"入仕"对于知识阶层来说往往是一种自然的选择。在汉以后的帝国历史中,由于制度上的保证,形成了"士"与"大夫"统一的结构。当然,"隐居"仍然是知识阶层的一种可能选择。在"入仕"成为主导性价值的情况下,"隐居"往往就具有了反叛主流价值并醇化"士风"的功能。

---

① 如韩非说:"士有二心私学,岩居窘路,托伏深虑。大者非世,细者惑下。上不禁,又从而尊之以名,化之以实,是无功而显,无劳而富也。"(《韩非子·诡使》)"夫好岩穴之士而朝之,则战士怠于行阵。"(《韩非子·外储说左上》)

② 《韩非子·外储说右上》。

三、"人格"自觉和"道义"担当

如前所说,从"世官"体制中解放出来的中国早期知识阶层,当他具有了自由选择的空间之后,他就不再依赖于某一固定的东西,他可以通过自己的能力和学识获得机会。在这一过程中,知识阶层通过自觉达到了对自我独立人格的肯定,达到了以道德信念和真理对抗权势的自尊。这决不是表面上的自负和傲慢,而是通过内在自我的扩充而达到的境界。曼海姆曾对传统知识阶层自尊自重的根源作了这样的解释:"知识阶层以往的自负一定程度上可以在这一事实中得到解释,即只要他是惟一有资格的世界解说者,他就会要求和声称在其中占有一个重要的角色,即使在大多数情况下他是服务于其他阶层的。从霸道的教士阶层和其对手——预言家,到人文主义的桂冠诗人,再到启蒙时代的历史空想家和宣布了'世界精神'的浪漫派哲学家,知识阶层的历史中充满了这种自尊自重的例证。"①中国早期知识阶层的那种自尊自重,②与现代经济社会的知识阶层在体制束缚之下的人格萎缩和沉沦形成了对照。③

春秋战国的知识阶层丧失了体制性的生活保障,没有孟子所说的"恒产",也没有固定的工作,他们真正地成了"游士",在不同的诸侯国之间自由地流动。他们选择交往对象,是凭借他们自身的"原则"进行取舍。根据他们的原则,"合则留,不合则去"。他们不想为了获得固定的利益和官职而甘愿依附。他们竭力通过自己的教养和学识、能力,影响那个时代的社会生活和政治。他们不是所说的失落的一群人文知识分子。他们出现在自由竞争的市场上待价而沽。他们没有自卑感,对自己充满信心。我们首先想到了孔子和孟子对"士"人格的自我确认和自信。孔子是伟大信念顽强的守护者和不屈不挠的追求者。对于隐者的嘲讽和规劝("凤兮凤兮,何德之衰","滔滔者天下皆是也,而谁以易之"),孔子的回答是:"鸟兽不可与同群,吾非斯人之徒与而谁与?天下有道,丘不与易也。"④孟子的"士",是一种坚硬的精神象征和理想堡垒,他不会为任何外在的得失而动摇自己的信念。《孟子·尽心上》载:"士穷不失义,达不离道。穷不失义,故士得己焉;达不离道,故民不失望焉。"《孟子·梁惠王上》载:"无恒产而有恒心者,惟士为能。"齐王子问"士"从事何事,孟子回答说是"尚志",孟子所说的"尚志",就是追求"仁义"。大

---

① 曼海姆:《知识阶层:它过去和现在的角色》,载《社会学与社会调查》1992年第1期和《国外社会学》1992年第2期。
② 当然不是说那个时代的"士"都是形象独好。
③ 这也就是萨义德对现代体制知识分子不满的原因。参阅《知识分子论》,北京,三联书店,2002。
④ 《论语·微子》。

家都熟悉孟子所说的"浩然之气"和"大丈夫"人格。① 孟子心目中的理想之"士",决不是"空洞的"、"美妙的"动人宣称,实际上他映照着孟子独立特行的气节和豪迈的气魄。只要我们看看他接触那些国王时的自尊和自信,我们就不会怀疑他对"士"的承诺。在权势面前,他根本不回避自己的信念和真实看法,不管这些信念和看法是否合乎权势者们的口味。他是萨义德(Said)所说的敢于"向权势说真话"的人,他决不为了迎合权势而丧失其"良知",他树立起了"士"的尊严。在"道义"和"权势"之间,孟子的选择十分清楚。《孟子·尽心上》:"古之贤王好善而忘势,古之贤士何独不然?乐其道而忘人之势,故王公不致敬尽礼,则不得亟见之。见且犹不得亟,而况得而臣之乎?"这是中国早期知识分子给我们留下的可贵精神遗产。按照《荀子》的记载,子夏宁可贫穷,也不肯"入仕",因为他要在傲慢的权势面前保持自己的尊严。②《庄子·杂篇》也记载颜回为了自得其乐而不仕,宁愿受穷:"孔子谓颜回曰:'回,来!家贫居卑,胡不仕乎?'颜回对曰:'不愿仕。回有郭外之田五十亩,足以给饘粥;郭内之田十亩,足以为丝麻;鼓琴足以自娱;所学夫子之道者足以自乐也。回不愿仕。'孔子愀然变容,曰:'善哉,回之意!丘闻之:"知足者,不以利自累也;审自得者,失之而不惧;行修于内者,无位而不怍。"丘诵之久矣,今于回而后见之,是丘之得也。'"庄子自我认同的故事,我们已经谈到了。颜斶见齐宣王的一幕情景,可能令我们难以想象。据载,当他前往王宫去见齐宣王的时候,齐宣王叫他到跟前去,而他则要齐宣王到他跟前来。这引起了齐宣王的不快和他身边人的不满。他身边的人,以君臣之分,责问颜斶。对此,颜斶的回答是,他往前是"附势",而王往前是"趋士",国王应该礼贤下士到他跟前来。宣王作色,质问颜斶"王贵"还是"士贵"。颜斶毫不犹豫地肯定"士贵"而"王不贵"。被颜斶说服的齐宣王,最后竟"愿受请为弟子",要颜斶留在他身边一起过富贵的生活。但遭到了颜斶的拒绝。③ 根据这一故事,颜斶在齐宣王面前直言不讳地认定"士贵"

---

① 参见《孟子·公孙丑上》和《孟子·滕文公下》。
② 荀子说:"古之贤人,贱为布衣,贫为匹夫。……然而非礼不进,非义不受。……子夏家贫,衣若悬鹑。人曰:'子何不仕?'曰:'诸侯之骄我者,吾不为臣;大夫之骄我者,吾不复见。'"(《荀子·大略》)
③ 《战国策》卷十一载有"士贵"与"王贵"的辩论:"齐宣王见颜斶,曰:'斶前!'斶亦曰:'王前!'宣王不悦。左右曰:'王,人君也。斶,人臣也。王曰:"斶前",斶亦曰:"王前",可乎?'斶对曰:'夫斶前为慕势,王前为趋士。与使斶为趋势,不如使王为趋士。'王忿然作色曰:'王者贵乎?士贵乎?'对曰:'士贵耳,王者不贵。'王曰:'有说乎?'斶曰:'有。昔者秦攻齐,令曰:"有敢去柳下季垄五十步而樵采者,死不赦。"令曰:"有能得齐王头者,封万户侯,赐金千镒。"由是观之,先王之头,曾不若死士之垄也。'宣王默然不悦。"最后颜斶辞绝宣王说:"士生乎鄙野,推选则禄焉,非不得尊遂也。然而形神不全。斶愿得归,晚食以当肉,安步以当车,无罪以当贵,清静贞正以自虞。制言者王也,尽忠直言者斶也。言要道已备矣,愿得赐归,安行而反臣之邑屋。"

"王不贵",充分表明他作为"士人"对自我价值和人格的高度自信和自尊。

我们也许会产生这样的疑问,即中国早期知识阶层在"无恒产"、无固定职位的情况下,何以能够对自我的价值和人格达到充分的自觉和确认,何以能够具有那种惊人的自信和自尊。我想从"内在"与"外在"两方面来理解这一点。从内在自我方面来说,这取决于知识阶层自身所具有的"道义"担当和"理想主义"的性格。如上所说,中国早期知识阶层,无法在其他方面(如财富、权势)彰显自己的优越性,他们能够引以自豪的是他们的智慧和道义感。他们是从事精神反思和精神生活的贵族,在这一方面,没有任何其他一个阶层能与他们相比。他们能够通过自己的理性,颠覆他们认为不正当和非合理的事物。他们拥有"纯洁"的理想,并愿为此理想而献身。从这种意义上说,他们是"理想性"的动物。拥有坚定的"道义性",使他们对世俗的利害和优越的物质生活采取超然的态度,使他们在权势面前趾高气扬。中国早期知识阶层的这种"道义"和"理想"担当,在儒家孔孟、道家老庄那里都十分突出。孔子意识中的"士",都建立在对"道义仁德"的信念基础之上。《论语·卫灵公》所载的"志士仁人,无求生以害仁,有杀身以成仁",《论语·子罕》所载的"三军可夺帅也,匹夫不可夺志也",《论语·里仁》所载的"士志于道,而耻恶衣恶食者,未足与议也",还有他的弟子曾子所说的"士不可以不弘毅,任重而道远。仁以为己任,不亦重乎? 死而后已,不亦远乎?"①这都说明,"士"坚定地要在"道义"和"理想"担当上建立"自我"。我们提到的庄子,他的最高理想是个人独立和自由,为此,他宁愿选择清贫的物质生活,面对高官厚禄的诱惑毫不动心。"不肯仕宦任职,好持高节"而为赵国出谋划策的游士鲁仲连,拒绝平原君的加封。平原君又要以千金为他祝寿。他笑着说:"所贵于天下之士者,为人排患释难解纷乱而无所取也。即有取者,是商贾之事也,而连不忍为也。"②总之,支持知识阶层独立特行、自尊自信的力量,是他们的道德信念、行为和超过权势的感召力。③ 从外在的客观条件说,它与春秋战国时代各国对士人的迫切需求相关。那是一个需要智慧的时代,而卓越之"士"恰恰也能够提供智慧。正如论者所说:"战

---

① 《论语·泰伯》。

② 参阅《史记·鲁仲连邹阳列传》。又如,他帮助齐将田单攻下燕聊城后,田单欲加爵于他,他逃隐到海上,说:"吾与富贵而诎于人,宁贫贱而轻世肆志焉。"

③ 《孟子·万章下》载:"缪公亟见于子思,曰:'古千乘之国以友士,何如?'子思不悦,曰:'古之人有言曰:事之云乎,岂曰友之云乎? 子思之不悦也,岂不曰:'以位,则子君也,我臣也,何敢与君友也;以德,则子事我者也,奚可以与我友。'千乘之君求与之友而不可得也,而况可召与?"《吕氏春秋·季冬纪·不侵》载:"孔、墨,布衣之士也,万乘之主、千乘之君不能与之争士也。自此观之,尊贵富大,不足以来士矣。"《淮南子·修务训》载:"段干木不趋势利,怀君子之道。隐处穷巷,声施千里。寡人敢勿轼乎? 段干木光于德,寡人光于势;段干木富于义,寡人富于财。势不若德尊,财不若义高。"

国时代,列国交战,各国的国君与其卿大夫之间也互相斗争。不论是列国交战,或是国君与卿大夫之间的斗争,都需要人才协助,因此网罗人才就成了他们的当急要务。为了网罗人才,这些君王与卿相,不惜卑躬屈节,谦恭有礼。在中国历史上,没有一个时期的士人比战国时代的士人来得趾高气昂,也没有一个时期的士人比战国时代的士人更为养尊处优。"①

四、"原创性":"立言"和"放论"

如前所述,伴随着西周知识和学术统一体的解体,作为春秋以后知识和学术多元化而兴起的"子学"②,是士阶层原创性的伟大的精神产物。现在人们往往乐意用雅斯贝斯所说的"轴心时代"或者帕森斯所说的"哲学的突破"来描述这一时代及其精神震撼。需要再次指出,所谓"诸子出于王官说",最好从诸子学具有一定的历史渊源关系上来理解,因为百家之学归根结蒂是那个时代士阶层的伟大创造。从知识社会学的立场观察,诸子之学的兴起是与那个时代的社会政治生活相联系的,用司马迁的说话是"此务为治者也",用《七略》的话说是"皆起于王道既微,诸侯力政,时君世主,好恶殊方,是以九家之(说)[术]蜂出并作,各引一端,崇其所善,以此驰说,取合诸侯",用前面注释中引用过的《淮南子》的话说是"起于救世之弊,应时而兴"。作为一个广阔的背景和空间,变动不安的春秋和战国时代为诸子学提供了巨大的课题和活动舞台,而诸子则以各种不同的方式来回答时代提出的问题并试图引导那个时代。但是,我们还必须关注"子学"自身内在的"精神"创造和"立说"的冲动。垄断性的统一世界观、知识观和价值观一旦解体,智力和精神就会自由奔放,勇敢地去重新审视曾经被给定的"真理",信心十足地去寻求世界的全新解释。活泼的精神意识到了开放的自我和开放的世界,自我和世界又在精神的创造中获得永恒。智慧的竞争表现为学说的争鸣,使人信服的不是靠权威和地位,而是凭借逻辑的力量和真理的魅力。自信和自尊使诸子相信他们为世界提供了最高的智慧和学说,或者像《庄子·天下篇》所说:"天下之治方术者多矣,皆以其有为不可加矣!"或者如章学诚所说:"诸子之奋起,由于道术既裂,而各以聪明才力之所偏,每有得于大道之一端,而遂欲以之易天下。"③庄子和章学诚都肯定"子学"的魅力,但他们似乎都对统一"道术"的分裂感到惋惜。④ "天不生诸子,万古长如夜",天不言,诸子诞生了,世界

---

① 孙铁刚:《书生议论——士人与士风》,见《吾土与吾民》,第 100 页,北京,三联书店,1992。

② 有关士阶层的学说何以称为"子"学,请参阅杨宽的《战国史》,第 465~467 页,上海,上海人民出版社,1998。

③ 章学诚:《文史通义》(上),第 171 页,北京,中华书局,1985。

④ 总结诸子学并试图重建道术统一体的庄子、荀子、司马迁和刘向,都对诸子作出了各有其"得"和"失"的看起来都相当公允的评价。

一片光明。这正是雅斯贝斯被这个时代所鼓舞的原因:"这一切皆由反思产生。意识再次意识到自身,思想成为它自己的对象。人们试图通过交流思想、理智和感受而说服别人,与此同时就产生了精神冲突。人们尝试了各种最矛盾的可能性。讨论、派别的形成,以及精神王国分裂为仍互相保持关系的对立面,造成了濒临精神混乱边缘的不宁和运动。这个时代产生了直至今天仍是我们思考范围的基本范畴,创立了人类仍赖以存活的世界宗教之源端。……这一人性的全盘改变可称为精神化。对生命公认的解释动摇了,截然相反的事物间的平静,变成了对立和矛盾的不宁。人不再封闭在自身之中。他变得不能确定自己,因此向新的无限的可能性开放。他能听见和理解以前无人探询和表明的东西。前所未闻的事物变得明显起来。"①

一般认为,在春秋之前,还没有私人著书立说的传统。文明、文化和知识都是由圣王制作的,史官担当着记载"圣言"的角色。②"子学"的兴起,实际上也是开创了通过"著书立说"和"立言"追求不朽和永恒的传统。《左传》襄公二十四年和《国语·晋语八》都记载了由于"立言"而获得了"不朽"的说法。公元前549年,作为使节的穆叔来到晋国,迎接他的范宣子向穆叔请教"死而不朽"的所指,穆叔引用他所听到的话加以回答。作为这方面的实例,穆叔提到了鲁国的臧文仲,说他死后他的言论传到了后世。春秋战国时期,士阶层纷纷"立说"、"立言"、"放论"和"横议",都是有意识选择的结果。作为游士的诸子,程度不同都有从事政治的经历(曾担任过不同的官职),他们大都与那个时代的诸侯当政者有过一些接触,并希望获得重要的职务以推行自己的理想,但他们大都碰壁了。孔子是最典型的代表,他在政治上的接连受挫,促使他退而从事教育和文化的创造工作。孔子谦虚地自称"述而不作",但恰恰是他成了儒家学派的创始人,并受到了他的弟子和后学的广泛赞誉,被推崇为伟大的圣人。老子从周史官的地位退出后,他用最精练的语言提出了一种最精湛和最深刻的学说,成为道家学派的创始人。出身工匠的墨子,曾做过宋国的大夫,他提倡一种清苦主义和兼相爱、交相利的哲学。他赢得了众多富有战斗精神和牺牲精神的信徒,"列道而议,分徒而讼"。他是那个时代显学的代表人物之一。还有孟子、庄子、荀子和韩非子等,都是那个时代伟大的著述者,他们通过自己的言论,为他们赢得了不朽。有关"子学"哲学突破和超越的深厚而广泛的内核,在此就略而不谈了。最后我再次强调,以个人性"立言"和"立说"为特征的"子学",开创了中国哲学和思想演进的一个独特的方式和传统,"子学"的著作也构成了中国四大著述系统之一而永载史册。

---

① 雅斯贝斯:《历史的起源与目标》,何兆武主编《历史理论与史学理论》,第673~674页,北京,商务印书馆,1999。

② 这当然是从整体上说的,从相关文献看,古代的重臣和史官也有表达自己思想的"言论"并流传了下来,如伊尹、仲虺、微子、周任和史佚等。

汉代知识的性格与知识分子

□斋木哲郎 著 刘岳兵 译

一、从诸子百家到知识分子

有一种观点说进入汉代之后诸子百家的抗争或许已经结束了。但是,在汉初,在将儒教确定为汉朝正统国教之前,诸子百家仍然各持己说以游说各地的诸侯王,使之在国政中发挥作用。当时,集众望于一身被他们看作最主要的游说对象就是淮南王刘安。

刘安是汉高祖刘邦的孙子,是当时的皇帝汉武帝的表叔,比武帝年长约40岁。因他是高祖之孙且在刘氏一族中最年长而受到人们的尊敬,武帝本人也将其作为至亲信赖他,并抱着无限敬爱之情应接他。

但是,刘安作为汉室的藩屏,并不是具有重要地位的汉朝兴盛的功臣,相反,他的一生在汉朝的发展过程中作为牺牲者而具有悲剧的色彩。此悲剧始于其父淮南王刘长的狱死。虽说是狱死,实际上是生性傲岸最后得罪了朝廷的刘长在发配至蜀的途中绝食而死。其后,淮南故地被三分为淮南、衡山、庐江,其中,刘长的长子刘安作为新的淮南王连同对父亲的悲愤继承了淮南国。据说,坊里巷间涌现出了对刘长之死和对他的子女们的同情之声,刘安当了淮南王之后,寄身他门下的食客中不断有人以刘长的不当之死为口实而劝其对汉朝谋反。随着这种呼声的高涨,最终朝廷判断刘安有反叛之意,并要追究他,在追究他的使者到达之前,刘安被逼无奈服毒自尽了。结果,在朝廷之外不能再有能够供养食客的诸侯王,直到汉廷把儒教定为惟一的国教,诸子百家的生计之道也就被封住了。如果诸子百家的丰富思想要想为汉廷所采用,就势必谋求向当时的政治思想转变并与儒家思想相结合,或者通过向儒家思想的收缩而谋划儒教的一元化。于是,诸子百家的活动便告结束,这就为以儒教教义为背景来探索新思想活动的知识分子的产生奠定了基础。

然而，从诸子百家到知识分子的转变，在社会性方面是沿着汉朝统治体制的一元化及绝对化的要求而进行的。

众所周知，招徕诸子百家为食客并作为自己的智囊加以重用，这在战国以来习惯性地通行着，进入汉代之后也没有废止。"汉兴，诸侯王皆自治民聘贤。吴王濞招致四方游士"（《汉书·邹阳传》）所说的吴王刘濞，"或有先祖旧书者，多奉以奏献王者"（《汉书·景十三王传》）所说的河间献王刘德，还有楚元王刘交、梁孝王刘武和淮南王刘安等，都是其代表，其中尤其是淮南王刘安，他让聚集其门下的诸子百家编纂了《淮南王书》（即后来的《淮南子》）这一巨著。再者，河间王刘德，由于他本身"修学好古，实事求是。从民得善书，必为好写与之，留其真，加金帛赐以招之"，国中"道术之士"争先恐后投其门下，献其先祖留下的旧书，呈现出"故得书之多，与汉朝等"（《景十三王传》）的局面。

这样，被称为诸子百家的思想家在武帝时代仍然存在于诸侯王之间，为了满足诸侯王文化方面的兴趣——相反如淮南王刘安谋反事件所昭示的那样，同时有人提出由于诸侯王力量的增强会孕育招致与中央政府相敌对的危险——而活跃一时，因而也深深地打下了作为诸侯王的施政集团的色彩。这种状况决不仅仅限于地方的诸侯王。武帝近侧的重臣田蚡、窦婴及魏其等人也以诸子百家为宾客而招致自己门下以将其作为参谋来利用。

在这种状况下即位的年轻武帝自当不会袖手旁观，《史记》中这样记载着武帝看着魏其、田蚡优待宾客而重用之的苦相：

　　自魏其、武安（蚡）之厚宾客，天子常切齿。彼亲附士大夫，招贤绌不肖者，人主之柄也。人臣奉法遵职而已。何与招士！（《卫将军骠骑列传》）

由此可见，"招士"是皇帝的特权，为人臣的诸侯王招宾客以为己施策之用，这乃为僭越之甚。武帝基于这种想法，力图阻止诸侯王招集宾客的行为，并亲自去说服。《史记》五宗世家集解中引用《汉名臣奏》说：

　　孝武帝之时，献王朝。……问以五策。献王辄对无穷。孝武帝艴然难之，谓献王曰："汤以七十里，文王百里。王其勉之。"王知其意，归即纵酒听乐，因以终。

武帝恐怕是准备了难问五策来问住所谓好学的献王，企图以显示皇帝的威仪。但是献王对此问没有作任何准备就毫无顾忌地回答了。因此武帝诏谕诸侯不要僭越自己的本分，并加以约束。献王也意识到自己的卓识反而不得武帝的欢心，为了保身，归国之后沉溺于美酒音乐，不得不有意识地麻醉自己。

这样一来，朝廷的中央集权统治，在表面上要求诸侯王必须承认朝廷在文化上的优越性，这在武帝方面似乎也可以得到充分的说明。这时，董仲舒不时地针对此前出现的将诸子百家之学也立为朝廷的博士官的说法，而提出："诸不在六艺之科、孔子之术者，皆绝其道，勿使并进。邪辟之说灭息，然后统纪可一而法度可明，民知所从矣。"(《汉书·董仲舒传》)奏请将博士官的范围只限在儒教之学内,而且作为儒者而位至丞相的公孙弘,奏请开设作为博士官学生的"博士弟子员",并建议将其优秀者立为郎官。武帝以此作为战胜诸侯王而高扬朝廷文化政策的一环都给予了认可。这样就迈开了儒教国教化与采用儒者为官的步伐。此后,诸子百家几乎在朝廷与地方的政治舞台中销声匿迹,政治参谋指的就是儒者,儒者中也有力图将儒教的理想在现实政治的各个领域中发挥作用的,他们被视为儒教式的知识分子。在汉代——而且之后也是如此——称呼知识分子时,或多或少都是指精通儒教教义的人。

此后,儒教的教义就作为汉朝的施政原则来推行了。但是这并非是由于儒教教义作为政治原则的卓越性,而关键在于政治权力所具有的压制性隐蔽在儒教的德治主义中。武帝之后,蔡义(昭帝期)、韦贤、魏相(宣帝期)、韦玄成、匡衡(元帝期)、张禹、翟方进、孔光(成帝期)、平当、王嘉、马宫(哀帝期)等儒者,逐次登宰相之位全权负责处理汉朝的政治事务,这是皇帝向民众宣传为了实现德治而如何煞费苦心,其所希望造成的正是这种效果。这一举措无非是向当时的知识分子表示精通儒学就可以仕途畅通。因此,有这样的谣言:

邹鲁谚曰:"遗子黄金满籯,不如一经。"(《汉书·韦贤传》)

又有这样的箴言:

"士病不明经术;经术苟明,取其青紫如宛拾地芥耳。"(《汉书·夏侯胜传》)

但是从反面来看,这无非是儒教向政治性御用教义的倒退,使得儒教本身徒具了形式。有感于此,给这种徒具形式的儒教吹入清新的气息,以试探儒教的活力与新儒教的可能性,当然就成了此后儒者即知识分子的课题。担当此使命而出现的人物是生活在西汉末年至王莽新政时期的扬雄。

二、两种自然观(一):《淮南子》的"道"

在论述扬雄之前,先稍看一下作为诸子百家代表的《淮南子》和作为儒家思想代表的董仲舒的自然观。因为继承诸子百家思想的《淮南子》与作为国家教学的新生儒家思想的代表董仲舒的思想,恰恰从反面表现出了从诸子百家向知识分子的演变。

关于《淮南子》的作者,后汉高诱著的《淮南子注》,在序目中列举了苏飞、李尚、左吴、田由、雷被、毛被、伍被、晋昌等八位,结论是"其旨近老子"。由此看来,这八个人主要是吸取老子之流的思想,与其以诸子百家之名称之,不如说应该视之为道家之徒的思想。事实上,前汉以后思想界的主流基本上限于儒家和道家,非儒者即为道家,非道家即为儒者,或者如通常所说的儒道兼之,这里也可以看出汉代甚至中国知识分子的典型特征。

那么,《淮南子》中具有什么样的道家思想呢?《淮南子》中的《原道训》与《缪称训》的以下之言足可以说明:

> 夫道覆天载地,廓四方柝八极。高不可际,深不可测。包裹天地,禀授无形。源流泉浡,冲而徐盈,混混汩汩,浊而徐清。故植之而塞于天地,横之而弥于四海。施之无穷而无所朝夕。舒之幎于六合,卷之不盈于一握。约而能张,幽而能明。弱而能强,柔而能刚。横四维而含阴阳,纮宇宙而章三光。甚淖而涡,甚纤而微。(《原道训》)

> 道至高无上,至深无下。平乎准,直乎绳,圆乎规,方乎矩。包裹宇宙(《天文训》中高注曰:"宇四方上下也,宙古往来今也。将成天地之貌也。"——笔者注)而无表里,洞同覆载而无所碍。(《缪称训》)

《淮南子》道家的根本主张即使与老子、庄子同道,而其道的概念也已经极端地膨胀泛化,被认为是统合时空的大宇宙,包括自天界到地上的万般存在的根源,统辖自然以至于人事的一切现象。

从《淮南子》道家所创造出的道这一概念中产生了什么样的思想呢?其一,就是以气为媒介对人、天地、自然的一元化的理解。《天文训》中说:

> 天地未形,冯冯翼翼,洞洞浊浊,故曰太昭。道始于虚霩,虚霩生于宇宙。宇宙生于气,气有涯垠。清阳者薄靡而为天,重浊者凝滞而为地。清妙之合专易,重浊之凝竭难,故天先成而地后定。天地之袭精为阴阳,阴阳之专精为四时,四时之散精为万物。积阳之热气生火,火气之精者为日。积阴之寒气为水,水气之精者为月。

稍作解释的话,就是说天地未分的根本状态叫做"太昭",措定世界之始。这时,道从"太昭"这一萌芽状态中的世界渐次扩大,作为成长为天地、自然的大宇宙的内在能量,首先在"太昭"阶段,储备在道的能量活动领域即"虚霩"中,其道在虚霩中开始创生,从虚霩中产生宇宙、产生"气","清阳"与"重浊"分化成为"天""地",然后是阴阳的诞生,到四时之运行以至万物之生育渐次生成变化,这样所产生的世界就是今日人们所生活的自然世界。道充满着由气所生成的天地、自然,由于道被当作生育万物而充满天地之间的气的自身展开来理解,因此道就成了生命的根源、生命应具的姿态的指标。《原道训》中说:

> 达于道者反于清静,究于物者终于无为。以恬养性,以漠处神。则入于天门。所谓天者,纯粹朴素,质直皓白,未始有与杂糅者也。……循天者,与道游者也。

《天文训》中说:

> 蚑行喙息,莫贵于人。孔窍肢体,皆通于天。天地九重,人亦有九窍。天有四时以制十二月,人亦有四肢以使十二节。天有十二月以制三百六十日,人亦有十二肢以使三百六十节。故举事而不顺天者,逆其生者也。

这就是说,在天地、自然(为道的可视性世界,与道同义)的关照中凝视可以得道的人的理想境界,从而将自然的能量投影到人体中,因为自然的活动悠久无限,那么将其能量摄入体内可以说是企图长生。这样,《淮南子》道家渐次加深了对自然界的关心,并向以探求长生不老为目的的自然哲学家的方向转化。

从《淮南子》道家创造出的道的概念中产生的第二种思想,就是被应用在政治领域中新出现的形名参同之说。不言而喻,"形"是指具体的实绩,"名"是指表面的名义。就是说要审定臣下所职掌的名义与其功绩是否一致。这种思想也见于《淮南子》之前的《韩非子》的《喻老》、《解老》篇中,可以说萌芽于战国时代的法家,但是战国之后,其形名思想与道家的道相结合,作为独特的君主对臣下的统制术而被提倡。意思是君主在审定臣下的形、名时,如果君主的意识存在着某种偏向,由于臣下乘势迎合君主的意欲,这样君主的判断失误,就不可避免使维持国家体制的君臣关系产生龟裂。这里,君主必须韬晦自己的意欲而装出对臣下"虚静"、"无为"。就是说,君主的姿态就宛如道的虚静、无为,是一种相对应的关系。这种主张,其后经过《吕氏春秋》由《淮南子》道家所继承,他们将其作为"君主之术"而加以理论化,《淮南子》中就有一篇《主术训》,其中说道:

无为者道之宗。故得道之宗,应物无穷。

有道之主,灭想去意,清虚以待不伐之言,不夺之事。循名责实,使有司任而弗诏,责而弗教,以不知为道,以奈何为宝。(同上)

当然,《淮南子》道家的这种主张无非是企图向政治思想蜕变以及由此掌握国家教学的地位。但是,由于这种主张缺乏制度上的根据,毕竟还只是作为君主个人对臣下的统制术来提倡而具有不能够扩大为国家教学的缺陷,其难点在于以臣下对君主的悖伦性为前提而立论,这样就使得君臣的支配与服从的关系完全相对化了。这样,《淮南子》道家的主张随着淮南王刘安的自杀也渐次衰落,而最终退出了汉代的政治舞台。

三、两种自然观(二):董仲舒的天

《淮南子》道家将自己所信奉的"道"视为绝对,以识别其道或道所孕育的自然界的真相来展开其养生说或政治论,如果将这种思维方法定位为存在论的自然观的话,那么与此同时也就允许儒者将天(天神)最终视为绝对,将天神的理法性作为在自然界的各种情况下所确认的规范的自然观来理解。董仲舒就是其代表。

如前所述,董仲舒是向皇上建议将儒教以外的学问从朝廷的博士官中排除而实现儒教的国教化的第一功臣。他创造出将儒教的理念作为汉王朝的政治理念来发挥作用的种种教义,为汉朝专制政治的要求服务,其最大的特征是力图根据天(神)的权威使汉朝绝对化和恒久化。例如就当时人们关心的灾异现象,董仲舒向武帝献策说:

臣谨案春秋之中,视前世已行之事,以观天人相与之际,甚可畏也。国家将有失道之败,而天乃先出灾异以谴告之,不知自省,又出怪异以警惧之。尚不知变,而伤败乃至。以此见天心之仁爱人君而欲止其乱也。自非大亡道之世者,天尽欲扶持而全安之。(《汉书·董仲舒传》)

他还在《春秋繁露·必仁且智篇》中说:

春秋之法,上变古易常,应是而有天灾者,谓幸国。

所有这些都是将自然界的灾害视为是天爱护人君而发出的谴责,这是天宠爱人君的表现。这样,董仲舒将人君受天宠爱的必然性解释为"德与天地侔者,皇天右之以为子,号称天子"(同上)。这样,皇帝是由于其卓越的道德性为天所嘉纳而得到现在的地位,皇帝之在位就直接表明了其道德性的高尚。而且,因为天之所居的天界与人之所住的地上世界之间被无限地隔绝着,正是这种间断形成了天人之隔,表明了天所嘉纳而作为自己儿子的天子(皇帝)与臣民的等级秩序即身份差别的绝对性。这样,天、天子(皇帝)与臣民之间就产生了绝对的等级差别。

以人随君,以君随天。……故屈民而伸君,屈君而伸天。(《玉杯篇》)

这样,在董仲舒看来,皇帝以其具有道德性而有帝位,从而确立其皇帝由天所支持的统治的绝对性,他认为这就是现实世界的理想状态。在董仲舒那里,天与皇帝、皇帝与臣民间的统治规律就这样被设定,其统治规律也可以从天人所共在的自然界中得到说明。

在董仲舒看来,这一自然世界虽然是由春夏秋冬四季循环而形成,也毕竟是由阴阳二气的交替而产生的。从平面上看,其从春之始的东北所起的阳,从东到南势力逐渐扩大,在正南达到极盛,此后到正西势力减半,西北潜入地下,至正北极衰,第二年再从东北出现在地上进行循环。与此相对,从春之终的东南所起的阴,从东到北势力逐渐扩大,在正北达到极盛,此后到正西势力减半,西南潜入地下,至正南极衰,在东南再浮出地面,与阳正好循相反的轨迹进行循环。这时,阳之极盛为夏,阴之极盛为冬,阴阳相半即为春、秋。(《春秋繁露·阴阳位篇》等)但是董仲舒并不是将此过程中阴阳二气的作用等而视之,在两者所运行的轨道中,"阳出实入实,阴空出空入"(同上《阴阳位篇》),"阴之行固常居虚,不得居实"(同上《阴阳始终篇》)。将阴阳严格区分,阳作为实在的轨道,而阴就不具有这种价值。关于这一点,《春秋繁露》中的《天辨在人篇》在下面一段话中阐述得最为明确:

阴阳之行,终各六月,远近同度,而所在异处。阴之行,春居东方,秋居西方,夏居空右,冬居空左。夏居空下,冬居空上。此阴之常处也。阳之行,春居上,冬居下。此阳之常处也。阴终岁四移,而阳常居实。……天之志,常置阴空处,稍取之以为助。

由此看来,在阴阳循环中实际起作用的是"居实"的阳,而阴不能不理解为履空(虚)之轨道而常助阳之气,间接地对宇宙形成起作用(阳的轨道是实在的,这样阴的轨道是空、虚的话,阴的存在领域就是与阳相表里的亚空间)。阳是在夏季极盛居上、冬季极衰而居下的实在,阴从亚空间来作用于阳而不断地助成其化育万物的作用。在这种观点下,董仲舒说:

> 君臣父子夫妇之义,皆取诸阴阳之道。君为阳,臣为阴。(《春秋繁露·基义篇》)

> 阴者阳之助也。阳者岁之主也。天下之昆虫随阳而出入,天下之草木随阳而生落,天下之三王随阳而改正,天下之尊卑随阳而序位。……不当阳者臣子是也,当阳者君父是也。故人主南面以阳为位也。(《春秋繁露·天辨在人篇》)

这样,四时不仅仅是自然之变移,也意味着君主之权的强大及其永久性。即使是风雨等自然现象,他也说:

> 地出云为雨,起气为风。风雨者地之所为,地不敢有其功名。必上之于天,命若从天气者,故曰天风天雨也。莫曰地风地雨也。勤劳在地,名一归于天。(《春秋繁露·五行对篇》)

这就是认为由天来支配地。如此一来,董仲舒就成功地从自然界的规律性与永久性中将皇帝权力的绝对性加以确认和定位。这样,汉朝就由于合于自然运行的悠久而确立其存在性,由于丝毫不背离自然规律而使国家统治秩序也变成绝对的了。而儒者对《淮南子》道家的思想未能转变成为统治者的意识形态而自行衰落的状况冷眼相向,儒教作为汉朝的国教被绝对化,在朝廷占据了难以取代的地位。

四、关于扬雄

到西汉末年,奉儒教以就仕途的儒者已经丧失了董仲舒等所曾具有的创造性的儒教精神,而堕落成为仅仅为了谋求"利禄"装饰国家体面的御用教学者:

> 自孝武兴学,公孙弘以儒相,其后蔡义、韦贤、(韦)玄成、匡衡、张禹、翟方进、孔光、平当、马官及当子晏咸以儒宗而居宰相位,服儒衣冠,传先王语,其蕴藉可也。然皆持禄保位,被阿谀之讥。彼以古人之迹见绳,乌能胜其任乎?(《汉书·匡张马孔传赞》)

加上由于与积年的心头之患匈奴的媾和,汉王朝大概意识到是处于守成的时期吧,此后便更加不求有什么新的起色。因此儒教精神就愈益丧失了高扬的机会,发展的只是教义的形骸,其保守之相更为突出。但这也从反面唤醒了当时儒者的自我意识,促使他们向着自律的、主体性的生存方式去进行摸索和实践。

这种倾向在生活于西汉末年至王莽"新政"时代的儒者扬雄身上表现得尤为显著。扬雄晚年作《解嘲》赋,尖锐地指出了汉王朝势力的绝对化使得其统治机构的成员即臣下官僚层的价值相对化,进而逐渐剥夺了他们的主体性意志的现状。

他说：

> 夫上世之士，或解缚而相（指管仲），或释褐而傅（指宁越）。……是以士颇得信其舌而奋其笔，窒隙蹈瑕无所诎也。……当今县令不请士，郡守不迎师，群卿不揖客，将相不俛眉。言奇者见疑，行殊者得辟。是以欲谈者卷舌同声，欲步者拟足投迹。乡使上世之士处乎今世，策非甲科，行非孝廉，举非方正，独可抗疏，时道是非，高得待召，下触闻罢。又安得青紫？（《文选》卷四十五，《解嘲》）

就是说，人之荣达或遇与不遇，不是根据其能力的差异来决定的，而是基于其所处的时代状况的不同，以此来安慰自己不为今世所容和自己的不遇。《汉书·扬雄传》中这样描写扬雄的生涯（摘录）：

> 扬雄字子云，蜀郡成都人也。生于宣帝甘露元年（公元前53年），世世以农桑为业。雄少而好学，博览无所不见，默而好深湛之思，清净亡为，不汲汲于富贵，不戚戚于贫贱，不修廉隅以邀名于当世。先是时，蜀有司马相如，作赋甚弘丽温雅，雄心壮之。每作赋，常拟之以为式。赞曰：初，雄年四十余，自蜀来至游京师，大司马车骑将军王音奇其文雅，召以为门下史，荐雄待诏。除为郎，给事黄门，与王莽、刘歆并。哀帝之初，又与董贤同官。当成、哀、平间，莽、贤皆为三公，权倾人主，所荐莫不拔擢，而雄三世不徙官。及王莽篡位，雄复不侯，以耆老久次转为大夫，恬于势利乃如是。年七十一，天凤五年（公元18年）卒。

在扬雄的一生中，值得注意的是他终生与权力疏远，以及企图在逆来顺受中完成自己所赋予的使命的这种清高的态度。虽然不能够确定这是什么时候意识到的，但这种命定观贯穿扬雄的整个一生。例如，认为"赋"是对人君的讽谏，应该以此来矫正政治的过失的扬雄，找出屈原的《离骚》作为赋的典范，尽管为其薄幸与廉洁而落泪，但对其批判世之实情而自绝性命终究不予认可。他说："君子得时则大行，不得时则龙蛇。遇不遇命也，何必湛身哉。"（《反离骚》）相反，"夫圣哲之不遭兮，固时命之所有；虽增欷以于邑兮（颜师古曰：于邑为短气），吾恐灵修（指屈原之灵）之不累改"。（同上）甚至这样来要求屈原之灵悔悟。这样，在屈原那里不能够容许的自己与应该加以否定的现实之间的矛盾，在扬雄这里都由命（命运）加以消解了。这就表明，将自己的不遇在此不可回避的社会状况中如何去调节，从而使之转化为一种处世之术。在自己所处的一切状况都是天所赋予自己的命运的主张中，扬雄其人，首先是将社会诸相作为命的作用而普遍地加以接受了。

更值得注意的是，他的一生对学问充满了极大的热情。在自己挥洒才能就任郎官之初，他就希望舍弃此道而从学：

> 雄为郎之岁，自奏少不得学而心好沉博艳丽之文。愿不受三岁之奉，且休脱直事之繇，得肆心广意，以自克就。有诏可不夺奉，令尚书赐笔墨钱六万。

(《答刘歆书》,《古文苑》卷十)

对学术的真挚的热情使他吐露了自己"少时不得学"的实情,反过来因此他就希望学识兼备而完善自己。从《汉书·扬雄传》中可以看出扬雄此言并非空言。刘歆"谓雄曰:空自苦!今学者有利禄,然尚不能明《易》。又如《玄》何?"其日常之雄辩由此可见。其所著《法言·学行篇》论学之不可少时曰:"人而不学,虽无忧,如禽何?"《问明篇》中说:"或问:人何尚?曰尚智。"表示自己对知识的全面信任。而且,被认为是学问至上主义的扬雄的知识所及,从《太玄》、《法言》、《训纂》和《州箴》等著作中可以得到详细印证。对其动机,班固说:

(扬雄)以为,经莫大于《易》,故作《太玄》;传莫大于《论语》,故作《法言》;史篇莫善于《仓颉》,作《训纂》;箴莫善于《虞箴》,作《州箴》。(《汉书·扬雄传赞》)

尽管人们对其"非圣人而作经"的举动纷纷进行批判,但是并非如此,从"经莫大于《易》,故作《太玄》"等所记述的扬雄的著作态度中,可以认为他具有强烈的"我作《太玄》有胜于圣人作《易》而无不及"的这种强烈的自负之念,他著述的目的在于与先圣斗智,正是从这一点上可以看出扬雄的真心。即在当时个人的主体性被作为统治机构的制度所严格束缚的官僚社会中,将其自由意志保留在体制内的扬雄,与自己逆来顺受的生活相对照,他是力图通过著述活动以自己的知识与先圣搏斗,从而以其卓越的能力彰显于后世。

以此为目的和意愿而写的就是《太玄经》。与《易》六十四卦相比有八十首,与一卦六爻比一首有九赞,与卦辞比有首辞,与爻辞相对的是赞辞,与解说三百八十四爻的爻辞即象辞(小象)相对应的有解说七百二十九赞辞的测辞,相对于象传、象传、文言传、系辞传、说卦传、序卦传、杂卦传的十翼有"攡"、"莹"、"掜"、"图"、"告"(以上许多相当于系辞传)、"文"(相当于文言传)、"数"(相当于说卦传)、"衝"(相当于序卦传)、"错"(相当于杂卦传),其规模远远凌驾在《易》之上,具有集汉代象数易之大成的终极性。其统一的原理不是求之于天而是求之于老子的"玄",提示一种玄的世界观。

此后不久,扬雄著《法言》。《法言》是扬雄晚年的著述,其人生观在这里得到了充分的体现。其中最值得注意的是,对不知其所止的圣人的仰慕之情:"大哉圣人,言之至也。开之廓然见四海,闭之閛然不睹墙之里。"(《法言·问道篇》)"震风陵雨,然后知夏屋之为帡幪,虐政虐世,然后知圣人之为郛郭也。"(同上《吾子篇》)这种认识,《法言》中处处皆是。更令人注目的是在《法言》中提出了无论什么样的人通过学问都可以成为圣人的这种可以成圣说。扬雄首先将学问的效用定为"学者,所以求为君子也"(同上《学行篇》)这种以资人格形成的教育效果上,然后说:

(一)昔颜(回)常睎夫子矣。正考甫常睎尹吉甫矣。公子奚斯常睎正考

甫矣。不欲睎则已矣,如欲睎孰御焉。(《法言·学行篇》)

(二)螟蛉之子,殪而逢蜾蠃,祝之曰:类我类我。久则肖之矣。速哉!七十子之肖仲尼也。(同上)

(三)昔,仲尼潜心文王,达之。(同上)

(四)孔子习周公者也。……孰曰非也。(同上)

如此等等,这些都是要阐明被推崇为圣人的先达都是学习先圣、由"模仿"主体的努力而获得好评的。圣人已经不是止于理想的遥远彼岸,通过学他(具体而言就是指孔子等的著述即经书)、重新体验其主张,那么自身也可以达此圣域从而使之变成此岸的存在,圣人与自己以经学为媒介而连为一体。因此扬雄心目中的圣人是:"圣人文质者也。车服以彰之,藻色以明之,声音以扬之,诗书以光之。"(同上《先知篇》)这是以经学的知识为背景而带有极为浓厚的主智主义的倾向。

扬雄的一系列著述活动以及这种圣人形象的创造,不用说是从消除自己作为官僚社会的组织机构的一员而不得不逆来顺受的这种被压抑无意识中产生的。但是他所从事的学术活动,乃是企图恢复儒学作为国教埋没于政治世界而失去了的、此前的活泼泼的创造性,扩大了学习经书的意义和价值。同时重新向世人提出了人之己生就是主体性地生存的意义。而后者之影响为后汉的王符与仲长统等所接受,朝着由他们所提出的自律的人生观方向去发展了。

五、社会批判的知识分子

王莽新政虽一时取代汉朝,但很快就灭亡了。迁都洛阳之后又重新开始了国计民生之事业。这便是后汉王朝的诞生。但是如果细说其原委,与其说这是军事的抗争不如说以谶纬思想为媒介的宗教战争的色彩更加浓厚。王莽夺汉室之皇位是伪造了"安汉公王莽为皇帝"(《汉书·王莽传》)等符命以示天意,宣扬天意已经离汉在己,而迫使汉朝禅让。通过最大限度地利用天的宗教性权威而谋取天下。因而以恢复汉朝的天下为己任的光武帝,在灭莽之际,也以"卯金(刘)修德为天子"(《后汉书·光武帝纪》)这一所受符命为证,宣扬天命如今再将皇统授予汉室。

这样,此后东汉王朝的政治就利用谶纬思想使王朝的权威神圣化,后汉的思想界也陷入了神秘之渊。儒者以图谶对经进行再解释,从而也就变成了服务于谶纬的宗教性的柔顺仆从。

对儒学的这种发展趋势,不俯首于其权威的迷妄而依然具有清醒的自由精神的儒者并不是没有。确立作为主体的自我、对社会俗弊冷眼相向的知识分子还有不少人。其代表就是汉代最特异的、被时人视为异端的思想家王充。

王充(27—96年),字仲任,会稽上虞人。少时至都城洛阳就学于太学,师事班彪。博学强记,虽通诸学而为秀才,但家贫无力购书,他的知识是站在书店里看书得来的。归乡之后,历任县的掾功曹、都尉府的掾功曹、郡的掾五官功曹等地方官吏。但是由于其博识与书生气与上司不合,每每因谏诤而辞职。辞职后家居,沉于思索与著述,其成果《论衡》八十五篇、二十卷流传至今。

王充的思想以其旺盛的批判精神而独具特色。《论衡》的《对作篇》中说:

> 是故论衡之造也,起众书并失实,虚妄之言胜真美也。故虚妄之语不黜,则华文不见息。华文放流,则实事不见用。故论衡者所以铨轻重之言,立真伪之平,非苟调文饰辞,为奇伟之观也。

他所批判的主要靶子是天的思想。在王充看来,天没有任何人的性格,天地之构成是气的集合体,气之动为阴阳二气,不过是由于二气的作用使得万物生长而出现整个自然界。因此,此前为政者所信奉的灾异说,即君主的政治如果有什么过失的话,会遭到天的谴责,会带来自然现象的变异的这种主张,尽管对社会的影响非常强大,但是实际上没有任何意义。既否定了符命的意义,也将祥瑞归于偶然性的问题。

对当时许多人在关于天的认识中所深信不疑的"随命说",王充也展开了不懈的批判。随命说就是认为人操行的善恶会招来天的吉凶的观念,一般相信通过不断行善就会给自己带来幸福。对此,王充说,人一生下来就已经接受了"性"与"命"。人由于这种"命"(虽说是命运,但是作为天地自然的一部分而被授予的不是受之于天)的作用而决定其寿命与贵贱(禄命)。对此,另一方面还有"触值之命"。"触值之命"是指后天所及于人的各种要素,如所说的卷入兵火、灾害而死亡就是。人的寿命、贵贱之命与触值之命相结合而形成了各种各样的人生,命与其时人的主体方面的努力无关,因此而带来幸福也是无稽之谈。即使有所谓应验,也纯粹是偶然。王充提出的这种人生观,从思想史上看,是提出了一个重大的问题。一言以蔽之,就是提出了儒教所具有的悲剧性问题。

王充以否认一切不合理的想法的合理性思维为基础而排斥了一切神秘的不确切的认识,要求知识的正确性。因此,将天仰为神格、盲从其意志的神秘主义作为不配拥有知识之名的东西而被否定了。然而,王充所否定和舍弃的天的神秘性和随命说中寄予了当时人们应该如何生活及人生的目标。人根据道德性而生活就可以获得幸福的这种思维,伴随着只有道德性的生活才是获得天的救度的惟一途径的这种信仰。此时,天的神秘性及其存在的暧昧性,是倾注了人们的向往之情而描述出来的希望之乡,对于为生活所苦的当时的人们而言,这具有支持他们生活下去的精神作用。的确,王充的知识论因为其合理性将此前带进儒教的作为夹杂物的天的宗教性和不确切的知识加以排除,使作为道德的儒教的真面目得以重新认识,但是他所进行的批判活动,也同时将儒教本身不仅不能够给人以救济而且也不可能带来任何幸福的这样一种现实展示了出来。①

王充死后七八十年,在王符的时代,其批判的对象在整个社会上更加泛滥,这与王充曾经好意地在汉朝统治体制中准备"大汉思想"大异其趣:

> 今举世舍农桑,趋商贾,牛马车舆,填塞道路,游手为功,充盈都邑。治本者少,浮食者众。商邑翼翼,四方是极。今察洛阳,浮末者什(倍)于农夫,虚伪游手者什(倍)于浮末。是则一夫耕百人食之,一妇桑百人衣之。以一奉百,孰能供之。(《潜夫论·浮奢篇》)

这的确指出了重商主义所造成的经济上的破绽已经作为社会问题出现。他进一步批判道:

> 当今列侯,率皆袭先人之爵,因祖考之位,其身无功于汉,无德于民,专国南面,卧食重禄,下殚百姓,富有国家。此素餐之甚者也。(同上《三式篇》)

> 今世主之于士也,目见贤则不敢用,耳闻贤则恨不及,虽自有知也犹不能取。(同上《贤难篇》)

批判直至诸侯以至皇帝。时代已经动摇了汉室的权威,代之而起的是地方豪族的抬头及其孕育的汉朝分裂的危机。因此,王符的批判就不能够像王充那样仅仅停留在形而上学的议论上,而是包含有弥缝社会矛盾与裂痕的深刻建议。

仲长统的情形也是如此。面对社会财富集中到部分地方豪族手里所引起的社会不安的状况,忧心忡忡的仲长统重新提起了孟子的井田法以为对策,力图从经济的根本上来改造社会以恢复社会的安定和秩序:

> 豪人货殖,馆舍布于州郡,田亩连于方国。……财赂自营,犯法不坐。刺客死士,为之投命。至使弱力少智之子,被穿帷败,寄死不敛,冤枉穷困,不敢自理。虽亦由网禁疏阔,盖分田无限使之然也。今欲张太平之纲纪,立至化之基趾,齐民财之丰寡,正风俗奢俭,非井田实莫由也。(《昌言·损益篇》,《后汉书·仲长统传》)

但是,王符、仲长统的建议之被接受,是由于社会已经太过混乱了。时代已经到了尽头,自然使人想起战国之世的重现,这些知识分子为了守住其知识的主体性和自由性不得不从社会脱逸即隐逸起来,而这正好成为魏晋时代尊重个人的思想或清谈、玄学风潮产生的土壤。

---

① 以上关于王充人生观的历史意义的论述,可参照森三树三郎的《王充的命运论所具有的历史意义》(《大阪大学文学部纪念论集》)。而且此文写作之际,第二节参考了我的《先秦、秦汉时期的阴阳五行思想与自然认识(下)》(《鸣门教育大学研究纪要(人文社会科学编)》第六号)、第三节参考了《秦、西汉时期的养生思想与天人相关说:人型的宇宙》(《东方宗教》第六十八号)、第四节参照了《西汉末期知识分子的意识构造:以扬雄为例》(《东洋学术研究》第七十二卷别册号)。详细情况请阅读这些论文。

中世的士大夫：三国、西晋政治史与军师和清谈家

□葭森健介　末崎澄香　著　王中江　译

前　言

把中国的中世设定在什么时代，即使在日本的中国史研究者中也没有定论。从重视经济史的立场来看，在宋代以降的地主佃户关系中找到作为中世指标的主张是有说服力的。与此不同，从重视文化史的立场来看，可以理解把从后汉到隋唐时期作为中世的主张。① 最初提出依据文化史来区分时代的内藤湖南，把这一时代定义为贵族政治的时代。湖南阐述说，由于这一时代的贵族是从"其门第是作为地方的名望家族永续"中产生的，所以它"起因于原来几代都出自官吏这一事实"。于是，湖南就把中世规定为这样一个时代，即官僚辈出的文人官僚之家成了地方的名望，形成了连皇帝也逊色的自主性很高的阶层，并垄断了政治上、社会上的特权，重视家系的名门主义、依据门第和人格的官吏录用及形式上的贵族性文化广泛流行，等等。② 在日本，当强烈地意识到文化程度和血统的高贵性时，一般使用"贵族"这一词语。但是，形成这一世袭性特权阶级的文人官僚及其预备群，在史料中被称为"士"和"士大夫"。在中国的研究者中间，一般不称之为"贵族"，而称之为"士族"和"世族"。不管哪种称呼，不能无视的是，在谈论从三国到隋唐这一时代的特质的时候，称之为"士"、"士大夫"

---

① 有关中国史时代划分的论争，请参阅谷川道雄编的《战后日本的中国史论争》（河合文化教育研究所，1993）和葭森的《围绕中国史中"社会"与"人"的认识》（《中国：社会与文化》七，1992）等。

② 内藤湖南：《中国近世史》（弘文堂，1947；收入《内藤湖南全集》十）。其理论架构在《概论的唐宋时代观》（原载《历史与地理》9－5，1922；收入《内藤湖南全集》八）中被提出。

的文人官僚及其预备群,作为世袭性的特权阶级,扮演了历史上的重要角色。①

为了方便,本文也遵循从文化史的观点把从三国到隋唐这一时代称之为中世的这种划分。另外,这里所使用的"士大夫"一词,相当于史料上的"士"、"士大夫"这种阶层(身份)和人物。那么,为什么他们在这一时代拥有了这种高贵性并获得了社会的特权呢?本文想就中国中世士大夫阶层走向贵族化的过程作一轮廓性的描述。②

一、作为社会名望的"士"的登场

所谓"士",就是基于"四民"亦即"士、农、工、商"这种职业而作出的一个区分。在中国中世,"士"相对于其他的"农、工、商",形成了一种更高的政治性、社会性身份。当时,"农、工、商"统称为"庶"。在"士"与"庶"之间,就如同"士庶之际,实自天隔"(《宋书》卷四二《王弘传》)所显示的那样有严格的区别。③ 有关"士"与"庶"的关系,在《宋书》卷九四《恩幸传序》中,著者沈约叙述说:"周、汉之道,以智役愚,台隶参差,用成等级。魏晋以来,以贵役贱,士庶之科,较然有辩。""士"与"庶"的关系,不是职业上的区分,而是依据"贵"与"贱"也就是高贵之处与卑贱之处这种社会地位而衡量的身份性的上下关系。一般认为,在当时的史书中,指称某一地域全体居民的用语是"士庶",社会是由"贵"的"士"与"贱"的"庶"构成的。但是,根据汉代的史料,相当于"士庶"的用语是吏民,注重吏与民的区别。

秦统一全国,以皇帝为顶点的中央集权专制统治体制的建立,也给处于君主与民众之间的中间阶层带来了变化。在维持秦汉帝国这种广大的中央集权性国家时,不言而喻,官僚的角色增加了它的重要性。因此,一般认为,取代原来的血缘性身份阶层的"卿、大夫、士",作为官僚的"吏"就以君主与民众之间的中间阶层登场了。"吏民"的说法,也是以这种社会的变化为背景。只是,在儒学成为支持国家统治体制理念的过程中,董仲舒等儒臣主张录用"贤士"、"君子"为"吏"。其结果,乡举里选这种官吏录用制度就产生了,在贤良、方正、孝廉、秀才等名义之下,具有儒家教养的知识分子进入到了国家官僚机构中。他们这些儒家官僚在把所说的

---

① 参阅葭森的《中国贵族制研究笔记》(《名古屋大学东洋史研究报告》七,1981)等。

② 本文以葭森的旧稿和末崎的毕业论文《三国政治史与诸葛氏》为基础,概观了魏晋时期的政治史与士大夫的趋向。关于个别史实,本文没有逐一从史料上进行详细考证。除了第二部分,有关各部分的细节,请与注中所引葭森的论文一并参考。还有,有关第二部分及第四部分以下从西晋的三国统一到东晋的趋势问题,有必要另文详细讨论。此外,作为讨论从三国时代到南北朝的社会政治的概论著作,特推荐川胜义雄的《中国历史》3(讲谈社,1974)。

③ 作为从身份上考察"士"的存在方式的代表性研究,有中村圭尔的《六朝贵族制研究》(风间书房,1987)。

"贤"这种个人的才能、人格看成是"士"的根据上,继承了战国诸子"士"的理念。①沈约所说的"周、秦之道,以智役愚"可以理解为是这样一种认识,即在汉代,作为"智"的拥有者的贤士担任官吏,通过治理"愚的民",社会得以建立。一方面,"吏"因同以皇帝为顶点的官僚机构相连,所以就有了居于"民"之上的可能。另一方面,"士"因赢得了"贵"于"庶"的尊敬,其地位也得到了保证。一般认为,从"吏"到"士",在汉代和魏晋以降之间,在成为社会结节点的中间阶层与支持他的社会结构上都有了变化。那么,这种变化是什么样的一种变化呢?这种变化又是如何产生的呢?

　　后汉中期以降,幼小的皇帝相继即位,皇帝在自己不能亲政的情况下,皇亲国戚("外戚")就垄断了政治。长大成人的皇帝,为了排除干政的外戚,借用了宦官的力量。所谓宦官,就是犯了罪,被处以"宫刑"(阉割男性生殖器)的人。由于他们失去了生殖能力,就使之充当禁止男子进入的后宫的杂役。在后宫,他们在幼小皇帝身边的服务中,得到了皇帝的信任,因排除外戚的功绩,他们作为皇帝的心腹而获得了权势。一方面,后汉中期以降,即使在地方,兼并土地、压迫周围农民的豪族也日益兴起。豪族为了逃避行为不正的官吏的管理,使用贿赂等手段,与中央的外戚和宦官势力建立了关系。另一方面,中央的宦官们也为了中饱私囊而加强了与豪族的结合。对于中央与地方这种互相勾结和中饱私囊的宦官及豪族等势力("浊流派")的不正当行为,儒家官僚严加追究。这种儒家官僚被称为"清流派",支持他们的以学生为中心的知识分子舆论"清议"盛兴起来。但是,"浊流派"向皇帝控诉说"清流派"儒家官僚结党(团伙),策划对皇帝的阴谋。他们以皇帝的权威为后盾,把"清流"从官界中驱逐出去使之永世不得为官。在这一所说的"党锢事件"之后,汉代中央政府丧失了信赖,由道教教团领导的农民叛乱爆发,汉帝国陷入了大混乱之中,走向了灭亡之路。在始于"党锢事件"的混乱中,产生了许多抛弃汉王朝、回到故里与农民一起生活并从事教化的在野知识分子们,即所谓"处士"和"高士"等。这样,后汉末期,不是作为国家官僚的"吏",而是在民间得到名望的这种类型的"士",作为社会的中间阶层登场了。即使在权力一侧,从后汉末的混乱中也产生了新的势力,如曹操、孙权和刘备等这些《三国志》所记载的英雄们。由他们所展开的全中国的霸权争夺,也使在民间培养起名望的士有了再次登上政治舞台的机会。中国中世的"士",不像"吏"那样与官僚有联系,他们是以人格、才能得到社会声望、出仕之际作为文人官僚的地位又受到了约束的阶层。本文把这一阶层称之为"士大夫"并加以讨论。

　　展开争斗的英雄们,费尽心思把在野的士大夫作为政治智囊延聘为自己的幕

---

①　作为从"贤"的观念讨论汉代吏的存在方式的研究,有江村治树的《从"贤"的观念来看西汉官僚的一个性格》(《东洋史研究》34-2,1975)。

僚。刘备尽三顾茅庐之礼邀请诸葛亮（孔明）这一故事就是一例。奠定了六朝贵族制建立时期政治史研究基础的川胜义雄先生指出，在因清议运动而形成的士大夫团体中，成为中心的颍川集团和北海集团的许多人，参加了曹操政权，其他的一部分则参加了吴、蜀政权，即使在三国纷争期中，全国性的士大夫联络网也被保存了下来。① 确实，曹操初期的智囊荀彧就是清流派士大夫敬仰为师的荀淑的孙子。（《三国志》卷十《荀彧传》）同样，荀攸是领导者"八俊"之一的荀翌之弟的孙子。（同上书《荀攸传》）另外，最高领导者作为"三君"之一的窦武之孙窦辅，被曹操召为幕僚。（《后汉书》卷六十九《窦武列传》）其他，以登龙门故事闻名的李膺（"八俊"之一）之子李赞，看上了曹操的才能，就立下遗言要孩子们跟随曹操。（《后汉书》卷六十七《党锢列传》）相对于此，蜀任用了诸葛亮（孔明）、庞统、许靖，吴也任用了诸葛瑾、张昭和鲁肃等士大夫。只是，不管是从吸收清议运动主流派质的方面看，还是从量的方面看，蜀和吴都远不及魏。像后述的那样，能最有效地利用这些士大夫能力的则是属于曹操、曹丕父子的魏国。与此形成对照的是刘备，他把士大夫势力拉到自己一方则是延聘诸葛亮为智囊以后的事。而且，他以此为契机，把荆州（扬子江中游）的士大夫势力纳入到自己的范围，并开始得以建立安定的政权。也就是说，魏在三国中具有最强大的势力，蜀政权建立最迟的原因，就在于对待士大夫的差别上。在后代小说《三国志演义》的影响下，这一时代一味地被理解为常常是武人和军师的权谋、数术、巧妙的战略发挥作用的时代。但毫不夸张地说，实际上，当时文人（士大夫）的动向则是时代的趋势。②

二、三国英雄与士大夫：诸葛一族的兴亡

说到诸葛亮（孔明），一般都按小说《三国志演义》等书那样把他作为有名的军师加以描述。在著名的赤壁之战和五丈原之战等战役中，他运用巧妙的计略，愚弄曹操和司马仲达等，这都吸引了许多读者。但是，小说中的孔明形象与史书中所记载的孔明形象有很大的不同。例如，按照小说，在赤壁之战的时候，诸葛亮参加了战斗，围绕种种策略进行了描写。但在史书中则没有这样的记载。③ 另外，按照《诸葛亮传》的评论，一方面，陈寿以所谓"可谓识治之良才，管、萧之亚匹矣。然连年动众，未能成功，盖应变将略，非其所长欤"（《三国志》卷三十五《诸葛亮传》）在行政方面给予很高的评价，另一方面，认为作为军人的诸葛亮并不那么杰出。诸葛亮与其说是军人，毋宁更应看做是文人士大夫。诸葛氏的家系可以上溯到前汉。

---

① 川胜义雄：《六朝贵族制社会研究》（岩波书店，1982）。
② 关于这一点，葭森在《"清"的时代》（《历史与地理》四一一，1989）中已经指出了。
③ 有关诸葛亮赤壁之战时的行动，《三国志》卷三十五《诸葛亮传》中记载："权大悦，即遣周瑜、程普、鲁肃等水军三万，随亮诣先王，并力拒曹公。"

被认为是诸葛氏先祖的诸葛丰,是从事京师周围监察的司隶校尉。(《汉书》卷七十七《诸葛丰传》)另外,诸葛亮、诸葛瑾兄弟的父亲诸葛珪担任过泰山郡丞(太守的次官),叔父诸葛玄也担任过豫章太守。(《三国志》卷三十五《诸葛亮传》)这样说来,诸葛氏是代代出地方官的门第。然而,到了三国时代,诸葛氏中的诸葛瑾担任吴的大将军,诸葛瑾之子诸葛恪和诸葛融也各升高位,诸葛恪掌握了行政和军事两方面的最高权力。诸葛亮也像众所周知的那样,作为丞相支撑刘备亡后的蜀国,而族弟诸葛诞也在魏国作为臣下升至最高的司空之位。(《三国志》卷五十二《诸葛瑾传》注引《吴书》)这样,诸葛氏一族就分属到三国并各自荣达。人们一般注目的只是诸葛亮一人,其他人则完全被埋没在他的背后。但实际上他们一族作为文人士大夫,左右了三国各国的政治。这些其他的例子几乎不被注意。那么,他们是怎样登上历史舞台的呢?

由于诸葛瑾、诸葛亮这两位兄弟的父亲早逝,所以他们很小就离开乡里,诸葛瑾移居江东,诸葛亮移居荆州。(《三国志》卷三十五《诸葛亮传》、卷五十二《诸葛瑾传》)当时,躲避战乱、离开乡里的士大夫同样多移居江东和荆州。诸葛瑾、诸葛亮兄弟和其他的士大夫们,通过学问亲交当地名士,并以此提高了自己的名声。一方面,刘备闻及其名声以"三顾"之礼延聘到了诸葛亮,并由此站在了三国政治史的中心舞台上。(《三国志》卷三十五《诸葛亮传》)另一方面,诸葛瑾也因江东士大夫团中弘咨的推荐而供职于孙权。(《三国志》卷五十二《诸葛瑾传》)这样,诸葛氏就在地方士大夫社交界中确立了自己的地位,并分别与不同的政权相结合而发挥自己的能力。[①]

供职于刘备的诸葛亮的作用,人们首先注意的是他在赤壁之战之际的外交方面的表现。建安十三年(208年),对于曹操进攻荆州,诸葛亮向刘备提议与孙权结盟,(《三国志》卷三十五《诸葛亮传》)而孙权一方也有寻求结盟的愿望。作为使者鲁肃访问了刘备。当时,鲁肃向诸葛亮说"我,子瑜(诸葛瑾)友也"。(《三国志》卷五十四《鲁肃传》)在鲁肃与诸葛亮初遇的背景中,就有诸葛亮之兄诸葛瑾与鲁肃的交友关系,其结果刘备就得以与孙权结为同盟。访问柴桑的诸葛亮与鲁肃、周瑜一起成功地说服了孙权,在此建立起了刘备、孙权同盟。(《三国志》卷三十五《诸葛亮传》)因赤壁之战前诸葛亮等士大夫等的活动而建立起来刘备、孙权同盟,其结果可以说阻止了曹操的南下,筑起了三国鼎立的基础。

在赤壁之战中获胜并在荆州建立了立脚点的刘备,着手益州的攻略。建安十

[①] 有关孙吴政权中士大夫的社交界问题,请参阅大川富士夫的《孙吴政权与士大夫》(《立正大学文学部论丛》三三,1969;又收入《六朝江南的豪族社会》,雄山阁出版,1987);有关成为蜀汉政权基础的荆州士大夫的社交界问题,请参阅渡边义浩的《蜀汉政权的建立与荆州人士》(《东洋史论》六,1988)。

九年（214年），遂降伏了益州牧刘璋，把益州掌握在自己手中。（《三国志》卷三十五《诸葛亮传》）刘备一平定益州，孙权就命诸葛瑾，前去要求刘备返还以得到益州之前为条件所借与的荆州诸郡。但是，由于刘备拒绝这样做，两者的关系就急剧恶化起来。正在此时，因曹操进攻汉中，益州变得危险，双方又急遽讲和。（《三国志》卷四十七《吴主传》）在讲和中，诸葛瑾被孙权一方派遣为使者，在成都会见了诸葛亮。其结果，荆州被分割为二，避免了当前的危机。（《三国志》卷五十二《诸葛瑾传》）于是，看起来两者的关系又恢复了正常。但是，建安二十二年（217年），孙权的外交方针突变。孙权向曹操派使者表示降服，单方面取消与刘备的同盟关系，讨伐守护荆州的关羽，夺取了荆州。（《三国志》卷四十七《吴主传》）愤恨这一行为的刘备，在蜀章武元年（221年），亲自前往讨伐吴国。（《三国志》卷三十二《先主传》）此时，孙权求和，秉承其意的诸葛瑾致书刘备加以说服，但没有被接受。（《三国志》卷五十二《诸葛瑾传》）这一战役蜀败退，后以吴提出讲和而告终。（《三国志》卷三十二《先主传》）其后不久刘备死，邓芝被诸葛亮派遣为使者，再次建立了吴与蜀的同盟关系。（《三国志》卷四十五《邓芝传》）这一同盟以后持续到蜀的灭亡，起到了牵制魏南下的作用。

在这中间，正如从上述建安十九年（214年）到建安二十年（215年）围绕荆州的外交交涉和对刘备东征的讲和以及刘备死后再次建立起吴、蜀同盟（223年）等这些例子所显示的那样，诸葛瑾、诸葛亮兄弟，他们作为两国外交的窗口，担任交涉事务，致力于关系的维持。当时，鲁肃把与诸葛瑾的交友关系作为背景尝试与诸葛亮的最初接触，而与诸葛瑾、诸葛亮双方也具有交友关系的陆逊好像也成了吴的外交窗口。在此，他们各自建立起来的士大夫之间的关系也有效地发挥了作用。吴蜀的同盟，就是在这种人际关系中维持的。一般认为，吴与蜀的结合，两国共同抵抗魏，恰恰是维持三国鼎立状态的主要原因。也就是说，诸葛瑾、诸葛亮初期所起到的作用与其说是军事上的，不如说是有关吴蜀同盟关系的外交方面则更为重要。刘备的死为诸葛瑾、诸葛亮的这种活动带来了变化。

刘备死后被封为武乡侯的诸葛亮，设丞相府，独自处理政务，并兼任益州长官（益州牧）。强化了同吴的同盟关系的诸葛亮，在建兴三年（225年），平定了反抗蜀的南中诸郡，确保了军事物资，充实了国力。在蜀国，随着诸葛亮掌握了一切行政权，他还直接指挥军队，在文武两方面施展自己的才能。为了实现刘备未竟之业进入华北，诸葛亮向刘禅呈上《出师表》后，把内政委托给内臣，亲自率兵多次与魏军对峙。建兴十二年（234年），他在与司马懿对战中的五丈原阵没。（《三国志》卷三十五《诸葛亮传》）一般对诸葛亮所抱的军师印象，可以说是后世从街亭之战和五丈原之战等与魏的数次战争逸话中塑造出来的。

诸葛亮之子诸葛瞻也承蒙其父的声名，担任文武要职。诸葛瞻在文武两方面的功绩虽然不及其父，但干宝评价他是："能外不负国，内不改父之志，忠孝存焉。"

(《三国志》卷三十五《诸葛亮传》注引干宝言）刘备之子刘禅即位后不久，魏就送来了一封劝其降服的信，但诸葛亮不加理睬，反而以此谋求蜀国人心的团结。景耀六年（263年）冬，在魏征西将军邓艾进攻蜀国的时候，瞻也拒绝降服的引诱，率蜀军在绵竹与其子诸葛尚一起战死。（《三国志》卷三十五《诸葛亮传》）诸葛亮、诸葛瞻父子都在蜀国的政权中枢中占有要职，也掌握着军队的指挥权，率诸军奔赴前线。但是，他们没有以军功行使独裁的权力，而是忠实于主君。

在吴国，诸葛瑾在讨伐关羽之际率军参加，其后被封为宣城侯，作为绥南将军，代替吕蒙担任南郡太守，事关荆州的军事活动。孙权一即帝位，诸葛瑾就被任命为大将军、左都护，还担任豫州牧，掌握了长江中游的行政、军事两方面的实权。（《三国志》卷五十二《诸葛瑾传》）只是，诸葛瑾作为军人的地位虽然高些，但他不像他弟弟诸葛亮那样，率大军在战场立战功，在军事方面也处于一国的主导性位置上。

诸葛瑾的长子诸葛恪也与诸葛瑾、诸葛亮一样，年少时就被誉为善于辩论，才气焕发，成为太子的宾友。但是，诸葛恪后为了捕捉山越（居住山中、不服从吴的统治的长江下游的土著民），为兵士，赴丹阳，因得到了四万兵士的军功被任命为威北将军，并被封为都乡侯。以此为契机，诸葛恪在军事方面也开始担任重要的角色。吴赤乌九年（246年），诸葛恪晋升为大将军，代替前一年卒逝的丞相陆逊，掌握荆州行政、军事两方面的大权。孙权一死，诸葛恪就接受孙权的遗命，成为九岁即位的孙亮的监护人。这样，诸葛恪就作为大将军、太傅，掌握着权力，代替帝室的孙氏，运转吴国的国政。诸葛恪为进一步提高自己的声名，对魏采取积极的军事行动。吴建兴元年（252年），在东兴，大胜魏军。以战功为背景，他进一步强化了自己的权势。但是，翌年，在合肥新城的包围中失败，由于苦虑恢复正在下降的威信，他实行独裁而丧失了人望，他被对他抱有不满的宗室强力人物孙峻暗杀。（《三国志》卷六十四《诸葛恪传》）

另一方面，在诸葛亮大规模进行北伐之际，在魏国，诸葛诞与夏侯玄、邓飏一起在洛阳获得了声望。只是，明帝不假思索，就把他作为"浮华"之徒免官了。但明帝死后，他就与夏侯玄等一起在中央复职，作为曹爽的亲信被任命为尚书，在政权中枢中东山再起。后诸葛诞转到地方，作为对吴战线的最前方扬州的长官，率大军与吴对峙。自此以来，诸葛诞一直掌握着淮水中游的军事权。但是，在地方依然握有强大权力的曹爽政权中的强有力者诸葛诞，对于颠覆曹爽政权、站在了权力顶点的司马氏来说，则是一个警惕的对象。为此，诸葛诞逐渐被逼到绝境，最后不得不发动叛乱。结果，魏甘露三年（258年），居城被司马昭所率大军包围，穷于进退的诸葛诞出击敌阵,壮烈牺牲。①(《三国志》卷二十八《诸葛诞传》)这样,在外交方面发挥作用的诸葛氏,某一时期在军事上也发挥威力,或者被暗杀,或者在战场上死于非命。诸葛氏走向这样的命运,原因难道不在于本来作为文人士大夫的他们却进入到了军事方面吗?那么,诸葛氏进入到军事方面的契机是什么呢?

在把活动中心放在外交上的诸葛瑾、诸葛亮时代,在魏是曹操、曹丕父子,在吴是孙权,在蜀是刘备,他们分别亲自主持政权的运转,也掌握着军事权,在与他国进行战争的时候,他们亲自指挥奔赴前线的军队。然而,这些君主逝世后,在三国中年轻皇帝一即位,士大夫政权内部的角色就发生了变化。魏明帝曹叡、蜀后主刘禅、吴废主孙亮等这些年少的皇帝们,几乎没有人像曹操、孙权和刘备那样,亲自带兵作战。因此,在派遣大军的时候,他们就把军事指挥权委托给臣下。这样,就是处于政权中枢的士大夫们,其中也出现了像诸葛亮、司马懿那样指挥全军、到前线主持军事事务的人。诸葛氏在政权中角色的变化,不是与君主统治方式的变化有关吗?

也就是说,这种变化对于诸葛氏来说带来了悲剧。诸葛恪虽然因军事的成功而掌握了大权,但对于宗室的孙峻来说,他就构成了威胁孙氏一族的危险。诸葛恪被暗杀,他这一族也就灭亡了。诸葛诞也以淮水中游为根据地,在行政和军事两方面都构筑了自己的势力,但他不能与在中央构筑了权力的司马师、司马昭兄弟并存,于是他就被他们消灭了。诸葛恪、诸葛诞都因权力的强大不能与皇帝一族或伺机发动王朝革命的司马氏并存而被排除了。同样,处在行政、军事两方面中枢的诸葛瞻不能抵抗魏军死于战场,与蜀共命运。

尽管诸葛氏掌握过行政和军事大权,但分布在整个三国的这一家族没有幸存下来。相同的危险性也存在于与诸葛氏一样既是文人士大夫出身又掌握军事权、左右着魏国国政的司马氏。然而,司马氏家族的情况是,司马懿虽然试图坐等曹爽的弊政,但他迫不及待发动了政变,推翻了曹爽,登上了权力的顶点,从而摆脱了危险。对于位于行政、军事两方面顶点,一手掌握国政的士大夫来说,为了生存下来,也许只有成为皇帝这条道路。走上这条道路的就是司马氏,而步上他途结局也就是走上灭亡之路的,不就是诸葛氏吗?那么,司马氏是如何能够得到皇帝之位的呢?

三、走向贵族政权之路——司马氏与吏部官僚

正如"死诸葛吓走生仲达"这一说法所显示的那样,在《三国志演义》中司马懿

---

① 有关围绕诸葛诞的魏的政界趋向,葭森在《魏晋革命前夜的政界》(《史学杂志》95-1,1986)中作了详细论述。另外,伊藤敏雄在《正始政变》(收入《中国史中乱的构图》,雄山阁出版,1986)中也考察了其中的人际关系。

恰恰处于诸葛亮的陪衬的地位。但是,如同上述,实际上的史实是,不同于一族几乎死于非命的诸葛氏,司马懿推翻了曹氏政权,开辟了王朝革命之路。司马懿之孙司马炎辈,统一了三国,最终使司马氏成了三国争乱中的胜利者。那么,司马氏是怎样迈向胜利之路的呢? 只是,这种政权交替、王朝革命并非只是司马氏所能为,他需要支持他们的势力。那么,司马氏是被什么势力支持的呢?①

说起来,司马氏是洛阳东北温县的名门。司马懿的兄长司马朗躲避后汉末的混乱,离开京师,在乡里,一边帮助饥馑中一族中的贫困者,一边教育子弟,勤勉治家,蓄积财力。(《三国志》卷十五《司马朗传》)当曹操把华北纳入到自己手中之时,司马懿为曹操所召,作为文学掾,开始走上了官僚之路。他的将来受到了掌管人事的尚书崔琰的嘱望,他在曹丕的手下任太子中庶子职位,作为智囊而发挥作用,与陈群一起被称为"四友"。这样,司马懿作为文人官僚参加了曹氏政权,他一边与其他士大夫结下了亲密关系,一边又提高了自己的地位。(《晋书》卷一《宣帝纪》)那么,当时为踏入官界的司马懿捧场的是什么样的一些人呢? 我们首先想就发现他的崔琰、与他一起共事的陈群,还有重用他的曹丕等在当时的政界中发挥了什么作用问题看一下。

建安十三年(208年),曹操担任丞相,开辟幕府,像上述的那样,他有组织地开始提拔士大夫。当时,成为中心的是丞相府东曹。在丞相府东曹担任人事工作的是崔琰和毛玠。在汉末混乱之际,他们流浪到地方,与许多名士交往,作为官僚也以严谨被誉为清正廉洁。得到曹操信任的毛玠、崔琰,一直奔走于人事工作,实行基于乡里人物评价("清议")的人材录用政策,提拔在政治伦理上廉洁的官僚(清正之士)。(《三国志》卷十二《毛玠崔琰传》及同传注)积极地推行录用人格上优秀及受到好评的士大夫并抑制不正官僚这种人事工作政策的毛玠、崔琰,也卷入到了曹丕与曹植的后继者之争中,被逼到了穷地。随着曹操掌握权力,在支持曹植的丁仪等与支持曹丕的毛玠、崔琰等之间形成了尖锐的对立。说起来,丁仪等一派是因与曹氏一族的地缘和姻缘关系而联结起来的,在官界的影响力也以这种私的关系为背景。有人推测说,他们如此激烈地与毛玠、崔琰发生冲突,是由于重视"清议"、提拔"清正之士"的人事政策与他们的利益不一致。实际上,对于毛玠、崔琰推行的人事政策,希望"各引其类"、"时忘道德"(《三国志》卷十二《何夔传》)、"请谒"的势力加强了反抗。(《三国志》卷十二《毛玠传》)结果,因丁仪的策划,崔琰自杀,毛玠也被逼免官。但是,支持曹丕的势力卷土重来,曹丕一即太子位,就整饬了丁仪等。(《三国志》卷十九《曹植传》及同注引《魏略》)经过这一过程,曹操死

---

① 有关本部分,葭森在《魏晋贵族制形成期的吏部官僚》(《中国中世史研究·续编》,京都大学出版会,1995年刊行预定所收)和《魏晋革命前夜的政界》(《史学杂志》95 – 1,1986)中有详细论述,请参见。

后，在曹丕手下作为魏国尚书制定"九品官人之法"的就是陈群。陈群是党锢事件之际与李膺一起直指浊流势力的陈寔之孙，被清议派士大夫所"推慕"的陈纪之子，是在清议、乡论的漩涡中成长起来的人物。(《三国志》卷二十二《陈群传》) 他创始的"九品官人之法"，在沿袭乡论之点上，是毛玠、崔琰重视"清议"人事政策的延续。它的建立也与陈群自身站在以乡论为背景的士大夫中心的立场密切相关。进一步可以认为，这一制度是在肃清了对毛玠、崔琰支持、由陈群侍奉的曹丕所实行的重视"清议"、尊重"清正之士"的人事政策加以反对这一势力基础上被实施的。肯定司马懿的崔琰、一起被称之为"四友"的陈群、作为智囊所侍奉的曹丕等，都是与建立"九品官人之法"密切相关的人物，他们彼此也具有密切的关系。可以说，司马懿在通过这种重视"清议"的人事政策而结成的关系中构筑起了自己在政界中的地位。①(《晋书》卷一《宣帝纪》)

九品官人之法的创始者陈群，在曹丕开辟魏王朝之后，一直保持着尚书仆射、尚书令、录尚书事和管辖官僚人事的吏部曹所属的尚书次官、长官的地位。(《三国志》卷二十二《陈群传》) 另外，陈群在继任他的吏部尚书上，由他亲自推荐就任官途，他还安排曾经是自己部下的陈矫、卫臻。陈矫遍历江东，拒绝袁术和孙策的聘请后，因陈群的推举而具有了侍奉曹操的机会。(《三国志》卷二十二《陈矫传》) 卫臻的父亲是因人物评论而受到郭泰评价的一位名士。(《三国志》卷二十二《卫臻传》注引《先贤行状》) 陈群以后的吏部首位也被与清议、乡论关系很深的士大夫们所占据。一般认为，把依据乡论的中正推荐和吏部铨衡结合起来的"九品中正制度"，与这种乡论具有密切的关系，它是通过在主管人事方面的尚书省中构筑起自己地位的士大夫吏部官僚们的手逐渐确定下来的。

司马懿也在曹丕即位的同时开始担任尚书职务，虽然一时他被调任为督军御史中丞，但陈群一担任尚书令，他就作为尚书仆射在陈群的手下担任次官。之后，他陪伴曹丕外出到与吴相连的国境一带视察，作为抚军将军率兵五千屯驻许昌，守护曹丕的家。后来，司马懿在军事方面的重要性增加了。这样，在曹丕死后，曹叡一即位，推断魏处于不安定状况的孙权，指示诸葛瑾、张霸攻击襄阳。这时，司马懿率军击退了诸葛瑾等。以此为契机，司马懿作为总指挥率领大军，与敌对魏的吴、蜀展开战斗，平定了辽东的公孙渊等。这样，在由曹丕所委托的监护曹叡的曹真、

---

① 关于以陈群为中心的政治体制、他的"人才主义"与曹睿的亲族重用策的关系、所谓司马懿抬头的文帝、明帝的政治趋向，佐藤达郎有所研究。(《曹魏文帝、明帝期的政界与名族层的动向》，《东洋史研究》52-1,1993) 曹丕即位以后，以陈群或者司马懿为中心的名族层的抬头，加深了与对此有所警惕的明帝之间的鸿沟，明帝加强了与曹氏有联系的人即万绳楠所说的"谯沛集团"的结合。(《魏晋南北朝史论稿》第五章，安徽教育出版社，1983) 佐藤先生的这种看法大致可信。本文重点其实是讨论吏部官僚与司马氏的关系。

陈群、司马懿等人中,与陈群作为尚书的首长负责行政不同,司马懿历任抚军将军、同大将军、骠骑大将军及军事系统的重要职位,参与外征,与曹真一起负责军事事务,支撑曹魏政权。(《晋书》卷一《宣帝纪》)

但是,由魏朝宗室的关系者(夏侯玄、何晏)、汉代名臣的子孙(诸葛诞、邓飏)、与曹操一起战斗过的元勋子弟(李胜、李丰)等所构成的才能在中央受到称赞、博得了名声并被后世称之为"正始名士"这一集团,则阻碍致力于建立九品中正制度的陈群等士大夫们。(《三国志》卷二十八《诸葛诞传》及同注引《世语》)明帝曹叡把这些互相称誉并形成了集团、直至拉卫臻之子卫烈入伙的他们视之为"浮华"。为了抑制他们,曹叡就把"清流派"的名士卢植之子、以严格和耿直态度而知名的卢毓提拔为吏部尚书。(《三国志》卷二十二《卢毓传》)但是,曹叡一死,在作为幼帝曹芳监护人的曹氏一族重要人物曹爽手下,"正始名士"们恢复了权力。他们畏惧与曹爽一起作为监护人的司马懿的战功及其声名,捧上闲职给他,而自己则掌握政治实权。此外,曹操的女婿何晏夺取了卢毓的职位,担任吏部尚书,左右官僚人事。(《三国志》卷九《曹爽传》、《何晏传》及同传注)何晏是《论语集解》的作者,作为结合儒家和道家思想的玄学创始人,他是在中国思想史上名垂后世的士大夫。正始名士在以通过名望建立政权为目标这一点上,继承了以往崔琰、陈群等的人事政策。只是,何晏等人所要树立的则是由中央主导的名望家族政权,即以魏朝宗室亲属、汉代名臣的子孙、与曹操一起作过战的元勋子弟等所构成的才能在中央受到称赞并博得了名声的这些人为骨干,把活跃于地方的清流派子弟、地方名家子弟、当代一流的文学家和思想家配置到周围。在这种政权的建立上,以地方乡论为后盾并介入到中央人事的中正,就一定是一个障碍。与曹氏一族连接在一起的名士夏侯玄,就中正有可能介入到中央人事的中正制度现状,陈说弊害,划分中正和吏部的权限,主张在人事方面确立吏部的主导权。(《三国志》卷九《夏侯玄传》)与此不同,谋求扩充中正制度的则是司马懿。司马懿提议,在以郡为单位的中正之上,每州再设置大中正。(《太平御览》卷二六五)这一政策当然也没有被曹爽及其周围的人所接受,它遇到了曹爽之弟曹羲的反对。(同上)在这二者的人事路线对立中存在着立场上的不同,一是与推行重视"清议"人事政策的人际有联系的司马懿的立场,一是受与曹氏一族有血缘、地缘关系的士大夫支持的曹爽的立场。此外,曹爽为了同司马懿因屡立战功而获得的名声对抗,安排自己的心腹为禁营的将军,还安排对吴、对蜀军团的首长,以使他们立功。诸葛诞作为扬州的长官率领军团就是其中的一环。但是,对于重视中央和吏部主导的何晏和夏侯玄等人的这种人事政策,对于把新一代心腹安排到军事据点的曹爽等人的政策,以地方名门发迹的旧臣们的反抗增强了。正始十年(嘉平元年)正月,紧盯着曹爽动向的司马懿,纠集不满势力,断然举兵反对曹爽,从曹氏一族中夺取了权力。(《晋书》卷一《宣帝纪》)抓捕了曹爽和何晏的司马懿,让卢毓裁决他们。卢毓因曾压制了浮华之徒被明帝任命为吏部尚书,又被何晏剥夺了地位。卢毓以死刑处置曹爽、何晏等人。(《三国志》卷二十二《卢毓传》)换言之,作为士大夫进入政界又在与崔琰、陈群等士大夫的交游关系中提高了其地位并进而掌握了军事权的司马懿,依靠地方出身的士大夫的合作,最终推翻曹氏,开辟了通向王朝革命的道路。

一般认为,在发动政变成功的司马懿的政权之下,被曹爽阻止的州大中正设置很快就付诸实施。因此,中正系统的官职权限一定会被强化。一方面,基于王昶的建议使他制定"百官考课之事"(《三国志》卷二十七《王昶传》),又再次任命卢毓为吏部尚书,使之主管人事。也就是说,在根据"清议"这一点上,司马懿重视始于毛玠、崔琰和经过陈群以及与卢毓有关的人事政策,并确立了中正的权限。与此同时,通过加强吏部的铨衡、考课也就是把中正和吏部作为两轮的"九品官人之法"的运用,以求充实官僚人事制度。在司马懿和他的儿子司马师、司马昭兄弟掌握了权力并对从曹氏到司马氏的王朝革命作了准备的状况下,作为吏部尚书、尚书仆射统括吏部的,除了上述卢毓之外,还有陈泰、荀顗、卢钦、和逌、崔赞等人物。作为卢毓的父亲及卢钦的祖父的卢植、陈泰的曾祖父陈寔、祖父陈纪、荀顗的祖父荀淑、父荀彧等,他们都是在清议运动中起到了重要作用的清流派中心人物。此外,和逌的父亲和洽是汝南出身,他受到了因月旦评而著名的许劭的推举。(《三国志》卷二十三《和洽传》)还有,崔赞作为非难豪强横暴的《政论》和记述豪族在乡里典型生活的《四民月令》的作者,是著名的崔寔的曾孙。(《晋书》卷四十五《崔洪传》)这样,在司马懿、司马师和司马昭政权之下,负责吏部工作的人物全都是在后汉末活跃的清流派人士或类似于此的地方名士的子孙们。当然,他们自身也以德行、才能而受到肯定,卢毓、陈泰、卢钦作为地方官有治绩,也熟知地方的状况。与"清议"具有密切关系、自己也得到舆论评价的人物位居吏部顶点并主管官僚人事工作的倾向,在司马懿、司马师和司马昭的统治下稳定了下来。另一方面,看一下他们同伴的关系,就陈泰是陈群之子、卢钦是卢毓之子这种情况看,作为吏部尚书在九品中正制度的创始、建立上具有功绩的人物的儿子,谁都与父亲一样被提到吏部尚书的地位上。此外,荀顗的姐夫是陈群,他从小开始就受到陈群的肯定。(《晋书》卷三十九《荀顗传》)还有,与毛玠、崔琰有亲交并为他们辩护被免官的和洽,他的儿子是和逌。(《三国志》卷二十三《和洽传》)再者,西晋刚成立就担任吏部尚书的武陔,也与陈泰有亲交。(《晋书》卷四十五《武陔传》)也就是说,就任处于官僚人事顶点的吏部尚书职位,通过血缘、姻亲和交友关系而加强了他们的密切关系,这也是不能忽视的。在后汉末的党锢事件中离开政界、一时退回乡里的士大夫层,在曹操的手下,又回到了政界。其子孙们在司马懿、司马师和司马昭的政权中,垄断了官僚人事并由此形成了世袭性、封闭性的官僚集团。担任这一导向中心任务的就是吏部官僚,以他们的支持为背景,司马懿、司马师和司马昭进行了王朝更替的准备,至司马炎,他就从曹操之孙这位只是名义皇帝的曹奂手里夺取了皇位,建立了西晋。可以说，魏晋革命是通过从士大夫出发也掌握了军权的司马氏和以形成了封闭性官僚集团的吏部官僚为代表的士大夫们的共同合作而实现的。

只是应该注意到一点，即在他们两者之间有非常清楚的任务分工。在他们的吏部官僚经历中能看到一个特征。从在曹氏手下担任人事工作的毛玠、崔琰、陈群、陈矫、卫臻和卢毓等，到司马氏政权里的吏部官僚陈泰、荀顗、卢钦、和迪和崔赞等，在他们这些吏部尚书中，像司马氏那样既掌握军事权也率军团作战的士大夫则属于少数派。他们关注的是把"清议"也就是基于地方舆论的人物评价基准推行到官僚人事中。因此，使用与权力者的私人关系或者贿赂手段而缺乏士大夫人格和才能的人物就丧失了进入官界的机会。但是，掌握军事力量的权力者一方，如果插手人事，他们吏部官僚就无法作为。崔琰的死、毛玠的免官和卢毓的左迁等，都是依靠奉承曹植或者曹爽等曹氏一族、并以私的关系势力扩大为目标的势力排除吏部官僚的事件。反击这一势力的就是与吏部官僚保持有密切关系的曹丕、司马懿。因此，吏部官僚不得不与保持有这种军事力量的势力相结合。但对于曹丕、司马懿来说，把他们与他们背景中就有的在野士大夫阶层拉到自己一边，即使在主张权力的正当性上也会发挥出有效的作用。只要吏部官僚没有强大到像诸葛氏那样也掌握着军权，不管对于曹氏来说，还是对于司马懿来说，都不会构成威胁。另外，作为文人官僚，只要到处奔走于官界，吏部官僚也就没有陷入与权力者全面对立的危险。可以说，在司马氏与曹氏冲突之时，作为掌握军事权的士大夫司马氏和作为吏部官僚构筑起势力的士大夫层，根据任务分工进行了王朝革命，一方升为皇帝，另一方就形成了作为贵族的封闭性官僚集团。司马氏设置州大中正的建议、对曹爽的兴兵、其后源于后汉末的清流派士大夫阶层对吏部尚书的垄断，这些不就是其表现吗？可以得出结论说，西晋的贵族制经过了这样的过程诞生了。

四、六朝士大夫的高贵性——作为吏部官僚的清谈家

在司马氏从曹氏夺取帝位的阶段，江南仍有吴国，中国的分裂状态依然持续着。即皇帝位的司马炎，为了实现统一全国的目的，奉行俭约，录用有人格、有能力的人才。泰始四年（268年），在他发出的督励地方官的诏书中，要求办教育、兴产业，提高人民的生活水平，推举"好学笃道，孝悌忠信，清白异行者"，要求调查公正而又热心努力工作的官吏和行为不正、蓄积财产的官吏，并作出报告，而且还阐述说"扬清、激浊"是他为政的根本。（《晋书》卷三《武帝纪》）实际上，魏末及西晋初时任吏部尚书的卢钦非常清贫，他死时家里几乎没有积蓄。他主掌人事必举材（有才能的人物），被世间誉为"廉平"。（《晋书》卷四十四《卢钦传》）此外，在司马炎手下前后十余年任吏部官僚之职的"竹林七贤"之一山涛，在吏部郎任中，被称

誉为"清明",出名后也厉行"贞慎俭约",所赐之物施与周围之人。(《晋书》卷四十三《山涛传》)从他留下的人事文书《山公启事》来看,他非常注重清廉的人格,在推荐人才之际他也充分考虑其实际能力。① 这种人事态度并不限于西晋初期,在过去也能看到。

在曹操手下执掌人事工作的毛玠、崔琰也正是基于清议,用力录用"清正之士"。被称为"在官清恪"的毛玠,一直身着布衣,粗茶淡饭,照顾同族的孤儿,所赐之物施与贫穷的同族,在他自己的家里毫无多余之物。(《三国志》卷十二《毛玠传》)致力于"清正之士"录用的毛玠、崔琰"拔贞实,斥华伪",无功绩、私财满盈的地方官,一律免官或左迁。其结果,天下的士大夫皆厉行"廉节",身居高位者也不取华美之物。(同上注引《先贤行状》)也就是说,正是"清廉"被毛玠、崔琰当作人事的根本。在司马炎的部下中,卢钦、山涛等实行的排"浊流"人物、重"清流"人物这种人事态度,可以说沿袭了崔琰、毛玠以来由吏部官僚所继承的官僚人事政策。即使就前面指出的武帝的言论"扬清激浊"来看,同样的说法在之前也能找到。九品中正制度的创设者陈群,在推荐管宁这一人物时,也使用了"以清俭足以激浊"这种类似的说法。(《三国志》卷十一《管宁传》注引《傅子》)这样,提拔"清"的人物并使用他们和应该排除"浊"的人物的议论,就成了当时讨论人事问题的惯用语句。在这些史料中所使用的"清",它的意思大概是指"清廉"洁白的态度。那么,与此相对立的"浊"的人物又是什么样的人物呢? 在陈群、管宁之前,与后汉浊流对抗的范滂,述其志说:"欲使善善同其清,恶恶同其污。"(《后汉书》卷六十七《党锢列传》)他们被驱逐出官界,人人都视朝廷"污秽"。(同上)司马炎举出了作为"浊"的例子行"贪秽"的人物。(《晋书》卷三《武帝纪》)这样,作为表示"浊"的人物、状态的词语经常使用的是"污"、"秽"和"贪"等,在史料中也常散见有"秽浊"、"贪浊"等熟语。"污"、"秽"和"贪"等词语所表示的具体行为,就是横征暴敛、收贿和越礼等行为。也就是说,与抑制欲望、超越性的"清"相对立,放纵欲望、扰乱社会秩序的人物被视为"浊"。"清"的理念就是从这种人物被排除政界产生出来的。"清"的首要意义就是对财物的这种禁欲态度,也就是说,它被确定为表示"清廉"洁白人格性的词汇。曹操掌握权力后,到西晋初期,废"浊"录用"清"的人物,成了官僚人事的基本态度。②

---

① 有关山涛及西晋初期的吏部人事问题,葭森在《〈山公启事〉研究》(收入《中国贵族制社会研究》,京都大学人文科学研究所刊行,1987)中有详细讨论。以下请一并参阅有关部分。

② 有关"清"的理念,葭森在《"清简"与"威惠"》(《名古屋大学东洋史研究报告》8,1982)及《门阀"贵族"统治与"清"的理念》(《文史哲》216,1993)和《"清"的时代》(《历史与地理》四——,1989)中有所讨论,第五部分亦一并参考。其他,关于"清"的问题,渡边信一郎就赐物、俸禄的散施与四民分工的理念关系作了讨论。(《清》,《京都府立大学学术纪要》人文31,1979)

但是,三国统一之后,在这种人事方针中也出现了变化。一方面,社会刚一安定,武帝就怠政,把政治实权委任给皇后一族杨氏。(《晋书》卷三《武帝纪》)山涛等几次劝谏委政于杨氏的做法,但武帝听不进去,政治腐败加剧。(《晋书》卷四十三《山涛传》)另一方面,在贵族中间,奢侈风气弥漫,人格的陶冶和学问的钻研被搁置一旁。(《世说新语·汰侈篇》、《晋书》卷九十四《鲁褒传》)特别是,武帝死,有精神障碍的惠帝一即位,围绕权力,外戚、诸王就展开了被称之为"八王之乱"的激烈斗争。①(《晋书》卷五十九《诸王传》)

山涛之后,同是竹林七贤之一的王戎担任吏部尚书。在这期间,因三国的统一,一方面迎来了平静,另一方面,政界的腐败进一步加深,又走向混乱和灭亡。在这种状况下,与权力者具有直接关系的人就非常危险。事实上,对抗时流、规谏掌握权力的外戚和诸王、以求把政治引到正确方向上的卫瓘、陈群等,就是被掌握权力的外戚、诸王杀害的。(《晋书》卷三十六《卫瓘张华传》)在这种情势下,王戎虽然处于政权的中枢之中,但对重要的政治问题又闭口不言,即使录用官吏时,推荐被埋没的人材("寒素")并加以提拔,也不斥退其中名不副实(虚名)的人,纵身时流,惟以门第("户"、"门")为基准从事人事工作。(《晋书》卷四十三《王戎传》)也就是说,在王戎那里,"清"就是既参加政权,又超越现实政治,不加拘泥。换言之,就是既保持自己在政界中的地位,又从现实中逃避出来。王戎高度评价并因他的推荐而获得了官僚地位的,就有在他之后担任吏部尚书作为清谈家也非常著名的乐广、王衍。

乐广、王衍他们既居于吏部的顶点,又"宅心事外"、耽于清谈,西晋后半期,"言天下风流者"首列其名。(《晋书》卷四十三《乐广传》)乐广被称誉为"性情淳",说他"寡嗜欲"、"有远识"、"善清言"、"名重于时",作为官吏,"无当时之功誉",是去任之后为人们所追慕的人物。他在朝政混乱之中,"清己中立,任诚保素而已",努力置身于政治斗争的范围之外。只是,由于他的女儿嫁给了八王之一的成都王颖,为对立的势力所盯上,忧虑而死。(同上)另外,王戎的堂弟王衍,其父亲死后,熟人朋友来借所赠之物,他全都舍弃,数年之内自己就贫乏不足,就像他憎恶他妻子"贪鄙"而口不言"钱"那样,他从物欲中超越了出来。而且正如记述的"口不论世事,唯雅咏玄虚而已"那样,可以看出他从"世事"中超越出来的态度。还有,他当初"好论纵横之术",后"唯谈老庄","以清虚理通见称",言语"辞甚清辩"。年轻而知名的王衍,经过太子舍人、尚书郎,很快就当上了元城县知事。据说他在任地,虽终日耽于"清谈",但知县的工作亦得以处理。"盛才美貌"、悠然自

---

① 有关八王之乱问题,请参阅安田二郎的《论八王之乱》(《名古屋大学东洋史研究报告》4,1976)、福原启郎的《八王之乱的本质》(《东洋史研究》41-3,1982)、《西晋时代宗室诸王的特质》(《史林》68-2,1985)

得的王衍,名声日益提高,"倾动当世","后进之士,莫不景慕仿效"。在这种情形之下,他历任"显职",位居太尉、太傅,极人臣之位。然而,他即使历任枢要官职,也是采取"不以经国为念,而思自全之计"的态度。(《晋书》卷四十三《王衍传》)乐广和王衍他们超越物欲和世俗的性格,渊博的学识,所具有的简要、合理议论的性格和才能,受到了世间的高度评价。但是,他们对于政治无周到之用心,毋宁说是当混乱之政局,以求从现实政治中逃避出来。他们虽然没有特别的行政能力,但因人格和文化才能而就任高位,在权衡之中以理其政。沈约以"贵"表示的六朝士大夫的"高贵"性,大概不就是这样吗?再者,他们站在官僚人事的顶点上,就孕育了在官界中不断再产生这种人才的可能性。只是,基于王戎、乐广、王衍和跟随的清谈名手所主持的官僚人事,因"高贵"的士大夫不被政治所左右,所以即使要完备他们在社会上占居高位的体制并使之成为可能,也需要相应的正当性根据。在表示当时士大夫高贵性的时候,必须使用的就是"清"这一词汇。崔琰、毛玠也是基于"清议"任用"清正之士",即使乐广、王衍,也被誉为"清淳"、"严严清峙"的人品,被称赞为"清言"、"清辩"。(《晋书》卷四十三《王衍传》)但是,在当事者的政治态度及人事方针中两者之间也有很大的鸿沟。此外,相同的"清"所表现的内容也有所不同。这种不同是如何产生的呢?所说的"清"又是包含着什么意义的一个理念呢?

五、"清"的理念与六朝士大夫

"清"的用语,在当时的文献中随处可见,不限于对财物的清廉的态度,它涉及到许多方面。《三国志》等当时的正史和《世说新语》等文学作品中使用"清"这一熟语的例子,超过了200个,粗略整理如下。

1.有关个人的性格、生活态度等方面的(多以二字、四字用于短评人品即"性")。

A 没有物欲,或者具有能够抑制它的意志,过洁白性的生活。如清苦、清白、清贫、清素、清简、清洁、清廉、清俭等。

B 不执着、不拘泥事物,大方的性格和态度。如清逸、清平、清虚、清淡、清约、清和、清恬等。

C 不关心世事,以及从中超越出来的高尚性格和举止。如清雅、清高、清秀、清尚、清妙、清玄、清通、清亮、清远、清贵、神清等。

D 不接近污浊的伦理性,严谨的性格和态度。如清峻、清修、清方、清英、清规、清正、清操、清节、清直、清严、清贞等。

E 没有污垢的爽直的性格。如清纯、清新、清心、清爽等。

2.有关学术等贵族文化活动方面的。

A 对学术及其内容的形容。如清教、清谈、清言、清论等。

B　表示通晓学术,特别是多用于论"才"时的评语。如清识、清才、清览、清审、清敏、清析、清通、清彻等。
　　C　学术内容带有的贵族性方面。如清韵、清辩、理清等。
　　3. 冠指贵族的身份、地位或者贵族性的行为。特别在论述贵族的政治性特权和地位时使用。
　　A　有关贵族的舆论方面。如清议、清望、清论、清称、清名、清誉等。
　　B　有关官僚制(九品中正制)的(表示政治地位)方面。如清选、清官、清职、清举等。
　　C　表示贵族的社会地位方面。如清重、清显、清贯、清贵等。
　　4. 表示政治的存在方式。
　　A　表示简洁的政治,就像"为政××"那样,多用于表示政治态度的评语。如清约、清省、清平、清干、清简、清和等。
　　B　平定叛乱、盗贼等不纯的势力,完善治理。就像"某地××"那样,多用于表示政治的结果。如清严、清肃、清除、清泰、清定、清化、清允等。
　　也就是说,不仅是作为否定物欲的"清"廉洁白性,而且从世间的欲望中超越出来的胸襟、高尚,以及为了在不同场合消除欲望而严于律己的严肃性等,都被表示为"清",它还标记贵族应有的人品。在贵族进行的高尚谈论、学问以及这些优秀才能等一切方面上,都使用"清"一词。另外,在对清的人物的评判、其结果所得到的官职和社会地位上,也加上"清"字。还有,贵族们的政治态度以及所带来的平安也叫"清"。上田早苗先生指出,所谓"清"就是"高"且"洁"的意思,"高"就是超越世俗,"洁"就是身不沾染世俗的尘埃。"高"且"洁"的生活就是使人有清新的气质,这样的人品和行为就是"清"。另外,"清"用作动词,意味着清除道路上的尘埃和障碍,转用为扫除盗贼和叛乱同伙等,引申为扫除障碍决不迟延。这种没有障碍、没有迟延的"爽直",作为会话和表达文章论点的用语非常简要,没有浪费,利索痛快;它也指不拘泥、博通一切的学问态度。① 上田早苗先生对"清"的说明,非常简要,可以说也是利索痛快。根据他的解释,毛玠、崔琰在依照初期的九品中正制度进行官吏录用的过程中所重视的,就是不执着财物、不沾染物欲、超越物欲的这种人格性(1 的 A),再有就是拒绝物欲的严格态度(1 的 D)。但是,应超越的对象就是超出对财物的欲求范围、涉及世俗的种种方面而又不拘泥这些东西的性格等(1 的 B 和 C),也是作为评价的基准。拥有这种性格的士大夫,不被束缚在细小的事物中或局限于某一个领域的学问中,而是掌握广度还有要点的学问教养(2 的 A、B、C)。结果,在士大夫中,这种高贵性就受到了肯定,获得了"清"的评价(3 的 A),并以此为背景得到官职。还有,他们即使担任官僚,也不烦杂,而是简洁,推

---

① 上田早苗:《贵族官制的建立》(收入《中国中世史研究》,东海大学出版会刊行,1970)。

行放任的政治（4的A）。以"清"为基准所运用的九品中正制度本身就带有"清"的性质，有关它的东西也冠以"清"字（3的B）；在某一家系的士大夫世袭"清"性的时候，直至他的门第、地位也标以"清"字（3的C）。以否定、超越财物和种种世俗欲望的"清"的人格性为根底，培养既高尚而又广泛的"清"的教养、得到"清"的评价进入官界、推行"清"的政治、世袭性地就任高位等，在六朝士大夫被称为贵族的时候，其所谓的高贵性，不就是由以上的这种"清"的价值观所保证的吗？在上述乐广和王衍的人格、才能和政治态度等方面所贯穿的就是这种"清"的评价方式。然而，这种"清"的理念是如何形成的呢？

毛玠、崔琰作为人事评价基准的"清"，就是不利用官吏的地位追求利欲和不渎职意义上的"清廉"性。根据他们实行的人事政策，在职官僚要清廉洁白、有业绩，并身不染尘垢地发挥作用。（《三国志》卷十二《毛玠传》注引《先贤行状》）明帝曹叡之时，太尉华歆把其位让给管宁。（《三国志》卷十一《管宁传》）上面指出的"以清俭足以激浊"就是当时的语言。还有，吏部尚书卢毓也向明帝提议让管宁就任司徒，但被拒绝了。（《三国志》卷二十二《卢毓传》）管宁这个人物，在后汉末的混乱之际，绝世俗之交，在山谷中筑庐，一边教化聚集于此的村民，一边在此生活，完全没有为官的经历。（《三国志》卷十一《管宁传》）陈群推荐他担任既是名誉性又是军事系统最高职位的太尉，卢毓也推荐他担任相同的文官系统最高的名誉性职务司徒。其理由就是他具备了"清"的人格性，作为周围的榜样能把官僚们引向"清"的方向。当然，他也一定是"清"的性质的拥有者。只是，作为官僚不仅要行为正、清廉，而且作为个人还要在超越世俗的意义上被判断为"清"。陈群、卢毓所考虑的是，即使是这种没有官僚经验的人物，假如他是"清"的性质的拥有者，也不需问他在行政方面的实际能力，就可以迅速提升到官僚的最高位。这样，重视作为个人人格的"清"的考虑，也被担任吏部尚书的卢毓的儿子卢钦所继承。卢钦评价徐邈这一人物"志高行洁，才博气猛"，说他"高"、"洁"。（《三国志》卷二十七《徐邈传》）"高"和"洁"按照上田先生所说，就是指超越世俗、不沾染世俗尘埃的人物。这样，"清"就从表示官僚参与行政之际的禁欲态度这一意义，扩展到许多方面，成为广泛地指称超越世俗欲望人格的评语。在这里，也产生了这样一种评价倾向，即把超越发迹和权力欲的人物看成是官僚的最合适人选。

评价超俗的"清"的人格性倾向，在陈群、卢毓和卢钦那里已经出现，也受到了山涛等人的继承。山涛自身也是在司马懿与曹爽的政治争斗之际，避开政界，"隐身不交世务"，他出仕时，被司马师比作太公望吕尚。另外，作为冀州刺史，他到地方之时，"甄拔隐屈，搜访贤才，旌命三十余人"。他自身也是超越世俗、世务的人物，也拔擢这样的人物。只是，他所逃避的世俗则是政治争斗中混乱的政界。（《晋书》卷四十三《山涛传》）在这里，超越世俗和从政界中抽身是同义。因此，一旦出仕，就应该履行职责，山涛也采取了这种态度。但是，王戎、乐广、王衍的情况就不是这样。在外戚、诸王围绕权力反复展开的争斗中,他们既位于政权的中枢,又一味地使自己置身于纷争的范围之外。也就是说,他们任官,却又不关心政治,追求超俗的生存方式。"宅心于事外"、耽于清谈、不管杂务的他们被评论为"清",被作为官僚的理想。(同上)他们也含有了超俗性的意义。这样,被认为是六朝士大夫理想的"清"的理念,也随着时代的潮流产生了变化。

从这种变化扩大到官界的背景中,可以考虑一下九品中正制度中人物评价的基准问题。在《三国志》和《晋书》列传的开头,都有一个对立传人物的短评。矢野主税先生推测,可能是以九品中正制度录用人才之际中正所记的人物案卷"状"为基础而写下了列传开头的语句。他还就"状"进行了分析。[①] 这一推测,即使根据对后述的《山公启事》的分析大概也是恰当的。从列传开头的短评来看,可以推测写"状"之时对人物评价的要点,在于"性"(人格、德行)和"才"(才能)。这种评价的基准,并不限于"中正"的"状",它也适用于吏部使由中正所推荐的候补者就任具体官职之际。在魏明帝、司马懿、司马师部下作为吏部尚书主管人事工作的卢毓说:"于人(物评)及选举,先举性行,然后言才。"作为后来了解当时人事实际的材料,在西晋武帝司马炎部下中数十年担任吏部官僚的山涛,留下了一个有关人事的文书《山公启事》。从断片的佚文可以整理出以下内容:"甲(前任者名)迁。应为A(欠员官名)的欠席选一代替。A……(职务内容)……优秀者。适宜……(所需要的资质)……应得到优秀者。乙(被推荐者)乃××(性),有○○才。若……(经历、实绩、期待等)……宜以乙补甲。不清当否。"也就是说,官职中有欠员,山涛就列出欠员的官职名,在说明职务内容、特征、问题的基础上,依次记下补任的候补者的姓名、性格、才能、官历和就官后所期待的作用以及对人事的影响,并推荐给武帝。从《山公启事》的体裁也可以看到,山涛与卢毓一样比起"才"来优先考虑"性"的倾向非常明显。这样,当时士大夫们所实行的人事政策,首先是把重点放在"性"也就是人格性上。不正是在这种九品中正制度运用的时候把人格性作为最优先的东西,才成了具有"高"、"洁"也就是"清"的人格性的人物在官界中垄断高位的最重要的原因吗?还有,因认识到清流派趋势的士大夫垄断了这种人事机构,所以就产生了这样一种结果,即在西晋,高位的官职被得到了"清"的评价的士大夫团所垄断。这样,由于西晋中期以降隐逸的清谈家们站在了官僚人事的顶点,所以不就把既处在政治中枢又不关心政治作为理想并耽于超俗行为的士大夫推举为时代的宠儿吗?

以上概观了这样一个过程,即比起庶来被认为是具有高度社会地位的士,在皇帝与民众之间,作为官僚取代了起媒介作用的汉代的"吏",占居了中间阶层的地位,并逐渐获得了高贵性。在当时的士大夫中,能看到两种类型:一是在文武两方

---

① 矢野主税:《状的研究》(《史学杂志》76-2,1967)。

面都握有权力；一是以尚书省吏部为据点既掌握人事权又追求"清"的理念。一方面，像后世小说中作为军师被描写的诸葛氏和司马氏，他们既是文人士大夫又掌握军事权，升为皇帝或与之相匹敌的地位。再一方面，由于不积极地关心军事、宁可垄断人事机构，所以就形成了封闭性的官僚集团，步上了"贵"族化的道路。作为这种代表的士大夫，可以举出竹林七贤的山涛、王戎和乐广、王衍等清谈家。可以说，西晋就是通过这两者的分工、合作体制而建立起来的。西晋武帝司马炎在全中国的统一过程中，与卢钦、山涛等人事官僚成为一体，努力建立优秀的官僚集团，这就是使司马炎成为三国争乱中胜利者的一个原因。

但是，具有讽刺性意味的是，这一胜利却又使两者陷入破灭的危机之中。武帝灭吴统一全中国之后，不励精图治，耽于游宴，政治事务放任给皇后一族杨氏。杨氏一掌握政治实权，贿赂就开始横行，政治也出现动乱。这种情形，武帝死后更加严重。继武帝的惠帝，精神上有障碍，作为皇帝他不能控制所获得的行政、军事大权。军事权被分散到司马氏一族的诸王中，诸王们无视惠帝，围绕着最高权力相互展开了激烈的争斗。在司马氏诸王之下，集聚着抱有野心的各阶层人物，自己的主君一旦掌握了权力，为了满足自己的利欲，就采取任意的政治行为，并排除违逆于此的东西。在这中间，作为官僚居于高位的士大夫，积极地关心政治其实是很危险的。在这种情形下，体现着作为官僚清廉洁白的"清"，就成了连政治也不积极关心的超俗性。具有超俗志向的清谈家乐广、王衍，被作为理想的士大夫并受到世间的推慕，就与这种政治状况密切相关。虽是士大夫但又掌握了军事权并升至皇帝的司马氏的军事权分散了，在纷争中已变得软弱无力，垄断官僚机构上层的士大夫层也失去了行政能力。可此时在北方，五胡竭力逐鹿中原。在他们袭击软弱无力的西晋的时候，担当行政、军事职责、应对危难的力量并不在中央政府。来自北方的石勒的军队逼近首都洛阳，在西晋王朝成为迎风熄灭的灯火之时，被司马氏诸王分有的军事力量，因相互的纷争也已经丧失掉了。代替司马氏被委以全军指挥的王衍，以"吾少无宦情，随牒推移，遂至于此。今日之事，安可以非才处之"来逃避责任。洛阳陷落后，他也始终以"少不予事"逃避责任，并终有劝石勒即皇帝位之举。（《晋书》卷四十三《王衍传》）王衍的这种政治态度，自有后世不得不非难为清谈误国的理由。可以说，西晋的灭亡在司马氏获得胜利的时点上就开始了。也就是说，在平静的社会中，由于士大夫的一方作为皇帝掌握军事权，再一方作为官僚担任行政，所以双方都放弃了维持国家的分工体制，造成了西晋灭亡的结果。

但是，士大夫掌握领导权的社会，被延续到其后的东晋南朝、北朝和隋唐。那么，这种危机是如何渡过的呢？最后一节，就来再概观一下从西晋贵族制到东晋南朝门阀贵族制的演变过程。

六、从西晋贵族制到东晋南朝门阀主义

西晋后半期，已经有士大夫在其他场所批判性地看待以洛阳为中心的政府陷

入混乱之中的情景。其中有一个人,他就是因清廉洁白的人品而以"清白异行"之士同时又以坞主知名的庾衮。庾衮对追求权力和财富而反复争斗的诸王、对那些对政治不抱兴趣而耽于奢侈生活的贵族以及中央政府感到绝望,带领一族和村人闭居于禹山。他管理习惯了和平和忘记了战争的人们,让其发誓不采取随意的行动,筑砦加强防卫,根据不同的劳动力分配土地,配备兵器,由邑、里所选出的各自代表建立行政组织,他自己担任首领,指挥全体。这种在山里构筑起的军事、生产一体化自治组织称为坞,其首领称为坞主。① 在社会混乱之中,他领导的坞,虽多次受到攻击,但都在庾衮的指挥下被击退了。他具有作为士大夫对财物本来具有的"洁白性""清"德,也发挥了自己作为武人的才能。(《晋书》卷五十八《庾衮传》)另外,最近以"镇南将军"的金印为主的精美遗物被发现,曾一举成名的湖南省安乡县西晋墓墓主镇南大将军、荆州刺史刘弘,②也采取了有异中央士大夫的做法。他是自祖父一代起就担任州长官、边境军团司令官的门第,与司马炎同龄,邻家而居,同桌而学。提拔他并与他一起工作的不是吏部官僚(清谈家)士大夫集团,而是张华、羊祜、杜预等这些经历了平定吴的作战的实务派官僚。(《晋书》卷三十六《刘弘传》)张华与清流派士大夫子孙荀勖相对立,(《晋书》卷三十六《张华传》)羊祜与荀勖、王戎、王衍等也是水火不相容。(《晋书》卷三十四《羊祜传》)从这种原委来看,刘弘自身也与王戎、王衍等这些具有权势的中央政府的士大夫们划了一道界线。刘弘担任北方边境幽州长官之后,为了讨伐流民张昌的叛乱,又担任了扬子江中游荆州的长官,率领这个地域的军团作战。平定叛乱后,他振兴农业,实施减刑、减税,为民生的安定而费心,受到了这个土地上人们亲情般的爱慕。在诸王展开权力斗争、混乱蔓延之中,他与这些势力保持了距离,把任地荆州置于这些争斗的范围之外,继续保持其安定。他作为荆州的长官,也掌握了其地的行政和军事,尽职尽责。(《晋书》卷三十六《刘弘传》)庾衮、刘弘这两个人一个在坞、一个在荆州,都持续保持着司马氏和首都士大夫们丧失掉的行政、军事能力和伦理性。像庾衮这样的坞主,在西晋崩溃后的混乱之中,一面保护人们的安全,一面战斗到最后,有的留在了华北,形成了北朝汉人官僚层的母胎,有的带领人们,避难江南,因是东晋最重要的军事集团,所以成了被称之为"北府"的军团的基础。另外,刘弘所治的荆州地区,虽一时陷入混乱之中,但刘弘关怀并提拔的陶侃(诗人陶渊

---

① 关于坞主、行主的性格,都筑晶子在《论西晋末的诸集团》(《名古屋大学东洋史研究报告》10号,1985)中有详论。其他,还有那波利贞的《坞主考》(《东亚人文学报》2-4,1943)、佐久间吉也的《晋代的坞主》(《东洋史学论集》,东京教育大学)、赴克尧的《论魏晋南北朝的坞壁》(《历史研究》〈中国〉6,1980)。此外,谷川道雄《中国中世社会与共同体》第一部第二章,国书刊行会,1976)和佐竹靖彦《中国前近代史中的共同体与共同体论笔记》,《人文学报》〈东京都立大学〉154,1992),对庾衮的坞的性格都有讨论。

② 安乡县文物管理所:《湖南安乡县西晋刘弘墓》(《文物》11,1993)。

明的曾祖父)把它平定了下来,后作为被称为"西府"的军团所在地,因是东晋南朝的一大军事据点而成为谋求王朝革命势力的摇篮之地。(《晋书》卷三十六《陶侃传》)这样,东晋时期,这种"北府"、"西府"的军团长都由士大夫担任,就与西晋灭亡的原委形成了比较和对照。也就是说,西晋时期的司马氏负责军事、士大夫作为官僚负责行政这种分工体制,在西晋灭亡后的混乱之中,再次被统一了起来,并演变为占据政权中枢的士大夫兼管军事和行政两方面的体制。这既有像陶侃、庾衮、庾翼、殷浩、桓温、桓玄这样的一人兼管两面的情形,也有像王导和王敦、谢安和谢玄这种由一族来分管的情形。与这种体制联系的实现渡桥之役的不就是庾衮这样的坞主和刘弘这样的地方长官吗?

只是,在从华北避难到江南的士大夫那里并没有乡里的经济基础。虽然后来他们好像也拥有了庄园,但生产率比较高的土地,都被原居江南的豪族层所扣留,留给他们的则是条件稍劣的土地。① 一般推测,这种北来的士大夫从结果来说就只是保有军事力量,并夸耀自身在文化政治上的能力,相对于原居的江南豪族缺乏保持优位的手段。比较一下由吏部官僚所构筑起来的"性"与"才","性"优先于"才"。在这种重视人格"性"的倾向被东晋和南朝所继承当中,不就有这样的背景吗? 随着时代的推移,由于人格"性"被认为是与生俱来的,所以就带有血缘的要素。魏的卢毓、西晋的山涛,从"性"和"才"出发,进行人事工作,但东晋的吏部郎王蕴则在"状"中加上"某人有地,某人有才"这样的"宰禄",实行官僚推荐。(《艺文类聚》卷四十八引《王蕴别传》)也就是说,"地"取代了"性"。这样,九品中正制的官吏录用标准就从个人的人格、才能和乡里的评判变化为以门第("门地")为中心。其结果,一方面,占据政权中枢的士大夫的门第被固定化,高位的官职被世袭化。另一方面,同是士大夫而门第不好者被称为"寒门"、"寒人",升迁的机会不多。即使在萤光之下苦学登上了吏部尚书的地位,结果也在被司马氏一族所监视、并死于非命的车胤的生活状况中感到了寒门的悲哀。(《晋书》卷八十三《车胤传》)

在从东晋到南朝的王朝革命过程中,军事权从士大夫转移到了寒门武人的手里,以后因寒门武人出身的皇帝掌握了军事权,就更加速了这一趋向。为南朝士大夫所留下的只是政治上、文化上的权威。他们通过婚姻关系等密切结合,门阀化的"士"从民众中游离了出来,产生了如"士庶之际,实自天隔"(《宋书》卷四十二《王弘传》)所显示的严格区分"士"与"庶"的这种身份秩序。至此,"士"与"庶"的关系,像开头所述的那样,不是"士、农、工、商"的分工关系,而是大大加重了像"以贵

---

① 有关东晋时代北来人的土地所有的性格及晋宋革命,葭森在《晋宋革命与江南社会》(《史林》63-3,1980)中有所讨论。此外,江南豪族占有条件好的土地问题,唐长儒(《三至九世纪江南大土地所有制的发展》,上海人民出版社,1957)已经提出了。

役贱"(《宋书》卷九十四《恩幸传序》)这种"贵贱"的身份关系色彩。他们贵族因其政治上、文化上的权威,经过南北朝,不受反复的王朝革命所左右,继续保持其地位,炫耀能超过皇帝权力的社会势力。但是,满足于世袭的地位、懈怠学问和德行修养的贵族,在南朝末期,就有了谚语所说的"上车不落则著作,体中何如则秘书"(《颜氏家训·勉学》)的情形。这种门阀贵族体制,在北朝因北魏末的内乱,在南朝因梁末的侯景之乱,暴露出脆弱性,并迎来了转机。南北的大混乱,再次使士大夫认识到学问、才能才是得到职位并能够维持自己地位的道路。这样,在士大夫中间,开始出现了从门阀主义到贤才主义的复归现象。重新看待士大夫中的"才",变成了科举制度,这不与近世士大夫联系在一起了吗?

结　语

中国中世是文人士大夫掌握政治、社会主导权的时代。这种士大夫能够发挥强大的影响力,主要原因是他们作为官僚世袭性地垄断了高位。然而,他们虽是官僚,但决不能说他们在行政上的实际能力也非常优秀。他们作为官僚能够确保其地位,是因为他们拥有"清"的人格性。当时,所谓"清",是指在一切方面超越欲望的"高"贵性。中国中世是《三国志》所载的群雄争乱作为诱因而拉开序幕的。作为结果,这种士大夫执社会政治中枢之牛耳的社会得以建立,单就日本人来说也许就有奇异之感。明治以降,伴随着近代化,人们相信金钱即经济力和力量即军事力才是推动历史的动力,经济力量和军事力量完全优先也被认为是近代独特的价值观。说起来,在中国前近代社会中,抑制个人追求利益的经济政策有时被采取,如限田、均田、专买、均输、平准,等等。另外,中国社会也没有像西欧那样直接产生出近代社会。观察中国的这一历史,就必须把作为现代人的我们对社会、经济的看法与成为对象的时代本身这两者的差异放在心上。否则,就难免不依据现代(日本)人的价值观片面地解释历史。与其这样,还不如有必要再次思考一下,现在我们认为是常识的价值观果真就是一切时代的常识吗?今后它还仍然是常识并持续吗?我认为,这样的提问就隐藏在中国中世士大夫的生活方式之中。

明代知识分子论：以林希元为例

□小岛毅 著 刘岳兵 译

前 言

科举始于隋代，盛于宋代。在通常所说的科举官僚体制中，原则上是不讲世袭与机缘的，各人的笔试成绩就决定了是否被选拔为官及将来的晋升。这种制度大体上直到20世纪清王朝的崩溃一直延续着。

笔试的内容以对古典的解释、对历史题材的评论以及政策建议为主。为了写出合格的答案，要求应试者具有相当的知识量和对文章进行布局谋篇的能力。但是（或者说因此）科举官僚与近代民族国家所拥有的官僚有以下两点不同。

第一，科举不是为了选拔行政方面的专家而进行的考试，而是对人的素质的全面考核。实际上原原本本地背诵儒教的经典及其注释，反复训练被称为"八股文"的文章的作法以模仿标准答案，这是科举及第的捷径。尽管如此，从原则上说，其目的毕竟是要按照儒教的标准选拔德才兼备的贤达之士作为皇帝的臣下而委以重任。因为作为贤达之士的标准在于与社会通行的孝道、仁爱等德目相对应，科举及第自然就会受到人们的尊重，也可以说是拿到了人格保证书。这与实际上有无官职无关。

第二，与此相关，他们在各自的乡里作为文化资本的持有者而成为人们尊敬的对象，在当地处理各种问题时就获得了有关政治方面的机会。① 值得注意的是这并非一定是直接来自他们的经济实力。在经济上，他们拥有部分免税的特权，这虽然有利于他们的资产形成，但他们与纯粹的富豪相比具有不同的威信，是因为他们从朝廷得到了所认可的学位。这不只是在京城参加最终考试的合

---

① 关于"文化资本"这一概念，参照Pierre Bourdieu的各种著作。有关科举的问题，参照本杰明•艾尔曼的《作为再生产装置的明清时代的科举》（秦玲子译，《思想》810号，1991）。

格者("进士"),到了明代之后能够具有这种威信的,已经下降到只通过地方考试的合格者("举人")以及成为任官对象的学生("监生"、"贡生")。① 的确,为了通过科举考试——或者为了以科举考试为志向,并继续这一愿望,就需要有相当的经济实力,在考生中有许多官僚、地主和富商出身的子弟。但是,他们从双亲那里继承来的经济资本本身并不能带来什么威信,他们自身因投身于科举考试而成功,就可以得到更加有效的利润。②

本文以林希元(1482—1566)这一人物为研究对象。林希元,字茂贞,号次崖。生于福建泉州府同安县,正德十二年成为进士,步入仕途。嘉靖二十年退官还乡,作为当地的要员而度过晚年。据文献记载,他是站在拥护朱子学批判阳明学最前线的学者,是热心于救济饥馑和振兴学术的官僚,是很有势力的乡绅。本文通过各种角度对这一人物进行观察,希望有助于了解当时"士大夫"的本来面貌。③

一、作为乡绅

在现代日本的中国研究中,林希元的名字与其说是作为学者或官僚,不如说作为"乡绅"更为知名。所谓"乡绅"是16世纪以降频频出现的史料用语。现在也作为指称自此开始显著存在的某一社会阶层的学术用语而通用。

根据酒井忠夫先生的《中国善书之研究》,"乡绅是指已是官僚,又指已当过官僚而具有官僚身份的人"。④ 另一方面,"士子、士人是指没有得到乡绅身份的举人以下的朝着进士而努力的各阶层的读书人",而"'绅士'则是'乡绅'与'士'合并而成的一种称谓"。因此"明末的乡绅、士人的差别意识明显是表示来自于科举制度的社会身份"。但是这些术语的定义可以说因研究者不同而异,并没有获得一致的理解。有的人将"士子"包含在内称为乡绅,而有的人反而不将"乡绅"作为学

---

① 关于科举所带来的威信的问题,参照何炳棣的《科举与近世中国社会——立身出世的阶梯》,寺田隆信、千种真一译,平凡社,1993。

② 岛田虔次氏认为,经济上是地主不是士大夫的必要条件,其特征在于他们作为知识阶级是掌握儒教经典教养"读书人"这一点。(《朱子学与阳明学》,岩波新书,1967)宫崎市定氏把士大夫理解为"文化上的读书人、政治上的官僚、经济上的地主、资本家这种三位一体的新贵族阶级"。(《东洋的近世》,1950;见《宫崎市定全集》第二卷,岩波书店)

③ 但是,士大夫并非清一色的阶级,本文所论述的林希元只不过是其中的一个例子——综合了一些问题,典型地显示某种类型的事例。特别是,他是福建南部沿海地方的人,这在相当大的程度上规定了他的举止言行,今后有必要将其与其他地区同时代人物进行比较。关于这一点参照小岛毅《以地域为视角的思想史》,收入《交错的亚洲》("从亚洲来思考"1,东京大学出版会,1993)。另外,本文中涉及许多嘉靖年间的事件,由于太烦琐就不一一与西历去对照了。嘉靖元年相当于西历1522年。

④ 酒井忠夫:《中国善书之研究》(国书刊行会,1960)的第二章《明末社会与善书》。

术概念使用。本文的主人翁林希元符合酒井先生所说的条件,是一位典型的"乡绅"。

酒井先生依据朱纨这位官僚所写的弹劾文,这样评价林希元:"在福建乡绅中尤被目之为地方之蠹虫的就是林希元。但同是这一个林希元,在上面引用的他自身的王政附言疏中,他又担心民众驰竞于末业。究其原因,正显示了农村中正统主义儒教官僚的社会政治立场,不知羞愧地暴露其二重性格和自相矛盾。""乡绅中清贫者不用说,即便是所谓横蛮乡里的乡绅,在意识上与乡之蠹虫相对立而加以批判,这在明末也很流行。乡绅的现实性与乡绅自身意识上的理想性不一致,在林希元身上的表现上面已经接触到了。"也就是说,在同样一个林希元身上,作为大谈理想的儒教官僚的一面与在当地纵舞权势的一面这二者既相互矛盾又并存着。

片山诚二郎先生考证过朱纨非难林希元的经过。① 明朝自14世纪以来就禁止民间出海和贸易,通常把这称为"海禁"。但是宋代以来,对福建沿海一带的人们来说,与海外的贸易是他们重要的谋生手段,即便是海禁,走私贸易也在进行着。16世纪葡萄牙商人出现在南中国海,事态就更加严重了。历史学上所称的"后期倭寇",实际上是由日本人、葡萄牙人混合而成的武装贸易商人,他们在帝国的东南沿海逞凶一时。其中浙江冲合的双屿港与福建漳州的月港极为繁荣。此前视而不见的朝廷也决心彻底取缔这些非法贸易。嘉靖二十六年,朱纨这一"少有的清廉刚直的官僚"(片山氏语)被委以闽、浙两省的文治、军事两方面的重任。

朱纨指名非难林希元,是因为他发现林希元在月港暗地操纵走私贸易。根据《甓余杂集》卷二所载的《阅视海防事》,林希元是"大门挂有林府二字,擅自受理民之诉状,拷问审讯,肆意出告示,夺官府之权。建造禁止的大型船,以渡船的名义运输掠夺品和禁止品"的恶汉(根据后述岸本美绪氏的论文所载而译)。朱纨其后奇袭并捣毁了双屿港。对此,福建的乡绅层联合朝廷的高官弹劾他,嘉靖二十九年末,朱纨被迫自杀。

片山氏指出:"乡绅对朱纨的反击,决非是为撤消明朝保守的海禁主义而起,而是他们对不妥协的彻底的海禁政策的支持者朱纨个人的反击。"而且,他在肯定"与乡绅势力直面对决的朱纨的勇气"的同时,认为如果继续施行这种政策的话,就一定会遭到"一般人民""更强烈的反抗"。因为片山氏构想了在乡绅层与一般

---

① 片山诚二郎:《明代海上走私贸易与沿海地区乡绅层——对朱纨强行推进海禁政策及其受挫过程的考察》(《历史学研究》164号,1953)。对苏州出身的朱纨因士大夫们的"乡评"而失足的事,宫崎市定也指出了。(《明代苏松地方的士大夫与民众——明代史素描尝试》,原著为1954年出版,收入《宫崎市定全集》第十三卷,岩波书店)

民众之间存在着阶级矛盾和对立。① 片山氏将林希元的立场与行为当作沿海乡绅层的典型来理解。

既引用片山氏的讨论,又以更为一般化的形式来定位林希元的则是重田德氏。其论说以"乡绅支配论"而知名。② 照重田氏的观点,"乡绅支配"是"与国家支配人民原理上的变化——阶级性的变化相对应的地主支配的形式"。"这里不仅是基于土地所有制的私的、个别的统治,而且也是不基于土地所有制的广泛领域的统治,在公的外表之下不管怎样就算建立了。"林希元就是一个有力的例证。林希元一边传递着能从出自他手的父亲的行状和家训领略到的"劳动者的思想与生活",同时他既作为"沿海走私贸易的大户","又几乎使之成为宛如独立王国而进行统治"。在他的上奏文中可以看到"与传统的农本抑商思想形成了对照、以乡绅的商业资本活动为基础的言论"。但是,"当时的林希元,在自己的行状中完全避口不谈"非难其他一般乡绅的横暴。重田氏与酒井氏一样,把林希元看成是"不知羞愧地暴露自己矛盾"的人物。

从类型上概括这种乡绅两面性的是森正夫氏。③ 在回顾此前研究的基础上,森正夫氏一面分析史料,一面将乡绅分为"经世济民"(治世救民)型和"升官发财"(升迁和储钱)型(但森正夫所论未直接引用林希元的事例)。在批判这种二分法的逻辑中,吴金成氏也以林希元为例,认为"绅士"——吴氏不用"乡绅"而用此语,是"具有公私两面性的人物"。④ 各个乡绅不能够用"经世济民"型或"升官发财"型任一类型来清楚地划分。而且,两者兼备的人物也并非陷入"自我矛盾"。乡绅(吴氏所说的"绅士")本来不就被赋予了贯穿这两面性的命运吗?

通过林希元的家训来进一步追究这一问题的是寺田隆信氏。⑤ 寺田氏推测此家训是嘉靖二十年以前执笔的,将其分为以科举为目标训诫子弟的前半部四条与言及广义家政的后半部八条。在此基础上,他认为前四条"与其说是林希元,不如将其理解为是吐露当时官僚、士大夫的共同心情"。尽管如此,另一方面还有朱纨

---

① 顺便提一下,有关这一点,佐久间重男氏的《日明关系史研究》(吉川弘文馆,1992)所收的诸论考进行了批判。
② 重田德《清代社会经济史研究》(岩波书店,1975)的第三章《乡绅统治的成立与构造》。
③ 森正夫《明代的乡绅——关于士大夫与地域社会的关联的备忘录》(《名古屋大学文学部研究论集》26 号,1980)。
④ 吴金成《明清社会经济史研究》(渡昌弘译,汲古书院,1990)的第二篇《绅士层的社会经济作用》的注释。
⑤ 寺田隆信《论林希元的〈家训〉》(收入金谷治编《中国人间性之探求》,创文社,1983)。另外,寺田氏所训读和利用的家训虽是文集所载的全十二条,但好像也包含了同安所流传下来的林希元手订的《林家族谱》中的全二十条,郑振满《明清福建家族组织与社会变迁》(湖南教育出版社,1992)的各处部分地引用了。

的事件。"为了保护自己的利益而不惜与朝廷的政策相对抗"。寺田氏解释说,这两个侧面"尽管觉得矛盾,但两者决不应该是相互对立的。至少作为乡绅的一般状况而言,林希元本人完全没有感到有什么疑问之处"。只是,寻找脉络关系留待了将来。

在重田氏他们研究的基础上,岸本美绪氏引入了乡绅论的新视点。① 根据岸本氏的说法,"'宛如独立王国'的明末福建的乡绅统治,可以说是不断壮大的乡绅势力的突出形态。……乡绅势力成长的背景实际上是狭隘的安定生活圈的解体,人们作为分散的个人被抛入到竞争社会之中的明末的社会状况"。王朝权力一方面不断处罚势力增大的乡绅,另一方面在地方统治上又依赖于代表民间势力的乡绅。明末清初高涨的"封建"论争,在中央权力强化论与民间势力重视论中,也是"哪一方面作为对维持社会安定更有效这种相对性手段的优劣问题来加以讨论的","地方统治特权的主张与国家对这种特权的否定之间并不冲突"。"乡绅与其说是地方社会的排他统治者,宁可说不过是与各种势力纠结在一起的'核'的一种",由于各种理由,"被瞩目为地方势力的代表"。岸本氏以股票投资的比喻来加以说明。

如果从本文的逻辑来看的话,岸本氏所论不是认为林希元要与王朝权力相对抗而要搞"独立王国",毋宁说可以解释为他的举动对"地方社会"的秩序安宁有所贡献。乡绅与一般民众之间当然没有不可避免的阶级对立。朝廷(或者说国家)与乡绅在统治权上也并非是绝对对立的。乡绅作为"地方社会"(按森氏的用语是"地域社会")的有力构成要素,其各自以获得主体威信为目标而行动,作为客体,是朝廷和一般民众也承认其价值并加以利用的对象。林希元正是在这种情况下活动,其言行虽然"自相矛盾",但并非"具有两面性",也许本来就没有"两面"。

林希元对朱纨的批判,就是这样进行反驳的(《林次崖先生文集》卷五《与翁见愚别驾书》。以下简称《文集》):"虽然有人无端起诉我伪造渡船进行贸易,而官府对海盗的攻击没有取得任何成果,反而使百姓受苦。岂不可叹哉。"他在该书简的前一段力数取缔与葡萄牙人贸易的无据与无益。这与其说是为自己辩护不如说是为他的信念辩护。他自身(主观上)是站在本地民众的立场上来行事的。但是在朱纨的眼中看来却是与朝廷为敌。

林希元并非出自名门。四代之前的祖先甚至连名字都不知道。其父林应彬(1435—1499)虽然也有"四书"等方面的修养,但似乎并非是为了中进士才学习的。他晚年有所悔悟并极为热心子弟教育。让林希元6岁时就开始跟随家庭教师学习,从19岁开始就让他离开家乡去游学。据说林应彬在临终时也没有叫儿子回来。他作为乡里的指导者而积极活动,结果为海盗和地痞等所怨恨。家训中对小

---

① 岸本美绪:《明清时代的乡绅》,收入《权威与权力》("世界史之问"?),岩波书店,1990。

生产者的照顾也似乎是继承了父亲之教导(以上根据《文集》卷十四《先府君明夫先生行状》)。就林希元来看,他好像根本不是朱纨的一面之辞所断言的那样榨取本地一般民众。

二、作为地方官

乡绅林希元虽然受到了地方官朱纨的严厉谴责。但是,林希元在十年以前也做过地方官。他不仅不是贪官污吏,而且史书上还记载他是"清廉刚直"、"经世济民"型的能吏。其业绩可以列举如下:

A 回答世宗嘉靖帝对所有官吏的咨询,上奏《新政八要》,主张一扫腐败的正德时代的风潮而进行政治改革。

B 依法处罚逞威的权臣。

C 在泗州(现江苏省北部)的任职中,快速解决饥馑,救民于水火。

D 作为广东盐屯佥事而改定盐法,改善了盐丁的生活。

当然这些史料是为赞美他而写的传记,不可否认有美化他的可能性。即便如此,至少与朱纨的弹劾所见到的谋求私利私欲的形象是大相径庭。特别是在钦州(现广西壮族自治区南部与越南相接处)任官时他留下了许多功绩,当地人民建造生祠来祭拜他。下面稍微详细地来介绍一下这方面的情况。

嘉靖十五年七月,由于林希元在有关辽东半岛的军事问题上发言失误,他被左迁为钦州之知州,直到嘉靖十八年十月在任三年。这一职务一般都是举人或监生就任。到了明代他是第二十六代知州,但作为进士,他是第六位。其中福建出身的就占了四位(其他二人为北直隶和浙江人)。

他的业绩首先表现在越南(安南)问题上。当时在安南就王位继承问题发生了纷争。林希元多次上奏朝廷讨伐安南。一时朝廷的政策也倾向于出兵,为了军队的通过,命令对沿路进行整顿。林希元更是遇河架桥、储备军粮为出兵作准备,但结果白费了苦心。此后他再建巡检司和营堡,致力于州内军事组织的重编。

第二是民众教化。该地区作为中国的版图被确定下来始于北宋初期,即 10 世纪的时候。自此近六百年,用林希元的话说是风习未开,这是因为在教化上没有得到合适的人才。(《钦州志》卷一《沿革》)言外之意,显示了林希元才是合适之人的自负。他刚一就任,就提出了禁止这种未开化风俗的 12 条告示。他说,此后百年,如果后任的地方官们不断致力于教化的话,钦州的教化就形成了。(同上书卷一《风俗》)

林希元所实施的具体教化政策,一个是整顿学校和复兴社学,一个是修筑坛庙和毁坏淫祀。这些都不是他的独创,而是名相贤吏的业绩中常常言及的事情。如转移、扩建州里的文庙(孔子庙),用公费修建学生宿舍。赞扬这些业绩的文章,是当时任钦州所属的廉州府知事的张岳所写下来的。(同上书卷五《学校》)张岳

（1492—1552）同为泉州府出身，与林为同年进士，是从前的旧友，也是后文将提到的反对阳明学的同道。①　而且，林希元在各乡共建18所社学，各拨20亩田以充当各种经费，就此他自己写了一篇长文为记。（同上书卷五《社学》）他还修理了社稷坛、风云雷雨山川坛、州厉坛等三坛；除城隍庙外，他扩建了祭祀名官林锦的祠、土地祠、天妃庙等这些朝廷公认的祠庙，同时还捣毁了被视为淫祀的真武祠和玄妙观。（同上书卷六《祠庙》）。

　　此外，像更改坊表（为纪念某一事情而在相关地方建造的门及匾额）的名称、在城壁上修建新门以利于通行、建造养济院、漏泽园等福祉设施，在短短三年的任职中，留下广泛的足迹。其中特别值得一提的是州志的编纂。

　　这无疑就是在此前的叙述中作为参考的《钦州志》。16世纪时，各府州县都盛行地方志的编纂，这也许与印刷业的发展有关。名义上的编者几乎都是当时的地方官，《钦州志》每卷的卷首都写有"知州林希元辑"，这并不奇怪。但是一般而言，地方官只是写序（或者在序中借名），实际的编者则是他人，多为当地的名士贤达。《钦州志》中处处散见的"论曰"部分都是林希元以第一人称来说的。现存刊本中，以影印本广为流传的宁波天一阁藏本，缺少目录之前的部分，②也没有序文和通常称为"纂修姓氏"的执笔协助者一览。《文集》中收录有他所执笔的另一本地方志《永春县志》的序文，但没有《钦州志序》的文章，也可能本来就没有写这篇序文。《钦州志》所记至嘉靖十八年结束，因为是写到林希元任期满了之时，而印刷和刊行则在此后。像《钦州志》这种由地方官亲自构想执笔的地方志则是极为罕见的。

　　钦州在行政上由知州直辖的钦州和设置了知县以下县官的灵山县所组成。无论是哪里，科举考试及第者都极少。从明初到林希元，出自钦州的举人有15人，灵山县有7人，及第进士的只有灵山县1人。顺便说一下，在林希元的故乡泉州府同安县，在他被朱纨弹劾之前，仅进士就有26人，举人达90人之多。（《文集》卷十《皇明科目题名记》）虽然两地总人口差距将近一倍，一方面是与安南国接壤的边境地带，一方面是宋代以来以众多科举及第之士而引以为自豪的福建沿海地区，其文化资本积蓄之差，就像这些数字如实反映的那样。林希元在《钦州志》卷一《沿革》的"论曰"中感叹道："民风土俗尚与夷杂，全然尚未理化。"

　　因此，可以说此地还没有形成本地的名士贤达主动谋划地方志编纂的环境。一般认为，外来的一地方官独自积极地推进了这一事业。林希元已经有被委托编纂执笔《永春县志》的经验，懂得如何编纂地方志。由于在钦州连印刷厂都没有，

---

①　关于张岳，参见小岛毅《张岳的阳明学批判》（《东洋史研究》53卷1号，1994）。

②　这是限于天一阁藏本的现象还是所有的刊本都如此，不详。据《中国地方志联合目录》（中华书局，1985），天一阁之外中国科学院图书馆所藏缩微胶卷、广东中山图书馆所藏抄本，大概都是由天一阁本所复制而成。

印刷也要到外地去做。也就是说,林希元作为地方官在教化之名下,是要试图将中央的文化移入此地。

钦州本地的有识之士们究竟是如何看待这些的,只能是凭想像了。由于达到了为之作生祠来加以祭奉的程度,恐怕是受到了相当好的评价。尽管是人事上的左迁,但林希元是一位积极投身于地方官职守并极具经世济民意识的人物。

三、作为朱子学家

下面再来看看作为学者的林希元。与作为乡绅之一在社会经济史方面多被论及的情况相比,现代的思想史家几乎都未曾提到林希元。① 在同乡晚辈蔡献臣于万历四十年(1612)出版林希元文集之际所附的传记中,这样记述其学风:

> 其学从程朱,常以未能直接师事虚斋先生为憾。颇厌于良知之新说。其著作四书五经之"存疑",于南京在任中更加增删。此外有《太极图解》《读史疑断》《考古异闻》《古文类抄》等著作,均很流行。晚年研究《大学》古本作《改正经传》献给朝廷,并由此而削除官籍。先生气力旺盛经年而不衰,居家时常读书以至废寝忘食。本地有盗贼或饥馑之时,不厌其烦地联络官府给予解决。(载《文集》卷首)

这里值得注意的可以举出三点:

第一是他的思想立场。对于阳明学,林希元是坚决反对。"良知新说"就是针对阳明学。文集中多处,特别是前述与张岳同道有关的文章中,批判阳明学的言辞屡见不鲜。张岳任江西提学之时,林希元在给他的书信中有一节说道:

> 阳明之学,时值于江右(扬子江的右岸,即江西地区)盛,尤以吉安府为烈。此乃唯督学可正之事。
>
> 在如今远离圣人之时代,道之术已大乱。江西又出现一新的学派以迷惑青年。非有大识者不能正之。(《文集》卷五《与张净峰提学书》)

不用说是林希元,就是张岳也有同感。张使用政治权力对阳明学进行压制。也就是,以提学的命令禁止学生阅读与阳明学有关的书籍和进行讨论。林希元后来这样赞扬说:

> 其赴江西之时,青年惑于新说之传、注尤甚。老者忧之。其断然扫其弊害,学生之状一变,老者喜之。(《文集》卷八《赠张净峰郡首考绩序》)

按照他的判断,在阳明学的许多错误中,最大的过错就是轻视修养的阶梯性。朱熹对作为学习者的士大夫提倡"修己治人"之说,认为自身成为卓越的人格是为政者的条件。在林希元看来,这必须是先修己而后才能治人,这一顺序绝对不能

---

① 尽管没有以日语所写的专论,中文的有关论述,如高令印、陈其芳《福建朱子学》(福建人民出版社,1986)第五章第四节以二十几页的篇幅介绍其思想,十分详细。

变。(《文集》卷六《与林国博论格物大学问疑书》)

林希元的家乡同安县,是朱熹年轻时曾经在这里任过主簿之职的地方。13世纪,一位叫陈利用的人,将同安时代朱熹的诗文编为八卷,以同安之古称命名为《大同集》。林希元认为,"先贤卓越之教,需一字不苟地相传",并计划出增订版。不仅是同安时代的诗文,还增补了后与居住同安的门人们相交的书简以及《朱子语类》中言及同安的内容,共计十三卷于嘉靖二十四年刊行。18世纪的《四库全书》的编纂官严厉批评说,《大同集》所载的诗文已经全部录入到《朱文公文集》,毫不可贵,同安人不过是以朱熹为名义而自负。① 这种"自负的乡土"意识,或许足以说明林希元对抗阳明学而站在朱子学立场上的动机。

第二是林希元在经书注释上的业绩。当然,这与上面所说的第一点有关。他注释"四书"和《易经》,并以《存疑》之名出版。说到这,当然不是要在注中探讨其思想上的独创性。在当时的思潮中,从好处说是稳妥性的,严格地说不过就是平凡的注释书。但是,这倒显示了他在经学上的立场和执笔的意图。②

《存疑》中有一个占先的作品,这就是蔡清(1452—1508)的《蒙引》。蔡清就是上面传记中作为"虚斋先生"提到的出身于泉州府晋江县的朱子学家。蔡氏代代以《易经》传家,③因此为"四书"和《易经》作注,题为《蒙引》出版了。林希元的《存疑》,包括后面将要说到的,都是受其影响而写的。而且,林希元还为《蒙引》的再版而尽力。因为当时流行的本子有许多错误之处,所以出了以蔡家所传原稿为基础的修订版。(《文集》卷七《重刊四书蒙引序》、《重刊易经蒙引序》)根据林希元的说法,朱熹去世后三百余年,经学出现了三方面的弊害,这就是科举、诗文和道学。在科举中,背离了经书意图的流行文章大行其道,诗文只讲究文饰,而道学陷于空谈。重刊《蒙引》包含了要阻止这一风潮的意图。

林希元以蔡清的后继者自认的另一业绩,是程文(科举考试的模范解答集)的刊行。蔡清从永乐十年(1412)到弘治五年(1492)共计27次考试中选出有关"四书"的模范解答44篇给予出版了。作为其续篇,林希元从此后至嘉靖三十二年20次的考试中选出约为蔡清所选3倍的篇数出版了。(《文集》卷七《重刊蔡虚斋先生批点四书程文序》、《批点四书程文序》)这两本书,作为科举考试的参考书,似乎在明末清初广为流传。

---

① 束景南的《朱熹佚文辑考》(江苏古籍出版社,1991)认为,《大同集》中包含有《朱文公文集》中看不到的珍贵资料,四库编纂官的见解错了。

② 《存疑》与下文的《蒙引》一同遭到江浙地方有识之士的严厉批判。黄宗羲的《破邪论·科举》;吕留良《吕晚村先生文集》卷五《论文》。

③ "家学"恐怕也意味着科举考试中的选择科目。当时的科举中,除了"四书"均为必修之外,还要从《易》、《诗》、《书》、《礼》、《春秋》所谓"五经"中任选一科目。

第三是他没有墨守朱熹的学说。这就是围绕《大学》版本引起的事件。

《大学》本身是汉代编辑的《礼记》中的一篇。朱熹继承和发展北宋以来的学说,不仅使该书从《礼记》中独立出来,而且在经书中给予其特殊的地位,指定为有经世济民之志者的必读书。朱子学将《大学》解释为由记述"三纲领"、"八条目"等经的部分与对其内容进行解说的传的部分构成。① 但是通行的本子由于与这种整理不合,朱熹就对其编排作了更改。当然,按照朱熹本人的主张,这种作法决不是肆意而为,毋宁是为了恢复其本来面目。而且将"三纲领"中的"亲民"按照程颐之说改成了"新民",即为政者教化民众。由于没有相当于"八条目"中最初两项即格物与致知的传文(朱熹认为),就断定说这部分是在传承的过程中遗失了,因此特意创作了补传夹在原文中。这样《大学》就变成了支持朱子学思想体系的关键所在。

阳明学否定朱子学所强调的"八条目"的阶梯性,认为不是始于格物致知终于治国平天下,而是以诚意为中心,"八条目"在时间上是平列的。因此,补传被认为是朱熹肆意杜撰的而遭到排斥。而且认为没有必要将"亲民"改为"新民"。不是朱熹的改订版,而是此前作为《礼记》的一篇由郑玄作注的"古本"才符合孔子的意图。

对改订版的疑义并非自阳明学开始。在承认朱熹"八条目"的阶梯性立场,换言之即在朱子学的框架内理解《大学》的学者们中间,也有批判格物致知补传倾向的人。林希元就是其中之一。

从文字上看,被认为是写于嘉靖二十八年的《改正经传以垂世训疏》(《文集》卷四),作为主张"补传不需说"的学者,就有董槐、叶梦鼎、王柏、车清臣、宋濂、方孝孺和蔡清等。他们的论据是,被朱熹视为经的"知止"以下四十二个字,本来就在"听讼吾犹人也"之前,它就是格物致知的传文,②并非格物致知的传文没有了。

对于基于"朱子无谬说"而力图封锁所有批判朱熹立场所设想的非难,林希元提出了反驳。根据林希元的说法,"义理"即此世的真理,并非太古之圣人所能尽于言表的,从追求真理的立场来批判朱熹的学说,这应该是合于朱熹本意的。他的逻辑是,不墨守朱熹之说,根据朱熹的思想框架去追求真理,这才是真正的朱子学家。

---

① "三纲领"是指明明德、新民、止于至善;"八条目"是指格物、致知、诚意、正心、修身、齐家、治国、平天下。朱熹认为"八条目"的前五项属于明明德,后三项属于新民。至善是为了要保持明德、新民的状态。

② "知止"以下的四十二字,朱熹归为经,即:"知止而后有定,定而后能静,静而后能安,安而后能虑,虑而后能得。物有本末,事有终始。知所先后,则近道矣。"但是由于他们也承认"八条目"的阶梯性,在这一点上与阳明学的解释不同。

但是嘉靖二十九年底,来自朝廷的反应恐怕出乎林希元的意料之外。他的著作被没收,禁止出版,而且官吏的身份也被剥夺了。① 到底是什么触犯了当局者呢?

事情在朱纨自杀前后发生,这单单是偶然吗? 回想起来,朱纨起来弹劾乡绅林希元时,他正在书斋里执笔《大学经传定本》。对林希元的处分,表面上看是出于思想、学术的理由,但这里面不存在政治性的背景吗? 尽管现在这还是臆测,但是这两件事也许不无关系。

结　语

以上从乡绅、地方官、学者三个方面对林希元这一人物作了介绍。根据以往来自于社会经济史方面的研究,他被视为一个反面角色。但是,他也是一位笃实的地方官,也是具有使命感的朱子学家。只有将这些都纳入视野,才可以全面了解当时的知识分子。

本文的事例只不过是限定在"16 世纪中期福建沿海"这一地区的士大夫的典型。但是,可以肯定的是,用以今天的思路和框架为基础的视角来看待当时的士大夫,是不可能获得一个正确的整体面貌的,因为他们是一个非常复杂的多面体。要再现其本来面貌和勾画出其大致轮廓,还有许多工作可做,这些都是今后的研究课题。

---

① 《明实录》世宗实录之卷三百六十八、嘉靖二十九年十二月辛未之条中也简洁地记载了此事的原委。实录编者评价说,该书虽有与朱子之说不一致之处,但成一家之言,可资参考者甚多。

上天入地：思想史的边界与方法

□ 高瑞泉

研究思想史采用什么方法，本来可以是因人而异的，因此就很有讨论的空间。但是，思想史的研究方法不应该是独立的、外在于研究活动的因素，方法当然是主体的方法，在思想史研究中的方法常常首先表现为主体的观点、思想和信念；但方法不仅是主体运用的工具，而且与研究对象有十分密切的关系。通常情况下，研究对象多少已经决定了合宜的方法。我们甚至不妨说，合宜的方法内在于对象，至少是内在于主体和对象的关系。因此本文主要讨论思想史的对象，然后因对象的规定而讨论到有关的方法问题。

一

像中国的其他现代学术一样，作为现代学科的思想史，是20世纪初发展起来的。在这个领域，中国与西方没有太大的时差。当狄尔泰的后学们建构西方思想史的时候，梁启超的后辈们也开始叙述中国思想史了。而与思想史关系特别密切的中国哲学史学科，比起她的西方同行则要晚得多，而且一开始确实是按照西方哲学史的方式建构起来的，按照蔡元培的评价，是"依傍西洋人的哲学史"的产物。当时的人倒并不讳言"依傍"，因为非如此不能有中国哲学史的系统，而只能是经学史的系统、佛教判教的系统，或者"学案"之类的断代学术史。可庆幸的是，胡适以后，真正有创见的几代中国哲学史家，都是哲学家。他们的哲学史研究都因融贯了自己的哲学创造——这些哲学本身又是中外哲学不同方式的会通——而有其个性，显示出其哲学的派别。尽管有些学者坚持中国古代本来没有"哲学"，只有"思想"，像黑格尔和德里达的见解一样。但是，总体说来，中国哲学史作为一个学科，已经取得相对成熟的形态。所谓"相对"，这里首先就是指与"思想史"比较。因为只要你认真面对思想史研究的现实，你就很难避免一种困惑：

有没有统一的思想史？或者说,思想史的对象和边界在哪里？因为现代学术分类的缘故,可以有政治思想史、哲学思想史、经济思想史、社会思想史、科学思想史、宗教思想史等等分类的思想史。形式上统一的思想史著述,其实都会不同程度地还原为分门别类的"思想"的历史。正如我们有政治学、哲学、经济学、宗教学、科学学,等等,惟独没有"思想学"。如果要求"思想学",那就只能是哲学,因为只有哲学才是反思思想的思想,或者思想思想的学问,是对思想的思想。这正说明,思想史是如何离不开哲学和哲学史,这一点我们后面还将细论。所以以《中国思想通史》命名其著作的侯外庐先生还是得解释,他的书里包含了哲学思想、逻辑思想和社会思想。葛兆光也说,他的《中国思想史》就是"一般知识、思想与信仰世界的历史",虽然我们可以意会他努力要与专写思想家的思想史有所区别,但深究起来,说思想史就是(至少是包含了)"一般思想的历史",实在也是不甚了了。

但是另一方面,我们不断看到有思想史的著作问世,有些学者如刘志琴先生不无道理地认为,思想史已经是当代的显学之一。更有研究者判断70年来,中国思想史研究已经形成了四大学派,他们各自对思想史都有界定。① 不过,我更注意的是,美籍华裔学者汪荣祖先生很早就对思想史作了若干界定,除了第四项回归到我上面说的分门别类的思想史以外,他的前三项是:"(一)思想史乃是对'人之思想'(Man Thinking)作广泛而有系统之研究。所谓'人之思想',是从人去了解思想因子,而不仅从思想因子本身去了解思想因子。""(二)思想史乃是研究特定历史时间内'人之思想'。历史时间同时涉及空间环境,亦即人之周遭。盖'人之思想'常是人对其历史环境之'自觉反应'(Conscious response),故必须从此种反应来了解人之思想。""(三)思想史乃是研究思想因子,从某一历史时间到另一历史时间之演变。"汪氏分别在思想与人、思想与社会生活或语境、思想本身的发展与传播三个环节上去界定"思想史"。汪氏的界定比较宽泛,为了使他得以避免同义反复的批评,他采用了这样的论述策略:在与思想史相邻的两大学科即哲学史与文化史之间给思想史划界:"思想史研究之目标与方向,其任务不局限于所谓'思想之历史'(history of ideas),故其视野超越哲学史与学术史之外。思想史亦与'文化史'(cultural history)有别,后者包罗万象,诸如宗教、艺术、文学、科技等,靡有所遗,而前者以整个文化做背景,注重'历史架构'(historical framework)上之思想与行动之关系,以及思想与思想间之关系。"②

我认为,尽管汪氏既包含哲学史又超出哲学史,仍没有说清楚"思想史"是什

---

① 见雕胡在《"中国思想史研究对象"不同观点的资料选编》作的编者按。《杰出人物与中国思想史》,389页,江苏教育出版社,2000。

② 《思想与时代——思想史研究之范畴与方法》,载百花文艺出版社1998年出版之《学林漫步》。

么,因为虽然我们承认 intellectual 和 idea 是有细微的差别,idea 比较多地表示概念化的思想、理想设计之类,接近 thought;intellectual 表示除了 emotion、felling 以外高级的精神活动,因而意义比较宽泛。但是"idea"也可以用于信仰。所以采用区别 intellectual history 和 history of ideas 来说明其"思想史"的内容,并不见得就能说清楚问题。但是,他主要运用的是在两个相邻学科之间界定的策略,这一策略是合宜的。沿着这样的理路,我认为,与思想史关系最紧密、可以成为思想史边界的应该是哲学史和社会史。所谓"边界",不是绝对划开的界限,而是有某种包含的关系:广义的思想史当然包含了哲学史,广义的社会史又包含了思想史。反过来,哲学始终是思想史的核心。这并不是说思想史一定要直接叙述哲学史,而是说,最低限度,任何一部自成一体的思想史,其作者和纂述都受到某种哲学的支配和影响。而我们研究历史(或者叫"通史")的目标一定离不开意义的追寻,龚自珍说"欲知大道,必先为史",那就是要从历史中发现意义,也就要做思想史的追寻。但是,我认为哲学史和社会史依然可以成为思想史的边界,即思想史研究可以与哲学史、社会史研究有相应的分工。

简单说来,哲学史作为哲学的展开,会更多地研究那些人类最基本、最永恒的根本性问题,它虽然离不开社会史的具体发展,并且要依赖思想史为其提供资料(特别是科学思想史、政治思想史),把思想史中那些前哲学形态的思想质料上升为哲学的思辨之果,但它毕竟还表现出超出经验材料的性格。从这个意义上说,当张岂之先生说"思想史是人类社会意识的发展史;确切地说,思想史是理论化的人类社会意识的发展史"时,他是强调了思想史中与哲学史关系特别紧密的那些精神现象。[①] 思想史的另一条边界是社会史,社会史虽然不能没有思想内容,但是可以注重更广阔的社会生活现象,而不是只能研究"理论化的社会意识"不可。从这层意义说,我十分赞赏葛兆光的说法:"过去的思想史只是思想家的思想史或经典的思想史,可是我们应当注意到在人们生活的实际的世界中,还有一种近乎平均值的知识、思想与信仰,作为底色或基石而存在,这种一般的知识、思想与信仰真正地在人们判断、解释、处理面前世界中起着作用。因此,似乎在精英和经典的思想与普通的社会和生活之间,还有一个'一般知识、思想与信仰的世界',而这个知识、思想与信仰世界的延续,也构成一个思想的历史过程,因此它也应当在思想史的视野中。"[②]所以,葛兆光所研究的思想史对象,更贴近于与更广泛的日常生活关系紧

[①] 张先生说:"思想史研究应关注哲学史的再研究,哲学史是思想史的主要部分,一部思想史如果缺少哲学的抽象,那就是很大的憾事……我觉得,系统化的理论思维,或者说社会意识的历史与哲学思想的联系,这在中国思想史的研究中,应当成为着重研究的课题之一。"表明了他的理论偏好与学术抱负。

[②] 葛兆光:《中国思想史》第一卷,13 页,复旦大学出版社,1998。

密的那部分精神现象。换言之,他似乎更注意从社会史或一般文化史中发掘资料。

因此,这两个具有代表性的观点,只是分别强调了思想史的两条边界,一条是向上的、通向哲学、形而上精神的世界;另一条是向下深挖的、通向社会的、形而下生活的世界。合起来,可以叫做"上天入地"。由此看来,思想史的对象有一个大致的范围,即在现今常见的哲学史和社会史之间的大片腹地,都可以是思想史家驰骋的疆场。当然,这种见解多少局限于现代学术的分野,即以承认现代学术形态的合理性为前提。能够打破现有学术范式、独创一种统一的思想史者,不在此论列。

二

在讨论了思想史的大致边界以后,可以进一步探讨思想史的方法,因为,在我看来,思想史的这两条边界决定了思想史的主要方法取向。

思想史向哲学求取方法。需要说明的是,我决非提倡思想史直接采用哲学的方法,也不是主张思想史模仿哲学史的方法。就工具意义的方法而言,哲学一向自奉甚俭。特别是纯粹哲学,除了哲学家的洞见外,通常主要依赖逻辑手段。就是冯友兰说的"思与辩"。我之所谓"思想史向哲学求取方法",不是把思想史限于思与辩,而是意欲说明不同的哲学理论常能改变思想史作者的视角和视阈,随之就可能产生方法的变更。因为方法和规范一样,常内在于理论。先于接受某种方法的,常常是接受了那种理论。

从来没有离开哲学理论的哲学史,按照黑格尔的说法,哲学是哲学史的总结,哲学史是哲学的展开。按照解释学的原理,任何哲学史著作都是以著作者的哲学先见为前提的。哲学史作为与思想史关系最密切的学科,决定了哲学是思想史研究方法的一个源头。

就其主流而言,20 世纪中国思想史界自觉地从哲学汲取方法。最明显的成例就是侯外庐的《中国思想通史》。侯氏的这部著作,运用了唯物史观的基本理论和方法,研究中国古代思想史,取得了众所周知的成就。这一点,毋庸赘述。

就其抱负而言,侯外庐《通史》的目标接近于写作一部"统一的思想史",用他自己的话说:"这部《中国思想通史》是综合了哲学思想、逻辑思想和社会思想在一起编著的,所涉及的范围比较广泛;它论述的内容,由于着重了基础、上层建筑和意识形态的说明,又比较复杂。"[①]它对哲学思想尤其重视,更恰当地说,哲学史的内容构成了其主干和核心。事实上,由于侯外庐《中国思想通史》的编撰和出版,不仅在几乎长达半个世纪里,确立了中国思想史的范式,而且深刻地影响到中国哲学史的研究。胡适首创、冯友兰奠定学术规范的中国哲学史,因为侯外庐的这部通史,发生了很大的改变。此后问世的中国哲学史通史类著作,大多不离其规制。甚

[①] 侯外庐:《中国思想通史·序》第一卷,人民出版社,1995。

至冯友兰的七卷本《中国哲学史新编》,也带有它的烙印。

值得提出的是,因为哲学观点和方法的改变,侯外庐《中国思想通史》扩大了哲学史研究的对象。原先在正统派那里很少被提及的异端思想家,开始堂而皇之地登上思想史和哲学史的正册,譬如王充、李贽、柳宗元、刘禹锡等。这自然也是继承了近代哲学革命反"天命论"、反经学独断论的主流缘故,章太炎就说过:"汉得一人(指王充——笔者注),足以雪耻。"高度评价王充"疾虚妄"的立场。从荀子到刘、柳那种"人定胜天"的观点,支持了近代中国哲学"天人之辩"和"力命之争"从顺天命到重人力的逆转。又譬如明清之际三大启蒙思想家,现在有了前所未有的思想史地位。当然是因为近代民主主义高涨,哲学家实际上在他们身上发现了某些现代性的因子。

历史上不乏此类先例:在开创者那里表现为长处的东西,一旦被后继者视为定例或成规,陈陈相因,一定转变为明显的短处。更何况侯著无论如何出色,也仅是一家之言,也有其短处。陈陈相因的结果,短处被放大了。很大程度是因为20世纪50年代以后思想文化的一统天下,侯外庐《中国思想通史》所运用的评价体系,包括唯物唯心、封建民主、形而上学辩证法、迷信科学等对子,被凝固化、教条化了。人们批评说离开它们就几乎不知道如何写思想史,是切中要害的。何况,寸有所长,尺有所短。长处本来常常同时是短处。注意哲学史的内容,在侯外庐那里不失为特点或优点。但是,哲学史的研究方式通常要求人们以成体系、最成熟、最有代表性的哲学家为对象,必然更多地注意哲学家——思想家,必然更多地注意理论形态的思想。只有少数思想精英才有哲学,但普通人也可以有思想。因此,思想史的对象和范围常常被局限在思想精英和哲学典籍中了。不光是这一派的思想史著作有此特点,其他注重哲学史内容的思想史家,也不同程度地有此倾向。①

一代有一代之学。"文革"以后,在"文化热"中,李泽厚的思想史著作引领风骚。他虽然没有撰写中国思想通史,但是他的中国思想史三论对80年代思想界和读书界有巨大的影响。我们知道,50年代以来,中国大陆堪称哲学家的人数不足一手,其中就有李泽厚。提及这点,是为了说明:李泽厚的思想史论著之精妙处,决不在展示思想生活的历史知识;而在于他常常能够直接触动那个时代的思想脉络。简言之,如果李泽厚没有通过《批判哲学的批判》将"主体性"这一康德哲学的现代性表达作了充分的发挥——这与80年代中国人普遍地热切追求现代化有着强烈的精神共鸣,如果他没有对中国儒家传统的"实用理性"的抽象、没有文化心理"积淀"的假说、没有他的自由理论和美学理论,他的中国思想史论三种恐怕很难有大

---

① 有一段时间甚至哲学史和思想史可以统称,如杨荣国先生的《中国古代思想史》完全是一本研究先秦哲学史的专著;钱穆的《中国思想史》的内容也以中国哲学史为主。以他们的命名方式,冯友兰的《中国哲学史新编》不妨叫《中国思想史新编》。

的成就。

上述偏向于哲学或哲学史的思想史,其著述的动力与其说是知识的兴趣,不如说是意义的追寻;他们虽然在描写思想的"历史",但是更深的目标是说明历史,是表达具有现实意义的观念和哲理。描写事实服从于评价价值。与此不同,注重描写思想史事实的一派人物,有的以为,将哲学家和哲学经典撇在一边,并不妨碍他们将视线转向更广阔的思想史事实。他们以为这种变革纯粹是由于研究对象的扩大,由此带来思想史的新面貌。为此可以举出20世纪的先例:当王国维将地下出土的甲骨文、金文以及其他文物与固有的文献相对照,他的历史研究因研究对象的扩大而有了重大突破。

这里有讨论的余地。我相信,20世纪的考古发现对中国人文学术的影响极其深远,但是最初的作用,应该有其偶然性的一面。换言之,我们还应该考虑王国维等在面对考古发现时的精神状况。王国维的学术路向曾有过重大转变,在他专注于史学以前,曾经专门研究过哲学,并且留下了若干相当精彩的短篇论文和关于现代哲学"可爱与可信"分裂的名言。它们清楚地表示王国维如何受到经验论哲学和实证主义的深刻影响。我们知道,虽然围绕着"感性—理性"范畴,中国古代哲学展现出丰富的内容,但是正统儒家由于注经传统更强调经典是知识的源头、更注重演绎的作用。自严复提倡"内籀",强调归纳的作用,强调从经验中获得新知,经验事实被看做人们获取知识更重要的源头。重视经验对知识或真理检验作用,这种实证精神对20世纪中国史学的影响是众所周知的。所以,从时间看,是新材料的发现扩大了研究的视野,新的材料也带来了新的方法要求;但是从研究者的主体条件而言,是新的视角(哲学给了他新的眼光)使他发现了新材料的新意义。只有在这时候,新材料才真的成为新材料。换言之,形式上资料的扩大使眼界扩大和视角的改变可以是并行不悖的,其实在思想史研究中后者常常是前者的条件。这样的想法不是什么发明,沃尔什(William H Walsh)早就说过,几乎每一代人都发现有必要重写前人已经写过的各种历史,"每一个历史学家显然都把一组利害、信仰和价值——它们显然对他所认为是重要的东西有着某种影响——带到了他的研究里面来"①。

因此,每一本有价值的思想史著作都具有当代思想史或当代哲学史意义,思想史家或哲学史家可以从中发现一些有趣的东西。譬如,目前坊间比较流行的思想史著作十分看重宗教信仰。这对以往思想史和哲学史对宗教的批评简单化的做法是一种反拨,但是这决不只是学术内容的扩张,而可以看做曲折地表达了当代思想界精神的某一面相:对唯物论的厌弃、信仰的普遍缺位以及由此引起对终极关怀的

---

① [英]沃尔什:《历史学可能是客观的吗?》,见何兆武主编:《历史理论与史学理论——近现代西方史学著作选》,882页,商务印书馆,1999。

热情。又譬如,受后现代主义的影响,对"进步"观念的质疑,表现为将思想史描写为民族精神生活的某种"延续",而不是"进步"或"发展"。所谓"延续"也不是统一的、单线条的,而是发散的。因为像罗蒂那样的哲学家早就为此表达了"后哲学文化"的立场。"某种对于西方理智生活来说曾经是核心的东西"已经失去,"正因为如此,在这样一个文化中,将不存在任何称作'(大写的)哲学家'的人,他们能够说明文化的某些方面为什么和怎样能够有一种与实在的关系"①。罗蒂说的是当代西方,我们的思想史家则更彻底:他们似乎要告诉我们,中国思想史中也许根本没有那个"核心",至少哲学不是什么核心。

总之,各种哲学的观点始终在影响着思想史的"写法",不过思想史学者未必有这一自觉,或者自觉的程度不同罢了。

三

影响思想史"写法"的还有社会史和社会史的观念。尽管从人与历史学关系说,我们对从历史经验中获得思想和教训的目标,要比对历史知识的单纯兴趣更加重要,从这一层意义上可以承认"一切历史都是思想史"。但是深入研究思想史必须认真看待社会史。简略些说,前述汪荣祖对思想史的界定,强调"人的思想",包含了从人的活动、历史条件或语境与思想的关系去描写思想史,表达的就是那个时代社会史在思想史研究中受到重视的程度。从社会史中发掘思想史的根源,是上世纪思想史界的共识之一。侯外庐明确说过:"思想史系以社会史为基础而变更其形态。因此,思想史上的疑难就不能由思想的本身运动里求得解决,而只有从社会的历史发展里来剔抉其秘密。"②《中国思想通史》注重的是经济基础和上层建筑的关系,是社会史中那些经济活动以及由此决定的社会存在、阶级关系、阶级矛盾对于思想史的意义。葛兆光则比较注意宗教生活、传统的礼仪,等等。20世纪70年代以来的考古发现,以往在思想史通史的写作中不太受注意的碑刻、书画、信札、日记、公文、普通读物如类书等,也被认为有重要的思想史价值。这都有助于多样化地描写中国思想史。③ 取材的广泛化带来思想史面貌的更新,是值得欢迎的。

但是,现在有一种倾向,似乎在思想史研究中可以忽略社会史的因素,思想史更多的是单纯的观念史。如果说以往在侯著《中国思想通史》的范式下,曾经出现过一种弊端,那就是将思想与社会史的关系简化为经济条件、阶级立场机械的决定

---

① [美]理查德·罗蒂著,黄勇译:《后哲学文化》,14~15页,上海译文出版社,1992。
② 侯外庐:《中国思想通史》第一卷,28页,人民出版社,1995。
③ 其实,以往给思想家做传,通常都会十分注意研究他们的日记、信札甚至书画作品,在这方面历史学家一般会以搜罗无遗为己任。李泽厚的《美的历程》虽然讲的是中国美学史,但是他的写法(如对汉唐艺术精神的描述)常常使人获得文化史或思想史的意蕴。

论公式的话;那么,现在我们看到另一种偏向,把思想史的演变描写成超乎社会条件的独白。我们当然承认思想史应该有其独立的脉络、内在的理路。但是如果我们同时承认思想史是人类生活世界的一部分,那么就不能以为思想史可以脱离社会史的脉络,特别在解释思想史的原因的时候,就不能不做必要的社会史还原。譬如,最近十几年来,对五四新文化运动的批评成为文化界、读书界的一种时尚。五四新文化运动像历史上所有的事件一样,可以批评的地方不少。但是,现在流行着一种见解,把20世纪中国社会普遍的价值失范、意义丧失归咎于"五四",认为由于"五四"的激烈反传统,我们中国人原先的精神权威都丧失了,结果中国的现代化因为缺乏足够的传统资源而长期止步不前。导致这种似是而非说法的基本原因,是论者完全忽略中国近代社会生活根本性变革和社会结构变迁这个源头,把民族价值的解体与重建归结为少数思想家的言论,形成了一个典型的观念论理路。反驳他们的不仅是理论,而正是他们忽略的社会史。按照他们的逻辑,传统资源是现代化的必要条件,而最近十年内,至少在经济现代化的意义上,中国的进步是世人有目共睹的,中国正在实现经济起飞。那么,难道被"五四""打断"的中国传统文化资源突然一夜之间都恢复起来了?持观念观理路者面临一个逻辑上的二难:要么是承认传统并未中断(不管什么原因,包括"五四"运动的冲击);要么是承认即使传统中断(是否因为"五四"运动的冲击姑且不论)也没有影响经济现代化。其实,如果对社会史有基本的尊重,就不会忽视如下事实:早在五四运动以前,以正统儒家为核心价值的古代价值系统已经深陷于解体的历史过程之中——无论是在思想创造性或精神感召力,还是在社会承担者这一物化和制度的层面,都是如此。所以,如果说五四加深了传统的断裂的话,首先就因为"五四"本身是传统解体的一个结果。

  思想史的研究有时采用思潮研究的方式,这种方式的思想史与社会史的关系就更加密切。上世纪80年代以来,思潮研究曾经很受学术界注重。有社会思潮、哲学思潮、学术思潮等研究。从事思潮研究的人们,常会引用梁启超的形象化说明:"今之恒言,曰'时代思潮',此其语最妙于形容。凡文化发展之国,其国民于一时期中,因环境之变迁,与夫心理之感召,不期而思想之进路,同趋于一方向,于是相与呼应汹涌,如潮然。始焉其势甚微,几莫之觉;寝假而涨——涨——涨,而达于满度;过时焉则落,以渐至于衰熄。凡'思'非皆能成'潮',能成'潮'者,则其'思'必有相当之价值,而又适合于其时代之要求者也。凡'时代'非皆有'思潮',有'思潮'之时代,必文化昂进之时代也。"[①]作为一个历史学家。梁启超亲历了好些思潮,有时甚至是那些思潮的中坚或推波助澜的人物,他谈论思潮的特点,可以给我们方法论的启示。最可注意者,是梁启超联系"社会环境"、"时代要求"、"群众心

[①] 梁启超:《清代学术概论》,《梁启超论清学史二种》,1页,复旦大学出版社,1985。

理"这些要素谈思潮。这就扩大了思想史研究的范围,不再局限于单纯的思想家的文本,不仅研究静态的思想内涵(thought),而且研究动态的思想过程(thinking)。因此,我们可以同意列文森、史华慈等思想史家的主张,将一个时代的思潮看成对某些共同话题的不同主张和意见的持续争论过程。将思潮看成是从知识分子群体发端、推向或大或小的社会层面、进而影响到生活世界和民众心理的思想运动。这样理解社会思潮,就不可能拒绝做最起码的社会史还原。

当然,思想史研究与社会史研究的结合可以因对象的不同,有程度的差别。真正与社会史结合的思想史需要非常艰苦的工作,决非仅仅依靠思想史家一人或少数人的工作就可以成就。从这个意义上说,一个时代历史研究的一般水准决定了思想史研究的水准。当中国的社会史研究获得大量创获的时候,思想史研究可以借鉴的东西也将大量增加。所以思想史研究应该向社会史学习,有如向哲学学习一样。

晚清汉学谱系与近代中国学术和思想

□史革新

一、问题的提出

谈到晚清的思想学术，以往论者通常把目光集中在新学和今文经学上，而忽视了一度在当时颇具影响的汉宋学，尤其是汉学。晚清学者皮锡瑞称清代"经学凡三变"，清初为"汉宋兼采之学"，乾隆以后为"专门汉学"，晚清时期为"西汉今文之学"。① 王国维说："国初之学大，乾嘉之学精，道咸以降之学新。"②梁启超则认为晚清时期是清代学术的"蜕分期"，学术代表人物是康有为、梁启超，"有为、启超皆抱启蒙期'致用'的观念，借经术以文饰其政论，颇失'为经学而治经学'之本意，故其业不昌，而转成为欧西思想输入之导引"。③ 这些说法尽管都有一定的道理，但又不甚准确和全面。

西学与今文经学在中国社会产生重要影响确为历史事实，但它们成为思想学术的主流则是在1895年戊戌维新运动之后。在此以前，受到清朝统治者扶持的汉学、宋学依然在学界占着主导地位，有着不可忽视的影响。当时，西学虽然已经东渐，但尚处于"用"的地位，受到作为"体"的中学的制约。今文经学只是儒学的一个在野学派，不能与汉宋学派相比。大要而言，从嘉道年间到中日甲午战争前，传统儒学的主流学派——汉宋学处于继续延续，并不断调整其内部结构的渐变状态。汉学虽然走向衰落，但依然保持着一定的规模，且有局部性的回升；程朱理学一度出现"复兴"，汉宋学关系从"鼎峙"走向"合流"。从中日甲午战争后到清朝垮台的十余年，是中国传统儒学走向衰落和发生新转变的时期。科

---

① 皮锡瑞著，周予同注释：《经学历史》，341页，中华书局，1981。
② 王国维：《沈乙庵先生七十寿序》，《王国维文集》卷1，87页，中国文史出版社，1997。
③ 梁启超：《清代学术概论》，《饮冰室合集》专集之34，35页，中华书局，1989。

举制被废除,"四书"、"五经"遭冷落,再加上西学和今文经学的冲击,使汉宋学的地位发生根本动摇。章太炎、刘师培等新一代汉学家在学术研究上显示出的新趋向,反映了传统汉学在社会转型时期的新变化。因此,在谈到中国近代思想文化的时候,仅停留于简单性的概括,势必会忽略许多看来次要而在社会上起过举足轻重作用的那些历史因素,这将有碍于人们对历史真实的认识。

二、晚清汉学的谱系和派别

清代汉学肇始于明末清初的顾炎武、黄宗羲等著名学者的提倡。顾炎武等人标举"经学即理学"的旗帜,力倡实事求是之学,以矫正王学末流的弊病。后经阎若璩、胡渭等人的发挥,至乾嘉年间,清代汉学发展达到鼎盛,成为学界中的显学。以惠栋为首的吴派和以戴震为首的皖派,构成汉学阵营中的两大派别,取得举世瞩目的成就。嘉道以后,由于清朝统治出现了日益严重的内外危机,汉学的弊病充分暴露而受到越来越多的批评,再加上今文经学、经世之学、程朱理学的相继兴起,使曾经盛极一时的汉学走上衰落的道路。然而,汉学在晚清的衰落不是直线性的下降,而是有起有伏,在总体衰落的大趋势下,也有局部性的发展和回升。大致在中日甲午战争以前,清代汉学依然保持着相当的规模,仍在学界具有举足轻重的影响力。

在晚清,大江南北依然活跃着不少汉学家。吴派、皖派尽管失去了昔日的辉煌,但它们的余脉仍有生气。嘉道以后,吴派仍有不少传人活跃在学坛。惠栋弟子江声之孙江沅精通文字音韵之学,有弟子雷浚,能承其学。文字学家朱骏声(1788—1858),少时问学于钱大昕(惠栋弟子),著《说文通训定声》,于汉代许慎《说文解字》多有发明。朱骏声之子孔彰、惠栋的再传弟子顾广圻(1770—1839)、朱骏声的弟子程仲威(1834—1909)等,都精通经史小学,延绵吴派风流。皖派的传人在道咸以后亦有活跃者。经学家陈奂(1786—1863)先后师事江沅、段玉裁及王念孙父子,治经攻《毛传》,著《毛诗传疏》,造士众多。其弟子中著名者有:陈倬、马钊、戴望、李善兰等。戴震高足卢文弨有弟子臧庸、丁履恒、李兆洛等人。李兆洛弟子如云,称盛于学坛。

扬州学派在清朝中后期活跃一时,刘台拱、刘宝树、刘宝楠、阮元、刘文淇、刘毓崧等人是这一学派中的佼佼者。刘台拱(1751—1805)为乾嘉时的汉学名家,其族人中学者辈出,著名者有刘宝树、刘宝楠兄弟。宝树之弟宝楠(1791—1855)自幼受经于台拱,博览群籍,著《论语正义》,考证详备,为清人研究《论语》的代表作。阮元(1764—1849)是扬州学派的中坚人物,以毕生精力提倡朴学,编纂《十三经注疏》、《皇清经解》等书,对乾嘉汉学的研究成果作了阶段性的总结。他创办的诂经精舍、学海堂,课士以经史训诂,成为宏扬汉学的著名讲堂。刘文淇(1789—1854)及其子毓崧、孙寿曾祖孙三代,承前继后,撰写《春秋左氏传旧疏考证》,成为学界美谈。扬州学派后劲、清末民初著名学者刘师培就是刘毓崧之孙。扬州学派在晚清学界的影响不可低估。

晚清以前,岭南学坛基本上是理学的天下,考据之风在这里未成气候。嘉道年间,阮元督两广,创办学海堂,提倡汉学,使岭南学风大变。由学海堂培养出的著名学者,如林伯桐、吴兰修、江藩、严杰、曾钊、侯康、陈澧、谭莹等人,都写出不少汉学著述。其中陈澧长期主持学海堂、菊坡精舍,讲学以汉学为宗,主张以训诂考据为门径,阐发义理,并看重科学,著有《汉儒通义》、《东塾读书记》、《声律通考》、《水经注提纲》等书多种。陈澧弟子众多,主要有:桂文灿、廖廷相、林国赓、陈宗谊(陈澧之子)等。

当汉学在乾嘉年间流行的时候,贵州地区尚无问津者。嘉道时期,莫与俦(1763—1841)受阮元、纪昀、王引之等人的影响研习考据学,提倡汉学,成为"开西南朴学之先"的人物。① 受莫与俦影响较大、成就卓著的学者有两位,即咸同年间的莫友芝(莫与俦之子)和郑珍。此二人与曾国藩关系密切,对经学、小学、版本、目录等学造诣深厚,留有大量著作。此外,贵州贵筑的黄彭年(1823—1890)是较莫、郑稍晚的学者,曾主讲保定莲池书院,学术上尊汉学家法。黄彭年的弟子有王仁俊、许克勤、于鬯、吴寿萱、汪之昌等。

浙江为清学的发祥地之一,学术甚为发达。嘉道以后,尽管考据学出现了退潮的趋势,但浙江汉学依然保持着学者如林的阵势,活跃着一大批学者,如黄式三、黄以周、钱仪吉、泰吉兄弟、俞樾、孙诒让等,研究成果同样显赫。黄式三(1789—1862)治学兼采汉宋,长于《三礼》,著有《约礼说》、《复礼说》、《崇礼说》、《儆居集经说》等多种。式三之子以周(1828—1899)主讲江阴南菁书院多年,著录弟子千余人,代表作为《礼书通故》。钱仪吉曾主讲学海堂,晚年掌开封大梁书院,尝"病徐乾学《通志堂经解》采摭未备,搜罗宋元以来说经家,汇为《经苑》一编"。② 从弟钱泰吉与仪吉齐名,时称"嘉兴钱氏二吉"。俞樾(1821—1906)治经以高邮王念孙父子为宗,于经学、小学、诸子学多有发明。著有《群经平议》、《诸子平议》、《古书疑义举例》等。先后在江苏、浙江等地的著名书院讲学,江浙名士多出其门下。孙诒让(1848—1908)于经学、史学、诸子学、校勘学等无不精通,尤以治《周礼》闻名,著《周礼正义》、《周礼政要》等,深受学界看重,被称为"清代最后的朴学大师"。③

苏皖地区的汉学家除了上文提到的吴派、皖派和扬州学派外,尚有:丁晏、缪荃孙、胡承珙、胡培翚、江有诰、马瑞辰等人。丁晏(1794—1875)学崇汉学,长于诗

---

① 张舜徽:《清人文集别录》下册,322页,中华书局,1980。
② 《嘉兴县志·钱给事传》,《碑传集三编》卷三十七,《清代碑传全集》(下),1809页,上海古籍出版社,1987。
③ 张舜徽:《清儒学记》,521页,齐鲁书社,1991。

礼,著有《毛郑诗释》、《三礼释注》、《周易解故》等书数十种。胡培翚(1782—1849)为乾嘉间汉学经师胡匡衷之孙,师从皖派学者凌廷堪,深通《礼》学。所著《仪礼正义》,博采众论,成一家之言。江有诰(？—1851)承袭顾炎武、江永等音韵学的成果,著《江氏音学十书》,于音韵学研究独树一帜。马瑞辰(1782—1853)所著《毛诗传笺通释》,与胡承珙《毛诗后笺》、陈奂《诗毛氏传疏》齐名,为晚清学者论《诗》的"三部名著"。①

清初以降,福建学坛占主导地位的是以李光地、蔡世远为代表的程朱理学,汉学并不彰显。到清代中期,情况发生了新的变化,汉学发展起来,与理学形成鼎足之势。陈寿祺为嘉道间闽省提倡汉学的著名学者,治学深受阮元影响,兼采古今,著有《尚书大传疏证》、《鲁齐韩诗说考》、《礼记郑读考》等。其子乔枞(1809—1869)少承家学,致力于经史,撰《鲁诗遗说考》、《齐诗遗说考》、《今文尚书经说考》等多种。时人称:"国朝闽大儒,其通经泽古,躬行萃然,必以嘉庆间左海陈先生寿祺为巨擘。"②

两湖地区向来是理学重镇,但在晚清也涌现出一些讲汉学的鸿儒,如湖南的邹汉勋兄弟、王先谦、湖北的杨守敬,等等。邹汉勋(1806—1854)恪守汉学家法,于天文推步、方舆沿革、声韵故训,无不深究,著有《穀梁传例》、《说文谐声谱》、《邹叔子遗书》等书凡十余种。邹汉勋的兄弟汉纪、汉潢、汉嘉、汉池等人多为学有成就的一方名士。王先谦(1842—1917)学宗汉学,督江苏学政时,仿阮氏《皇清经解》体例,辑刊《续皇清经解》凡1430卷,汇集了嘉道以后汉学家说经的主要成果。杨守敬(1839—1915)为晚清著名文献学家。光绪年间,他借使日之机,搜集流传于日本的中国古籍及文物,撰《日本访书志》,刊成《古逸丛书》。该丛书"均宋元旧刻,或数百年之古钞,为此土所罕见者,择名手影雕,士林咸珍异之"。③

清政府倡修《四库全书》时,网罗各地汉学名家齐集北京,遂使北京成为光大汉学的学术中心。乾嘉年间,清廷注重提拔任用精于汉学考据的官员,形成一批提倡朴学的朝中显贵。纪昀、朱筠、朱珪、汪廷珍等人就是乾嘉时期标榜考据的高官。嘉道以后以汉学受知于朝廷,身居高位者有祁寯藻、潘祖荫、张之洞等。咸同朝的军机大臣、体仁阁大学士祁寯藻(1793—1866)好许氏学,曾获景宋钞本《说文系传》,"锓诸版,于是小徐书始行于世涉猎百家",④著有《说文解字系传校勘记》等。潘祖荫(1830—1890)以世族显宦在士林中提倡经学,"夙治《说文》,耽耆汉学,所

---

① 梁启超:《中国近三百年学术史》(13),184页,中国书店,1985。
② 陈康祺:《郎潜纪闻初笔二笔三笔》下册,722页,中华书局,1984。
③ 支伟成:《清代朴学大师列传》(下),475页,岳麓书社,1986。
④ 支伟成:《清代朴学大师列传》(下),638页,岳麓书社,1986。

刻书几及百种,皆有功学者","留心金石文字"。① 张之洞(1837—1909)为晚清著名洋务派大官僚,治学以汉学为宗,但不排斥宋学,同时对经世之学、西学也予一定关注,著述有《书目答问》、《劝学篇》等。此外,直隶、山东等省都有一些研究汉学的学者,如雷学淇、苗夔、王筠等人。雷学淇进士出身,当过知县,长于考据,著有《介庵经说》、《夏小正经传考》等。苗夔(1783—1857)于许氏《说文解字》用力笃深。受顾炎武《音学五书》的启发,著《毛诗韵订》、《广籀》、《说文声订》、《经存韵补正》等书,于文字音韵学多有发明。王筠(1784—1854)自幼涉猎经史,精于文字学,著有《说文释例》、《说文句读》等。

由上可见,在晚清较长一段时间内,汉学营垒仍然保持着较为庞大的学术队伍,不仅昔日的吴派、皖派各有自己的学术传人称著学坛,而且在全国不少省区都保持着实力不等的汉学群体。尤其值得注意的是,在有些地区如贵州、岭南、福建等地的汉学甚至呈现出发展的势头,出现了局部性的回升。

三、学术成就种种

晚清汉学的学术研究成就尽管就其规模、气势来看逊色于乾嘉汉学,但取得的成果不可忽视,在学坛的影响甚为广泛。它在某些领域的研究甚至超过乾嘉时代的水平。

晚清时期,民间刻书藏书蔚然成风,给汉学绵延以有力支持。叶德辉的《书林清话》对当时流行的刻书之风有过详细描述。② 在此风影响下,晚清数十年间出版的解经训诂之书数量众多,可以比肩乾嘉。钱仪吉编辑的《经苑》,刻于开封大梁书院,共列书目41种,实刻25种。所辑各书主要为宋元明学者训解经典之书,弥补了《通志堂经解》的不足。王先谦编辑《皇清经解续编》,主要收集乾嘉后的经学、考据学名著,共计收书209部,1430卷,作者113家。《皇清经解续编》所收书籍涉及时间短,但在收录书种类、卷数、作者人数等方面,都超过阮刻《皇清经解》。除了汇编经学著作外,晚清汉学家、文献学家还收集汇刻各种文献丛书,成就斐然。马国翰收集历代佚书成就卓著,所编《玉函山房辑佚丛书》包括各种书籍33类,其中经部452种,史部8种,子部172种,共632种。王锡祺汇刻的《小方壶斋舆地丛钞》是一部汇集清代地理学大型丛书。编者用20年之力,计录地理学著作1400余种。上文提到的杨守敬收集流散于日本的古籍文物,刻成《古逸丛书》,"《杨氏旧藏书目》一册,油印刻写本,著录约千五百种"。③

---

① 李慈铭:《潘文勤公墓志铭》,《碑传集补》卷四,《清代碑传全集》(下),1285页,上海古籍出版社,1987。
② 叶德辉:《书林清话·刻乡先哲之书》,岳麓书社,1999。
③ 郑伟章:《文献家通考》(清—现代)中册,1089页,中华书局,1999。

汉学研究的主要内容是经学和小学。儒家经典《诗》、《书》、《礼》、《易》、《春秋》等"五经"是汉学家们孜孜追求的永恒学术主题。"五经"中的《书》、《易》二经,晚清学者尽管有所论及,但都没有超过他们前代的学者。相对来说,晚清汉学家对《诗》、《礼》、《春秋》的研究成就斐然,并不逊色于乾嘉学人。

关于《诗》的研究,嘉道以后成就突出者有胡承珙、马瑞辰、陈奂、丁晏等人。马瑞辰的《毛诗传笺通释》三十二卷,积16年之功完成。该书不仅继承了毛诗、郑笺等古文经的治学传统,而且对早已佚亡的齐、鲁、韩等今文经三家诗亦有发掘,同时还吸收了清代治诗名家郝懿行、胡承珙等人的成果,为宏博之作。陈奂的《诗毛氏传疏》在总结前人研究成果的基础上,专毛废郑,吸收《毛诗》长于训诂名物的优点,全面性地研究了诗经,受到梁启超等人的称赞。

在礼学研究方面,乾隆间秦蕙田撰《五礼通考》凡二百六十二卷,受到推崇。晚清汉学家对礼学研究更加关注,涌现出不少研究成果,如丁晏的《仪礼释注》、郑珍的《仪礼私笺》、胡培翚的《仪礼正义》、黄以周的《礼书通故》、孙诒让的《周礼正义》等。其中以黄、孙二人的成就最为突出。黄以周著《礼书通故》融会各派见解,对《礼》作了全面阐述。俞樾曾把此书与秦蕙田的《五礼通考》相比较,指出:"《礼书通故》足究天人之奥,通古今之宜,视秦氏《五礼通考》,博或不及,精则过之。"① 梁启超称赞黄氏"对于每项礼制都博征古说而下以判断,正和《五礼通考》的性质相反。他的判断总算极矜慎极通明,但能否件件都算为定论,我却不敢说了"。② 晚清以前虽有人专治《周礼》,但缺少贯通性的研究。孙诒让则用20余年时间写成《周礼正义》。他以《尔雅》、《说文》证其训诂,以《礼》大小《戴记》证其制度,博采汉唐以来诸家之说,参互证译,把学界关于《周礼》的研究提到新的水平。近人对此书评价很高。章太炎称:"古今言《周礼》者,莫能先也。"③ 梁启超评价说:孙诒让"费二十年工夫成《周礼正义》八十六卷,这部书可算清代经学家最后的一部书,也是最好的一部书"。④

在清代,治《春秋》者大有人在,但论所下工夫深巨者,当首推扬州学派的刘文淇祖孙。刘文淇治经擅长《左传春秋》,为撰写《春秋左传旧注疏证》付出数十年的努力,书未完成而去世。其子毓崧、孙寿曾继续先业,勤奋编著,但仅至襄公五年为止,全书仍未完成,书稿已达八十卷。尽管如此,还是受到梁启超好评。他不无惋惜地说:"此事若成,价值或为诸家新疏之冠,也未可知。"⑤

---

① 俞樾:《礼书通故序》,《礼书通故》,光绪十九年黄氏试馆刊本。
② 梁启超:《中国近三百年学术史》(13),189页,中国书店,1985。
③ 章太炎:《孙诒让传》,《章太炎全集》(4),212页,上海人民出版社,1985。
④ 梁启超:《中国近三百年学术史》(13),187页,中国书店,1985。
⑤ 梁启超:《中国近三百年学术史》(13),200页,中国书店,1985。

在小学方面,晚清汉学家的成就虽然没有超过乾嘉学者,但也颇为可观。胡奇光《中国小学史》说:"清代汉学的根底在文字学,文字学的中心是《说文》研究。研究《说文》二百余人里,在专题探讨上作出贡献的有五十人左右,进行全面考释,卓然成为大家的仅有四人,即段玉裁、桂馥、朱骏声、王筠。"①他提到的四位文字学大家中,后两位是晚清学者。关于文字学研究,王筠的《说文释例》、《说文句读》和朱俊声的《说文通训定声》,均为发挥乾嘉汉学文字学要义的重要著作。胡适对朱骏声的《说文通训定声》评价甚高,指出:"其体例与方法却稍胜前人。体例是一部表示声音与训诂变迁滋生的字典,是一部有创见的辞书;方法是特别注重'转注'与'假借',用为训诂演变与形声变异的原则。……朱骏声用假借的原则来解释连语,为字典学上的一大进步。"②在音韵学方面,江有诰的《音学十书》发前人所未发,成就重大。

四、历史影响的多重性

汉宋学是清代儒学的主要表现形式,既沿袭了传统儒学的许多消极因素,也包含着其中的积极成分,它的社会影响是复杂而多重的。

在思想方面,传统儒学的消极因素在汉学中体现的非常突出,如独尊儒术、崇古复古、道德至上、循守旧法等观念和传统,起到束缚思想、禁锢精神、阻碍社会发展的作用。搞汉学的人把"凡古必真,凡汉皆好"当作思想信条,对孔子、孟子及许慎、郑玄顶礼膜拜。近代各时期反对进步、改革的守旧人物及其思想,大都以此为其理论依据,诸如"义利之辨"、"夷夏之辨"、洋务与守旧之争、中学与西学之争、新学与旧学之争等。守旧者动辄便把"四书五经"搬出来,指责别人"离经叛道",反对新思想、新事物。张之洞在《劝学篇》中认为,道光以来,异端邪说盛行,"学人喜以纬书佛书讲经学。光绪以来,学人尤喜治周秦诸子。其流弊恐有非好学诸君子所及料者"。他极力主张"今日学者必先通经,以明我中国先圣先师立教之旨";士子在"十五岁以前诵《孝经》、四书五经正文,随文解义"。③ 试图以经学对抗维新潮流。更严重的是长期奉行汉学尊崇的"以古为是"、鄙薄功利的思维定式和价值取向,阻碍着近代国人的思想解放。

然而,对汉学不能一笔抹杀,即使是对封建社会后期的儒学也应如此。晚清汉学中有不少内容落后了,但也保存着一些积极因素和有生命力的内容,如"通经致用"、"变易"精神、"道艺体用兼备"、"会通互补"、通博古今、言必有据等,就是具

---

① 胡奇光:《中国小学史》,258 页,上海人民出版社,1987。
② 胡适:《〈辞通〉序》,《胡适文存》四集,435 页,黄山书社,1996。
③ 张之洞:《劝学篇》,《宗经第五》、《循序第七》、《守约第八》各篇。《张文襄公全集》第 4 册,561 页,中国书店,1990。

有积极意义的学术思想因素。它们往往为进步人士所阐发,成为论证新思想的理论依据。从这个角度看,汉学的这部分内容能够适应新的时代变化,充当了沟通新旧思想、中西文化的中介。许多外来的新思想、新观念、新理论,都是首先经过这些思想中介的溶释,才转化成可以为国人理解接受的理念,最终完成"西学东渐"的过渡。在近代新文化形成过程中,晚清汉学是其不可缺少的思想学术来源和构成因子。"中体西用"思想就来自传统儒学的"道体艺用"、"体用兼备"的观念。阮元认为:圣人之学应该是"道艺兼备"之学,"孔子以王法作述,道与艺合,兼备师儒。颜曾所传,以道兼艺。游夏之徒,以艺兼道"。① 黄式三也说:"夫理义者,经学之本原;考据训诂者,经学之枝叶、之流委也。"②也讲的是主次、本末不可偏废。这与后来张之洞等人讲的"中体西用"有着明显的内在联系。

晚清汉学是当时学坛的重要派别,与许多学派的兴衰有着密切的关系。今文经学的兴起与汉学息息相关。治今文经的学者凌曙、陈立、戴望等人都出于汉学流派,在治学宗旨、方法等方面深受汉学影响。包世臣在凌曙的《墓表》中曾勾画出他从汉学古文经学到今文经学的治学历程。③ 陈立为凌曙的学生,戴望为皖派学者陈奂的弟子。诸子学的兴起也与汉学有关。许多汉学家都是整理诸子文献的专家,如俞樾的《诸子平议》、孙诒让的《墨子间诂》、王先谦的《庄子集解》、《荀子集解》等书,都曾为晚清诸子学的兴起摇旗呐喊。

汉宋学与西学、科学及其他学术的关系同样密切。早在鸦片战争前,一些汉学家就注意研究科学、西学的问题。戴震就通晓算学,著有《勾股割圜记》、《考工记图》。阮元编辑《畴人传》,为中国第一部科学家传记,其中提到西方科学。尽管阮元认为中国的古学远在西学之上,但认为西学自有长处,值得学习。④ 道咸年间的数学家、科学家如罗士琳、项名达、徐有壬、戴煦、夏鸾翔、邹伯奇、李善兰等,都是出自于汉学的学者。汉学家还在晚清边疆地理学、考古学、文献学、历史学等方面的研究中作出了重要贡献。

综上所述,把晚清学术简单地概括为"新",称西学或今文经学为晚清的主流学术,显然是不全面的。如果用这种说法来概括中日甲午战争以后的学界状况,可谓大体正确,但涵盖整个晚清则不尽然。甲午战前的中国思想文化领域是"器惟其新,道惟其旧",汉学保持着庞大的队伍,宋学出现"复兴",学术主流既不是新学,也不是今文经学,而是传统的汉宋学。是否可以这样说,晚清学术从总体上来说是处于新旧交替的变化之中,它的发展轨迹是从"新旧并存"到"以新代旧",学

---

① 阮元:《拟国史儒林传叙》,清光绪间刻本。
② 黄式三:《汉郑君粹言叙》,《𪩘居集》卷五,14～15页,光绪十四年续刻本。
③ 包世臣:《国子监生凌君墓表》,《清代碑传全集》(下),1190页,上海古籍出版社,1987。
④ 阮元:《畴人传·利玛窦传》卷四十四,光绪二十二年刻本。

术主流是以汉宋学为主转变为以新学(含西学)、今文经学为主。晚清汉学为近代中国思想文化领域中的一个具有举足轻重历史地位的学派。

当然,在晚清,汉宋学的辉煌时期已成过眼烟云,其发展的主要倾向是走向衰落和发生衍变,出现的回升和"复兴"是暂时的、局部性的现象。以汉学为例,不少考据家对它的衰落已有深切感受。陈澧曾在1851年时就感慨汉学营垒的今不如昔:"今海内大师,凋谢殆尽。澧前在江南,问陈石甫江南学人,答云无有。在浙江问曹葛民,答亦同。二公语或太过,然大略可知,盖浅尝者有之,深造者未必有耳。"①到戊戌变法以后,包括汉学在内的传统儒学遭到更多的批评。孙宝瑄断言汉宋学"皆自塞民智者也,于是为民贼者始可肆行而无忌矣"。② 可见,汉学在近代的衰落和被新学术所取代不是偶然的,是历史发展的必然趋势。从客观来看,近代社会的变迁、清王朝及封建制度的衰落、近代资本主义因素的产生,都使汉学遇到难以应付的外在危机,使其存在的客观环境逐步解析。从其本身来看,汉学的弊端日益严重,"独尊儒术"的教条把它的发展严格限制在儒学范围内,造成思想僵化,方法陈旧的后果,以至不能适应近代社会发展的需要,为其衰落埋下祸根。

---

① 陈澧:《与徐子远书》,《东塾读书记(外一种)》,341页,三联书店,1998。
② 孙宝瑄:《望山庐日记》上册,120页,上海古籍出版社,1983。

转型政治学与近代中国社会变革研究的范式转换

□萧功秦

　　什么是范式(paradigm)？库恩在其《科学革命的结构》一书中提出,范式就是某种反映、支持、维护一个时代特定价值观念的、被社会普遍接受的理论体系。更具体地说,范式提供了对一种对事物的"说法",一种理解事物与实现的版本(version)。历史学中的范式提供了对历史人物、事件、问题与矛盾作出解释的基本路径与框架,它为研究者提供了一个评价事物的价值坐标系,所有的历史事物与人物活动,都在这个坐标里确定了位置。正是在这个意义上,我们可以说,不同时代的人们对历史所作出的解释的不同,可以看做人们思考历史时所采取的范式的不同。任何时代的历史解释与编写,都自觉不自觉地受某种特定理论框架的支配或影响。范式的重要性就在于,它提供了一种分析问题时的路径,它决定了什么东西值得研究,提供了取舍的标准以及研究问题的总的进路。

　　社会科学与自然科学一样,不同时代的学者都自觉或不自觉地按某种特定范式来引导自己的研究。随着时代的变迁,价值观念与意识形态的变迁,学术范式就会出现转换。旧的范式已经不能反映新时代人们的价值观,不能提供学术分析的框架。于是新范式就会应运而生,新旧范式就会发生冲突,最后新范式使用的人们越来越多,新一代的人们,自然而然地接受新范式来思考问题,旧的一代退出了历史舞台,于是旧范式由于失去支持者而在历史上淡出。新范式能不能具有生命力,取决于它在多大程度上能解释新一代人提出的问题。提出的疑问,能在新范式的研究路径上得到满足。

　　中国近代史的传统范式,可以说是两种范式的结合,一是农民革命范式,二是反帝反殖民主义范式,自新中国成立以来到改革开放以前,历史学从属于政治教育,它从属于意识形态,历史学被赋予革命教育的功能。具有论证革命的合法性,宣传鼓动革命,并打击革命敌人的政治功能，根据这一政治功能要求，中国近代史被基本上处理、并解读为在帝国主义列强的压迫下，革命人民通过反帝反封建斗争而走向新中国的历史。范文澜在延安写作的中国近代史提供了这个范式的最早样本。这种革命意识形态范式可以概括为一条红线，两个过程（帝国主义侵略与人民反侵略过程，封建主义压迫与人民反压迫过程），三大高潮（太平天国，义和团，辛亥革命）。自20世纪50年代到改革开放以前，人们正是以这种革命范式来选择、组织材料，编出通史与教材。这一范式影响了人们对史料的解释。所有的历史事物均在这一范式的支配下得以评价。它支配着历史学者以特定的角度立场来判断事物。

必须指出的是，革命是历史发展过程中一个重要现象。然而，革命并不是历史的全部，历史具有多义性，历史的信息是多方面的，单纯从革命范式来解释一切，从反侵略来解释全部历史，就会造成对复杂丰富历史的简单化，就会自觉或不自觉地把丰富复杂的历史事物贴上政治标签，出现实用主义、教条化的缺陷与问题。

单纯用革命范式来思考近代史，就会忽视了传统中国文化与西方工业文明之间的冲突问题。甚至把文化冲突简单地削足适履地解释。

其次，单纯运用革命范式来思考近代史，对革命范式的"路径依赖"，使人们难以从近代以来的历史变迁过程中，为理性地思考与探索现代化转型过程的矛盾困境，获得历史学的启示。中国已经进入改革开放时代的现代化的历史时期，而近代史一旦失去为新时代从事现代化建设与探索的人们提供现实启示的功能，它就会失去生命力与对大众的吸引力。事实上，近代史的革命范式的主要倡导者，胡绳本人在晚年已经对此作出反省。他在晚年一直努力对革命范式的历史学解释体系作出批判地反思。

复杂的历史人物表现出的多面性，历史事件的多义性，被简单化地用来为某种政治观点与价值立场服务。长期以往就会产生严重的潜移默化的后果，那就是导致整个民族的思维方式的简单化，这种简单化的思维方式往往潜伏在一个民族的深层结构中，而不被人们自觉地意识到。整个民族的思维简单化无疑是一个民族最大的悲剧，这固然并非是历史研究者的愿望，然而却是我们"搬起石头砸自己脚"的历史因果报应。丰富的历史一旦被削足适履，就会使人们从对历史的错误的判断中，从对历史事实的普遍性的误读中，形成对现实政治的路径的选择。

中国近代史还存在着另外的角度，其中最为重要的，对于当代中国人更具有现实意义的，是文明冲突角度与现代化角度。一部中国近代史，是传统文化与西方近代文化碰撞、冲突与融合的过程。同时，又是在冲突与融合中自觉不自觉地走向现代化的过程。更具体地说，是在中国与更为先进的西方工业文明相冲突与碰撞的过程中，在回应西方挑战的过程中，在克服西方列强加之于中国的压力与危机的过程中，自觉地或不自觉地走向更为现代化的社会的过程。更具体地说，传统中国在回应以先进工业文明为基础的西方挑战过程中，不断地通过自我更新与适应而走向更为现代化的过程。中国作为一个传统国家,通过自我更新与适应在被迫回应西方文明挑战过程,而自觉或不自觉地走向社会政治经济文化结构的转型。

笔者在1999年出版的《危机中的变革:清末现代化进程中的激进与保守》就是试图从这一角度入手,展开对近代中国史的考察的。中国的传统政治结构在面对挑战过程中形成的危机,改革精英面对危机而形成的焦虑感,他们在解读西方制度过程中体现出来的特有思维方式,以及基于这种思维方式而作出的政治选择,危机时期的决策,政治中心面对的困境,以及权威流失产生的各种效应,均极大地影响了中国早期现代化的失败命运。

然而,作为一个作者,自然会面对这样一个富有挑战性的问题,从"反三座大山"的革命范式向以现代化理论为基础的研究范式转换,究竟有什么现实的意义? 近代历史研究在多大程度上可以为我们加深理解现代化过程的矛盾与问题作出贡献?

毫无疑问,中国当代的改革运动与一个世纪以前的清末新政相比,有许多不同。例如,两者的时代不同,国际背景不同,中国在这两个时期的社会性质不同,执政者的性质不同,改革的历史前提不同,两者的物质经济基础不同,等等。我们还可以举出许多不同来。然而,当代改革与清末改革相比,却仍然有着以下这些方面的相似性,例如,相隔一百年的两次变革运动同样是面对西方工业文明的挑战而发起的;又例如,西方先进文明在政治与文化、经济方面的示范效应,同样刺激了两个时代的政治与知识精英,这种刺激是改革的基本动因之一;再例如,在西方文明的冲击下,人们同样以西方先进方面作为自己效仿的对象。而中外文化与经济上的强烈的落差,又进一步激起人们的危机意识,并由此产生心理上的压力,等等。

除了这些精神心态层面的因素,从客观环境而言,两个时代的中国,都是以中央集权的自上而下的官僚体制模式来应付现代化挑战的,改革的过程与程序基本上是通过自上而下的行政体制来推进的。改革过程中政府又不断面对社会多元化的压力,例如,改革过程中出现的利益分化,不同阶层利益关系的变动,权力与利益的交换关系的亲和力,中央与地方的关系的矛盾与张力,等等。所有这些因素,在两个不同时代的改革开放过程中都是影响社会变迁与政治冲突的因素。正是在这个意义上,我们可以说,处于两个时代的中国变革运动具有同构性。更具体地说,在相似的外部文明的挑战下(输入),中央集权的政治精英通过自上而下的程序来进行政策创新(输出),来适应外部压力的挑战,并在这一过程中引起社会结构的变动,形成社会与经济多元化的结构模式。在这一过程中,旧的信仰逐渐世俗化,等等。

质而言之,现代化理论范式在一定程度上具有对不同时代政治史研究的通约性。正因为如此,我们就有可能拥有这样一把双向钥匙,一方面,我们通过对清末新政的学术研究,来理解当代中国改革中的类似问题;另一方面,同样,我们对中国当代改革研究的心得体会,经过理论的深化与概念的抽象,也有助于在更高层次上对新政研究有启示作用。这两个研究领域之间存在着相互借鉴的可能。

如何在这两个具有同构性的领域之间找到可供分析用的概念中介,这是使我们所说的双向钥匙起到作用的关键。因为只有经过这种概念的中介,才可以在两个社会性质不同的改革运动之间找到可比性基础。我们大家都知道,在历史与现实之间进行简单的类比与影射总是不可取的。我认为,改革政治学或转型社会的政治学这一概念可以起到中介作用。什么是转型政治学?顾名思义,所谓的转型政治学,指的是研究处于社会转型这一特殊历史阶段的政治问题,包括政治矛盾,政治冲突与政治心态的政治学。对于中国而言,中国的转型政治学研究的就是中央集权的传统体制,如何在适应西方市场文明的挑战过程中,不断发生蜕变与转型的过程的政治学。

众所周知,转型期社会是处于不断变动状态的社会,这种社会的政治矛盾不同于相对静态的定型了的稳定的社会,也不同于同一个社会在转型前与社会转型以后的时期。这就决定了改革政治学具有与经典政治学不同的研究内容。

我们可以从以下这些因素发现转型社会的政治问题有其特殊性。例如,转型期社会的政权的权威合法性,相对于已经定型的社会而言,处于不断变动的过程中。一个推行变革的政府的权威资源是一个不断的变动的量。它可能由于改革的实效而增值,也可能由于改革中的失误与危机而不断流失,因而更不稳定。例如,改革过程中,在应不应该进行改革,如何进行,采取何种方式进行,改革的目标模式是什么,如何达到目标的途径等重大问题上,政治精英内部容易产生严重的分歧矛盾并极易发生剧烈的冲突,不同的阶层由于改革中的利益分配不同,由于观念与价值的不同,也会发生重大的分歧并进而引发社会阶层之间的政治冲突。新旧意识形态的冲突与价值冲突,以及以这些观念为基础的政治选择冲突就十分明显。

除此以外,改革过程中,政府的命令贯彻能力疲软化,或称为软政权化,也是常见的现象。经济市场化过程中,社会上特殊的分利集团的出现,他们基于对稀缺资源的垄断而形成排他性的垄断性的利益集团,由此而产生的政治矛盾,也是转型政治学中特别值得注意的问题。例如,新旧政治制度与规则在替换过程中出现的失范或脱序现象,改革前期、中期与后期的政治矛盾的变化,等等,这些现象是一个社会在转型期中特有的,因而也是转型政治学所必须研究的。然而,在以研究已经定型了的社会为对象的经典政治学却较少涉及这些问题,经典政治学的核心概念是以研究定型社会的政治为基础的。西方经典政治学研究的是西方社会的问题,并没有把中国现实生活中的上述问题视为中心对象。正因为如此,改革政治学或转型政治学的提出具有重要的意义。

要研究中国的改革政治学,就必须形成适用于解释中国转型时期政治的基本概念、范畴体系。对于中国的转型政治研究者来说,有两个学术领域特别值得重视,一个是在当代中国社会的政治实践中出现的问题,另一个是我特别要提到的清末新政。

过去学术界对于清末新政在中国现代化的意义并没有予以足够重视。然而,我们可以通过把这一新政运动与此前此后的洋务运动与戊戌变法进行比较,认识到这一新政运动的重要意义。众所周知,洋务运动,是少数沿海沿江地区的部分封疆大员,倡导并实行的现代化运动,这一历史运动只局限于与防务直接相关的领域。其次,让我们再看看戊戌变法。这一变法运动时间仅仅持续了三个月就夭折了。由于变法持续的时间太短,维新的政令变成一纸空文,来不及在社会上产生影响。而清末新政则不同,从推行的时间而言,它持续了整整十一年,戊戌变法的社会影响力与之不可同日而语。从其推行的范围而言,它是以中央的既定国策为基础的,在全国范围内自上而下全面推行的;从它所涉及的内容而言,则远远超过洋务运动与戊戌变法。它涉及社会生活的全部领域,包括经济、政治、国防、文化教育、法制建设、政治制度改革、社会公益事业,等等,引起社会上的深刻变化。由改革引发的矛盾充分体现在报刊杂志中,丰富的信息资源,极具研究价值。

如果我们从转型政治学的角度来研究近百年以前开始的清末新政,可以发掘出以下几个具有重要政治学意义的研究内容。

首先,通过对清末新政运动的考察,我们可以发现,统治者的权威在变革过程中具有极为重要的意义。这种执政权威资源如果足够丰厚,就有利于对各种政治力量与利益集团冲突进行平衡,从而有利于转型的平稳性。然而,变革过程中的统治权威由于不断面临新的挑战,因而处于不断的变动过程中。而这种统治合法性的上下波动,对于改革成败却具有至关重要的影响。

转型时期的政治权威面临哪些挑战?首先,一个落后民族面对外部危机与列强压力,一方面固然迫使统治者不得不进行改革,另一方面,这种危机的深化又会极大地削弱执政者的权威,并反过来引诱统治者去从事力不从心的大幅度改革,以重新取得失去的权威,这就会使政权陷入一种饮鸩止渴的恶性循环:大幅度改革缺乏地方上实验的机会就匆匆出台,会进一步把事情弄得更糟,由于统治者已经缺乏足够的权威来控制局面,导致失控,进一步失去权威,这又进一步迫使统治者走向更进一步改革。如此循环。

其次,统治者的权威资源还受到以下这些因素的影响。例如,在向世界开放的过程中,传统意识形态信仰与政治神话会在世俗化过程中逐渐"风化",这就会使执政者的权威合法性失去了以往的保护层。例如,官僚阶层在经济上的机会增多,会进一步使各级官员腐败的程度加深。又例如,改革决策过程中的失误,新旧转轨过程中的政令不行,均会进一步削弱原来的权威合法性资源。从改革政治学的角度而言,新政时期的清政权就是不断面临以上这些问题的困扰并日益陷入困境的。

二是"制度决定论"思维方式对人们政治选择的影响问题。这里说的"制度决定论"思维,指的是那种认为存在着一种良好的普遍适合用任何社会与任何时代的制度,它已经现成地存在于西方,并已经在发挥良好的效能,只要我们中国人把这种制度拿过来用,西方的效能也可以在中国实现,一切困难可以迎刃而解,由于制度主义不承认制度实施必须具备相应的条件,因此,中国人感到危机压力越大,文化挫折感越强,他们要求引入这一制度的愿望就越强,其结果就会导致严重的脱序,引发失范型危机。中国人对立宪制度的误解并进而推行立宪就体现了这种制度主义思路。

在清末新政中,对西方立宪政治的文化误读,把西方立宪单纯视为解决中国问题的方便工具,而没有意识到西方制度是历史上长期演变过来的,而且受到经济、社会、政治与文化、民俗等因素的支持,才得以产生效能。由于中国并不存在这些社会因素的支持,简单地移植西方制度只能导致更为严重的"旧者已亡,新者未立"的失范。这种文化误读可以说是自清末以来一百年中的中国人在不同时代都会重复犯的错误。

更严重的问题还在于,筹备立宪的改革,使各种请愿运动与立宪活动合法化,从而提前把人们压抑多年的各种政治诉求在短时间内释放出来。这些政治要求从长远来说,无疑都是合理的,然而在改革伊始,又是无法实现的。转型期的政府根本不可能同时满足这些超越条件的政治、经济、社会与文化诉求,这反过来又进一步引起不同阶层的政治挫折感的叠加,并形成反政府的同盟,保路运动中地方主义派、民族主义者、同盟会的革命派、商办铁路公司的既得利益者、受摊派之苦的农民、激进的立宪派,这些五花八门的不同阶层与利益集团,居然在反对路权国有这个基本正确的国策的过程中,形成一种反政府的神圣同盟,实在是一个生动鲜明的典型例子。

第三,清末新政中的另一个发人深思的问题是"急诊室悖论"与改革中的两难选择问题。在是不是应该筹备立宪,以及在什么条件下进行筹备立宪的问题上,政治精英与知识精英内部产生了严重的分歧,并进而引发政治冲突。更有甚者,危机的压力又进一步使清朝决策层出现两难选择局面。例如,一种人认为,由于危机严重,立宪条件不成熟,立宪改革应该缓行。另一种意见则相反,认定正因为危机严重,所以必须加快立宪才能摆脱危机。前一意见以立宪条件不足作为考虑问题的出发点,构成改革中的现实保守派与稳健派,后一种意见以危机压力下激进改革的必要性为出发点,从而构成改革中的激进派。这种情况如同面对急诊室中的危重病人,在医生中出现保守疗法派与激进疗法派一样。其实这是一种两难选择。

第四个问题,是改革症候群的问题。所有这些问题重叠在一起,就导致总危机的爆发。这一总危机实际上就体现为我们所说的保路运动形成的政治危机,这一危机中有权威合法性危机问题,有制度主义引发的立宪运动的激进化,使地方分利集团通过立宪政治参与来与国家争利并煽起冲突问题,有改革综合症问题,保路运动正是这些矛盾的结合点。我们可以通过保路运动这一个案的研究认识到,权威合法性已经大量流失的政府,即使推行的国策是基本正确的、合理的,由于缺乏权威与驾驭改革的能力,也会遭到利益集团的反抗而使改革失败。清末推行铁路筑路权收归国有的政策总体上是合理的,却因地方势力与革命派相结合而引发不满现实的民众的共同抵制,最后导致清朝的崩溃。这一实例足以引人深思。

清末新政对于中国的转型政治学研究会有什么意义？我们可以通过政治学的方法从清末改革与当下改革的研究的比较中,提炼出一些核心概念,例如转型期失范、权威合法性资源的流失与增值、急诊室悖论、制度工具论,等等。我们可以运用这些概念来建立中国的改革政治学,并提供研究改革的政治学的理论范式。

当然,任何范式的解释功能都有其限定条件与局限性,多种理论、方法与范式的交互运用,将会极大地开拓人们的视野,有利于人们思维的多元化,这或许是新世纪人文社会科学界摆脱多年以来学术思想与方法理论贫困的重要条件。

中国哲学史研究范式回顾

□欧阳哲生

中国哲学史研究作为一门学科能够成立,是与胡适、冯友兰的典范性的工作分不开的。胡适所作的《中国哲学史大纲》(卷上)于1919年2月出版,冯友兰的《中国哲学史》(上、下册)分别于1930年、1933年出版,此两书出版以后,在学术界一直有不同评论,而这些评论实际上又是围绕究竟如何建设中国哲学史这门学科而展开的,因此梳理这些意见,对于帮助我们建设中国哲学史这门学科,无疑会提供某种启示。

中国哲学史这门学科的建立,主要面临三大问题。一是如何确立中国哲学史的研究对象问题,二是如何处理材料的问题,三是如何处理中国哲学史的实质与形式的关系。解决这三个问题,是这门学科能否确立和走向成熟的关键。胡适、冯友兰的中国哲学史研究实际上是在这三个问题上取得突破,从而完成了这一学科的建立过程。

胡适的《中国哲学史大纲》出版时,蔡元培先生为该书所作序言中,谈到了写作中国哲学史的两大难处:一是材料的处理,即考证材料的真伪;二是写作的形式,"中国古代学术从没有编成系统的记载","我们要编成系统,古人的著作没有可依傍的,不能不依傍西洋人的哲学史。所以非研究过西洋哲学史的人不能构成适当的形式"。① 这里所说的"形式",不仅仅指方法,而且包括研究构架,使用概念、术语,甚至包括写作方式、语言,蔡先生列举了该书的四点长处,"第一是证明的方法",包括考订时代,辨别真伪和揭示各家方法论的立场;"第二是扼要的手段",也就是"截断源流,从老子、孔子讲起";"第三是平等的眼光",对儒、墨、孟、荀一律以

---

① 蔡元培:《中国古代哲学史·序》,《胡适文集》第6册,第155页,北京:北京大学出版社,1998。

平等眼光看待;"第四是系统的研究",即排比时代,比较论点,以见思想演进的脉络。① 其中第一、二条与处理材料有关,第三条是从内容上来讨论、把握的,第四条涉及到的是写作的形式。实际上,胡适的《中国哲学史大纲》的示范性意义并不仅仅局限于这四点。我以为,胡适的《中国哲学史大纲》(以下简称《大纲》)所标示的典范意义还有两点值得肯定:

一是确立了中国哲学史的研究对象。研究对象的确定是一个学科得以成立的基本前提。《大纲》前的中国哲学史尚未摆脱传统经学注疏的阴影,分不清哲学与经学,哲学与哲学史的区别。胡适写作的《中国哲学史大纲》,开首就明确指出:"凡研究人生切要的问题,从根本上着想,要寻一个根本的解决,这种学问叫做哲学。"据此,他对哲学的门类进行概括,包括宇宙论、知识论、方法论、人生哲学、教育哲学、政治哲学、宗教哲学诸科。接着对哲学史又加以界说:"这种种人生切要问题,自古以来,经过了许多哲学家的研究。往往有一个问题发生以后,各人有各人的见解,各人有各人的解决方法,遂致互相辩论……若有人把种种哲学问题的种种研究法和种种解决方法,都依着年代的先后和学派的系统一一记叙下来,便成了哲学史。"②这就在中国历史上第一次把哲学史明确地从传统学术史中划分出来,把各种非哲学的问题全部剔出哲学史的范围,并按自己对哲学的理解划分界定哲学史的对象和范围,对于哲学史成为一门独立的学科具有筚路蓝缕之功。

二是在写作方式上,《大纲》也进行了大胆的创试,"在中国封建社会中,哲学家们的哲学思想,无论有没有新的东西,基本上都是用注释古代经典的形式表达出来,所以都把经典的原文作为正文用大字顶格写下来。胡适的这部书,把自己的话作为正文,用大字顶格写下来,而把引用古人的话,用小字低一格写下来。这表明,封建时代的著作,是以古人为主,而五四时期的著作是以自己为主。这也是五四时代的革命精神在无意中的流露"。③《大纲》写作的另一特色就是用白话文写作,采用新式的标点符号,这在中国学术史上也是第一次,这就从行文格式和使用语言上对中国传统学术进行了革新,可以说是当时的白话文运动向学术领域推进的标志。

《大纲》对传统学术从内容到形式进行全面的变革,它所提供的系统性方法和整体性思维为新学科的创建提供了一个具有普遍性意义的范式。冯友兰誉之为"一部具有划时代意义的书",的确是不虚之言。以《大纲》为界标,中国学术划分

---

① 蔡元培:《中国古代哲学史·序》,《胡适文集》第6册,第155~156页,北京:北京大学出版社,1998。

② 《中国古代哲学史》第一篇《导言》,《胡适文集》第6册,第163~164页,北京:北京大学出版社,1998。

③ 冯友兰:《三松堂全集》第1册,第201页,郑州:河南人民出版社,1985。

为两个时代,在此之前是传统经学占统治地位的旧学术时代,在这之后是以现代思维统摄各个学科的新学术时代。

值得一提的是,在《中国哲学史大纲》出版以后,亦有各种不同意见甚至批评的言论。最引人注目的是梁启超先生所写的《评胡适之〈中国哲学史大纲〉》一文①和章太炎1919年3月27日回复胡适的信,②不过,梁、章二人的批评主要是涉及具体史事问题,并不涉及胡著的上述诸点。真正从写作形式到处理方式对《大纲》提出批评的是在冯友兰先生的《中国哲学史》上册出版以后,最为人们所常引用的批评意见是陈寅恪、金岳霖两位先生为冯友兰先生的《中国哲学史》上册一书出版所写的审查报告,两文虽明为审查冯著,却都共同表达了一种扬冯抑胡的倾向,为冯著的特色所辩护,显然这代表了对胡著批评的另一种声音。由于出自陈、金两位大家之手,与胡适分庭抗礼的另一刊物——《学衡》将之作为重磅炸弹登之于该刊。因此,这里我们有必要特别讨论陈、金两位先生的审查报告书。

陈寅恪先生的报告主要谈了两点意见:一是"凡著中国古代哲学史者,其对于古人之学说,应具了解之同情,方可下笔"。"盖古人著书立说,皆有所为而发;故其所处之环境,所受之背景,非完全明了,则其学说不易评论。而古代哲学家去今数千年,其时代之真相,极难推知。""而对于其持论所以不得不如是之苦心孤诣,表一种同情,始能批评其学说之是非得失,而无隔阂肤廓之论。否则数千年前之陈言旧说,与今日之情势迥殊,何一不可以可笑可怪之乎?但此种同情之态度,最易流于穿凿附会之恶习;因今日所能见之古代材料,或散佚而仅存,或晦涩而难解,非经过解释及排比之程序,绝无哲学史之可言。"二是关于伪材料的使用问题,"以中国今日之考据学,已足辨别古书之真伪;然真伪者,不过相对问题,而最要在能审定伪材料之时代及作者而利用之。盖伪材料亦有时与真材料同一可贵。如某种伪材料,若径认为其所依托之时代及作者之真产物,固不可也;但能考出其作伪时代及作者,即据以说明此时代及作者之思想,则变为一真材料矣"。③ 陈寅恪所表彰的这两点,虽未点名批评胡适,但他明扬冯友兰的《中国哲学史》,实则有贬胡适的《中国哲学史大纲》之意。

陈寅恪所谓"同情之了解"在"古史辩"讨论中实已涉及,刘掞藜在就顾颉刚所持古史态度的商榷中,明确表示:"我对于古史只采取'察传'的态度,参之以情,验

---

① 梁启超:《评胡适之〈中国哲学史大纲〉》,收入《饮冰室合集·文集》第三十八册,上海:中华书局,1936。
② 耿云志主编:《胡适遗稿及秘藏书信》第33册,第221~223页,合肥:黄山书社,1994。
③ 陈寅恪:《审查报告一》,收入《三松堂全集》第2册,第373~374页,郑州:河南人民出版社,1988。

之以理,断之以证。"①他还说:"我对于经书或任何子书不敢妄信,但也不敢闭着眼睛,一笔抹杀;总须度之以情,验之以理,决之以证。经过严密的考量映证,不可信的便不信了。但不能因一事不可信,便随便说他事俱不可信;因一书一篇不可信,便随便说他书他篇皆不可信。"②胡适在《古史讨论的读后感》中对刘文的观点予以反驳,而显然素受"宋学"影响的冯友兰、陈寅恪先生对于胡适的观点不表赞成,则对刘掞藜的观点作了进一步发挥。关于材料使用的问题,胡适的《中国哲学史大纲》在导言中对"哲学史的史料"、"史料的审定"、"审定史料之法"作了系统的论述,并花了很大气力对其所使用的史料作了考证。胡适强调:"哲学史最重学说的真相,先后的次序和沿革的线索,若把那些不可靠的材料信为真书,必致(一)失了各家学说的真相;(二)乱了学说先后的次序;(三)乱了学派相承的系统。"③故其在材料使用上,不使用伪书或者不可靠的史料。而冯友兰先生的看法则迥异,"对于哲学史的资料,流传下来,号称是某子某人的著作,首先要看它有没有内容。如果没有内容,即使是真的,也没有多大的价值。如果有内容,即使是伪的,也是有价值的。所谓真伪的问题,不过是时间上的先后问题"。④ 显然,冯友兰并不在意史料的真伪,而是看重其关涉哲学内容的有无。

金岳霖先生谈到写作中国哲学史的态度至少有两点:"一个态度是把中国哲学当作中国国学中之一种特别学问,与普遍哲学不必发生异同的程度问题;另一态度是把中国哲学当作发现于中国的哲学。"金先生以为第一种态度在现代中国已不可能,而如取第二种态度,"我们可以根据一种哲学的主张来写中国哲学史,我们也可以不根据任何一种主张而仅以普通哲学形式来写中国哲学史。胡适之先生的《中国哲学史大纲》就是根据于一种哲学的主张而写出来的。我们看那本书的时候,难免一种奇怪的印象,有的时候简直觉得那本书的作者是一个研究中国思想的美国人;胡先生于不知不觉间流露出来的成见,是多数美国人的成见"。"冯先生的态度也是以中国哲学史为在中国的哲学史;但他没有以一种哲学的成见来写中国哲学史。""他说哲学是说出一个道理来的道理,这也可以说是他的主见之一;但这种意见是一种普遍哲学的形式问题,而不是一种哲学主张的问题。冯先生既以哲学为说出一个道理来的道理,则他所注重的不仅是道而且是理,不仅是实质而且是形式,不仅是问题而且是方法。"⑤金岳霖这段话中所说以一种普遍哲学的形

---

① 刘掞藜:《讨论古史再质顾先生》,收入《古史辩》第一册,第 161 页,北平:朴社,1931。
② 刘掞藜:《讨论古史再质顾先生》,收入《古史辩》第一册,第 164 页,北平:朴社,1931。
③ 胡适:《中国古代哲学史》第一篇《导言》,《胡适文集》第 6 册,第 172 页。
④ 冯友兰:《三松堂自序》第五章《三十年代》,《三松堂全集》第 1 册,第 189~190 页,郑州:河南人民出版社,1985。
⑤ 金岳霖:《审查报告二》,《三松堂全集》第 2 册,第 379~380 页,郑州:河南人民出版社,1988。

式研究中国哲学,实际上是提出了中国哲学研究的一个方向。但在当时的历史条件下,这种普遍哲学的形式也非取法西方哲学不可。20世纪30年代,冯友兰发表了类似蔡元培的观点:"中国哲学,没有形式上的系统,若不研究西洋哲学,则我们整理中国哲学,便无所取法;中国过去没有成文的哲学史,若不研究西洋哲学史(写的西洋哲学史),则我们著述中国哲学史,便无所矜式。据此,可见西洋哲学史之形式上的系统,实是整理中国哲学之模范。"①冯先生认定现在只有"西洋哲学之形式上的系统"可供人们效法。而金岳霖所提到的冯著"没有以一种哲学的成见来写中国哲学史"这一点,似也很难成立。50年代胡适仍不屈服金岳霖等人的意见,他重提当年关于老子年代问题的考证,以为在冯友兰那里,"原来不是一个考据方法的问题,原来只是一个宗教信仰的问题"。② 实际上是在标明冯友兰所持的是正统派的立场,而他写作哲学史的态度是历史的、科学的、非正统的。

胡适与冯友兰、陈寅恪、金岳霖的区别,实际上是"汉学"与"宋学"在中国哲学史研究两军对垒上的具体表现。对此,胡、冯二人在后来多少有所体悟。胡适在《中国古代哲学史》台北版自记中提道:"推翻'六家'、'九流'的旧说,而直接回到可靠的史料,依据史料重新寻出古代思想的渊源流变:这是我四十年前的一个目标。我的成绩也许没有做到我的期望,但这个治思想史的方法是在今天还值得学人的考虑的。"③而冯友兰先生则更明确地点明他与胡适的区别是"汉学"与"宋学"的不同。他说:"蔡元培说,胡适是汉学家,这是真的。他的书既有汉学的长处又有汉学的短处。长处是,对于文字的考证、训诂比较详细;短处是,对于文字所表示的义理的了解、体会比较肤浅。宋学正是相反。它不注重文字的考证、训诂,而注重于文字所表示的义理的了解、体会。""胡适的《中国哲学史大纲》对于资料的真伪,文字的考证,占了很大的篇幅,而对于哲学家们的哲学思想,则讲得不够透,不够细。金岳霖说,西洋哲学与名学非其所长,大概也是就这一点说的。我的《中国哲学史》在对于各家的哲学思想的了解和体会这一方面讲得比较多。这就是所谓'汉学'与'宋学'两种方法的不同。"④

综上所述,胡适的《中国哲学史大纲》的功绩是依傍西方哲学形式初步建立了中国哲学史学科,冯友兰的《中国哲学史》的优长是展现了中国哲学实质系统的独

---

① 冯友兰:《怎样研究中国哲学史?》,《三松堂全集》第11册,第403页,郑州:河南人民出版社,2000。
② 胡适:《中国古代哲学史》台北版自记,《胡适文集》第6册,第162页,北京:北京大学出版社,1998。
③ 胡适:《中国古代哲学史》台北版自记,《胡适文集》第6册,第160页,北京:北京大学出版社,1998。
④ 冯友兰:《三松堂自序》第五章《三十年代》,《三松堂全集》第1册,第190~191页,郑州:河南人民出版社,1985。

立性、民族性,但在西方文化居有强势文化地位的时代,冯友兰的研究也只能适可而止。他所理想的"讲哲学史之一要义,即是要在形式上无系统之哲学中,找出其实质的系统",①仍是我们这一代学人应该努力的目标。如何合理地解决中国哲学研究中的形式与实质两大系统之间的矛盾,可以说是新世纪中国哲学能否突破的一个瓶颈。

---

① 冯友兰:《中国哲学史》第一章《绪论》,《三松堂全集》第 2 册,第 14 页,郑州:河南人民出版社,1988。

代际理论及其运用

□ 焦润明

"代"指的是一定社会中具有大致相同的年龄和类似社会特征的人群,具有自然和社会两重性。不同代人由于所处社会文化环境的不同,价值观念和行为方式上的差异,从而导致代与代之间存在差异。我们把这种差异称作"代差"或"代沟"。代际差异广泛地存在于人类社会之中,特别是工业革命以来的社会巨变时代中。两代人之间由于对巨变社会所持不同的看法,从而导致不同的思想、行为方式上的矛盾和冲突,这就是"代际冲突"。因此,把描述和研究这一社会文化冲突现象的代际理论引入中国近代思想史的研究中来,对于深入探讨近代中国巨变时代条件下的思想文化冲突现象,是一种很好的研究方法和思维工具。

一、有关历史上代际问题的基本理论

"代""代沟"和"代际冲突"等问题是社会学、文化学中经常探讨的问题。其中,人类文化学家米德所著的《代沟》[1]一书,就是论述代际理论较为经典的著作。

米德把不同时代背景下人类文化传承方式分为"后象征文化"、"互象征文化"、"前象征文化"三个类型。"后象征文化"是一种在社会发展迟缓、生活封闭状态下的代际传承文化,其本质上是一种长辈主导的文化。"祖辈的人把刚出生的孙儿抱在怀里,除了他们往日的生活外,他们想不出孙儿们还会有什么别的未来。成年人的过去就是每个新生一代的未来,他们早已为新生一代的生活定下了基调。孩子们的祖先度过童年期后的生活,就是孩子们长大后将要体验的生活;孩子的未来就是如此造就的。"[2]在"后

---

[1] 玛格丽特·米德著,曾胡译:《代沟》,光明日报出版社,1988。
[2] 玛格丽特·米德著,曾胡译:《代沟》,20~21页,光明日报出版社,1988。

象征文化"中,父祖辈、年长者是绝对的权威。由于在变化缓慢的社会中,经验、知识都是长年积累起来或由传统继承下来的,长者往往成为知识和智慧的化身。而他们的知识和经验足以解决青年们生活中遇到的所有问题。因此,在这种文化背景下,代际之间的冲突是隐性的,因为象征性价值体系是同一的,因此年青一代几乎不存在认同危机。

"互象征文化"实质上是同辈文化。互象征性起初是对后象征系统的突破。米德设定了产生"互象征文化"的几种可能方式:"或是经过一场大动乱后,全体人民,尤其是对领导地位十分关键的老年人死伤惨重;或是新形式的技术发展的结果,老年人对这些新技术不在行;或是由于迁徙到一个永远把老年人视为移民和陌生人的新国度;或是一次军事征服的后果,屈服的人民不得不学习征服者的语言和生活方式;或是改变宗教信仰的结果,成年的皈依者试图培养儿童去体现新的观念,而他们本人在童年和青少年时期未曾有过这种经历;或是有目的地搞一次革命,为年轻人引进一种新的、不同的生活方式。"①米德的语境中包含着描述社会巨变的深刻含义,即"互象征文化"是在社会迅速巨变,传统文化发生断裂或人们赖以依存的象征性价值体系受到破坏、受到怀疑的时代条件下才出现的。在"互象征文化"中,年轻一代的经验与他们的父母、祖辈和社会中年龄较大成员的经验有着极为显著的不同。由于年轻一代所置身的社会生活环境已于父祖辈有很大的不同,因此,他们的长辈不能向他们提供与其年龄相适应的生活模式或应付挑战的经验、智慧,于是他们必须根据自己的经验发展新的形式,并向同代人提供榜样。

必须强调的是,在互象征文化中,老年人仍然处于支配地位,他们树立典范,规定限制范围,年轻人的行为中所表现的互象征性不得超出这些范围。以老年人所主导的传统价值标准仍然具有决定意义。然而,年轻一代为了适应新的社会环境或为了回应新时代的挑战,传统的经验已不足为训,为此他们逐渐形成了自己的一套价值判断系统和行为方式并逐渐与老一代形成"代沟"。

"前象征文化"是晚辈文化。米德认为,工业革命使人类社会的变迁具有"不可逆性"。特别是 20 世纪 40~60 年代,计算机的发明,原子裂变与聚变在军事和民用领域的成功应用,对行星表面的探险,知识爆炸以及无线电、电视的发展,促成了真正"世界共同体"的出现。对新事物的接受与反应,不同群体自我认同等原因,使老一辈越来越"边缘化"。同时新一代越来越处于新兴文化的主导地位。因此,前喻文化带来两个结果:一是在接受和适应日新月异的社会科技巨变中老一辈变得无能为力,而年青人却游刃有余,并挑战传统价值体系;二是出现了真正意义上的"文化反哺",既老年人也向年轻一代学习,真正尝到了"落伍者"的滋味。

"代"分为自然"代"和社会"代"两种类型。自然的"代"就是人的辈分关系,

---

① 玛格丽特·米德著,曾胡译:《代沟》,43~44 页,光明日报出版社,1988。

而社会的"代"则是被赋予了社会和文化内涵。从自然属性上看,人类延续、父辈子辈自然天成,而社会的"代"则是时代和文化塑造成的。由于每代人所处时代的不同,从而形成不同"代差"。不过,严格意义上的"代沟"一般只出现在巨变的社会条件下。因为在变迁缓慢的社会中是不会或很少出现代沟的,更不会出现代际冲突。在停滞社会的时间流程中,人们可以预期的未来社会不过是过去社会的"复制"和自然流淌,一切伦理道德、文化习俗、社会规范、价值体系都是固定的、神圣不可侵犯的。年轻一代只要习得就可应付他们面对的一切。长辈在传承文化的同时,作为青年的一代的榜样,其自身也是知识和智慧的化身。因此,在这种背景下是不会产生两代人的冲突的。

然而,在巨变的社会条件下,传统社会规范、价值体系受到冲击并发生断裂。当年轻人面临着一个急剧变化的社会或是一个全新社会时,而过去从父辈那里学来的经验又不足以解决他们的生存问题时,他们就不得不在同辈中寻找经验和认同,从而获取了与祖辈完全不同的知识和经验,形成"代差"或"代沟"。米德列举的不同辈人在移民国家中的经历很能说明问题。总之,代沟形成的历史条件及其表现结果,是代际理论应用在思想史研究中适用性的重要前提。

通过研究历史上"代沟"与"代际冲突"这种社会文化现象,可以借助于代际理论这一学术工具,更深入地解析社会,揭示其表象背后的深层原因。每一种历史文化现象都有其产生的深刻原因。"代沟"及"代际冲突"作为工业革命以来人类社会出现的社会文化现象,具有不可逆转性,也就是说,人类科学革命所带来的社会持续进步,使每代人所置身的环境总是不同,由此,不同代人对社会变化的感受势必存在着这样或那样的差别。尽管这种"代差"在不同国度、不同社会背景下所表现的方式不尽相同,但"代差"的普遍存在却是相同的。代际理论作为专门阐述"代"及"代际冲突"形成机理、表现方式的一种理论学说,在解释近代社会以来世界范围内出现的"代沟"方面具有普遍适用性。就像阶级分析学说从人们的经济地位、占有并运作财富的情况来对人进行分类研究一样,代际理论则是从技术革命、社会急剧变迁给不同辈分的人群可能带来不同的感受、认识和选择方面的可能性进行分类研究。尽管有其自身理论局限性,但其针对性却是很强的。社会思潮往往是特定时代趋向在思想上的集中反映,运用代际理论不仅能够分析并澄清在同一阶级阵营中不同辈分人们之间在思想上存在的差异——"思想代沟",而且还能找到产生这种"思想代沟"的社会的或文化方面的根源。

二、在中国近代思想史研究中引入代际理论的有效性

中国近代是一个巨变的时代,出现了代际理论所论述的从"后象征文化"时代进入"互象征文化"时代的历史走向。中国自晚清被西方列强打开国门后,封建制度偏安一隅的封闭状态被打破,卷入世界资本主义旋涡已不可避免。因此,以

1840年鸦片战争为分界,如果说此前的中国社会处于相对封闭或停滞状态的话,那么以后的中国则为世界大潮所挟裹、所激荡,开始了急剧的社会变迁。我们可以把中国传统社会形象地描述为"后象征文化"时代。因为中国前近代社会具备了"后象征文化"所具有的基本特征。对中国封建社会较资本主义社会发展得迟缓,梁启超曾有过较精辟的论述,他说:"中国者,世界中濡滞不进之国也,今日之思想,犹数千年前之思想;今日之风俗,犹数千年前之风俗;今日之文字,犹数千年前之文字;今日之器物,犹数千年前之器物。"[①]他又说:"斯密亚丹《原富》,称元代时有意大利玛可波罗游支那,归而著书,述其国情,比较今人游记,殆无少异。吾以为岂惟玛氏之作,即史记汉书二千年旧籍,其所记载,与今日相去能几何哉?"[②]近代的思想、风俗、文字、器物竟与两千多年前无多大差别;两千多年前成书的《史记》、《汉书》上记载的事物与两千年后的事物竟无多大变化,这不能不说进步太缓慢了。因此,在这种近乎停滞的社会中,是不会出现"代沟"和"代际冲突"的。

然而,打开国门以后,随着西方近代生产生活方式的大举进入,逐渐渗透并潜移默化地改变着国人的思想观念和生活方式。具体表现为新事物大量出现和新思想的层出不穷,如西式服饰、西式娱乐、新闻报纸、新兴职业、新式学堂、留学运动,西式婚礼和文明结婚浪潮,尤是西方的新兴科学,自由平等观念的流布,这些共同构成近代社会中与传统并行的另一类的社会现象和文化景观。八股试帖与新式教育并行;长袍马褂与西装革履同行;君主专制、三纲五常与民主、自由、人人平等观念共生;包办婚姻与自由恋爱并存……传统价值体系的单一性、整合性和神圣性不复存在,固有文化的板块出现了断裂,契入了新的外来的因素。由于时间浓缩、变动剧烈,所有这些都是老一代过去的经历中所不曾有的,两代人面临着全新的世界,而老一代过去的知识和经验不足以使青年一代应对巨变时代;同时两代人面对巨变时代、面对外来新生事物开始出现分歧,尤其对中西文化的认识上出现了"思想代沟"。所有这些近代现象,表明中国近代社会已由"后象征文化"时代进入到"互象征文化"时代。因此,运用代际学说的基本理论和方法,分析层出不穷的中国近代思潮,非常适用。

在中国近代巨变历程中曾出现了很多"代"及"思想代沟"。纵观百年近代思想史历程就会发现,其表现为鲜明的思想递进性。梁启超作为近代人曾敏锐地感受到了这一点。他在《五十年中国进化概论》一文中把他所经历的中国社会巨变分为三个时期,把洋务运动算作第一期,把维新变法运动算作第二期(由于认识上的原因,他没有提到辛亥革命),把五四新文化运动算作第三期,并论述了每个时期的代表人物和思想运动特点。他概括地讲道:"这三期间思想的进步,试把前后

---

① 梁启超:《中国专制政治进化史论》,《饮冰室合集·文集》,第9、59~60页。
② 梁启超:《新民说》,《饮冰室合集·专集》,第4、55页。

期的人物做个尺度来量他一下,便很明白。第一期,如郭嵩焘、张佩纶、张之洞等辈,算是很新很新的怪物。到第二期时,嵩焘佩纶辈已死去,之洞却还在。之洞在第二期前半,依然算是提倡风气的一个人,到了后半,居然成了老朽思想的代表了。在第二期,康有为、梁启超、章炳麟、严复等辈,都是新思想界勇士,立在阵头最前排。到了第三期时,许多新青年跑上前线,这些人一躺一躺被挤落后,甚至已经全然退伍了。这种新陈代谢现象,可以证明这五十年间思想界的血液流转得很快。"①梁启超虽然没有明确用"代"的概念去分析晚清思想界的变迁,但他客观上却指出近代思想上的"代沟"问题。

我们可以更明确地把近代中国思想史上的人物分为三"代",即洋务派、维新派与革命派、新文化派。每一代人不仅有其代表性人物,而且每代人之间还存在着鲜明的思想差别即"思想代沟"。洋务派主要包括曾国藩、李鸿章、左宗棠、张之洞等人。他们承认西方器物层面的先进,主张设厂制造、购入引进。他们相对于老朽顽固、不思进取的封建遗老,算得上是开新的一代。其中最典型的是作为上述幕僚或助手的一批人如王韬、马建忠、薛福成、郑观应等辈,他们不仅大力主张向西方学习,还主张君民共主,赞赏西方的三权分立和议会制度,积极倡导商战、发展资本主义工商业。

维新派则是更激进、更资产阶级化的一代,康有为、梁启超、严复、谭嗣同是这一代的主要人物。他们不仅聚集起来要求政治上的权利,主张中国走君主立宪制道路,而且还批判洋务守旧派,广泛倡导社会变革,大兴移风易俗运动。资产阶级革命派则是这一代中更激进的代表,孙中山、章太炎、邹容、陈天华为这代人的代表人物。他们不仅广泛宣传西方资产阶级的自由、平等、博爱思想,还主张在中国建立民主共和制度,他们发动多次起义,力图推翻清王朝的封建专制统治。年轻一些的革命志士多为留学生或新式学堂的学生。

新文化派则是远较维新派、革命派更为激进的一代。他们大多是留日、留美、留欧学生,也有很多国内新式学堂的学生。胡适、李大钊、鲁迅、傅斯年、罗家伦等人是其代表人物。他们沐浴过欧风美雨,盛赞近代欧美的科学文明,主张从文化上彻底改造中国。其中不仅有主张提着灯笼沿街寻找超人的反传统主义,更有主张全盘西化的言论。从思想史上看,五四新文化派与守旧派的辩论最能体现近代的代际冲突,而思想上的代沟也更加明显。

在近代思想资料中既存在着共时性的思想冲突,也存在着历时性的思想文化冲突,如同时代不同辈分人对于中国社会变迁、中西文化的不同看法,不同时期的人们由于经历上的不同而出现不同的思想差异和价值判断,等等,对此,用代际冲突理论就能给予很好的阐释。在思想史的研究中,我们经常会遇到方法论上的问

---

① 梁启超:《五十年中国进化概论》,《饮冰室合集·文集》,第39、45页。

题。如关于洋务派和维新派之间思想上的差别,我们应用阶级分析法比较有效。因为他们分属不同的阶级集团,洋务派是封建阶级阵营中的开明派或务实派,他们主张向西方学习器用文化,其目的是为了维护和巩固封建专制制度;而维新派则是具有西学背景,在思想上接受近代价值观念,并在阶级属性上已资产阶级化了的一代。因此他们所思所想都是如何使中国走出中世纪,建设近代国家,挣断封建束缚,发展资本主义工商业及文化教育事业这类事物。不过,运用阶级分析方法分析洋务派与顽固派之间的思想差别、分析维新派与新文化派之间的差别,再用财产关系、阶级属性往上套,恐怕难以得出满意的结论。在这种情况下,运用代际理论对此进行分析就非常有效。顽固派和洋务派虽然都出自封建统治阶级阵营,但由于他们经历的不同或者由于自身认识角度的不同,从而对中西文化对比的认识,对近代国际关系及国家前途命运的认识,自然不同,从而产生差异。而这种差异决不是因为他们代表了不同的阶级利益所致的。

  同样地,维新派与新文化派同属于资产阶级集团范围,他们两代人之间的思想差别主要是由于时代差别和自身认识上的时代局限性造成的。这方面只要详细地考察清末民初的社会背景就很容易理解。

  更要强调的是,代际理论不仅能够用于同一阶级阵营中不同代人之间思想差异产生机理的分析,而且还能用于不同阶级不同代际之间思想差异上的分析。因为不同阶级人物产生相同的思想认识、同一阶级人物产生不同的思想认识,在逻辑上都是成立的。因此,在这种复杂境况下越发显现出代际理论的有效性。

关于思想史的思考方法
——类型、范围、对象

□丸山真男 著 区建英 译

　　笔者虽然是思想史研究者,但并不见得具有什么特别的思想史方法的理论。到目前为止,关于"思想史"是什么,以及思想史的专门方法问题没有写过任何论文。就这样的题目发表意见还是第一次。请读者不要认为我这个发言是从我多年的研究中提炼出来的方法论考察。笔者自身还未弄清的问题,特别是老出现混乱、老解决不了的问题还有许多。按笔者的独断意见,在思想史领域里,能为学界公认的方法论公共财产几乎还没有诞生。故在此只能提出一些假设供读者探讨。

　　"思想史"这个学问,可以说还没有作为独立的体系取得"市民权"。举一个身边的例子,在今日的大学里,思想史理论的讲座少得可怜。过去,我在东京大学担任东洋政治思想史的讲座,但在我所了解的范围内,除东大外,设有同名讲座的国立大学几乎没有。担当日本政治思想史的学者虽有若干人,但实际上几乎都被编入了政治学或政治史讲座中。所以,我常常从现实出发为学生考虑问题。比如,当每年从我这里毕业的本科生提出想专攻思想史时,我总是遗憾地劝他们放弃此想法。因为即使煞费苦心地读了半天当上博士,亦无法找到工作。当然,一般来讲,研究者的职位不容易得到,但像历史之类古老的学问在所有的大学都设有讲座,还有就职的可能。而"思想史"因为没有讲座,所以即便遇上好运就上其职,实际上也只能放弃好不容易学到的思想史,去担当别的讲座。不言而喻,这种现实问题必然反过来导致思想史专业人才培养的恶性循环。大概,历史学专业中的思想史也具有同样情况。

　　最近,跟我很熟的一家旧书店的人来访,谈到思想史的书很难处理。理由是不知道应该编入哪个分类。有哲学、宗教、法政、历史等分类,比如政治思想史究竟应编入政治类还是历史类? 又假如算它是思想,那么究竟又应该编入哲学类还是宗教类呢? 总之,没有放置的地方。思想史的书籍往往卖不出去,这大概也因为它散于各个分类中不易寻找。因为大学里不承认独立的思想史讲座,所以要叫旧书店率先设置思想史的专柜等于开玩笑。

由于"思想史"还没有获得独立的"市民权",所以在此也难以谈出学界共同的关于思想史的方法、对象、范围的定论。而且,这也不仅仅是因为这门学问还没发达,还因为各种思想史可以复数地成立,根据对象之不同,可以有许多种类的思想史,与之相应,其方法又必然是多样的。在这种多样性之中,要抽象地判定以哪个为中心,不仅困难,而且没多大意义。

不仅是思想史,一般说来,一切学问的所谓方法论,都不能说具有在任何场合通用的方法。特别是我们学习思想史的时候,要警惕那种"陆上练游泳"的做法。实际上,只有在进入思想史的茂密森林,融进对象内部,从而遇到各种问题的过程中,才能思考思想史的方法。还未跳进水里,就先议论哪个游泳方法最好,这种做法在思想史的领域是不明智的。以上是本稿题目展开的前提。下面就若干问题发表些见解。

一

先验地谈方法论固然是不妥当的,但世界上思想史的研究实际上已从昔日持续到如今。至少在到目前为止的思想史研究的积累中,根据对象来分类,是可以分成若干类型的。下面我们先来阐述这个问题。不同的思考方法可以有不同的分类,若是一般地区分,笔者认为思想史可以分为三种类型。

第一类型是"教义史"(History of Doctrine;Dogmengeschichte)。如西方的基督教教义史、日本的儒教史、佛教教义史等皆属于此范畴。或者马克思主义的历史等,在某种意义上说,也可以作为马克思主义的教义史来叙述。若进一步把这个类型运用于学科的区分,则可以有学说史。学说史里又可按目前通用的科别区分为政治学说史、经济学说史、伦理学说史,等等。而且学科内又可以有某某理论的发展史,比如剩余价值学说史。这些都可以编入教义史的范畴内。当然,这时候"教义"的含义非常广泛,里面包括有以"世界观型"教义体系为对象的教义史,和只以理论问题为对象、并不包含价值判断的教义史,此两者在性质上具有相当大的区别。"教义史"型的思想史的对象,一般是具有高度觉悟的、抽象度较高的理论体系或教说,"教义史"就是要追寻这种体系、教说的历史展开过程,而其作为对象的人物往往主要是比较著名的思想家和学者。

第二类型是"观念的历史"(History of Ideas)。这个名称还没有被人们广泛使用,在此只是方便起见,为了与上述的教义史或学说史相对应而使用这个名称。它的定义可以解释为：它并不以历史上某某人物的思想为对象，而是以某个文化圈里、某个时代或几个时代里一直通用的特定观念为对象，研究这些观念与其他观念相结合、相分离的过程，追求这些观念在社会发展过程中机能的变迁。比如西欧的"进步"观念（Idee de progres），这个观念不仅出现在狭义的思想范围内，而且出现在文学、政党纲领等各种领域。人们先从各个领域将其抽象出来，然后对其结构的成分进行分析，再寻求其在时代和文化的影响下的变迁过程。这就是"观念的历史"之其中一例。（当然有些书也以"观念的历史"之类的名词作题目，但那不一定是按这里定义的方法来写的。而本论文中所说的不仅是名词问题，这里所指的是类型问题。）不用说，"观念的历史"也重视某观念的社会基础和主张者等因素，而且，由于对这些因素的处理方法不同，"观念的历史"也会产生出丰富多彩的差异。但总而言之，它的任务主要在于分析出特定观念的内部结构和某观念与其他观念之间的化合或混合关系，追寻其历史发展的线索。

不过，"观念"一词本身是非常多义的，而且"观念"的抽象方法也多种多样。所以虽统称为"观念的历史"，但对其个别的具体问题并不能单一地解释。比如，就有学者把我们生活感觉中极其切身的，抽象度较低的观念郑重其事地作为问题来研究。就拿日本人生活感觉中的例子来看，曾担任京都大学哲学讲座的已故九鬼教授写了《粹的构造》（译注："粹"是表现日本文化的一个特有名词。大概相当于中文的"帅"、"潇洒"、"俊俏"、"适中"等意），这本书非常有名。此书作为学术问题所论述的"粹"，就是我们日常议论某人"粹"不"粹"时的"粹"。《粹的构造》通过研究大量的文献，阐述了"粹"这个日本的传统观念具有的内部构造，以及"粹"与"恬静"、"古雅"之类的传统观念的相互关系。"粹"是我们这些既不是艺术家，也不是美学家的人日常不自觉地使用着，并因此无意中深深影响着我们的美感的传统观念。此书从日常生活中抽象出这个观念，通过研究明确了其逻辑构造及其历史发展的状况。这是"观念的历史"多样性中的一个典型例子。再举一个与此相反的典型。比如思想的历史中，同一个语言随着时代的推移，其含义会发生变化。但因为是同一个语言，所以即使时代发生了变化，人们往往不意识到其含义与过去时代的差别，并在无意识中以变化了的含义来使用其语言。"观念的历史"便专门以这种现象为对象，主要考察语言如何随着时代的进程发生含义的变化，考察其语言的社会基础是否已经变化。这种考察，也可以说是"观念的历史"的一个典型课题。

第三是"范畴的历史"。这主要是把时代精神或时代思潮整体的历史作为对象来探讨的。"时代精神"这个日本语本来是由德语的 Zeitgeist 翻译过来的。因 Zeitgeist 这个概念本身产生于特定的历史和思想状况中，所以其含义受到特别的限定，它最初是由威廉·迪卢泰（Wilhelm Dilthey）提出来的。但在此我们所讲的并不是这种狭义的特定意义上的"时代精神"，而是一般意义上的"时代精神"。总而言之，"范畴的历史"就是以某个特定时代为对象，总体地把握其政治、社会、人间、文学、艺术等各领域出现的思维方式，及其相互的关联和其与社会政治状况的关联。也就是说，综合性地把握时代精神的整体结构，从而明确其历史的发展状况。就是这样一种思想史。日本思想史的古典著名学者津田左右吉博士所著的《表现于文学中之我国民思想之研究》就是其中一例。此著把"国民思想"这个非常广泛的范畴作为研究对象，主要以文学为素材，按照贵族文学时代、武士文学时代、平民文学时代的顺序来追寻。他不是以某主要学者的学说为对象，而是以那个时代活生生的人生观、政治思想、伦理思想或恋爱观等内容为对象，对之作了概括性的叙述。此外，还有通过整体地把握所谓时代意识形态，如"封建意识形态"或"近代意识形态"等来追索历史发展的。这种方法也属于"范畴的历史"类型。以上只是非常概括的分类尝试。到目前为止的思想史研究，如果就其研究对象来看，似可大略分成上述三类。

回顾上述三种思想史，可以说，只是在第二类型的"观念的历史"和第三类型的"时代精神的历史"的研究领域中，思想史渐渐被承认为独立的学问领域。而第一类型的"教义史"的独立性则不易被承认。因为在这个研究领域中，思想发展的历史被视为教会中教义的继承，或学院中科别学问的继承，所以制度和传统的实体被看做首先必要的前提。特别是在"学说史"领域里，各个专门学科越是发达，其思想史便越被分解在各个具体学科中。因为，在那里，思想的历史严重地受到教会、学院，或教义、科别理论等的横跨或凌驾，所以难以产生作为独立学问领域的觉悟。不过，第二类型和第三类型的思想史研究，也是在研究者具有了独自的问题意识以后，才产生出把思想史作为独立领域学问的觉悟的。

以笔者从事的政治思想史研究为例，可以从两个角度来定其所属。首先因其是政治学史、政治思想史，所以被列入广义的政治学中。这个广义的政治学又被细分。按美国式的学科区分，政治哲学与政治思想史一起同属于政治理论分科，主要注重现状分析。而且政治理论分科内又可再细分。就这样，这个分科与行政学和比较政治论（Comparative Government）等分科一起被统称为广义的政治学。在此，政治思想史便作为政治学中的一个分科而成立。在日本的传统分类中也是这样考虑的。因此，笔者在东京大学属于法学部，在法学部的讲座编成上，笔者担任的东洋政治思想史，属于政治学的第三讲座，而欧洲政治思想史则属于其第二讲座。可见，在传统的哲学讲座制度中，政治思想史只被看成政治学的一部分。

然而，另一方面，思想史又可编入一般的"人类文化"领域中。这个领域包括还未进行反省和抽象化的原始政治学、经济学，同时也包罗政治、经济、法律、教育、艺术、伦理等各领域。政治或经济的各个局部在这个整体中受到了注目，政治思想史或经济思想史被看做是人类文化活动的其中一部分。也就是说，政治思想史一方面归属于政治学中的一个分科，另一方面则归属于包括政治、经济、教育、艺术、宗教等在内的人类文化活动的整体领域。后者是以人类原始的层次为起点、横跨人类活动全部领域的思想史。政治思想史在其中并不是独立的，而仅仅是把着重点相对地置于政治方面而已。当然笔者在这里并不笃之作好坏的价值判断，只是指出政治思想史同时属于两个领域的事实。如果要问政治思想史是什么领域，那么回答哪一方似乎都可以。如果说它是政治学，自然又因政治学史、政治思想史与经济学史、伦理学史等有关而不能表达全面。不过，这时政治学是作为主要基地来与经济学、伦理学相媒介的，所以勉强还讲得通。如果说它属于人类文化活动的学问领域，那么思想史就被作为上层建筑来考虑。这时，思想史的对象便是超出人类活动特定领域的传统区分，或超出科学中的科别区分的一个巨大的精神活动整体。必须在这个广大范围内考虑思想史的实际内容。

　　假如是前者意义上的思想史，那么即使是以洛克、霍布斯等思想家（特定的个人）为研究对象，也必须以自然法、自然权等政治学范畴作为前提，去考察洛克、霍布斯等人物的政治思想与整个时代的政治思想的相互关系，以及考察其与后代，比如卢梭的自然法、自然权乃至社会契约思想的相互关系。就是说必须把考察这些关系作为中心题目。然而，假如是后者意义上的思想史，那么洛克的政治思想必须是他本人思想的全部，即必须考虑其与他本人的经济思想和认识论等的关系。也就是说，研究的中心内容应是洛克这个人物在他所处的时代所设定的课题，及其解决其课题的方法，等等。这时即使设洛克政治思想为一个专业，上述那种对基本范畴起源问题的追究也只能是第二位的内容。概而言之，如果从前者意义的思想史出发，必须进行本来意义上的政治学探讨，才能算作政治学学科的政治思想史。同样，经济思想史也只有设定了经济学的范畴，对其历史的发展进行分析，才能算经济学学科的一个分科。但如果从后者的意义出发，范畴上的研究只是出于方便。

　　上述以政治思想为例，说明了同是政治思想史也可以从两个角度来理解。人们对思想史独立性的认识，往往是从上述的第二个角度中才能产生出来。因为只有痛切地感到需要打破传统式的领域区分规范，打破学问分科的框框，才能产生出独立于"教义史"或"学说史"的上述第二、三类型的思想史研究意欲。不过，正因为大学不欢迎这种打破，才不愿设置独立的思想史讲座。换句话说，即第二、三类型的思想史具有跨越大学旧有的学科区分，朝横向发展的倾向，这会使大学难以按学部、学科分开的制度进行控制。这不仅是日本的问题，其他国家在不同程度上都存在这种问题。各国的文化背景虽有所不同，但大概从上个世纪末以来，人们已开始意识到建立第一、二类型意义上的独立思想史（横跨政治、经济、法律、教育、伦理各领域的思想史，或以这些领域的关联为题目的思想史）的必要性了。

　　关于各国的不同情况在此举几个例子。在美国，最先在学院层次为推进思想史的独立化作出重大贡献的，是琼斯·霍布金斯大学1922年创立的"观念的历史俱乐部"。这个俱乐部是在琼斯·霍布金斯大学的哲学教授拉布约伊（Arthur O.

Lovejoy)（被誉为美国思想史研究的教祖）的斡旋下设立的。这是一个开放型的俱乐部，其成员不必是琼斯·霍布金斯大学的教授，也不必是某大学的教授。它是所有对思想史感兴趣的人的团体。其最初的最高纲领是：从历史的角度研究西欧文学中出现的一般哲学上的概念、伦理思想、美学上的审美意识的发展及其影响。特别是注重文学中出现的这种范畴，在哲学史、科学史或政治、社会运动的历史等文学以外的各种文化领域的表现情况，历史地研究其内在的关联。通过拉布约伊教授所创立和推进的这个俱乐部的活动，特别在文学和艺术领域中，思想史的研究得到了划时代的发展。他们采取了不同于传统学院式专业分科的文学史、美学史的方法，以文学和艺术为素材，对其中出现的各种观念的含义进行了超出狭义的文学或美学范围的分析，追究其含义的在历史上的变化。比如"自然"（nature）、"浪漫"（romantic）等在文学和艺术中广泛应用的多义概念，他们对这些概念随着时代推移所产生的含义变化，以及这些概念在文学、美学以外的各领域出现时的相互关联，还有其含义向相反意思转化的情况作了仔细探讨。现在，美国有一家名为《观念的历史杂志》（Journal of the History of Ideas）的期刊，这就是以琼斯·霍布金斯大学的俱乐部为母体的。

　　在德国，一般来说，思想史被称为精神史（Geistesgeschichte）。我们前面提到过的威廉·迪卢泰为把精神史确立为一个学问的独立领域发挥了重要作用。在此不准备阐述迪卢泰提出这种方法的来龙去脉，只想指出一点，迪卢泰庞大的精神史研究，是在大胆地打破了大学传统学科区分的基础上成立的。如果说，上面提到的美国俱乐部是通过把传统的文学史、美学史框框中的内容扩大到更广大的范围来建立自己新学术的，那么，迪卢泰的精神史可以说是通过超越哲学领域的范围，打破其窠臼而建立起来的。其研究对象也是广泛包罗的。宗教、哲学不用说，其还涉猎到文学、教育、艺术、政治、普鲁士国家等广大的范围。这样，文化现象就被理解为历史的活生生（Leben）的表述，为此，需要整体地把握贯穿于全部文化现象中的精神作用关系，从而总括性地理解时代的精神。

　　迪卢泰的精神史研究在后来发展出很多分支，在此只谈谈在考察思想史中特别重要的、后来德国的两个流派。第一是由历史学产生出来的流派。其代表者特别可举出菲德烈·麦涅科（Friedrich Meinecke）。麦涅科的学说属于前面说过的"观念的历史"。他提出过观念历史（Ideengeschichte）的说法，他从这个角度进行的思想史研究，众所周知是取得了巨大成果的。他曾把国家理性思想的发展作为典型的观念历史，从马基雅弗里开始一直追溯到第一次世界大战。在那里，他着眼于观念与各种社会力量的相互作用，从中探索其历史的发展。就这样，他把这种研究看做观念历史的主要课题。

　　第二是由社会学中产生出来的流派。这个流派兴起于第一次世界大战后，是由卡尔·曼海姆（Karl Mannheim）、马克斯·谢拉（Max Scheler）、翰斯·弗莱雅

（Hans Freyer）等所代表的文化社会学或知识社会学。特别是知识社会学通过深入探讨意识形态论，对思想史研究方法给予了很多启示。当然，在意识形态论诞生的系谱中，马克思具有划时代的意义，但马克思并没有特别在方法上对意识形态论作过理论性研究。以马克思的意识形态论为出发点，结合今日的问题，将之提炼成思想研究的一个规律，这是第一次世界大战后知识社会学的功绩。这个流派重视所谓思想的社会制约性，但并不把每个个别观念直接与社会基础结合，而是抓住某个时代的思维范畴，由此分析各种各样的观念形态。这个流派的学说在思想史的研究史上具有非常重大的意义。以上只是简单的介绍，像蜻蜓点水。总而言之，在德国，从迪卢泰开始，一方面发展出麦涅科，另方面发展出曼海姆，这可以说是德国思想史研究中的两大潮流，其在今日依然具有重大影响力。

可见，国情的不同，文化背景的不同，各国思想史研究的开拓状况亦相异。但同时各国不同的尝试中显示了一些共同点：要建立具有独自规律的思想史，必须超越传统学问的专业领域。这样一来，思想史自然要变为光靠一个人的力量难以进行研究的学问，因此在思想史研究中产生出多种专业部门共同协作的必要性。

二

以上通过阐述思想史研究上的三种类型，提示了思考思想史方法论的线索。下面拟进一步考察思想史研究对象在实质上所包含的内容，以及这些内容之间的相互关系。

在进入这个问题的具体考察之前，有必要弄清楚日本语中"思想"一词的含义。日本语的"思想"一词含义非常不明确，它与"观念的历史"中的"观念"多少有点类似。美国的"观念的历史俱乐部"的一位主要成员乔治·波尔兹指出，"观念"一词至少包含有42个意思。日本语中"思想"一词的多义性也不亚于此。这种多义性在考察思想史时是很值得注意的。现在只把"思想"一词引为例证，实际上除此以外，思想史中多义性的概念还有很多。而且正如前面所指出，同一个词语或观念随着时代的发展，其含义也在发生变化。

另外，同一个观念在不同的时代往往会被不同的语言所表现。光看其语言，其意思似乎完全相反，但如果将之与其所处背景的具体状况结合起来考虑，往往又不是相反的，或不仅并不相反，而且非常近似。比方说，社会上出现了要对某个特定集团的思维方法作协调的要求，这种要求的语言表现即便在同一种文化背景下也会随着时代而变化。如在战前的日本，人们常说某某思想、某某观念是"反国体的"，现在则已不使用这个语言，而用别的语言来表现。如"反民主的"、"托洛茨基主义的"，等等。在这种场合，如果割裂其背景和状况，光看其语言本身，那么"反国体的"与"反民主的"这两个表现不仅非常不同，甚至正好相反。但是若深入观察其背景下的状况，会意外地发现这两个相异的语言表现是处于同一种状况，表现同一种要求的。这类例子不胜枚举。所以必须分清观念的实质性意义与其语言表现的区别。

也有与之相反的情况,同一个语言由于时代的变化而表现不同的含义。比如世界通用的"自然"一词就是一例。日本语的"自然"也如此。"自然"这个概念自希腊以来就是多义的,从表示"人的本性"到表示"宇宙的自然"。光就"人的本性"的含义来看,又包含相反意义的。尤其在日本,日本的抽象用语以前先是来自佛典,然后来自儒教经典,明治以后又来自欧洲,多是从外来文化中输入。由此导致了大量违反原意地使用原词的现象。举一过去的例子,关于大乘佛教与小乘佛教,以前此词本身并没有包含"大乘比小乘好"的意思,但在日本则习惯于解决问题时用"大乘"一词,"小乘"往往被用于贬斥的场合。在这里,其实原来此词的意思已经变质。再举一个类似的例子,如"pressure group"这个词,本来并不含有价值判断的意思。但日本语将之翻译成"压力团体",这就带上了贬意。从这个意义上看,在日本思想史中,语言的变化和观念的变质是一个大问题。

总之,语言与观念之间并不存在一义性的对应关系,所以我们必须时时清醒地意识到两者的这种关系。不同的语言也会表示同样的态度或同样的观念。相反,过去的语言也会用于表达与过去不同的思想或不同的对应方法。对此,必须随时引为注意。

在考察了上述关于语言多义性问题的基础上,我们再来思考观念形态领域内的各种层次。这是一个复杂的问题,总而言之,大体可有以下层次。

这与前面所说的思想史对象区别问题相关联。其最高的层次,是高度抽象化了的体系性理论、学说、教义(教义不是指基督教全体,而是指比如托马斯主义的教义这样抽象的、特定的具体教义)等。其第二个层次是较为带总括性的世界观或世界像,亦即关于世界总构图等内容。其第三个层次可以说是意见、态度,亦即与具体问题相应的意见,比如具体到"不同意搞军备"等主张。第四个层次,是生活感情、生活气氛等实际感觉,这属于理性反省以前的生活情绪,或极端地说,属于低于意识的层次。一般来说,层次越高,其体系性、抽象性越高。层次越低,其片面性、经验性,即与生活结合的密切度越大。我们应该在这样的层次区分下考虑思想的问题。

那么在这种情况下,各层次的相互关系又应怎样处理呢?这本身是一个大问题,在此有限的篇幅里不可能全部论述清楚,况且笔者还有很多问题未弄明白。所以仅在思想史的意义上,结合这个问题谈谈自己的一些具体感受。如上所述,人们是把各种层次的思想作为思想史的对象来研究的。但在议论思想的价值、意义、机能、作用的时候,作议论的人本身往往不清楚自己是在什么层次上把握思想,所以总是出现混乱。关于这一点,不见得笔者本人现在就认识得很清楚,但我想一般可以这样说,如果要考虑各种层次思想的相互关联,那么研究对象就应包括其全部在内,就应是多义的。其中相对地处于高层次的部分,是能给思想赋予目标和方向性的部分。换句话说,即带有目的意识或"方向性"的思想一般是从高层次向低层次扩展的。而与之相反,思想的能源或推进思想发展的动力,是从低层次向高层次上升的。如果借用康德的一句名言来说,没有生活感情或实际感受作根据的理论、学说、教义是空虚的。相反,没有理论、学说、教义或世界观作根基的实际感受是盲目的。也就是说,如果没有理论根基,即使有能源也不可能有明确的方向,不可能懂得怎样发挥其机能。概而言之,目的的设定或方向性的设定是自上而下的,而能源的产生则是自下而上的。另外,不管从哪个层次来把握思想,我们在测定某思想的价值时,应考虑的因素是什么呢?这是一个乍一看简单,其实不容易弄清的问题。我们在考虑思想的意义或价值的时候,是否可以建立如下基准:第一,思想的分量。具体指思想对问题作解答的透彻性。比如,是透彻地解答了呢,还是仅仅含混地解答?因为思想的意义在于对人所面临的问题、状况作解答,当然应注目其解答问题的透彻性程度。第二,思想的渗透范围和流通范围。人们常说某思想对时代有巨大影响,或没有多大影响,就是以这一点为评价基准的。就是说,要看其思想渗透到哪种程度,流通到哪种程度。第三,思想的幅度。与第一的"分量"相对应,可以举出"幅度"。幅度指其思想所涉及的问题的范围。比如某思想所包容的问题非常少,涉及面很窄,但对特定问题解答得很透彻。就可以说它具有分量,但缺乏幅度。这种情况下,衡量思想的尺度可有两个以上。以不同的尺度衡量出的各种结果不一定有关联,所以事先明确采取什么尺度是非常重要的。第四,思想的密度。主要指逻辑上的密度。这与"分量"的关系很紧密,但不完全同等。比如以马克思的《共产党宣言》为例,此著对问题作了透彻的解答。先不管其结论正确与否,总之其解答是透彻的。但从密度来看,其与解答同样问题的《资本论》就不能相比了,《资本论》的密度是很高的。同是马克思的著作,但评价基准不同,其结论也不同。第五,思想的多产性,即思想有多大的生成力的问题。换言之,比如某思想虽然在逻辑上缺乏密度,在其所处时代渗透范围不广,但它含有多产的观念,后人可以从那里发展出各种不同的观念。在这个意义上,它也可以成为思想史的一大动向。这叫作思想的多产性。

可见,评价基准可按上述设定出许多。在判断某思想影响力的大小和价值的有无时,究竟在什么意义上有影响力?在什么意义上有价值?应按照什么基准来判断?这些问题都需要不断弄清。因此,思想的影响力也是不能随便判定的。即使与同时代的思想作比较,也不能简单断定。更何况连应以哪个时代为基准来判断其影响力也搞不清楚的场合,就更难以下结论了。

三

这样一来,读者也许会认为思想史是无法捉摸的学问了。可以说确实是难以捉摸的。不过，虽说如此，却还是有各种各样的把握方法的。下面与之相关联，阐述一个常常容易引起人们误会的问题，这就是如何区别"思想史"与"思想论"的问题。通过这个阐述，拟说明思想史确实是难以掌握要领并易于使对象过度扩大化的学问。但这并不意味着它没有本身的学问性制约，并不意味着可以像好事家那样听任感情支配，平淡单调、无边无际地奔向各种兴趣。

在把过去的思想作为对象来思考时，人们也可以单纯以过去的各种历史遗产为素材，完全脱离其历史的来龙去脉，随着主观的关心点自由地操作。这就是所谓"假借历史"（这样说也许不太恰当），而与历史无关地议论思想。在此暂时将之称为"思想论"，这本身也是有意义的。然而我想说的是，在日本，当人们说起思想史或思想史热潮时，往往把"思想史"与"思想论"混为一谈。也许因为如此，历史学家常说，思想史是什么都可以随便思考的学问，他们误认为把历史作为材料，随意地叙述自己的想法就是思想史。产生这种看法很自然，但这是对思想史的一个根本的误会。实际上，思想史也是由历史的考证严密地确定的。在斟酌资料和操作资料方面，它与一般历史学具有共同特点。例如，德川时代出现过一部《德川成宪百条》。据说这是德川家康作的，实际上是伪书，今天一般被认为是德川中期之物。因此，《德川成宪百条》在"事实史"的叙述上，可以说是几乎没有史料价值的，因为是后世造的伪书。然而，在思想史上，即使是伪书，但因其能反映当时的思想状况，通过其能了解德川社会，至少能了解成熟阶段德川社会的价值体系。伪书的出现本身具有思想的意义。因此思想史把象征性之物也作为一种证据来对待，而且重视把象征性之物的实在意义作为对象来研究。这样，在判断资料价值之点上，思想史不一定与事实史相同，但它也是受历史的考证制约的。在这方面，它与脱离历史的文脉，用历史的素材来展开自己思想的做法有明显的不同。从这个意义上看，笔者认为，思想史研究者或思想史家的工作，正好介于把过去的思想当作素材来发挥自己主张的"思想论"与一般的历史叙述之间。

从这个角度来说，思想史家的工作与音乐演奏家的工作非常相似。音乐是一种再现艺术，这是与美学、文学极其不同的一大特征。换句话说，如果是绘画等作品，人们可以直接欣赏它。若是音乐作品，人们即使面对乐谱，也不一定能感受其妙处。起码一般的人是这样。不通过演奏，作品无法给人们传达自己的艺术意义。因此，作为再现艺术家的演奏家，与作曲家乃至画家、文学家不同，他们是完全不能自由地创作，不能随心所欲地任凭幻想飞翔的。他们根本上是受其所要演奏的乐谱制约的。就是说，他们的工作是通过对乐谱的解释来再现作曲家的灵魂。在这种解释中，他们不能无视作品自身的形式结构、以及其过去的形式和后来继承的形式，还有其中所体现的理念、时代背景，等等。在这个意义上，他们是受对象限制着的。但是，对于演奏家，或者说对于作为艺术家的演奏家来讲，这绝不是单纯地机械地反映乐谱，或机械地再现乐谱。完全客观地反映乐谱的事，实际上根本不可能有。既然演奏本身是艺术,就必然包含着演奏家自己负责的创作。当然,这绝不是随心所欲的创作,而只是"追创作",即追随原本的再创作(nachschöpfen)。

与音乐演奏一样,思想史家的工作不是思想的单纯创造,而是双重创造。就是说,假借东西古今的思想家来展开自己的思想的做法不能算思想史,但仅仅把思想排列在历史的顺序中的做法也不能算思想史。与一般的历史学或政治史、经济史的研究一样,确定某事实或命题的操作也是思想史学家必须的作业。不用说,即使在一般历史学中,完全排除历史叙述者来自主体的构成的因素的"实证"主义,实际上是不存在的。由人来叙述的历史与由事件构成的客观历史本来不可能相同,它多多少少包含有撰写人主体的结构。在思想史中,这种主体的结构具有决定性的重大意义。比如不可能有康德思想的单纯的忠实再现,其结果必然只能是叙述者自己思想支配下的对康德的解释。反过来说,即在对康德的解释过程中,必然渗入自己的思想创造。因此,正如牡蛎附在船肚上一样,只对纠缠史实关心的人,或对创造性感觉迟钝、不易在对象的触动下产生想像的人,往往不会对思想史感兴趣。然而与之完全相反、不能忍受史料的客观制约,不能忍受历史对象本身的结构严格制约的"浪漫主义者"或"独创"思想家,也不会对思想史感兴趣。思想史家的思想毕竟是过去思想的再创作的产物。换言之,思想史家的特征是:埋没于历史中时表现得傲慢,从历史中脱出时表现得谦逊。一方面是严守历史的拘束性,另一方面是自己对历史的能动工作(所谓"对历史",并不能误解为对现代,这是指自己对历史对象的能动工作)。在受历史制约的同时,积极对历史对象发挥能动作用,在这种辩证的紧张关系中再现过去的思想。这就是思想史本来的课题,也是思想史之妙趣的源泉。

四

最后,拟简单阐述一下关于应怎样看待思想史研究中的传统活用问题。

比如人们常说,要发掘日本的民主主义传统,使之在现代得到活用。在思考这个问题时,有必要联想到以下事实(前面已指出过),即在日本,具有高度抽象性的理论、主义、世界观等,过去几乎都是从中国、明治以后从欧美输入的。总之,因为这些思想的原物全部都在外国,所以必须追究其在受容时其概念所发生的含义变化,或者说研究其外来观念在输入时发生了什么变化。这个研究是非常重要的。但是,如果神经质地注目于其歪曲和变质的尺度,日本的思想也许会在某种意义上被全部描写成对原物的歪曲和误解的历史。其实,当某某观念从其产生的文化移到别的文化中的时候,自然要发生变化。因此,如果光从如何变形、如何误解的观点来看问题,自然可以说全部都是误解和歪曲的历史。不用说,这种认识的重要性不可否定。但问题不仅仅在于有否"误解",而且还在于要弄清其"误解"是否能解决问题,是否具有多产性。这个区分也是非常重要的。

在这一点上,日本和中国相似。这两个国家的近代化问题与如何自主独立地应付西欧冲击的问题紧密相关。尤其是思想领域,开国初期引进西欧思想是受高度的目的性支配的。就是说,在一定的状况下,带着一定的问题意识,把西欧思想作为解决问题的道具来引进。这种目的性在开国或近代化的初期表现得相当显著。当时的人们或思想家努力从一定的现状中提取出问题,并自觉地去设法解决这些问题。在这个过程中,必然会产生出新的思想。西欧思想正是在这个过程中引进的,因此,如果只按上面所谈到的"有否脱离原意"为标准衡量之,自然会得出"错误兼混乱"的结论。但也许正是这些"混乱"蕴藏着不少的积极意义。本杰明·许华兹教授在他的中国思想研究中指出,清末的思想家严复通过引进孟德斯鸠的思想和赫胥黎的进化论创造了一个思想,并产生了巨大的影响。把18世纪法国孟德斯鸠的思想与19世纪后半期的进化论结合在一起,这本来是不恰当的。若从欧洲思想史的发展来看,那简直是逻辑上的混乱。但如果内在地去理解严复对当时中国现状的认识和所采取的克服、解决办法,弄清其把西欧思想用作改变现状的手段的来龙去脉,那么就会发现他把孟德斯鸠与赫胥黎同时引进并不奇怪。

日本的自由民权思想里也有过类似的现象。当时的自由民权家也是广泛地从卢梭、密尔、斯宾塞那里引进所需要的思想。不用说卢梭与密尔之间,就是密尔与斯宾塞之间本来也存在着相当大的不同,从这个角度看,他们确实是在误解卢梭、密尔的过程中引进其思想的。但如果我们换一个角度来观察,看他们是针对什么、为解决什么问题去引进卢梭等人的思想的,那么又可以发现明治初期的思想家是非常自由、非常具有主体性的。在那种把卢梭、密尔、斯宾塞混为一谈的作业里,潜藏着不能被简单非难的意义。以欧洲的思想为基准,看其在引进过程中如何发生含义的变化,这种比较研究本身当然是需要的。然而如果对他们所抱的问题意识和解决问题的手段,以及对欧洲近代思想的运用方法等问题不给予理解,那么那段历史当然会全部被涂上"误解的历史"的颜色,或者会导致思想历史研究上的所谓"思想缺乏论"——认为他们只是把欧洲有而日本没有的东西搜罗在一起。或者会出现与"思想缺乏论"对立的倾向——寻找西欧思想与日本思想相抵触的因素,反过来说明西欧思想在日本社会的适应过程。

若是把上述问题作为思考的前提,往往只会纠缠于日本有没有固有优秀思想的问题。因此,在发掘过去的传统思想时,与其拘泥于其思想到达的归结点,不如说更需要注意其出发点,其孕育时的多重价值及其难以推测的可能性,等等。否则,假如只从所到达的归结点来判断思想,在归结点的意义上发掘思想的传统,比如发掘民主主义的传统或革命的传统,那么可发掘出的东西可能会寥寥无几。这样,也许会导致日本极缺乏民主主义传统、革命传统的结论,或牵强地扒开草根去寻找实际上不存在的所谓传统。光从思想活动所到达的归结点的角度来看思想,显然容易陷入这种倾向。

而且，上述观察问题的立场还会导致用"直线进步观"看问题的思考方法。因为，从归结点出发，自然会以现在的基准或现在的结果来评价过去的思想，而以现在的基准评价过去，容易倾向于以下一类的评价。如关于思想家的评价，人们常说某思想家的思想达到了某个水准，但在那里停顿了，表现了局限性，等等。这一类评价，就正如说亚里士多德虽然伟大，但因为他不懂量子力学，表现了局限性一样地可笑。其实，对当时没有出现的问题没有作回答是很自然的。当时出现了，或没有出现什么问题对这些问题在多大范围内作了何种回答，这些才是我们应注目的问题。在某种意义上说，我们当然要比亚里士多德、比马克思知道得多。因此，若不去考虑以上问题，我们反而会满足于自己贫乏的知识所有。可以说，以现在为基准来判断过去，用现在的想像力去装饰过去，是难以使思想史结出丰硕成果的。

所谓注重观察思想创造过程中的多重价值，就是注目其思想在发端时，或还未充分发展的初期阶段所包含的各种要素，注目其要素中还未充分显示的丰富的可能性。假如其中的某种可能性在后来的历史阶段或时代没有再出现，那么就有必要到思想家本身中去追究这种可能性的根源。但如果从结果出发来判断问题，就容易因结果里没有出现某种可能性而认为其思想本来不存在朝某方向发展的可能性。这样，就难以在真正意义上从过去丰富的思想中吸取有益的营养。就拿评价进步与反动的问题为例，在结果上导致了反动行为，或结果上使社会走向反动的思想，在其发端时也许会包含着进步的因素。反之，结果上带来了非常革命的行动，或对革命运动产生了影响的思想，也许在其发端时潜藏着与之完全相反的可能性。对这些问题有必要不断地注意。这是所有思想史研究中的共同问题，对于几乎是引进完成状态思想的日本思想史来说更为重要。日本思想史是由多种思想相杂居的，那里不存在本来有条理的传统结构。要从日本思想史中抽出具有生产性的思想传统，就不能忽视其思想发端时的多重价值所包含的可能性。

举一个笔者最近研究的例子。在最近的研究中，儒教的君臣道德与日本武士的主从关系道德常常成为比较的一个问题。在日本非常强调"君即使不君，臣亦不可不臣"。诚如所知，欧洲的封建主从关系是明显具有契约性的。本来儒教的君臣关系虽与欧洲的不同，但也是带有浓厚的双边契约色彩的。从这一点看，日本的武士传统与儒教的相比，发生了显著变化。在儒教里，"君若不君，去也"，是以理智来拒绝。在日本，从战国武士最初的主从关系，到德川时代幕藩的君臣关系，国学里对天子、天皇的忠诚，以及明治以后天皇制里对天皇的忠诚，都是一贯强调从者、臣下、臣民一方的无条件忠诚。这个传统一般被作为说明日本封建社会缺乏相互契约因素，对君主盲目服从或奴隶般服从的证据。在美化它的时候，它被看做是献身的道德。如果光从其思想所到达的结果或现实中占支配地位的结果来看，确实可以这么说。"君即使不君，臣亦不可不臣"，是教人不管是暴君，还是仁君，总之对君主必须绝对服从。就其本身而言，它可以说是强调臣下一方作没有主体性的盲目服从的教导。而且,尤其到了德川时代,幕藩家产官僚制完善化以后,它在现实中确实起了这样的作用。

然而,如果从其文献中继续追究"君即使不君,臣亦不可不臣"这种道德所可能引出的态度,就不一定得出全部都是对主君盲目服从的结论。这里正体现了多重价值的可能性。儒教的"君若不君,去也",是具有契约色彩的,主君若不仁,便离开主君,非常自由。但如果仅仅如此,便难以产生出改变本来主君的积极因素。而"君即使不君,臣亦不可不臣"的主从关系,其前提是一种绝对的命运。纵令主君不仁,也不能离开主君,像宿命一般,仍然须侍奉于主君。在这里,反而会产生出不得不纠正主君的、强烈的能动性态度。或者说,在这种君臣关系中可能出现强烈的谏争因素。"谏臣"也是从中国输入的概念,但中国的"谏臣"因为被完全制度化了,所以其作为实践性的道德动因反而不太强烈。然而在日本的君臣关系深处,则包含着把"不能随便离去"的这种穷途末路的宿命感,转化为能动的实践的可能性。事实上,到了幕末,德川幕府体制中本来被动的恭顺因素渐渐减退,吉田松阴等人物以"忠义的逆焰"之表现,唤出了武士道德中的能动性因素。如果单纯从思想的结果来看问题,"君若不君,去也"应当更为自由,而"君即使不君,臣亦不可不臣"是更屈从于权威的。但上述例子说明事情并不那么简单,那里还存在着多重价值所包含的可能性。

比如自己属于某集团,对某集团奉献忠诚。当这个集团变坏了的时候,是"痛快地离去",还是"彻底作谏争"? 这两种态度便可产生出上述指出的可能性的思想意义。以上用"服从权威"的命题作例子进行了论证。让我们从这个角度去反省过去发掘思想传统的作业。那种对其发端期所包含的可能性不作探究,而光从结果来看问题的研究方法,在战中或战前曾有过不少。其结果是两个极端:不是向最坏意义上的日本传统或国粹主义复归,就是牵强附会地从草根里寻找本来没有的因素。但是,如果当时能注目于思想的多重价值所包含的可能性,便可以发现某思想的结果虽然是其中某种可能性的发展,但在其思想发端的曾经有过别的可能性。就以进步与反动的公式为例,会看到带来了反动结果的思想也许曾包含有进步的契机。采取这种方法来看问题是非常重要的。否则,便不可能真正发掘日本思想的传统,而且即便去发掘,也难以使这个作业成为受历史事实制约的思想史研究,甚至会掉进凭主观随意作解释的陷阱中。

哲人佚文知见录（一）

编者按：寻觅尘封处，即有无尽藏。自本辑起，我们特辟"哲人佚文知见录"专栏，陆续刊载人们新发现的哲学家的佚文、书札等内容，让被忘却的世界重见天日，开启哲学新记忆。诚挚欢迎大家惠赐所知见、所整理哲人之佚文。

宪法刍议[*]

严 复

今夫宪法无论何等，其根本原则，二焉而已。一、必使政府真实权力，得由之以发生。二、又有以制限此权力者，使不得侵轶而为患也。欲其对于内外，皆生效力，则内之必为国民所承受，外之可为邻国所赞同。夫然，故其规定也，起草之员，必绝党见之私，而无依附任何巨子之成见，诚求全国之福利治安，俾亿兆人民、性命身家，有所托庇。惟以是为之原则前提，庶继（几）此之宪法，其利害有可论耳。

英宪法家毕格德曰：中华民国宪法，所宜广加讨论、以为规定之预备者众矣。故今所最急，而必宜先定其方针者，有四事焉：

（甲）大总统之权限，其任命阁员之事当如何

（乙）副总统之职任

（丙）大总统之否裁权

（丁）各省之行政制

今请依前之次第而详论之。

---

[*] 民国初的1913年，伴随着国家的制宪进程，人们围绕宪法展开了讨论。严复的《宪法刍议》，即为此类讨论之一。此文分两次原载于《震旦》（Chin Dan）第三期（1913年4月）和第四期（1913年5月），《严复集》和《严复合集》均未收，是严复的一篇重要佚文。编者留意严复佚文的查寻和搜集，此即发现之一。中国社会科学院近代史研究所图书馆和北京大学图书馆均藏有《震旦》。此据北大图书馆藏本整理。明显错讹、俗体字，径直改正。推测之处，标示于括号中。

（甲）大总统之权限，其任命阁员之事当如何

夫论民国政府之机关，其第一宜及之要点，莫若大总统、内阁与议院三者之相系也。以此三者之相系，由是有两问题之发生。（一）国务员宜由何人任派。（二）国务员宜对何人而负责任。此二者，自吾意而言之，则察中华民国今日之情形，殆舍总统而外，靡所属也。此其理由，有可得以扬榷者，盖自其第一层而言之，使国务员之任派，不由于总统。此任派之权，当谁属乎？无已亦惟有一途焉。

一则由大总统所指定，而求同意之通过于议院也。又其一，则纯由议院所选派，而人总统受之，若与为同事也者。今欲执两端之说，而论其宜否，则不得不深察民国之国情，问民国今日所谓政党，果成熟而可资利用否。此一问题之中，所包涵之大问题也，须知政党为物，乃政治演进，时至之所发生，而必非人力所能强造者。今日欧美诸邦，凡成于政党治制者，国中有举权之众，大抵分属两大党而无余。盖其治制，虽非曰必如是而后行，顾使党派众多，将其趋势，驯至于不可行者，则易见耳。夫既以政党之力，而成主治之政府，是政府者，自必常得院中多数之维持，且势恒可恃，而无旦夕骤变之可忧。就令异日成功者退，彼继其后者，又必有一大政党，出而组织内阁，为秉国成，其所主张之政策，又为院中多数所群扶。凡此皆非党出多门之国之所能也。盖党派之多，恒由于政见之岐出。政见岐出，其投票之向背，必旦暮流变而不可知。既不可知，斯政党之制无由以立。凡此皆至明之数，稍谙政治者，皆能言也，而试问民国此时之政党，果成熟否？资利用否？后此演进是黄人者，其早晚成就，诚难预言。若夫今日之现状，则目之为未成熟，固断断然无疑义耳！

更有进者，政府之良健者，其众志之成城，必先见于内阁之群长，故连带负责之义，乃政党内阁所不得辞举。顾以愚观之，尚非所论于今日之民国也。而自其简要通义而言之，则国务员者，以一众之人才，为元首之股肱辅佐，补阙拾遗合之而为国中行政之机关，今使人各有心，而于重要措施，常纷出僻驰而不可合，则行政之义，扫地无余，安得所谓良健政府者乎？

本前二义，以论向者所代出之二途，问出何途，可使国务员联为一气，辅总统以为良健之政府，将由总统指定其人，而求同意之通过于议院乎？抑将纯由议院选派，而总统受之与共事乎？其必不可得良健政府之理由，所可言者，于二途盖无异。异者特厥害有浅深耳。

一、则以其无恒而不足恃也。盖自国中两大政党之未成，虽畀以选派之权，或与以同意之权，其势皆不可以久。夫行政之家，持一政策，每必多历年所，而后成积可观。乃今以其无恒之故，其中之一党，或今兹具多数之权力，有以赞助反对总统之所指任者矣。至于明年，其权力或消归于乌有，甚至党派既多，其表决之效果，有月异而旬不同者。夫如是，将行政之权力，亦月异而旬不同。此其为国事前途之危险，不待问矣。

复次，即使党势果成于议院，而吾所谓用人之权，必操诸总统者，于政犹无害也。何以言之？盖使议院之中，渐有政党，其方既足以反对总统所指名。然则听其组织内阁，而组织既成之后，是党人者，其力亦足反对其所提议之法令政策而无疑。夫使议院之中，果有此强力有恒之政党，则其代表国民中多数之同意，将晓然而可知。当此之时，彼为总统者，欲其政府之成立而坚固也，势乃不得不取人于是党。不如是，则无以为进行之机故也。且自党人而言之，以其强固有常之党，德得享用贡才政府之特权，而明干之总统，以求其政府之稳固，必亦欣然而受之，凡此实政党内阁所由萌生者也。盖自议众之中，有如是之政党，彼其余之诸小党，亦必结合牢固，而后有以为伺察纠正之机关，而所谓反对者，乃以成矣。故曰政党者演进时至之所发生，而必非人力所强造。近者议众之中，亦欲以人力强造之矣。顾其成否，正未可知。就令有成，自我观之，亦不必以总统独拥用人之权，为蒉蒉之虑。何则？于政党之发生成熟，皆无害也。

终之，尚有最要之点，以其关于行政之进机。盖使用人之权，靳之总统，而必由议众之选任，抑必取其同意而后行，则自民国成立之后，参议院之前事，可为鉴已。政务方殷之顷，各部总长，必不可以缺席，总统经无穷之延访劝，驾得一人焉，期以辅治，而无如院中之议数恒不足，何也？且此不足者，虽累旬兼月可也。夫议员之集，既非常年，则后此国务员每有出缺之时，其于任命，必增无穷之委折，废坠之效，可为寒心。至若使人兼署次长代庖诸下策，其于事实，皆为丛脞而临时召集，亦常坐人数而归无效，故惟任命之权，操之议众，其不便有如此者。

合以上诸点而衡之，党政府用人，不属总统，而出于其余之两途者，以求行政机关之稳健良强，于事实乃在必不可得之数，然则议宪之士，诚以国利民福为前提，当知其涂之所宜出矣。

若夫国务员，宜对于何人而负责任，则鄙人尝为民国萃一切宪法之原则而思之，晓然以为任免之权，必操诸总统，诚以无论自理想事实任何方面而言，国务委员者，终为大总统之国务委员也。夫国务委员既为总统之国务员，则彼等之负责任，非对于总统而谁对乎？

至谓总统用人，即不必由议众之同意，然当由内阁之同意，仆窃以谓此无讨论价值之问题也。约而举之，其事全视元首知人之哲为何如。夫总统亦人耳，人情处高明之地，其顾惜名誉，且倍寻常，且彼既对国民负责任矣，将惟良强政府之是求。乃今必用一人焉，而为阁中多数所反对，此殆非人情之所宜出也。

或曰：是则然矣，但宪法既予大总统以如是之大权，而前所谓有以限制此权，使不得侵轶而为患者，其将何道之徒乎？应之曰：此又不必过虑者也。何以言之？盖一则有宪法自然之效力。如吾前所详论者，但使议众之中，有强固不倾之多数，则总统当求多助于国人，势不容不逊才于此党，此先进国政界之历史，其前事莫不然也。其次则鄙人前谓，凡此内阁诸公，既为总统所任命矣，则其行政，必对总统而负责任。然将以是之故,谓于事实,便对国民不负责任,有是理乎?夫议众用自由言论为械器,而有监督政府之特权。凡其所为皆可评议,所过问者,岂仅一部一人而已?质问之书,弹劾之法,又有豫算,以握其枢,其所以左右进退是政府者,已有莫大之势力矣。

今使有国务员焉,经议院质问之后,其所以自解者不足以餍多数之群情。又其政策,常为院中所反对。设有如是者出,将谓总统必拂群情所向背,而强留之,又必不然之数也。夫共和之总统,其性质固与专制之君主大殊。总统当国立其政府,如置一机者焉,其第一义,在求诸部,共进相和,而无扞格不操之患,今某国务员既为群情之所背,而又无术焉以自全于其间,则是国务员者,徒为沮力,而断无辅裨,乃公之事者也,彼又何所取而强留之乎?且如此故遇国务员之进退也,恒为一人之立仆,而不关内阁全部之去留,何则?以所谓连带责任者,未成立也。一人去位,则内阁用此,知群情之所趋,非有绝对理由,必不更循故辙,以得罪多数之议众,亦已明矣。夫如是,则内阁安,而其相率而去也,必待全阁共守之方针,显然为参众两院中多数所反对,则于事实较为稀见者矣。

虽然,草宪法者,不能不为事势极端之预防也。极端之事,虽不必发生,而完密宪法,则不可无以为待。今使有国务员焉,其人为议院群情所反对,报章舆论,群起而攻,乃总统惜之益深,庇之弥甚。当此之时,事将奈何?故吾意以谓,宪法当有勒令国务员避席辞职条文也。顾如此条文,原为事势之极端而设,须立严重限制,庶无滥用之虞。吾意此等规定,不宜但以多数取决而已,惟情愿之书,发以两院三分之二之人数,庶几流弊,可以免矣。

国务员委任之权,宜归总统,而其行政,对于总统而负责任。种切理由,已具于右。今尚有一争点当为剖晰者,则或谓从前约法所定,凡总统用人,必邀议众多数同意者,其法亦有所本,如英用君主立宪之制。然而委任国务,有院推之先例,则中国之行政部进退,何独不然?不知此误会也。盖政界情形,二者相异,原英国院推之设,乃所以觇觉力之强弱,处危疑之际,虽俭者乏稳固之思,加以院推,群疑乃释,以此遂为政党内阁之成例矣。乃今中国,如前所云,即有政党,尚在幼稚萌芽之时代;且英国此法,固不加诸上院之为国务卿者。又即经任命,而不得院推,其人亦不以此而出内阁,常有别席之授,英语谓之 Safe Seat。往往有国务卿二三,次不得院推。而有别席之授者,此法起于后安之代。当彼时凡议员受职而有俸者,非得院推不行。若无俸则不必院推。然则其法又为特别历史所演成,而非中国初见之共和所得援用者矣。

(乙)副总统之职任

中华民国此后总统,宜否有副,此亦草定宪法者,所当讨论断决之一问题也。必求其宜,则吾说有可采取者,试申论之。夫副总统一官,非共和之必要。观于诸民主国,而瞭然可知。是以美之合众有之,而法则无有。揣设此官之用意,固谓以国之不可一日无元首,而大总统有不得已虚位之一时,如仓卒暴疾晏驾,或倦董辞职,或因他项事故,于公仆职任,不能履行于时,须有替人,庶几国家可以无险。此条文之见于美利坚宪法第一段第二章者也,而法兰西宪法则不然,其国只一总统,无所谓副,果不幸而有前列种种情事,及新旧总统,青黄不接之时,内阁全体,合承其乏,犹中国往日旧制之有护理,此亦条文之见于法兰西宪法者也。

今者衡于美、法二宪之间,则似有副总统一官,于行政为较便。虽然便矣,而有必争之点存焉。何则?民国设官,非仅以视尊荣而已,将必有求达之目的,而无失设官之本旨,庶几有益于国家。否则附赘悬疣,同于无设而已。是故总统既有副矣,则无论何时,前列事见,为之副者,不用越俎,即可代庖。夫如是,故其人必与中央行政之部,最为密切,于一是(时)之号令规划,故事手续,皆所与闻,而后仓卒执行,不至邈不相接,矛盾僢驰,以危国事。然则其人既任官之后,法宜常处中央,假其外任各省,必将远而无及。既于中央谋划,未必周知,又必将所任本省要政,委托他人,遂成两失。夫民国中央,固为集权之地,而副总统所处,亦必为重镇无疑。且总统须人代理,每为危疑急殆之秋,于此之时,而两处皆有新旧更易之事,甚非所以安国家于磐石也。

论者须知,设官置副,西文谓之 vice,中西各从习惯虽同一名义,而意思实殊。中国副者辅也,所以相助为理,例如前朝各部之有侍郎,考试之有副考,其位次既差相及,其职事亦以相资,不但同寅协恭,而且互相箝制,本无一人当官,一人就闲之事。西义副者代也,所以为摄官承乏之地,例如消防之有两机,如舟中之有两锚,所以防其一之失用,或以阻机关之进行,故置副焉以为之备。惟其用意如此,故当正者用事之时,副者即处于无责。至于出而当职,其负责乃与正者同科,更无差等。如今共和总统之有副总统,各国务员之为次官,皆此义也。故以新制之次长,自处犹旧日之侍郎,案之法理,亦为两失。

今宪法中所有之副总统,将如旧义,为总统之辅乎?抑将从新义、备以为代乎?假其用从新义,则副总统摄代手续问题,不可不加之意。夫自常事而言,总统需人摄代,必其不能任职之时。而不能任职之因缘有二:一曰暂时之不能,暴疾是也;一曰永久之不能,狂痫是也。第二事重,其宣告失去任职能力,须由相当特别法庭,其手续自另有规定。顾第一虽较简单,亦须早为之所,如遇大总统卧病,不能照常视事,庶政是否由副总统暂代施行,亦须有规定条文,乃免临时之争执。

其次,则副总统既经选立之后,于总统照常任事之日,有否特别职务,为所专司,此亦宜讨论规定者也。副总统之在平日,职虚位尊。今若畀以专司,将无异于置一国务员,而无专部,其于阁制颇多侵轶之处。故吾意以谓,如不得已而有副总统之设者,最宜纯粹名誉性质,不但于国务无所专司,亦当无薪俸之给予,而以中央之要职人员兼之,庶几有摄代之实用,而不至滋弊耳。查北美共和,正副总统,常以同时举定,而副总统例为参议院之议长。故众议院有自行推举议长之事,而上院无之，此亦其制之一短。今若稍变其法，使参议院议长，既经选立，例为副总统，其得效与前正同，而手续于中国则较便。盖同时并举正副，选事至为纷纭。以国人未谙选政，故立法尤宜向简单处着手也。再英国领土中，多有用此。故其地之秘书长，实兼副总统之职，次其班序，总督而外，此官乃特进最高，然无吏职专司，亦无薪俸。

又立副总统者，所以备总统之不能任职。顾人理难常，即正副二总统，亦有同时不能任职之偶见，规定宪法者，亦宜于此稍加意耳。

（丙）大总统之否裁权

凡立宪国，其为君主立宪者，则以国君及两院，公同立法；其为民主立宪者，则以总统及两院公同立法。是故论总统立法权限，其最为重要者，莫若定其否裁权之何若。

今天下民主大国，莫美、法若，一则立国百有余年，一则最后蜕化，亦已六七十年。故论此等重要问题，前事不忘，后事之师，求诸两国成宪，十可得其八九，而复相吾所宜，斟酌轻重，而其法可以立。夫以事实结果言，美、法二宪，于此问题，固不甚异，但其重要异点，则在二者手续之不同，是固可详举之而加讨论也。

如美宪法，其第二卷七章一节有云：凡法律议案，既经两院通过后，则呈于大总统。如总统以为可者，于十日内，画诸著令。以为不可者，则批示理由及己见，封还国会，饬令更议。凡封还议案，国会更议，必再表决，如原案一字不更，则必两院中各得三分之二议员之同意，乃得更呈，而大总统即不得再行封驳。总统否裁之权，至斯而尽。

法国于一千八百七十五年二月，其所宣布约法，有专条云：凡两院表决通过法案，由大总统宣布之。故由此而言，则大总统者，于立法权，不外宣布而已。顾同年所布宪法条文，又有云：两院表决通过法案，大总统于一月内承诺宣布之。但于此一月之中，总统得以批示己见及诸理由，饬令国会更加详议，两院不得遵云。美、法两民主，有于总统之立法权，所有异同具如此。今加互勘，觉法国纯主限制，而不得已别立条文，以收推行之尽利，而美之于法，为先进之民主宪法，似尚沿英国君主立宪之余波。至于施行，其效果固差相若。但以学理言之，似美之条文，较为明晰。何则？以有于总统权限直著范围，不相抵触故也。宪法所以别嫌明微，窃以谓吾国移此条文，宜以美利坚为蓝本也。

再者，元首否裁立法之权，西文谓之 veto，音尾度。当法之初次革命也，国人所争君主尾度，有两种之殊：一曰绝对尾度 absolute veto，则犹旧日诏书之著无庸议著不准行。一经否咈之后，绝无祈请商榷之余地也。又其一曰悬阁尾度 suspensive veto，则犹旧日之悬判、缓办等语。事属可行，而非其时，或其条文，别须修改，当日法民所议宪法，而犹以予路易十六者，即此第二种之尾度。而后此君主、民主各宪法，所以予元首否咈之权，亦大抵有悬阁而无绝对矣。绝对尾度，犹载国宪者，惟有英伦。顾如是法权，徒垂空文，而不见行用者，盖二百余载矣。但自法意而言之，则共和元首,具有此权,实为福国利民之一事,而不必为专制独断之厉阶。盖政党之门户既成,一法之议也,往往相胜纷争,牺理实以殉党见。纷纭喧嚣之顷,所通过者,未必在在皆协于民心而合于国势也。总统超然,不沾党热。又以其躬操魁柄,经验自深,而责任之意亦重,畀以悬阁尾度之权,则心所谓危,得以效忠告于国会。至国会悉依各式,复经讨论之后,而原案不动,得三分二之通过,则其案无可移易。而国会政见之坚,具可概见。总统之权,至此而尽。而两院公意,在所必行,亦其宜耳。

如右所陈,其于总统之否裁也,既已畀之以权,而为之谨于制限如此。顾议者或曰:即如前言,是宪法者,其所畀总统之权,已甚大矣,是殆非幼稚民主,如今日中国者之所宜也。夫所谓否裁之柄,先进文明国之元首,实皆有之。然以各有习惯先例之故,虽有条文,直同无效。英伦之事,不必赘已。即在他国,亦罕施行。是故,畀吾国总统以否裁立法之权,无论绝对悬阁,二者定于何等,要皆为国民启侮阶厉之媒,而使居元首者,渐萌野心,将以命令为治而已。此累月报章其反对政府者,所大书特书不一书之议论也。虽然,平心静气者观之,则为前言者,其所虑乃太过尔!夫谓中国今者既为民主共和之治,则主权在全体之公民,以立法部为之代表,以行政部为之公仆。主仆之分既明,是行政者,自元首以逮下执事,将必皆听命于国民之公意,而无所都俞吁咈于其间。故不独专制为篡权,乃至凭命令以进退典章,其于共和之大义宗旨,已相乖剌。此其说诚甚正,而为居今谈治者,所不可不知。特吾向之论否裁权,而斤斤然指以为民国总统所应有者,非畀之以都俞吁咈之特权,乃责之以辅阙拾遗之天职。曩者专制时代,宰相之于其君,尚容对还诏书,乃至率职诸臣,亦有不敢奉诏之事,载之史策,且为美谈。脱非暴戾之君,未闻当时即以其臣为篡权,抑亦其下为违法也。传曰:畜君何尤。畜君者,好君也。大总统之事国,将无异于大臣之事君,则奈何向所不禁于大臣之事君者,今独靳之于大总统之事国乎?使议者深思吾言,亦自觉所虑之实过已。又况所予之权,本非绝对,而但为悬暂之否裁,使其事既协于人心,而有施行之必要,则两院赞成三分有二。悬阁尾度,权极于斯,而其终胜者,犹夫两院民表之公意也,尚何可虑之与有!

抑更有进者,国会立总统矣,则必有总统之内阁。内阁者,总统所周爱谘诹,与共为政者也。夫使为总统者,必言莫予违,不谋于众,则谓为专制,谓以命令为法律当耳。顾总统亦犹人情而已,且既为众望之所属,意其人当无好恶拂人性之事。夫如是,则其为政也,将必求其妥叶(协),而与其内阁致熟商焉,彼内阁亦犹人情而已。使总统不之商,而事事独行其己意,彼阁员将皆安于位,而为古所谓伴食者耶,殆不然矣。是故大总统之行政也,将必商诸阁员,而阁员之陈议也,亦必依诸宪法。夫施用否裁权,不过其一事耳。未见总统之滥用职权,置宪法于不顾,而使中外之人操简以议其后也。而国基底定,民生日进之,余亦未见阁员之逢长阿谀,使盛治复返于专制,凡此皆事之无可致疑者也。

优秀分子与今日的社会[*]

金岳霖

蔡先生一班人的举动没有人不赞成,他们的主张与办法,或者还有商量的余地。优秀分子的奋斗,与今日社会上的情形,极有研究的价值。请举数条大家商量。

蔡先生承认各人的理想的政治组织不同,但请各人平心静气,同心协力要求"好政府"。"好政府"的宣义,在各人心理中,总有不同的地方。但应时势的要求,不得不把他当做"目标",同时把普通主张数条,具体主张数条,从反面解释"好政府"三字。这是优秀分子奋斗的苦心,大家通应该赞成的。但是一种难处,要请优秀分子商量。这难处就是优秀分子的心理。恶劣分子容易同心协力,优秀分子不容易同心协力。先把这一层说明。恶劣分子没有主义。主义这东西是不能不要的,但是有了的时候也极危险。所以萧伯纳说:Principles are the worst excuse for being nasty。何以呢?因为主义多半是由智理得来的。有主义的人,总觉得别的东西可以牺牲,他的主义不能牺牲。优秀分子多半是有主义的人,他们不能牺牲他们的主义,所以他们不容易同心协力。恶劣分子没有主义,所以同恶相济是非常之容易的事。照道理讲起来,共产党人与社会党人应该同心协力,反对资本社会中的各政党,但是事实上很少这回事。现在在美国的各急烈派通是互相诽谤,而共和党、民主党常常合力选举所谓公共候选人(Fusion Candidate),可见急烈党不容易同心协力。列宁所最恨的英国人,不是路德乔治,是韩德森,是威布,是蔓克单拉耳德,因为这几位先生通是有主义的人,而他们的主义通是与列宁的不同。路德乔治向来没有主义,所以列宁也不恨他,说他蠢就是了。

这样说起来,难道优秀分子不能协力吗?可是自然可以的,但须从反方着手。这个反面的同心协力就是蔡先生的所谓监督政府。优秀分子各有各的理想的好政府,各个人的好政府不同,但他们通有一个坏政府。现在的政府他们通承认是坏的,他们可以监督政府使他们同心协力了。我知道好与坏是相对的名词,不坏一点就是稍微好一点,但从心理上说起来,实在有很大的分别。"见恶而除之"的事,多

---

[*] 1922 年 5 月 14 日,蔡元培等十六位知名人士联名,在《努力周报》上发表了由胡适起草的《我们的政治主张》一文,旋即又被《晨报》(5 月 15 日)、《东方杂志》(第 19 卷第 8 号,1922 年 5 月 25 日)等报刊转载。在文章中,蔡元培等人主要求政治改革,并提出了一个"好政府"的政治目标。他们呼吁"好人"、社会上的优秀分子,要做奋斗的好人,共同推动中国政治改革目标的实现。此文一出,在中国知识分子中引发了对好政府和政治改革的讨论。金岳霖由感而发,在《晨报副镌》(1922 年 12 月 4 日、5 日)上分两次发表了《优秀分子与今日的社会》,提出了有趣的见解和观点,耐人寻味,是研究金岳霖早期生平和学术的一篇重要佚文。今据《晨报副镌》加以整理。明显错讹,径直改正。推测之处,标示于括号中。

一点感情作用；"见善而为之"的事，多一点智理作用。如果某甲无故杀了某乙，我们对于某甲的举动是除恶的举动，不见得一定想到除恶就是做好事。好事的敕刺小，我们对于好事是"想做"；恶事的敕刺大，我们对于恶事是"要除"。何以见得呢？大多数的人没有绝对的好，也没有绝对的坏，大家通不要死。在一环境之下，有一种人类生存必要的景况，利于这种景况的就是好，不利于这种景况的就是恶，所以有一种道德观念。但有几件恶事是显而易见的，而他反面的好事不是显而易见的。无故杀人的恶比无故不杀人的好容易知道多了。所以优秀分子监督坏政府容易同心协力，而运用政权图谋好政府不容易同心协力。所以优秀分子的奋斗须从反面着手。

以上大半从心理上说话，若是讲到中国的情形，更有特别的难处。英人如罗素等，对于中国是很有感情的人，对于中国的政象是非常的不满意，对于青年优秀分子总觉得他们太不奋斗。这话同蔡先生说的差不多。但奋斗也有奋斗的范围。在今日中国政象之下，青年优秀分子不能不作政治行动，但在这政象之下，断不宜做官。这话恐反对的人一定很多，请不必忙，听我说出来。我有许多同学的，在美国的时候非常的热心改良政治，到中国的时候想起改良政治，须先从政府下手。以为"不入虎穴焉得虎子"。现在做小官，后来高升，岂不是登高一呼，改良的事很容易么？但不曾想到，要做官，须先找做官的门路，找了几年，把从前改良政治的心思都丢在九霄云外去了。平常的人不能离环境而独立，在恶势力中间弄他几年，他们也习成自然了。不但做官是这样，经商也是这样。在美国的时候，总要回去办实业，到了中国没有钱办实业，所以想得有钱人的信用。如想在商界得信用，也要走商界的门路，走了几年，把办实业的心都忘了。这样看来，政府是万恶，商界也是万恶。难道政府没有一个好人，商界也没有一个好人吗？我已经说过，绝对的好人世界上找不出几个，绝对的坏人世界上也找不出几个。张胡子如果在美国生长，在美国谋生，他不定是个好人，也不定是这样一个坏人。中国的恶势力，不仅集在政府，实在布满全社会。照我去年在国内的观察看来，显而易见的原因，有以下诸端。

（一）人民太穷　督军中间，有在前清时候享盛名的，何以现在专门胡闹呢？照我看来，有许多督军不见得存心故意的胡闹。我想前清的百姓没有现在国民这样的穷。从前在乡下吃老米饭的先生，现在通跑到城里寻事体，没有寻事体以前，老米饭还可以吃得过去，寻了一次事体，尝了一次滋味以后，老米饭一点味都没有。寻事体的人多，他们有他们的领袖，领袖又有领袖，一层一层的上去直到督军身上。一个督军的去留，是几万人的生活。不讲神圣不可侵犯的督军，就讲我自己一个光棍一样的学生，去年回国一次，自己尚且没有事体，托我寻事体的人，竟有四五个。有的时候督军不想做督军，但他的手下今天拍马，明天吹牛，后天放狗，总说"如时局何"。口里恭维督军，心里只想他高升做巡阅使。督军没有做督军之前，或者没有想到自己的本事如何高超，做了许多时的督军，自己看自己的本事，越看越好，前途不可限量,更是勇往直前。利禄的心思,不见得他自己一定有,如果亲戚朋友要他高升,他觉得不高升似乎难以为情。我们从小的地方可以看到大的地方。家里有个姓胡的佣人,他一年四季穿短衣,等到年初一他穿了长衣,披马褂去拜丈母娘。丈母娘的儿子在乡下做工。两个人同是佣人。一个在城,一个在乡,一个穿马褂,一个穿短衣,景况大不同。如是丈母娘一家人,通盼望女婿高升,因为女婿高升以后,儿子也可以出来了。女婿在这个地位,自己也要想法高升了。这种在社会上的情节,自然会移到政治上去。督军手下的人,通是要高升的,有特别本事的督军,或者可以离他们的手下而独立,否则只能受他们手下的指挥。

还有一种现象,想各人通一心过。有的时候,两个督军相争,一个要"杀贼",一个要"除奸",不但文电交驰,而且开枪放炮。等到事体完了以后,他们跑到上海(或者别的地方),别人以为他们是仇敌,哪知道他们是朋友。这种自相矛盾的态度,本来是可鄙的,但除鄙视之外,应该平心静气的研究一下。我看他们开枪的时候,彼此真是仇敌。他们在上海的时候,照他们朋友观念的标准看来,他们也真是朋友。如果现在有甲乙丙丁督军四人,甲乙开战,丙在上海,丁在北京,丙是前任的督军,丁是后任的督军。开战的时候,丙的手下总想得点"渔人之利",但不知哪方打胜,哪方打败,最要紧的是无论胜败如何,结果总要利于丙。所以甲乙两方通有丙的代表。甲打败了逃到上海(督军从来打不死的),丙与甲的手下人本来是有关系的(详下段),同时乙的手下人多,乙做督军以后,不能不忘记丙了,所以丙与甲有共同的仇敌。有了共同的仇敌,照他们朋友观念看起来,他们自然是朋友了。后来乙与丁开战,乙打败了,又逃到上海,甲乙丙通仇视丁了,甲乙丙通是朋友了。既然这样,何以不改行呢?何以不做生意呢?改行的事很不容易。(一)商界上的门路不宽,督军手下的人多,不能一齐容纳。(不特商界这样,教育部也是这样。若是请督军做教育总长,他一定不来。)(二)做官的人不特要钱,而且要势,不特要富,而且要贵。平常有兵丁保护惯了,哪里能够坐在店里做生意,要讲根本的原故还是一个穷字。穷是未做官以前的主动力,势与贵是做官以后的习惯。做督军的人自然有钱,但来得容易,也去得容易。手下的人没有恒产,没有恒心,没有恒事,做几天官阔几天,过了几天依然是一样的穷,穷了几天又要做官,如是督军又要想法开战了。

上面说过,丙甲的手下本来是有关系的。何以通有关系?要做好官的人,一定要预先有辞职的能力。张季直可以做好官(他的政见是另外一个问题),因为他可以辞职,他辞职以后,不至于饿死。现在做官的人,大多数不能辞职。他们在湖南做官不成,他们到湖北去;湖北不成,他们想法到东三省去。如果要预先留点地步,他们一定要广树声援,可以一路不通再寻第二路。一个督军败了以后,门路不宽的人随他到上海,门路宽的早在别处做官去了。这种事实也是可鄙的。但是大多数的人,不能够安贫,自己总想弄几个钱,总想弄几分势力,只要他们稍微得手,亲戚朋友都来了(详下)。他们不做官则已,如果要做官,一定做到身死,半途而废,朋友亲戚不得了。

(二)太讲情　中国人注重情面是显而易见的。朋友亲戚本家师生等类找你寻事,有的时候感情很深,你觉得谊不容辞;有的时候即令感情不深,你也觉得不好意思使他们失望。这种情节我都不论,单把平常不曾留心的事说说。一家人总有几次婚丧做寿的事,这种事都是要亲戚朋友帮忙的,父母的丧事更利害。这种丧事有一种哲学,就是儿子如果没有罪,父母大概不会死。如果父母死了,大概是儿子有罪,所以有"罪孽深重,不自陨倾,祸延显考"的文字。我们心里自然是不相信这种理想,但事实总是这样的办法。(婚事比丧事容易改良,因为婚事有关两个活人的终身幸福,丧事是为死人设的。我们的态度是"他辛辛苦苦过了一世,现在不在了,我们须要对得他起,事体须要妥当",妥当两字就是老办法。)儿子不但有罪,而且悲哀到不能办事的程度,所以丧事不是家里人办的,是朋友亲戚代办的,所以有丧事就有出力的人员。这种出力的人员找你找事,你能够不讲情面吗?

还有一种经济的关系。假如我是广西人,在北京做官,三个亲戚想到北京来托我找事,但是他们没有钱,没有盘费,如果是请他们的亲戚来帮忙,说"我们发达了,不忘记你们"。这三位亲戚跑到北京,我自己的钱也不多,不给他们找事体,须要送他们回去。但是三个人的盘费不少,所以与其送他们回去,不如四面八方的运动,帮他们找点事体,又体面又不费钱。他们三个通是好人,得了事体以后,也不忘记借给他们盘费的人,所以一串串上许多。你找我,他找你,算不清楚。但是我是领袖,我是好人,我是有情义的人,名声弄出去以后,不容我不有情义。上海办报的人说我"营私结党",广西的朋友说我"义重情深"。大凡有骂我的人,也有称赞我的人,我多半相信称赞我的人,我自己相信自己好,更不能不讲情面。

关于情面的事,别的人说过的很多,我现在仅讲两层,国内诸君对于这种情形,知道的多,可以从长研究。

(三)没有游戏与没有家庭　我现在把这两种事体合在一块来讲。中国婚姻制度,应该改良,无论哪个通知道的。甚么"知识交合"、"恋爱"等等,我却不论。且把这事对于游戏这一方面的事来说说。一个人总要做几点钟的工夫,睡几点钟,游戏几点钟,才有人生的乐趣。中国人很少有实在的工作(这一层以后再论),睡的时候迁延到应该工作的时候,工作的时候实在大半是交际的时候。我们同胞既然讲情面,自然要讲交际,但这交际的事,一半是工作,一半是游戏,结果变成了不交际也不游戏。现在举一个请客的例来,中国人请客,一半是交际,一半是游戏。照道理讲来,是好朋友才应该请;但现在差不多无论哪个,只要认识就要请。照道理讲来,如果请的都是朋友,则客人一定不多,现在一请请一大群。照道理讲来,如果请的人是好朋友,应该请在家里,但请的人多又不大认识,所以请在饭店里,或者请在堂子里。照道理讲来,如果请的是好朋友,应该可以说心里的话,现在说的无非是极平常的话。但是何以要请这许多人呢？或者是生计关系，或者是政治关系，我们现在且不去管他。有的时候，请的人少，何以也不在家里请呢？

理由自然是很多，如房子不够大，家里的菜烧得不好等类。（其实在家里请客，自己有趣，客也有趣多了。）旧式的家庭，男女不通问，男人的朋友与他的娘子，没有一点直接的交情，这样一来在家里请客，反不如在外面请客。在半新不旧的家庭，大半男人是新人女人是旧人，女人不敢出来见客，男人不要她出来见客，恐怕出丑。但这都是小事，最大的是没有家庭生命。有家庭生命的人，不但丈夫拼命寻娘子，娘子也拼命寻丈夫，总想在一块，分都分不开，哪里还有工夫与几个不十分认识的人，在饭店里或者堂子里，高谈天气的好坏。中国婚姻制度不好，所以多半没有爱情。虽然中国的夫妻，不见得通是没有爱情的，但他们的爱情多半是消极的爱情，因为平日拘束得利害，所以表示爱情的机会很少，爱情也冷淡。在独立门户的家庭，无论夫妻如何年青，男人总是"老爷"，女人总是"太太"，应该"威重"，不应该"轻挑"，所以甚于齐眉的人，不但限于小小闺房的地方，而且限于别人不在闺房的时候。白天里从来没有机会可以在一块，即令在一块，相隔也有一丈多，讲的话，无非是今天买油，明天买米。这样一来，好像看见一块肉一样，想吃不能吃，与其看见而不能吃，不如不看的好，所以男人还是跑在外面去游戏罢。

但是到哪里去呢？最平常的话，就是"用心过度，应该体操"，所以跑到青年会去操体操罢。但是不知道专门要体操的体操，很没有趣味。小孩子操哑铃，不到几分钟，就不愿意再操下去。若是几个小孩，打半天也是愿意。去年我在一家人家，看见老子做张飞，儿子做赵云，一个一根竹棍，大战三百余合，很有趣味，因为除开运动身体以外，还有点别的意思。现在不说体操，且说到青年会去。青年会总有一点基督教的气味，里面办事的人对于大家，或者是一视同仁，没有信教不信教的分别。但不信教的人总觉得不好意思，觉得我们既然利用他来运动我们的身体，也应该利用他来运动我们的灵魂。有了这种意思就不想去了。

不操体操，看戏去吧。没有出过国门的人，还可以在这个地方消遣，留学就不容易。在外国的时候，影戏看厌了。那东西本来不能算高尚的美术，很容易厌的。美国的影片，更是大同小异，看一次与十次差不多。在外国的时候，还有好音乐可以听，到中国真不愿意看电影。所以还是看中国的老戏吧。中国的老戏，喜欢听的人很多，但是不到戏园子则已，若是走了进去，一定要逃出来。因为里面买东西的声音，泼茶的声音，讲话的声音，比唱戏的声音还要大。中国的新戏没有看过。去年看过一次阎瑞生，那东西不知是不是新戏，走进去坐了不到五分钟，所布的景，已经换了三四次，简直不是戏。所以进去了就想逃出来，戏园子是不想去的了。

这样说来，到哪里去呢？男人是要女人的，社会上没有女人一同顽笑。家里有的是女人，但是家里没有趣味。人是要游戏的，但是没有地方可以游戏，只有堂子里面两样通有。我们从前把酒与色说在一块，很有道理。生理上的关系，大家都知道,我也不去说他。心理上也有极大的关系。前年在纽约的时候,有一个美国朋友吃得大醉,后来说他醉的时候,是他有生以来第一次觉得他有他自己的生命,可以过他自己的生活。这是甚么原故呢?因为不醉的时候,一个人至少有四个"我"。我自己的"我",别人心里的"我",我所揣想的别人心里的"我",别人揣想我自己的"我"。我自己的"我",差不多被别的"我"抹杀了。醉了的时候,我自己的"我",居然可以独立,那自然是很快乐的事。堂子里也是这样。须知平常的时候,我们在政府是官,在社会是君子,在家里是老爷,但是一个人不能一天到晚做不哭不笑、不痛痒的官,也不能一天到晚做讲道德仁义的君子,也不能一天到晚做老爷。我们总要有一个做人的地方,总要有一个做人的时候,堂子里是这个地方,所以他这样发达。社会有堂子,好像家里办喜事的时候,有"闹新房"一样。我敢说一家人最快乐的时候是在"闹新房"的那几天。可惜那种事体限于办喜事的时候。如果平常社会上有那一类的事体,堂子可以少了许多。须知中国的堂子,不是堂子,不是专做肉体的生意。社会有一种要求,现在只有堂子可以对付,所以他特别发达。我并不是称赞堂子,去年在国内的时候,去过几次,觉得一点味也没有,但是如果在国内多住几年,我恐怕还是要去的。

(四)工作　大多数的人没有十分尽力的工作,原故很多,现在不去管他。(气候与食物有极大的关系,这篇文章不能论到。)但是我们不能不承认我们对于工作不十分尽力。所以凡百事体没有甚么约束。从感情上说起来,我们爱的时候,爱得不利害,恨的时候,也恨得不利害。爱得利害有危险,恨得利害也有危险。我们注重"中庸"的人,最怕的是危险,所以感情的热度一天低似一天。从知识上面说起来,也是这样,没有一种求知识的果敢心,把一身的工夫用到学问上面,所以"一暴十寒"、"半途而废"。中国人的思想,并不见得坏,但是没有求知识的果敢,没有理论的构造,不从头到尾想出一个理论的结束。我们平常说"贸迁有无",觉得已经很够,若是我们从头到尾,详详细细的想一想,或者也可以想到米耳(J. S Mill)的 Theory of International Trade。《史记》里有"夫物贱之徵贵,贵之徵贱"的话,当初的人想到这地方,以后的也不再想下去。若是从头到尾的想一想,我们或者也可以想到许多大同小异的 Theory of Supply and Demand。说到行动方面,这种中庸的态度,更是清楚。有一个英国教习问我,中国一天到晚开战,如何得了?我说中国的战是在电报局里开的。说的时候很利害,打的时候开了几炮,就完了事。这次吴张战事,也是这样。各处的电报(人名方面)总是请他们不要打,没有请他们打一个落花流水的电报。他们自己闹了几天,也就完了,张老先生依然在东三省横行。这样开战,一百年也没有真战争,一百年也没有真和平。

除了以上一种平庸的态度以外,还有一种大人的态度,一种成人的态度,一种保存名誉的态度。甚么"明哲保身"、"不事王侯,高尚其事"的话,我们通不必说,现在只说这大人态度的心理上的结果。大凡一个人名声出来了以后,他很难得进步。各国的人都是一样。因为一个人有了名声,他自己一定要保存他的名声。别人因为他有名声,总觉得他是很聪明。他如果要保存他的名声,他一定要时时刻刻的聪明。他如果不能够时时刻刻的聪明,他可以时时刻刻的不蠢。他如果不愿意蠢,他的思想就不能自由。如果杞人忧天算是一件蠢事,他就不敢忧天,他对于天的方面就不能有进步。譬如数学里一加一等于二的话,平常的人当做天经地义,多疑的人就发生许多疑问。他没有名声的时候,他可以蠢,他可以说一加一不等于二,因为世界上没有一个二,只有两个一,所以一加一还是等于一个两个一"(1＋1)",他可以得许多的新思想。他有了名誉以后,他不能蠢,所以他不敢疑问,所以也很难进步。无论哪国的人都有这个毛病,但是中国人最利害。从前读书的或者是做官,或者是读书。做官的人不能够蠢,读书的人有深山隐士的名称,也不能蠢,他的思想总不能逃出轨道之外。现在的留学生也是大人,也想不蠢,所以见了面说最不蠢的话,无非是"振兴实业","提倡教育",这两句话自然是没有人反对。我看这两句话要紧的地方在实行,不见得有高深的学理在里面。若是一个人不能实行,只在口里说说,事实上没有进步,思想上也没有进步。

　　以上所说的,不过是举出几条,其他没有想到的地方很多,我也不再说他了。我的宗旨就是说明优秀分子在这种社会很难得保存他们的优秀成分。蔡先生与王先生久经风雨,不至于狃于社会的积习,变成另外一种人。若是年青的人,危险太大,一时的热心,或者不免被百年的积习抹杀;少数人的奋斗,或者不免被多数人的积习战败。但是在这种社会不能不奋斗,对于这种政象不能不作政治行动。所以我们应该有一个监督政府的团体,这个团体里面的人,应该注意左列四条。

　　(一)独立的进款　　如果一个人自己谋生活终久要被人利用。我知道进款是很难独立的,但是独立与不独立的名词,我开剃头店的进款比做交通部秘书的进款独立多了,所以与其做官,不如开剃头店,与其部里拍马,不如在水果摊子上唱歌。

　　(二)不做官　　这三个字的意思是不做政客,不把官当做职业的意思。若是议定宪法修改关税的事都是特别的事,都是短期的事,事体完了以后,依然可以独立过自己的生活。

　　(三)不发财　　这三个字的意思是把发财做目的。如果把发财当做目的,自己变作一个折扣的机器,同时对于没有意味的人,要极力敷衍。这样一来,势不能不投降于社会的积习。

　　(四)独立的环境　　所谓独立的环境,最要紧的是要一群道同志合的人在一块,他们的人类的要求(human demands),他们自己可以对付,不必乞援于群众的社会。而在他们一群的中间,一个人是他自己一个人,不讲情面不怕蠢,不怕以前的习惯,不怕以后结果,工作的时候,拼命的工作,游戏的时候,拼命的游戏。这一来,十年之后,一定有一种新空气发生。

　　有这种人去监督政治,才有大力量,才有大进步,他们自身本来不是政客,所以不至于被政府利用；他们本来是独立，所以能够使社会慢慢的就他们的范围。有这样一种优秀分子，成一个团体，费几十年的工夫，监督政府，改造社会，中国的事，或者不至于无望。若是照现在无头无脑的办法，使青年优秀分子散布在波涛澎湃的恶劣社会中间，恐怕大多数的优秀分子，要变成老奸巨猾。

编后卮言

面对权能和钱能的交换而形成的"海中巨怪",不甘沉沦的中国知识人,一直感到焦虑和不安并为找不到一种有效的良方而苦恼不已。就其巨大性和迫切性而言,中国面临着两大主题:一是如何建立起一个"最不坏的政治制度";二是如何建立起一个"最底限度的价值坐标"。虽然我们已经很明智地承认我们是有限的,我们对国家所面临的巨大课题和挑战束手无策,但我们仍然不愿意放弃期望和渴求。

老实说,被人们心悦诚服加以接受和享有的经验生活和实践理性,一向就是低调和朴实的,那些最动听的承诺从来就是华而不实。难怪发现了"卑弱"、"虚静"、"勇于不敢"和"无为"("不干涉"和"不胡作非为")等政治奥秘的我们的老子,早就告知我们说"美言不信,信言不美"。只有"致命的自负"的地方,才会不断向人们宣示伟大的真理和价值并强迫人们接受;只有"美丽的谎言",才会教导人们说政治民主就是大众决定一切。自由和民主的全部奥秘仅仅在于对"权力的有效限制"。因为人天生就有一种独占和滥用权力的倾向,只要有"机会"而又不需付出什么代价,谁愿意违背权力上的"马太效应"。真理和价值的全部基础,则在于人们自觉自愿地认识和接受、潜移默化地变成自身的一部分。即使是强迫人们接受一种最正确的真理和最美好的价值,那也是不可饶恕的,这与用高尚的爱去证明严酷暴力的正当、饮鸩而止渴是同一逻辑。

在很长时期中,人们被教导以"大公无私",且不说要"大"的"公"是"谁"的"公","无"的"私"是"谁"的"私",人们能把"公"大到"无私"吗?历史是最好的见证,黄宗羲已经敏锐地发现"大公无私"的真实意义。本辑由数篇论文构成的"'公私'观念与社会史"专题,通过对中国哲学和思想中"公私"观念及其社会史关联的考察,展现了中国"公私"观念的演变、意义和特点。这一专题是与刘泽华和张荣明先生合作的产物，希望这一讨论能够引起大家的回应和更深层的思考。

如果从主要方面把中国 20 世纪 80 年代与 90 年代的学术思想文化加以对比，我们也许可以说 80 年代是启蒙的时代，是以外部世界为标准来衡量传统和自我批判的时代，而 90 年代则是化解启蒙情绪、复兴传统和自我肯定的时代。但是，谁要是试图用一个时代去否定另一个时代，我们不认为这是一个合理的选择。因为这两个时代都具有它的特殊意义而且也各有其内在的困境。在其中扮演角色的是知识分子，要反省其中的问题，首先就需要知识分子进行自我反省。

我们必须让学问真正成为我们愿意为之献身的天职，并在我们各自所从事的专业领域中获得突破。学术与急功近利从来就是死敌，迎合一时需要的媚俗、媚世之学"未生"即已"先死"。我们决不能忘记我们的社会良知角色，我们需要关怀我们生活其中的公共世界，暴露黑暗和污浊，捍卫公正和人道。

无需讳言，在社会良知和道义担当方面，现代专业化知识分子越来越像"侏儒"。难怪被激怒的萨伊德，严厉抗议知识分子的专业化，他甚至宁愿成为业余知识分子。本辑以"古代'士'阶层与公共生活"为主题而对古代中国士阶层如何参与公共生活进行的研究为我们提供了一个参照。